桃源县地图

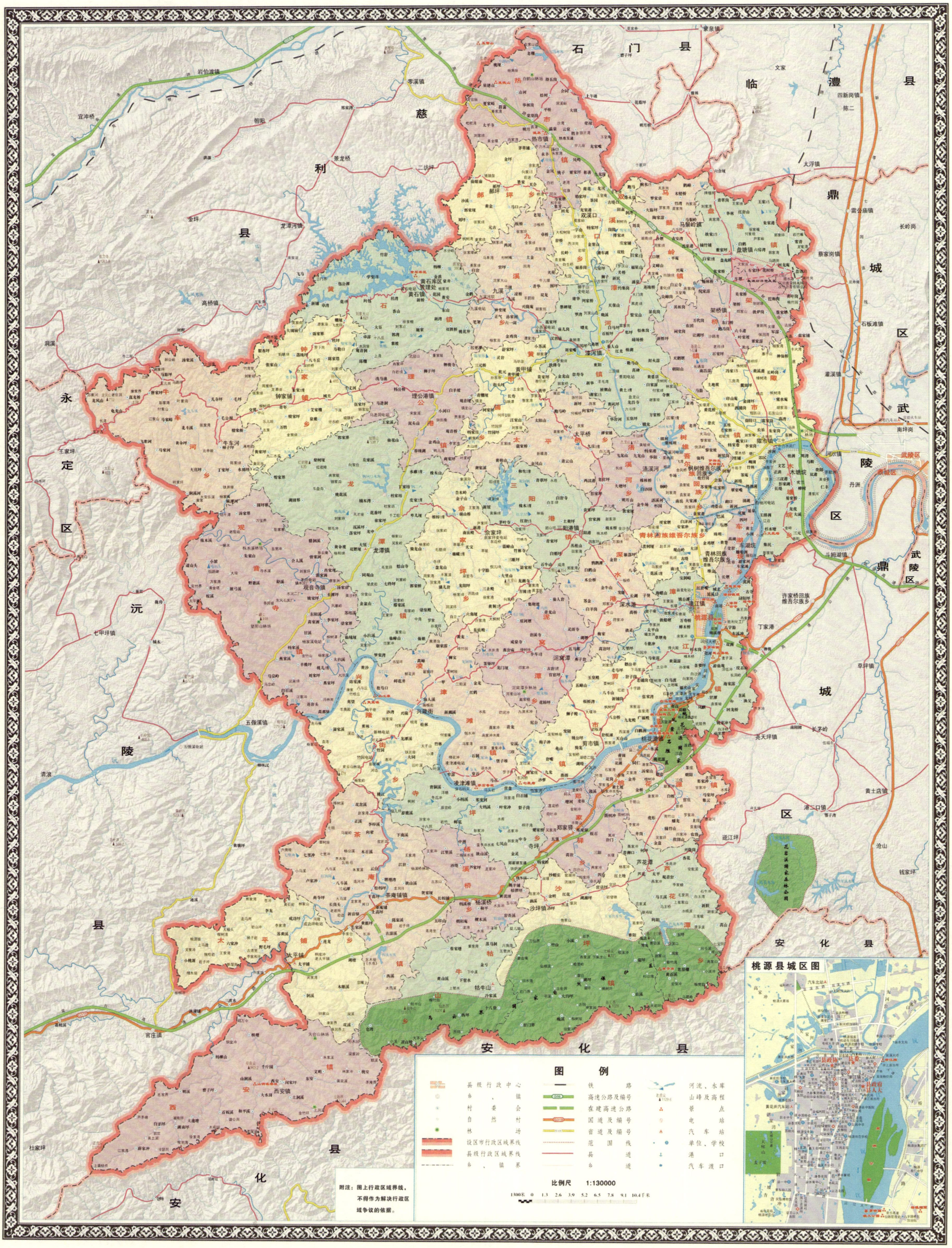

石门县
临澧县
鼎城区
武陵区
慈利县
永定区
沅陵县
安化县
桃源县城区图
图例
比例尺 1:130000
附注：图上行政区域界线，不得作为解决行政区域争议的依据。

湖南省乡镇（街道）简志系列丛书

桃源县乡镇简志

桃源县人民政府地方志办公室 编

方志出版社
Publishing House of Local Records

图书在版编目（CIP）数据

桃源县乡镇（街道）简志 / 桃源县人民政府地方志办公室编. -- 北京：方志出版社，2017.11
ISBN 978-7-5144-2676-2

Ⅰ. ①桃… Ⅱ. ①桃… Ⅲ. ①乡镇—地方志—桃源县 Ⅳ. ①K296.45

中国版本图书馆CIP数据核字(2017)第280622号

桃源县乡镇（街道）简志

编　　者：桃源县人民政府地方志办公室
责任编辑：李志瑜

出 版 人：冀祥德
出 版 者：方志出版社
地址　北京市朝阳区潘家园东里9号（国家方志馆4层）
邮编　100021
网址　http://www.fzph.org
发　　行：方志出版社图书经销中心
电话（010）67110500
经　　销：各地新华书店
印　　刷：常德市湘北彩印厂　0736-7187272

开　　本：787×1092　1/16
印　　张：24
字　　数：494千字
版　　次：2017年11月第1版　2017年11月第1次印刷
印　　数：0001～1500册

ISBN 978-7-5144-2676-2　**定价**：180.00元

常德市乡镇(街道)简志编纂委员会

顾　问:陈　华

主　任:刘李波

副主任:周华辉　周　波

成　员:杨军武　陈志明　梅亚利　娄建英　梅小平　曾世平　瞿群力
朱　皓　李　维　张吉全　王承雄　李益国　雷忠武　王　静
刘　飞　曾庆思　胡巧玲

桃源县乡镇简志编纂委员会

主　任:庞　波

副主任:李宏秋　张志红

委　员:易际兵　王开美　潘宏军　全义平　朱建华　翦　影　余立斌
王志成　宋海军　郭国球　商　均　祁怀鑫　刘正华　杨跃平
姚方平　印善平　李忠平　伍立斌　余协平　彭爱立　曾文志
伍立元　文继承　胡廷文　郑朝新　于惠平　余其斌　朱　皓
罗飞东　黄泽华　康少兵　丁璇如　文承喜　李志辉　龚剑峰
钟茂胜　雷跃军　钟　云　王文国　李　勇　郭志刚　高卫平
覃英俊　王江勇　马宏志　唐述林　郭建平　张　俊　曹立清
赵月娅　郭凌云　周　杰　龙世坤　黄春生　杨必胜　魏　翔
罗建华　黄　华　沙孝主　沙孝亮　郭勇均　彭　晖　张　震
聂大远

主　编:朱　皓

编　辑:覃建国　邓义明　吴华荣　朱　曼　彭　亮

凡　　例

一、指导思想。《桃源县乡镇简志》以马克思列宁主义、毛泽东思想、邓小平理论、“三个代表”重要思想、科学发展观和习近平新时代中国特色社会主义思想为指导，贯彻落实习近平总书记系列重要讲话精神和治国理政新理念、新思想、新战略，坚持辩证唯物主义和历史唯物主义的立场、观点和方法，简略记述各乡镇的发展历程和现状。

二、时间断限。该志上限尽量追溯至能查找到史料的年代，下限至2015年12月全省乡镇区划调整前夕。

三、总体结构。该志采用板块加条目体，各乡镇统一设区域概况、经济发展、基础设施、社会事业、特色地情五大板块（类目），各板块下根据实际情况设置（分目），再在其下分列条目展开记述。

四、体裁形式。该志综合运用述、记、志、传、图、表、录等各种体裁，以志体为主。

五、语言文体。该志除引用文字等外，统一使用规范汉字及现代语体文记述体。

六、图照编排。该志少部分图照集中排于卷首，大部分穿插于正文中随文，图照下面皆附文字说明。

七、资料来源。该志中所有资料（含图照）均来源于各乡镇及县方志办、县统计局等，经过严格考核，不再具体注明出处或拍摄者。

八、其他未尽事宜。该志均遵循《湖南省志书编写行文通则》《湖南省地方志书质量标准》等规范。

目　录

桃源县概况

桃源县位于湖南省西北部，常德市西南部，地理位置：北纬 28°24′24″～29°24′08″、东经 110°51′47″～111°36′41″。东与临澧县、鼎城区、武陵区接壤，西与慈利县、永定区、沅陵县交界，南与安化县为邻，北与石门县毗连。县域东西直线极宽约 75 公里，南北直线极长约 118 公里。根据 2014 年 5 月桃源县国土资源局、桃源县统计局、桃源县第二次土地调查领导小组办公室发出的"关于桃源县第二次土地调查主要数据成果的公报"最新数据，全县总面积 4442.978 平方千米。县治漳江镇位于县域中东部，主城区在沅水西岸、延溪汇入沅水处，距常德市城区 34 公里，距省会长沙 200 公里。桃源县处于沅水中下游流域。沅水在县境内蜿蜒 99 公里，分县境为南北两部分，南部为雪峰山余脉，横贯西南，北部为武陵山余脉，斜穿西北。全县南、西、北三面环山，中部和东北部多丘陵，东部为平原，概称"六山一水两分田，一分道路和庄园"。

桃源县地域春秋战国时为楚国属地。秦朝时属洞庭郡地。西汉时属临沅县。东汉建武二十六年(50)析置沅南县，县域分属临沅和沅南二县管辖，属武陵郡。隋唐时期划入武陵县。宋乾德二年(964)，从武陵县析出设县，因境内有桃花源，故名桃源县，县治建于沅水西岸(即今县治漳江镇)，隶属朗州；在宋代 200 余年间，又先后 2 次改属由朗州改名的鼎州和再度更名的常德府。元成宗元贞元年(1295)升为桃源州，属常德路。明洪武二年(1369)仍降为县，属常德府。清代因之。民国时期桃源先后属武陵道、辰沅道、第四行政督察区。1949 年 7 月 27 日，桃源解放，属常澧区；8 月 28 日起属常德区；1968 年 2 月起，属常德地区；1988 年 1 月起，属常德市。

桃源县 1988 年行政区划为 9 个区、51 个乡、8 个镇、846 个村、16 个居民委员会。1995 年 11 月，全县撤区并乡，撤销全部原有的 9 个区建制。保留沙坪、西安、三阳港 3 个镇和深水港等 21 个乡，其乡、镇行政区划不变。调整部分乡镇行政区划。至 2014 年年末，全县行政区划为 18 个镇、22 个乡，57 个居民委员会、394 个村民委员会。18 个镇是漳江、陬市、漆河、茶庵铺、架桥、盘塘、马鬃岭、热市、黄石、理公港、三阳港、观音寺、龙潭、剪市、凌津滩、西安、桃花源、沙坪。22 个乡是青林(回族维吾尔族乡)、车湖垸、枫树(维吾尔族回族乡)、木塘垸、双溪口、郝坪、九溪、黄甲铺、钟家铺、牛车河、佘家坪、太平桥、浯溪河、深水港、泥窝潭、兴隆街、太平铺、牯牛山、杨溪桥、寺坪、郑家驿、芦花潭。2015 年 12 月全县乡镇区划调整后，全县辖 18 个镇、10 个乡。18 个镇是漳江、陬市、漆河、茶庵铺、架桥、盘塘、马鬃岭、热市、黄石、理公港、三阳港、观音寺、龙潭、剪市、夷望溪、西安、桃花源、沙坪。10个乡是青林(回族维吾尔族乡)、枫树(维吾尔族回族乡)、木塘垸、双溪口、九溪、牛车河、佘家坪、泥窝潭、杨溪桥、郑家驿。全县总人口97.13万人，居住的少数民族36个。

“十一五”以来，桃源县沿着富民强县的道路，掀起大引进、大开发、大建设热潮，至“十二五”末，全县经济社会持续发展。

工业经济。全县规模工业企业达88家，规模工业总产值、增加值分别达到282.7亿元、71.5亿元；国家高新技术企业达8家，高新技术产值达150亿元。工业园区晋升省级工业集中区，成为常德市首个产值突破200亿元的省级园区，形成“一区三园”竞相发展的良好态势。

现代农业。发展农民专业合作组织355家、家庭农场308家，省级以上龙头企业5家，中国驰名商标5件，国家地理标志保护产品4个，“三品一标”(无公害农产品、有机农产品、绿色食品及国家地理标志产品)产品127个，流转土地31.3万亩，荣获全国生猪调出大县、国家粮油大县、中国竹子之乡、中国优质果品基地县、湖南省茶叶生产重点县、全国水利建设百强县、全国农田水利基本建设先进县等称号，成为国家现代农业示范区、湖南省农副产品加工产业重点县，农产品加工值突破150亿元。粮食生产工作连续5年被评为省部级先进，工作经验4次在央视《新闻联播》推介。

城镇开发。高起点、高水平编制县城总体规划，完成县城空间战略规划和城东区、老城区控制性详规编制，拉开了“一江两岸、一城五区”的县城发展框架，建成自来水新厂、污水处理厂、垃圾处理厂，文化体育中心、沅水西岸风光带、外滩公园、五星级酒店、柳叶大道西延线重点项目加快推进，桃源水电站建成发电，黔张常铁路桃源段开工建设。县城跻身省级文明县城行列，通过国家卫生县城复检，获得国家智慧城市试点。桃源大道城乡统筹示范带全面提质，乡镇集镇承载能力大幅提升，陬市、漆河成为全国重点镇。成功创建湖南省首批生态县，跻身国家生态文明先行区行列。

文化旅游。按照“人间仙境、世外桃源、革命老区、名人故里”的定位，主动融入“大桃花源”“大湘西”旅游发展战略，积极挖掘桃花源隐逸文化、老区红色文化、宗教传统文化、民族风情文化，打造具有桃源特色的文化探究之旅、红色教育之旅、民俗体验之旅、自然回归之旅，形成以桃花源景区、桃源水电站为中心，以夷望溪、乌云界、古道茶旅、西安漂流为南线，以星德山、黄石水库生态公园、热市温泉、枫树民族团结示范园为北线的“一体两翼”旅游格局。枫树民族团结示范园、乌云界花源里成为国家AAA级景区。乌云界被列为“国家自然保护区”，星德山星子宫古建筑群被列为“国家级文物保护单位”，腾琼茶庄和古道茶旅被评为“湖南省五星级乡村旅游接待点”。九溪板龙灯、虾灯舞、桃源木雕等10项民间文化列入市级以上非物质文化遗产名录，其中“瑜伽焰口手势”“桃花源传说”“桃花源擂茶习俗”被列入湖南省非物质文化遗产代表名录。

社会事业。大力实施科教兴县战略，国家高新技术认证企业达到8家，获得全国科技进步县、全国科普示范县、湖南省知识产权工作先进县称号。高考录取率、学考合格率全市领先，桃源一中成为“北京大学中学校长实名制推荐资格学校”和“清华大学新百年领军计划优质生源基地”。文化事业得到新发展，成功创建中华诗词之乡和全省书画之乡，完成35个乡镇综合文化站建设，农村广播“村村响”建设经验全省推广，塑造“九溪文化”品牌。社会保障体系不断完善，城乡居民基本养老保险、城乡居民医保实现全覆盖，开展失地农民养老保险，农村孕产妇住院分娩实行全免费；城乡低保基本做到应保尽保，乡镇敬老院基本实现“一乡一院”，农村五保集中供养率达到25%；荣获全国农村劳动力转移就业工作示范县、全国残疾人社区康复示范县、全国白内障无障碍县称号。生态建设和环境保护得到加强，森林覆盖率达到65%，是全国首批绿化模范县、全国生态示范区。成功创建全国基层中医药工作先进单位、全国计划生育优质服务县。积极推进依法治县和法治桃源建设，大力化解社会矛盾，社会大局保持稳定，社会矛盾调处中心工作经验全国推介。成功创建常德市首个省级安全生产示范县，民调排名进入湖南省前40名。

漳江镇》

漳江镇行政区划图

TAO YUAN XIAN XIANG ZHEN JIAN ZHI

一、区域概况

建置沿革

据南宋《武陵图经》，境域属仙瑞乡延口村，按明《嘉靖常德府志》，属上坊、下坊及仙瑞乡延口村，此区划一直沿用至民国。1915年，境域始设城厢镇。1934年，境域属城厢区城厢团、上坊团、菉萝团、浔阳团等管辖。1935年8月，废乡团，新编为城厢镇、上坊乡、菉萝乡、浔阳乡。1941年1月，撤区并乡，城厢镇更名为漳江镇。因沅江流经县城一段又称"漳江"，且建有漳江阁，故名。1951年1月，漳江镇改名为城关镇，辖东街、南街、后港等7个居委会。1960年6月，建城关人民公社。1962年7月，恢复城关镇，镇政府驻南街，辖红卫街、东街2个居民委员会和城西、城东、延溪3个生产大队。1981年，开展地名普查，红卫街居委会更名为后港居委会，城西大队更名为西寺坪大队，城东大队更名为北门坪大队，延溪大队更名为延溪口大队。1986年2月，茅草街乡新河桥村、红岩嘴村及二里岗乡并入城关镇，全镇辖漳江阁、渔父祠、观音巷3个居民委员会29个居民小组和海螺山、姚公潭、宝洞堉、铁船堰、樟木桥、万寿桥、二里岗、黄花井、城北、双洲、新河桥、红岩嘴、西寺坪、延溪口14个村民委员会135个村民小组。1995年11月，城关镇与尧河乡、八字路乡合并设立漳江镇，辖漳江阁、文昌阁、观音巷、莲花湖、渔父祠、洞庭宫、黄花井7个居民委员会和海螺山、姚公潭、宝洞堉、铁船堰、樟木桥、万寿桥、二里岗、城北、双洲、新河桥、红岩嘴、延溪口、龙坪、甘潭、凤麒、姚家冲、回龙桥、渔父、渌溪口、海家溶、纹石山、游仙观、梅溪桥、车溪冲、八字路、南站、浔阳坪、古寺、泥窝、天子岗、尧河、杉木岗、菉萝坪、福庆山、白马渡、黄简溶、马家溶、草堰角、斗量冲、太平山、大里坪41个村民委员会。2002年，二里岗村、黄花井村、新河桥村、天子岗村分别改为二里岗居委会、黄花井居委会、白佛阁居委会、义丰坊居委会。2003年，增设纺城路、文星园、西苑3个社区居民委员会。2007年，八字路村与原桃源县化工总厂合并组建八字路社区居民委员会，梅溪桥村与双洲村合并组建梅溪桥社区居民委员会，红岩嘴村改为官家坪社区居民委员会。至此，全镇辖漳江阁、文昌阁、观音巷、莲花湖、渔父祠、黄花井、二里岗、白佛阁、洞庭宫、义丰坊、纺城路、西苑、文星园、官家坪、梅溪桥、八字路16个社区居委会和樟木桥、铁船堰、万寿桥、姚公潭、宝洞堉、海螺山、延溪、城北、龙坪、凤麒、姚家冲、回龙桥、渔父、渌溪口、海家溶、纹石山、游仙观、甘潭、车溪冲、南站、浔阳坪、古寺、泥窝、大里坪、尧河、杉木岗、菉萝坪、福庆山、白马渡、黄简溶、马家溶、草堰角、斗量冲、太坪山34个村委会。2011年，将凤麒、龙坪、甘潭3个村调出划入桃花源镇管辖，对其他村居进行调整合并，调整后，全镇辖漳江阁、文昌阁、观音巷、莲花湖、渔父祠、黄花井、二里岗、白佛阁、洞庭宫、义丰坊、纺城路、西苑、文星园、官家坪、梅溪桥、八字路16个社区居民委员会和铁船堰、万寿桥、海螺山、尧河、菉萝坪、福庆山、大平、楚旺、丰禾、仙石山、教仁、绿溪口、镇江渡、廻峰14个村民委员会。2013年，万寿桥、尧河、楚旺3个村民委员会改为居民委员会，全镇辖19个社区居民委员会、11个村民委员会。漳江镇政府驻武陵西路。

位置面积

地处桃源县东部，东及东南与常德市鼎城区许家桥回族维吾尔族乡、尧天坪镇接壤，南接桃花源旅游管理区桃仙岭办事处，西南邻剪市镇，西北抵深水港乡，北连青林回族维吾尔族乡，东北连车湖垸乡。全镇总面积126.035平方千米，其中城区面积20.09平方千米。

自然环境

地处湘西山地向洞庭湖平原过渡的滨湖地带，大部为平原，少部为浅丘，地面高程一般为海拔100～300米。域内属沅江水系，流经镇境25千米,沅江一级支流北岸有尧河、红旗闸、延溪，南岸有甘溪、渌溪、梅溪、沧溪、泥窝溪。域内矿产资源主要有金刚石、砂金、纹石等，为中亚热带向北亚热带过渡地段，属中亚热带季风气候。气候特点是冷热四季分明，干湿两季明显，多年平均气温为16.5℃。年平均气温分布除南部和西北部山区低于16.0℃之外，其余均在16.0～16.5℃之间。月平均气温以1月最低，为4.5℃，7月最高，为28.5℃，3—10月皆在10.0℃以上。镇域位于雪峰山北端以安化县为中心的多雨区边缘，雨量由南向北递减。年平均降水量为1437毫米，年平均相对湿度为82%。年日照时数1529小时，年平均日照率为5%。

人口民族

1995年，全镇有100644人，其中男性50473人、女性50171人。2005年，全镇有119264人，其中男性60575人、女性58689人。2014年年末，辖区有115835人，其中男性58071、女性57764人。总人口中，汉族113032人，回族、土家族、维吾尔族等20多个少数民族2803人。少数民族中，回族1407人，维吾尔族985人，土家族216人，其他少数民族195人。

二、经济发展

综述

1992—1994年，漳江镇获常德市亿元镇建设大赛金牌1次、银牌2次。2002年，全镇农业总产值17785万元，工业总产值45856万元，财政收入1518万元，农民年人均纯收入2206元。2012年，全镇完成地区生产总值37.02亿元，较上年增长8%；完成全社会固定资产投资3亿元，较上年增长20%；财政收入突破3000万元；城镇居民人均可支配收入达到16412元，农民人均可支配收入达到7274元，同比分别增长10%、8%。

农业

种植业　漳江镇的种植业以水稻、蔬菜、油菜、瓜果等为主。1995年，全镇种植水稻 68990 亩，产量 15730 吨，种植油菜 27430 亩，产量 2627 吨，种植棉花 2299 亩，产量 61 吨，种植蔬菜 23218 亩，产量 34887 吨，种植瓜果 1080 亩。2005 年，全镇种植水稻 82445 亩，产量 31478 吨，种植油菜 35910 亩，产量 3391 吨，种植棉花 1860 亩，产量 157 吨，种植蔬菜 33027 亩，产量 46238 吨，种植瓜果 2242 亩。2014 年，种植水稻 105710 亩，产量 39288 吨，种植油菜 42953 亩，产量 5623 吨，种植棉花 7300 亩，产量 694 吨，种植蔬菜 43405 亩，产量 95330 吨，种植瓜果 3200 亩。2015 年，全镇完成双季稻种植面积 4.5 万亩，早稻育秧秧田面积达 1800 亩，建成万亩高产创建示范片一个，千亩高产创建示范片 3 个。培育扶持种粮大户 78 户，流转土地达到 2.5 万亩。

养殖业 漳江镇的畜禽水产养殖较发达。1995 年，全镇发展生猪 53700 头、出栏 31700 头，牛存栏 2144 头、出栏 342 头，山羊存栏 1658 只、出栏 1363 只，家禽存笼 18.8 万羽，水产品产量 150 吨。2005 年，全镇发展生猪 97209 头、出栏 65138 头，牛存栏 3558 头、出栏 891 头，羊存栏 40500 只、出栏 39906 只，出笼家禽 141 万羽，水产品产量 2841 吨。2014 年，全镇发展生猪 81596 头、出栏 55545 头，牛存栏 5742 头、出栏 1856 头，羊存栏 22527 只、出栏 25901 只，出笼家禽 184 万羽，禽蛋产量 11778 吨，水产品产量 3629 吨。2015 年，海螺山村成为中国中南地区知名的专业养殖村，"海螺山"牌禽蛋通过农业部农产品质量安全中心的"无公害农产品"认证。

工业

1994 年，全镇有镇村企业 132 家，私营企业 86 家，个体工商户 3216 户。其中，镇属企业县汽车液压泵厂开发的 7 个产品填补省内空白，被二汽定为 1061 制动泵 A 角配套单位；镇建筑制管总厂研制的扣塞式薄壁接线管盒系列产品获两项国家专利；镇办服装机绣厂合资联合组建全省最大服装企业集团——湖南源祥服装企业集团。2001 年，漳江镇被评为常德市发展乡镇企业明星乡镇。2002 年，全镇共有企业 2552 家，其中私营企业 2504 家。2004 年，漳江镇被评为全市发展乡镇企业十强乡镇。2009 年，镇内工业以茶叶、果蔬、服装加工以及汽车配件、柴油机配件、机械、铸件制造为主，还有棉纺、皮鞋、化工、油脂等企业，共有民营企业及个体工商户 2230 家，企业总产值 21.42 亿元，其中工业产值 12.26 亿元，规模工业产值 9.6 亿元，上缴税金 6369 万元。2015 年，全镇有工业企业 108 家，工业总产值 371362 万元，其中规模以上工业企业 18 家，规模以上工业企业利润总额 1565 万元。规模以上工业企业为漳江镇创造 5286 万元税收收入及 6121 个就业岗位。

商贸服务业

20 世纪 90 年代末，镇内有大型综合市场 3 个，工业品市场 1 个，农副产品批发市场 1 个，农副产品零售市场 1 个，粮油市场 1 个，个体市场 5 个，牲牛交易所 2 个，全镇商业网点密布，服务设施齐全，还形成音响设备街、夜市小吃街、石雕石刻城和金融中心等。2009 年，域内有大中型超市 5 家，商贸市场 8 个。2012 年，全镇有民营企业及个体工商户 5810 个。2015 年，全镇有商业网点 1896 个，从业人员 11376 人，社会商品零售总额58亿元,城乡集贸市场8个,年成交额13亿元。

三、基础设施

交通运输

沅水黄金水道、319国道、226省道和国道56杭瑞高速公路穿镇而过,在建的黔张常铁路过境并设站,东接桃花源机场、北接石长铁路常德站,水陆空交通便捷。尧河渡口是全县汽车渡运量最大的渡口,配有6~8车渡运板船2艘和44千瓦顶推拖轮1艘,1999年桃源沅水大桥建成通车后该渡口被撤销。2015年,全镇有客运车辆96台,中型汽车站1处,小型汽车站2处,日运送旅客15000人次。公共汽车线路25条,公共汽车46辆。

水利建设

1954年、1969年、1993年、1995年县城4次进水受淹。1995年9月,动工修建漳江垸防洪工程,1996年5月,建成混凝土防洪墙8.099千米,成功挡住1996年特大洪水,中央电视台焦点访谈栏目以"两桃现象"进行报道。2012年,投入资金760多万元,新建、扩容、整治堰塘120口,主干渠清淤90千米,渠道硬化15千米,维修机埠5座。

▲ 沅水风光带夜景

2013年,对5座水库除险加固;整修扩挖山塘168口,其中新修6口;整修清淤渠道100千米,其中硬化5千米;维修改造机埠18座。2015年,对漳江垸桃源水电站下游堤段、铁船堰至黄花井大桥段等6处堤段进行堤垸加固建设。推进小水池、小泵站、小塘坝、小水渠等“四小”水利工程建设，全镇整修扩挖山塘 656 口、维修改造机埠 26 处、维修清淤渠道 230 千米。2015 年，全镇有水库 16 座，总库容 1055 万立方米，引水渠 202 千米；排灌机埠 80 座，功率 1180 千瓦。

城区建设

北宋庆历四年（1044）创建学宫，南宋庆元五年（1199）建东门石桥、通道石桥沟通城外。明成化十六年（1480），筑土城以御匪盗，后于崇祯十三年（1640）改建为砖墙。明末清初，战乱不断，县城建筑损毁严重，直至清乾隆、嘉庆年间才逐步恢复旧貌。抗日战争时期，城内房屋多半被日本侵略军飞机炸塌和纵火焚毁。中华人民共和国成立以后，城区建设飞速发展。1978 年，漳江镇建成区 2.2 平方千米。1996 年建成的漳江垸（护城垸）为全国县城防洪设施样板工程，防洪堤外沿江走廊为市民休闲活动场所。2002 年，建成区扩大到 14 平方千米，街道总长 41.5 千米，绿化率 38.4%，供电、供水、公共交通、邮政通信以及广播电视网络等基础设施完备。2003 年，桃源县城被命名为湖南省卫生县城。2009 年，城区建成面积扩大到 20.9 平方千米，街道总长 43 千米，绿化率 33%，人均绿地面积5.6 平方米。2010 年，桃源县城荣获“国家卫生县城”荣誉称号。2012—2014 年，开展省级文明县城创建工作。2013 年 8 月 1 日，成功申报成为国家第二批智慧城市（镇）试点镇，全省四家，常德市唯一。县委、县政府全面推进城镇带动战略，按照“一江两岸、一城四片”空间布局，坚持“跨江发展、沿线发展、滨江亲水”理念，突出“山、水、洲、城”元素，围绕打造生态宜居的山水城市、建设常德市次中心城市的目标定位，启动五星级酒店、沅水亲水平台、梦幻桃花岛、文化走廊、外滩公园、文化体育中心、县城南区开发等一系列重大城建项目，完成 11.2 万平方米道路“白改黑”、县城区路灯整体升级改造、16.8 千米污水管网建设、9 万平方米棚户区改造，打造漳江大道样板示范街。投入 9800 万元建成县城生活垃圾无害化处理厂，主次干道添置 430 个分类垃圾箱，实施了县城区环卫设施提质增量、公共绿地提质改造。2015 年，城区有主要道路 41 条，计 147.5 千米；小街小巷107 条，总长 97.75 千米，城区路灯 4554 盏。2015 年被评为省级文明县城。

▲ 文昌阁

四、社会事业

教育

明嘉靖年间，邑人李徵创办漳江书院，清光绪二十年(1894)，镇境设有漳江、桃溪两所书院。光绪二十八年(1902)漳江、桃溪两书院合并，改为高等小学堂。光绪三十三年（1907），宋教仁创办桃源县第一所新式中学堂——“桃源官立中学堂”。民国元年(1912)春，学校停办。民国14年，重建“桃源官立中学堂”，学校更名为“桃源县立中学”。1949年，境域有中学1所，小学1所。1962年，镇境有中学2所，小学2所。1986年，全镇有小学3所，中学3所。1994年，镇内有中等专业学校2所，学生3520人；普通中学5所，学生5320人；职业中学2所，学生2100人；小学18所，学生8700人。2009年，镇区有中等职业学校3所，学生5280人，教师398名；省示范中学1所，学生4652人，教师349名；普通中学4所，学生7146人，教师658名；小学13所，学生9821人，教师447名。2015年，全镇有幼儿园12所，在园幼儿2836人，幼师553名；小学8所，学生10023人，教师512名，小学适龄儿童入学率100%；初中4所，学生7620人，教师439名。

文化

1994年，镇内有有线电视台1座，广播电视转播台1座，有线电视入户16000户，村通广播率100%，开通桃源电视微波站并与全市联网。2009年，镇区内有有线电视台1个，电视差转系统1座，电视入户率100%。2015年，全镇有镇文化站1处，村级文化活动中心11处，各类文化艺术表演团体22个，从业人员282人，各类图书室55个，藏书28万多册。

医疗卫生

1949年，境域有卫生医疗机构1家。1962年，镇域有卫生医疗机构2家。1994年，有县办医院3家，中心卫生院2家，有医务工作者398人，床位300张。2009年，有县办医院5家，其中三等甲级医院1家，有医务工作者1121人，床位1200张；有社区便民诊所60多家，农村新型合作医疗参与率97.5%。2015年，有县办医院5家，医务人员1478人，医疗设备价值59358万元；有镇医疗卫生机构20个，门诊部(所)1个，医务工作者236人，床位430张，医疗设备价值6590万元；农村新型合作医疗参与率99%。

社会保障

2005年，该镇被常德市残疾人联合会评为“残联工作先进单位”，2015年全镇有证残疾人达2338人，对其中困难残疾人进行了居家托养、残疾人车辆燃油补贴、残疾人住房无障碍设施改造、创业帮扶等扶持。2009年，漳江镇敬老院被评为“常德市十佳敬老院”。漳江镇敬老院始建于1958年，于2000年10月从莲花湖社区迁入八字路社区共占地面积 50 亩，其中建筑面积 2700 平方米。设有床位 120 个，有集中供养五保老人 68 人，工作人员 5 人，按人均 150 元每月供养标准供养。2012 年, 全镇有城乡低保对象 6944 人，发放城乡低保补助金 1655 万元；五保对象 395 人，发放五保老人补贴金 83 万元；有其他各类优抚对象 357 人，发放优抚补助金 147 万元；对农村 68 户危房户进行改造，发放危房改造补贴金 50 万元；救助各类困难对象 678 人次，发放困难补助金 55 万元。启动原桃纺 3 个社区 667 户危房改造，投入资金 380 万元用于原桃纺社区居民区基础设施建设。2015 年，全镇社区城市低保户打卡发放资金 1620 万元，春节困难户慰问大米 10 吨，资金 8 万余元。发放农村低保及五保资金计 280 余万元。对 426 名困难失能老人补贴基本养老金 20 多万元，对 150 名 90 岁以上高龄老人补贴 18 万多元，对 1120 名重度残疾对象打卡发放补贴金 67 万余元。2013—2014 年，对 1134 户 1523 人发放廉租住房补贴 152 万多元。

2015 年，该镇对 671 名复退军人及三属等优抚对象发放优抚补助金 268 万元；当年，全镇因洪涝内渍受灾 0.4 万人，对其中 354 名冬春生活困难群众给予了生活救助。2015 年，该镇有农村五保 422 人，供养标准为每月 242 元。2014 年 10 月开始，该镇对 2014 年 5 月前办有残疾证的 732 名重度残疾人按每月 50 元的护理补贴标准进行了打卡发放。该镇于 2012 年 7 月开始对年满 60 周岁老人给予每月 55 元基础养老金发放。2015 年该镇基础养老金为每月 75 元。

五、特色地情

名胜古迹

桃源八景　自县城下约十华里的艟船洲溯沅江而上至桃花源约四十华里，分布着著名的桃源八景，分别是艟舫晚渡、漳江夜月、浔阳古寺、楚山春晓、绿萝晴画、梅溪烟雨、白马雪涛、桃川仙隐。这八景中除艟舫晚渡位于车湖垸乡、桃川仙隐位于桃花源镇外，其余六景皆在漳江镇域内。

漳江夜月　沅水流经此处称漳江。明洪武年间，于县城东街下石柜上始建漳江阁。相传江底晦(三十)朔(初一)都有月光，江中倒映的阁窗之中，自天黑至天明，都有一轮明月，赏月之人无不称奇。

浔阳古寺　遗址在沅江东岸镇江渡村浔阳坪，传说古寺钟声悠扬，远近一致。还传寺内有一古井，井中有龙泉剑一口，时现剑光，故寺亦名龙泉寺。东汉沅南县县治设在这里。

楚山春晓　楚山在沅江东岸的廻峰村，此山狭而卑，圆如弹丸。气暖春早，花木先发，鸡亦先鸣。

绿萝晴画　境内绿萝山位于沅水大桥对岸桥头，悬崖上是绿萝喜生的地方。每当春夏雨天，绿萝光彩夺目，与晴天色泽相似，形成一幅美丽的天然图画。明末内阁首辅、武陵人杨嗣昌有“笼青掩碧，大似南宫烟雨图”赞语。绿萝山被道家列为“七十二福地”第四十六福地。

梅溪烟雨 位于沅水东岸的梅溪桥居委会。古时，梅林茂密，溪流蜿蜒其中。虽久晴，溪中仍烟生如雨，故有“梅溪烟雨”美名。后来，319 国道横跨梅溪，在农田基本建设中又将梅溪裁弯取直，地形地貌均已改变。

白马雪涛 位于县城南十公里处福庆山村白马渡。洞洲梗塞江心，沅江至此一分为二，洲北河床礁石林立，山狭水急，云奔石怒，放眼远望，雪浪冲天。此地被道家誉为“第三十五洞天——白马玄光之天”。白马渡古时曾筑关隘，是京城通往滇黔驿道上的重要渡口和军事要塞。明设巡检司。邑人江盈科曾于此建雪涛阁，后废。清同治三年(1863)，于渡口南岸建白马渡牌坊，光绪六年(1880)坍毁。

三阁三塔 “桃源三阁”指白佛阁、漳江阁、文昌阁。“桃源三塔”指文星塔、廻风塔、楚望塔，除文星塔位于木塘垸乡外，其余二塔三阁都位于漳江镇域内。

廻风塔 屹立在县城对岸楚山主峰上，于清道光十九年(1839)由知县胡泰皆监修。八面九层，砖木结构，古塔旁有浔阳古寺。该塔毁于“文革”期间。2001 年，县委、县政府重建该塔，为青砖垒砌，塔高九级，檐角设有上翘装饰，显得平实厚重。登塔俯视，春风和煦，油菜金黄；秋望群峰，红叶满山，如散霞绮。与文星塔成一直线，均在县城对岸。

楚望塔 与文星塔、廻风塔成品字形隔江对峙，建筑较前两塔为大，高耸在县东延溪入沅之口。清光绪十九年(1893)，知县余良栋修建。“文革”时期，修建县委党校，取古塔之砖，将其拆毁。2001 年，楚望塔按原貌修复八面九组，仿楼阁式，扼守桃源门户。沿梯登塔，可望春秋时楚平王所筑采菱城，故名“楚望塔”。

白佛阁 深藏在延溪口白佛寺之右，与楚望塔相距不远，不知始建于何时。高阁凌霄，窗开四壁；连云岚翠，静听江涛。为乘舟上溯桃源县城第一景色。

漳江阁 阁名“漳江”，是因明朝江西填湖广的第一代移民怀念故乡的章江(古称豫章水，即赣江)而得名。每当皓月临江，照在漳江之月明洁，耀在浊水之月朦胧，故有“沅江两月浮”美称，又享桃源八景之一“漳江夜月”盛誉。漳江阁始建于明洪武年间，自雍正二年(1724 年)起复建五次，同治五年(1866 年)仿岳阳楼建筑格局重修。民国二十八年(1939)古历冬月初八，被日寇空袭炸毁。民国三十七年重建。1957 年，县人民委员会拨款再行修葺，1966 年被拆除，1998 年再度重建。阁分三层，为六方形砖木结构建筑。外围用青砖砌墙，粉刷成赭红色，三层檐一般齐，滴水均下落至地。每层的各个檐角皆悬有小铜钟一个，墙内三层木阁楼，可沿扶梯而上。漳江阁三面环街，三面临江，登阁远眺，沅水两岸的山色水影尽收眼底。晚清邑人李蓉镜联曰：“朝浮枉渚，暮宿辰阳，郛廓天作成，五百里间楼第一；秦洞桃花，楚城菱角，风流浪淘尽，二千年后月当中。”2010 年 8 月 3 日，县委、县政府在漳江阁旁修建东街革命烈士纪念碑，以缅怀革命先烈。

文昌阁 位于县城沅江风光带石柜东侧，原名川上亭。始建于元延祐六年(1319)，毁于元末。明嘉靖二十五年(1546)、万历七年(1579)两次重修。清康熙五十一年(1712)

重建，改现名。原立于县学南石柜上。1964 年，县政府拨款加以重修。因新修沅水防洪大堤，于 2000 年在提高原基础后重建。占地面积约 50 平方米，2 层，阁高 10 米，砖木结构，六角重檐攒尖顶，保留有部分清代建筑构件。2000 年，被列入第二批市级文物保护单位。

石柜 位于县城沅水风光带上，始建于元延祐七年（1320 年），明嘉靖十六年（1537 年）、万历三十六年（1608 年）、清乾隆四十五年（1780 年）三次重修。石柜建于河道中，呈三角形，高 9.6 米，长 198 米，为减缓洪水对城堤冲击的水利设施。1995 年，被列为第一批县级文物保护单位。2011 年，在县委、县政府指导下，由漳江垸承办，县老区办筹资 30 万元在石柜旁修建缅怀宋教仁、覃振、胡瑛的“桃源三杰”纪念亭。

桃源师范白楼 位于漳江镇建设路桃源师范学校（原湖南省公立第二女子师范学校）旧址内。建于民国二年（1913）。1958 年，进行局部维修。20 世纪 80 年代初，拆除南端部分建筑。该楼坐北朝南，为两层砖木结构教学楼，长 54 米，宽 40 米，外走廊平面呈曲尺形，为仿欧洲哥特式建筑。每四开间组成一个教室，中部教室平面呈六边形，其余为矩形，以外走廊组织交通，置木梯两部，中梯伸出廊外。廊柱及墙体用小青砖砌筑，外饰白灰，以石灰浆为砌筑剂。廊柱规格为长 0.43 米、宽 0.62 米的红条石基础，底层外廊柱间用砖砌成拱券，拱根部砌拱座置于柱上，略有卷杀。楼廊外沿细部亦有砖砌卷杀装饰，底层教室布两跨矩形断面木梁，置于砖砌圆柱上。二层铺装木楼板，顶棚用木板条拼装而成。坡屋面覆小青瓦，开小玻璃平开窗，木作走廊栏杆。现代女作家丁玲、中共早期领导人瞿秋白夫人王剑虹、张太雷夫人王一知等曾在此就读，贺龙率领的红二、六军团也曾在此楼设临时指挥部。2012 年，被列入第四批市级文物保护单位。

▲ 桃源师范白楼

红军码头 在县城沅水风光带上，有一块引人注目的大理石碑，上面刻着“紅軍碼頭”四个红色大字。为策应中央红军长征，1934 年 12 月 16 日，贺龙、萧克率红二、红六军团从永顺、大庸出发，奔袭桃源。17 日，打败国民党军罗启疆旅，取得浯溪河战斗胜利，占领浯溪河、陬市和桃源县城等桃源县境大部分地区。红二、红六军团指挥部随之设立于县城省立桃源女子中学校园内。期间，红军开展一系列革命活动，组织官兵维修学校东侧沅水码头，并向群众宣传红军政策，与桃源人民结下鱼水深情。红二、红六军

▲ 红军码头

团途经桃源时间虽短，但意义深远。桃源县人民政府于 2011 年 1 月公布红军码头为县级文物保护单位。2015 年 12 月，桃源县人民政府和漳江镇人民政府在原沅水码头，立下“红军码头”文物保护碑，刻写碑文，公布纪念碑保护范围。

陶绍唐将军殉国纪念碑　位于漳江镇官家坪社区宝洞堉变电站旁。陶绍唐，1906－1943 年，字尧卿，河南西峡县人。黄埔军校第四期毕业。1943 年冬，参加常德会战，时任 100 军 63 师 189 团上校团长。12 月 3 日拂晓，189 团向桃源县城发起第一次攻击，遭日寇疯狂抵抗。陶团长亲临前线指挥战斗，不幸中炮，重伤不治，壮烈殉国。全团官兵闻讯甚为痛惜，高呼为团长报仇雪恨的口号，奋勇杀敌，2 天后收复桃源。其遗体安葬于长沙岳麓山。1944 年 3 月 31 日，国民政府追赠其陆军少将。2015 年 9 月 3 日，抗日战争胜利 70 周年之际，为缅怀将军爱国之志，抗日之功，常德市文物局和常德会战研究会特立此碑，以资纪念。

▲ 陶绍唐上校殉国处

桃源烈士陵园　选址于桃源县漳江镇万寿桥居委会千梯山，位于桃源大道以南、县拘留所以西、公墓以北的延伸山脉，与县城相邻。项目规划总用地面积约 43 亩，规划总建筑面积约 936 平方米，用于解决桃源县无名烈士、合葬烈士墓无人管理、不适合长期保护等问题。

双龙山烈士陵园　1949 年 12 月 8 日凌晨 2 时左右，桃源南路匪首郭炎率 300 余匪徒袭击新成立的桃源县第八区人民政府和崇义乡工作组，16 位干部、战士英勇牺牲，桃源县人民政府将烈士遗体安葬在县公共体育场(今桃源商城内)，命名为“桃源县烈士公墓”,供人们瞻仰、凭吊。20世纪50年代以后,烈士公墓场内逐渐安葬了其他一些烈士和领导干部的遗体和骨灰。1985年,按桃源县县城总体规划,烈士公墓迁至近郊双龙山(今漳江镇官家坪社区居委会双龙山),更名为“桃源县双龙山烈士陵园”。双龙山烈士陵园占地5333.60平方米,归葬解放后为保卫新生政权和人民生命财产牺牲的革命先烈39人,包括省外21人,本省16人,无名烈士2人。

宋教仁故居 位于漳江镇教仁村香冲组,距离319国道1.5公里处,路口有指向牌。故居毁于“文化大革命”时期。为纪念宋教仁先生,经上级有关部门批准,县委、县政府投资161.7万元,于2010年12月13日开始动工,在原址按原貌修复了779平方米的故居主体工程,为仿四合院老式木板民居,门楣上横悬着全国人大常委会副委员长何鲁丽亲题的“宋教仁故居”红底黄字牌匾,门口两边还有两块不锈钢牌匾:“桃源县第三中学教育基地”“常德市第五中学(渔父中学)德育基地”。2012年,被列为第四批市级文物保护单位。

历代名人

宋教仁 1882—1913年,字得尊,号遁初,亦作钝初、遯初、敦初,别号渔父,化名犟斋、宋鍊、中岛等,桃源县仙瑞乡上坊村香冲(今漳江镇教仁村香冲组)人。清光绪二十五年(1899),进漳江书院学习。二十九年,考入湖北武昌文普通中学堂,逐渐萌发革命思想。次年春,与黄兴等在湖南长沙创立华兴会,任副会长。不久,同吕大森、刘静庵等在武昌组成科学补习所,任文书。因华兴会拟于十月初十(11月16日)慈禧太后七十岁生日时在长沙等地发动起义,消息泄漏后,受到通缉,由湖南到上海,寻机逃亡日本,进法政大学,后转入早稻田大学。三十一年,同程家柽等创办《二十世纪之支那》杂志,鼓吹革命;参加中国同盟会筹备会,主持中国留日学生欢迎孙中山大会,同盟会成立时司法部检事长;《民报》创刊后,被推为庶务干事兼撰述员。次年,因黄兴往安南(今越南),代理同盟会庶务,主持本部工作。三十三年,赴东北联络义军,拟响应南方起义;

▲ 宋教仁故居

得知日本参谋本部组织的长白山会图谋侵占延吉地区，著《间岛问题》一书，以大量确凿证据证实该地区属中国固有领土。宣统二年（1910年），返回上海，与于右任创办《民立报》，任主笔，激烈抨击清廷，反对列强侵略，宣传资产阶级民主革命思想。次年春，参加上海南北商团公会召开的特别大会，揭露英国侵占片马，俄国侵略蒙古、新疆。后应邀赴香港，参与发动黄花岗起义，任编制课长。起义失败后回沪，与谭人凤、陈其美等在沪组织中国同盟会中部总会，任总务干事，拟在长江流域各省发动起义。武昌起义发生后，同自香港到沪的黄兴赴武昌，协助湖北军政府办理外交，起草《鄂州临时约法》，复返上海，与孙中山等筹组中央临时政府，并往南京向各省代表会议提议政府组织采取总统制。1912年1月，南京临时政府成立，任法制院院长。4月，与姚雨平在沪创办《太平洋报》。临时政府迁往北京后，任农林总长。8月，在北京将中国同盟会、统一共和党、国民公党、国民共进会、共和实进会等团体组成国民党，被选为理事。次年2月，经湖南、湖北至上海，旋就任国民党代理理事长。所到之处发表演说，极力主张政党内阁制，制定民主宪法，批评时政，反对专权，深为袁世凯所忌。3月20日晚，国会召开之前，从上海乘车北上，在沪宁铁路上海站被人暗杀，22日晨身亡。有《宋教仁集》。

江盈科　1553—1605年，字进之，号渌萝，今漳江镇甘潭人，一说下苏溪人。其祖父伯玉、父亲凤翎均“课于农”。盈科从小聪慧，万历五年（1577），入县学为生员。十三年，乡试中举，“自为诸生，名已隆隆起”。此后于十四年、十七年两次赴京参加进士考试，皆不第而归。二十年三月，与袁宏道同榜进士及第。八月，授长洲(今江苏苏州)县令。长洲属三吴，“赋税之重，甲于天下”，江盈科同情人民，常因催科不力而遭“长官詈骂”。为缓解人民“京解诸役”之苦，置役田二千余亩以资役费。任职六载，贤令名声远播。万历二十六年，先报吏部主事，旋因李应策劾奏江盈科“以征赋不及格”而改官大理寺正。是年冬，离京，奉命恤刑滇黔。两年后，升户部员外郎并主试四川。三十二年七月，擢四川提学副使。次年八月，病逝于四川。后归葬桃源康家山，再改葬桃源苏溪。

江盈科参与创立公安派，在文学上贡献巨大。他为文主张“元神活泼”，写真性、真情、真我，被袁氏兄弟称为诗文“大家”。

梅其仪　1933年12月出生，空军少将，漳江镇宝洞堉人。少年时随祖父边劳动边读书，桃源一中初46班毕业。1950年2月，加入中国新民主主义青年团。1951年1月，响应党中央抗美援朝、保家卫国号召，参加中国人民解放军。1954年7月，加入中国共产党。历任战士、班长、航校学员、空军航空兵部队机械员、机械师、机械长、机务中队政治指导员、飞行大队政委、团政治处干事、师政治部干事、组织科科长、师党委秘书、沈阳军区空军政治部青年干事、宣传教育科科长、新闻科科长、宣传部副部长、空军飞行航校政治部主任、政治委员。1983年，任空军某部政治部主任。1986年，任空军指挥学院政治部主任（正军职）。1988年，被授予空军少将军衔。曾立三等功3次，任机械师期间，所带领的机组立集体三等功1次；任航校政委时，航校党委被空军评为先进师校党委。

（杨爱华）

青林回族维吾尔族乡

青林回族维吾尔族乡行政区划图

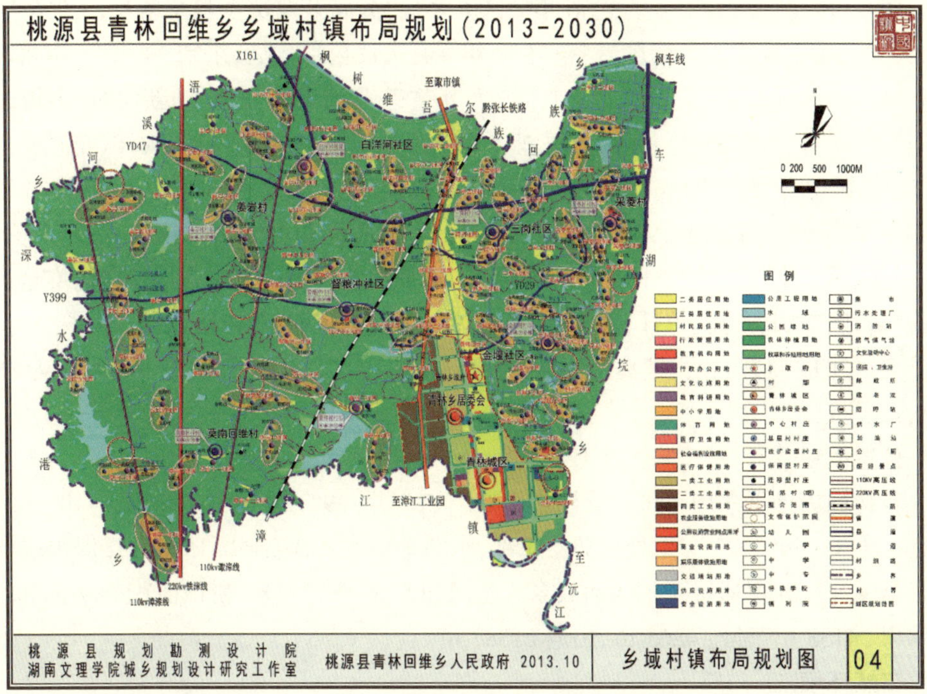

一、区域概况

建置沿革

青林回维乡驻地古称古坟坪，后又称茅草街。春秋晚期，楚平王在乡境黄楚村、金鸡村一带筑立采菱城，又称黄楚城，平面为长方形，南北长 830 米，东西宽 600 米，面积 49.8 万平方米，为省内规模最大的东周古城址，是全国重点文物保护单位。2001 年 8 月 29 日，省道 226 线改造工程在羊耳村又发现一座战国至汉代古城遗址。《读史方舆纪要》载："城西又有司马错城，与张若城相距二里，秦使错与张若伐楚黔中，相对各筑一垒,以扼五溪咽喉。”这两座古城的直线距离恰好符合史籍记载,疑即司马错城和张若城故地。

按北宋《太平寰宇记》记载,境域属延泉村管辖,据南宋《武陵图经》,境域时属仙瑞乡延口村。明《嘉靖常德府志》记载:分属大延上乡大高村和仙瑞乡延口村。清《光绪桃源县志》记载:分属仙瑞乡下坊村和大延上乡上大高村。1934 年,分属城厢区南岳团、云霞团和陬溪区浯溪团。1935 年 8 月,废乡团,新编为南岳乡、云霞乡和浯溪乡。1941 年 1 月撤区并乡后,分属云岳乡、延溪乡、浯溪乡。1947 年 2 月,延溪乡并入漳江镇,云岳、土东并为东岳乡。同年 5 月 25 日,恢复原建制。1952 年土改复查时,属深水港区莫溪堉、东堉、南岳和延溪区堆金、珠明、白洋等乡管辖。1953 年 6 月,建立莫溪堉维吾尔族自治乡、南岳回族自治乡。1956 年撤区并乡后,分属茅草街乡和东堉乡。1956 年 6 月,设立南岳回族维吾尔族自治乡。1958 年 9 月人民公社化后,东堉、深水港、南岳、茅草街 4 乡并为城郊人民公社。1961 年 7 月析置茅草街人民公社,辖新河桥、古堤、堆金、黄楚、羊耳、白洋河、伍家坪、茨树垭、马湾、红岩、青林、金鸡、珠明、大洋、安家冲、官山岭、南堉 17 个生产大队。1984 年 2 月,撤销公社建制,改建茅草街乡。1986 年 3 月,撤销茅草街乡、二里岗乡,将茅草街乡新河桥、红岩嘴两村并入城关镇,二里岗乡莫溪堉村划入茅草街,成立青林回族维吾尔族乡。全乡辖莫溪峪、南峪、古堤、青林、堆金、金鸡堰、黄楚、珠明、马湾、羊耳、大洋、白洋河、安家冲、项家堰、茨树垭、观山岭 16 个村民委员会。2011 年并村后,辖莫南回维、青林、金堰、三岗、采菱、督粮冲、白洋河、姜岩 8 个村民委员会。

位置面积

青林回族维吾尔族乡位于北纬 28° 24′ 30″ ~ 29° 24′ 13″,东经 110° 50′ 36″ ~ 111° 36′ 32″。地处桃源县东部,东邻车湖垸乡,南连漳江镇,西接深水港乡,北抵浯溪河乡和枫树维吾尔族回族乡。总面积 51.6 平方千米,耕地面积 28998 亩,其中水田 24133 亩,旱地 4865 亩,山地 21387 亩。

自然环境

域内大部为平丘区,地势东部较为平坦,西部是丘陵。地面高程一般为海拔 500 ~ 650 米。境内属沅水水系,北靠沅江一级支流白洋河。境内矿产资源主要为金刚石、砂金等。青林回族维吾尔族乡常年气候四季分明,春夏雨水多,水灾多;秋冬雨水少,旱灾多。常年降水量为 1300 ~ 1500 毫米,平均气温为 25℃,最高气温 38℃,最低气温 -4℃。

人口民族

1995 年,全乡有 5966 户、23004 人,其中少数民族 5803 人,占总人口 25.3%;少数民族中回族 3437 人,占少数民族人口的 59.2%;维吾尔族 1898 人,占少数民族人口的 32.7%。2002 年,全乡有 6944 户、23590 人,其中少数民族 6207 人,占总人口的 26.3%,少数民族中回族 3917 人、维吾尔族 2290 人。2012 年,全乡有 25068 人,有回族、维吾尔族、土家族、白族、苗族等少数民族,人口 8376 人,占总人口的 33.41%,其中回族

▲ 青林回维乡同胞共庆古尔邦节

3368 人，占少数民族人口的 40%，维吾尔族 2272 人，占少数民族人口的 27%。2014 年，全乡有 23358 人，其中少数民族 8736 人，占总人口的 37.4%，少数民族人口中，回族 4892 人、维吾尔族 2970 人、土家族 753 人、白族 11 人、苗族 64 人、彝族 8 人、壮族 38 人。

二、经济发展

综述

1995 年，全乡工农业总产值 1.7 亿元，其中工业产值 8742 万元，农业产值 8321 万元，财政收入 407 万元，农民人均纯收入 1694 元，各项经济指标综合排名全县第四。2002 年，全乡农业总产值 6435 万元，工业总产值 7910 万元，财政总收入 424 万元。2012 年，全乡财政总收入 854.2 万元，其中地方财政收入 712.46 万元，境内金融机构各类存款余额达 1 亿元。2014 年，全乡工农业总产值 59619 万元，其中工业产值 32504 万元，农业产值 27115 万元，财政收入 1405 万元，农民人均纯收入 9055 元。

农业

种植业 青林回族维吾尔族乡是桃源县粮食主产区之一，以盛产水稻、棉花、油菜而闻名。1986 年建乡以后，双两大、水稻旱育秧、水稻免耕栽培法、撒播等农业先进生产技术在全乡迅速推广。水稻品种以籼米为主，品种结构逐年优化，优质稻比重逐渐上升，大量种植杂交水稻，水稻产量稳中有升。1995 年，全乡生产粮食 12200 吨、棉花 300 吨、油料 1262 吨。2002 年，

▲ 青林回维乡丰收果业葡萄园

全乡推广优质稻10000多亩，推广杂交稻7500多亩，以"湘晚籼11号""湘晚籼13号""野奥丝苗"为主。棉花以湖南省优良品种湘杂棉为主，主要有"湘杂棉1号""湘杂棉2号""湘杂棉4号""抗虫棉"等良种。常规皮棉产量每亩100公斤以上。油菜种植有较长的历史，品种以"湘油13号""湘油15号""湘油1号、2号"为主，亩产130公斤。2012年，全乡农业总产值2.1亿元，占国内生产总值的35%；粮食作物以水稻为主，全乡生产粮食1.82万吨；主要经济作物为油菜、蔬菜，全年种植油菜1.5万亩，总产1961吨；种植蔬菜0.48万亩，总产5280吨。2014年，全乡优质水稻种植面积保持在1万亩以上，水稻种植2.5万亩以上，全乡生产稻谷16565吨，粮食生产工作被县委、县政府授予一等奖。同时，着重扶持葡萄、百合、油茶、蔬菜瓜果种植。

养殖业 改革开放以来，全乡在较短时间内实现由个体养殖到规模养殖，由一般养殖到特种养殖，由分散养殖到专业养殖的跨越。先后建起孵化公司、养殖公司和养殖小区，并打出"五香腊牛肉""白洋青鱼"等品牌，优良品种有桃源鸡、南阳菜牛、湘西黄牛、南江黄羊、黑山羊、白洋草鱼等。1995年，全乡出栏肉猪18000头，养殖产值占农业产值的60%。2009年，金堰村村民童学勤返乡创办堆金豪猪养殖场，存栏豪猪400余头，年繁殖豪猪小仔150多头，年产值150万元，创利润100万元，其豪猪不仅远销全国各地，还销往亚洲甚至欧美。2012年，恒昌养殖专业合作社成立，注册资金100万元。是年，全乡生猪饲养量达到3万头，年末存栏2万头；家禽年饲养量60万羽。2008年，创办白洋河生态龙虾、螃蟹养殖基地。2014年，全乡发展生猪72190头，牛存栏6435头，羊出栏25901只、存栏22527只，家禽出笼79万羽，禽蛋产量4710吨，水产品产量1965吨；形成以恒昌养殖专业合作社为龙头的蛋鸡养殖群，蛋鸡饲养量稳定在35万羽以上；对白洋河生态龙虾、螃蟹养殖基地进行扩建和技术改造。

林业 1971年，域内组织万名党团员、民兵、干部群众上山挖壕植树造林，栽种杉树、松树、梓树、油茶树。1973年，乡境开展大规模植树造林运动，实现"消灭荒山"目标，拥有人工林区1.5万亩。20世纪90年代，人工造林全部受益。2011年，全乡有林地22.11万亩，其中用材林0.33万亩，森林覆盖率37%，活立木蓄积量1.4911万立方米。2015年，全乡重点发展特色油茶产业，种植面积达2.1万亩，高产千亩示范片2个，完成油茶低改垦复6000亩，建立千亩示范片1个。

工业

20世纪70—80年代，乡域有金刚石刀具厂、金刚石拉丝模厂、机制砖厂、皮革厂等社(乡)办企业。1995年，全乡有15个乡办企业，69个村办企业，15个个体私营企业，从业人员1210人。1999年，引进防锈油厂、汽车配件厂、芙蓉泉酒厂等企业。2002年，乡办企业均改制私营。2009年，全乡企业主要有蜀中情特色食品厂、青林民族丰收园、中慈电子元件制品厂、青林福利内衣厂、星仪玩具厂等私营企业。2012年，全乡拥有工业企业37家，职工11314人，工业生产总值2.8亿元，占国内生产总值的46%，实现工业增加值0.9亿元。2014年，依托县漳江创业园开展招商引资，引进1000万元以上企业常德华吉服饰、王记益中香食品厂、济庆农牧有限公司，引进500万元以上企业丰收果业、奥地利花卉、金虹茶油。2015年，工业生产总值3.13亿元，占国内生产总值的46%；有工业企业41家，职工10216人；实现工业增加值1.1亿元。

商贸服务业

1996年冬至1997年春，在墟场兴建1个占地1100平方米的市场，街道建设在全县首屈一指，青林墟场成为全县少有的繁华农贸市场。2011年，全乡社会商品零售总额1.7亿元，城乡集贸市场1个，年成交额1.2亿元。2012年，全乡有商业网点13个，职工380人。2014年，投资2800万元、建成建筑面积10809多平方米、拥有各类摊位、商铺400个的青林乡农贸大市场，彻底解决市场外占道经营、交通拥堵老大难问题。2014年，全乡有城乡集贸市场1个，个体工商户478个。

三、基础设施

交通运输

青林回维乡地理位置优越，东临沅水，北靠白洋河，省道226贯穿全域。石长铁路离青林仅20千米，在建的黔张常铁路过境。2009年，全乡村村通水泥公路，其中珠明、黄楚两个村组级公路水泥硬化。2014年，筹资160万元修通20千米乡村水泥路，实现组组通砂石路，乡内公路大循环。县城1路公共汽车开通至青林乡政府，桃源至常德、桃源至漆河方向的客运汽车过境。

邮政通信

20世纪60年代，公社、大队各有一部手摇电话。20世纪90年代开通程控电话，1992年，建成乡广播电视站。1995年，开通100门程控电话。2009年，境内建移动、联通发射基站2座。2012年，建邮政服务所，邮政业务总量20万元。报纸、杂志累计期发行0.98万份。有电信企业1家，服务网点4个，固定电话用户3000户，电话普及率42%；移动电话用户1.5万户，互联网用户853户。全年电信业务收入160万元。有有线电视用户0.52万户，入户率70%。

供电饮水

供电　20世纪70—80年代，青林回族维吾尔族乡改革开放前只有几个电排通电，改革开放后全乡陆续普及供电，2014年，农村电网改造全部到位，农户用电实现同网同价。全乡有变压器120余台，输电线路90千米。

饮水　2009年，建成乡自来水厂，年供水70万立方米。2012年，自来水厂完成二期扩改，管网铺设覆盖全乡，基本解决安全饮水问题。2013年，建设姜岩自来水厂，启动乡自来水供水管网升级改造。

水利建设

境内有3个小(一)型水库，分别是古堤水库、姜岩水库、三层堰水库。古堤水库位于青林村，1957 年 8 月兴建，12 月投入运行，属沅水一级支流白洋河，水库集雨面积 5.2 平方千米，正常库容 520 万立方米，实际灌溉面积 9000 亩。姜岩水库位于姜岩村境内，1974 年 11 月兴建，1975 年 12 月投入运行，属沅水一级支流白洋河下游，控制集雨面积 2.74 平方千米，正常库容 132 万立方米，实际灌溉面积 2240 亩。三层堰水库位于督粮冲村，1956 年 12 月兴建，1957 年 10 月投入运行，属沅水一级支流白洋河下游，水库集雨面积 1.07 平方千米，水库正常蓄水位 63.7 米，正常库容 80 万立方米，实际灌溉面积 3000 亩。

2012 年，全乡完成山塘整修扩建 68 口，渠道防渗建设 2.1 千米，渠道整修清淤 41 千米，干渠除险 5 处，小水库除险 2 座，堤垸工程除险 1 处，机埠维修改造 2 处 /2 台 /170 千瓦。2014 年，投入 3000 多万元在三岗、金堰、采菱等村进行农业综合开发，建设高标准农田 1.5 万亩，维修改造排灌站 5 座，骨干塘 103 口，修建渠道 150 千米、机耕路 30 千米。是年，全乡有莫溪堉、姜岩、三层堰、古堤 4 座小型水库，有山塘 704 口、骨干塘 8 口、灌溉干渠 47.8 千米、机埠 21 处，总装机容量 784 千瓦，全乡蓄、引、提水量 1134 立方米，有效灌溉面积达 90%以上。2015 年，争取农业综合项目资金 3599 万元，在白洋河、督粮冲、莫南、姜岩等村全面实施基础设施建设，整修堰塘 53 口，铺设机耕路 8550 米，硬化支渠 32200 米，浆砌主干渠 9880 米，修建 U 型渠 23000 米。

四、社会事业

教育

1995 年，全乡有中学 1 所，中心小学 1 所，村小 8 所，教学点 5 个，中小学在校学生 2393 人，教师 208 人。2002 年，美国欣欣教育基金会捐建茨树垭小学。是时，全乡有初级中学 1 所、中心小学 1 所、村级小学 4 所。2009 年，全乡有初级中学 1 所、完全小学 3 所。2012 年，全乡有幼儿园 5 所，在园幼儿 920 人，专任教师 8 人；小学 3 所，在校学生 950 人，专任教师 60 人；初中在校学生 400 人，专任教师 60 人。小学适龄儿童入学率、初中适龄人口入学率、小升初升学率、九年义务教育覆盖率均达 100%。

文化体育

青林回维乡文化底蕴深厚，文化遗产丰富，境内有古遗址 15 处、古墓群 4 处、古窑址 2 处、古城址 2 处，其中采菱城遗址为全国重点文物保护单位。2003—2006 年，全乡 4 个村通有线电视，覆盖率达 18.75%，2007—2009 年，16 个村通有线电视，覆盖率达100%。

1994 年湖南省第三届民族体育运动会上，青林回维乡被评为省民族体育先进单位。2010 年省民族运动会上，获得陀螺项目第三名。2014 年省民族运动会上，获得陀螺项目第四名。2015 年桃源县第一届体育运动会上，取得优异成绩。是年，全乡有文化站 1 个，工作人员 3 人。有村级文化活动中心 8 处。有农民业余乐队 4 个，业余体育队 16

个，广场舞队16个。各类图书室8个，藏书3.2余万册。有学校体育场3个，经常参加体育活动人员占常住人口的10%。

医疗卫生

2002年，全乡建有乡卫生院和精神病专科医院各1家，医疗卫生站16个，医疗诊所4个，药品超市1家。2009年，全乡除卫生院外，还有8个村卫生室，新型农村合作医疗参合率100%。2012年，全乡有乡医疗卫生机构2个，门诊部（所）15个；有床位120张，每万人拥有病床48张；固定资产总值620万元。专业卫生人员50名。医疗机构（门诊部以上）完成诊疗2.56万人次，8个村村民全部参加新型农村合作医疗。

社会保障

2012年，全乡享受城镇最低生活保障的有47户62人；医疗救助125人次，民政部门资助参加合作医疗1113人次；享受农村最低生活保障的有357户662人，国家抚恤、补助各类优抚对象91人，抚恤事业费支出71.97万元。社会福利费36.2万元；有敬老院1家，床位50张，供养农村五保人员50人。

2014年，投资40万元在清真寺附近新建面积500多平方米、床位50余张的莫南民族敬老院，既方便老人做礼拜，也解决有清真饮食习惯老人的养老难题。完成农村低保户重新审核，剔除不应低保181户，新增低保69户147人，发放农村社保卡13246张，吸纳935名外出务工人员参加劳动保障协会，为30名务工人员提供跟踪维权服务，追回各类经济补偿258万元。2013—2014年，24883人参加新型农村社会养老保险登记，征缴金额达229.97万元，养老保险领取资格认证8947人次（其中新农保8322人次、企业职工养老保险435人次、机关事业单位养老保险190人次），401人参加城镇居民医保。

五、特色地情

名胜古迹

采菱城遗址　采菱城为春秋晚期至汉代的城址，位于采菱、金堰两村交界处，城址呈长方形，南北长830米，东西宽600米，护城河宽20～30米，面积49.8万平方米，现有残垣10段，总长1425米，相传为春秋晚期楚平王所建，为省内规模最大的东周古

▲ 采菱城城墙

城址。采菱城遗址于1983年被省人民政府确定为省级文物保护单位。2013年，被国务院公布为第七批全国重点文物保护单位。

名优特产

金虹茶油 青林回维乡地处北纬28° 24′ 30″ ~ 29° 24′ 13″ 之间，独特的地理环境特别适合油茶树生长。2009年，成立湖南桃源金虹茶油有限公司，公司以盛产原生态无公害山茶树的青林回维乡为种植基地，种植了千余亩"富硒"山茶油树。生产的"泥头山"牌实榨茶籽油，采用低温冷态纯物理技术，产品经人工采摘、自然晒干、选籽、物理压榨、多次精滤、检测合格后灌装。初级压榨确保产品品质100%纯天然，茶油晶莹剔透，口味清香纯正。产品销往全省各市州及北京、上海、深圳、广州、福建、山东等地，深受消费者青睐。

历代名人

李锡全 1920.2—2014.5，又名李云，远征军老兵，青林回维乡大洋村鹅道嘴人。家中兄弟6人，他是老幺，1938年，他和四哥、五哥一起从军，辗转广东、广西、云南多地参加抗战。1943年，李锡全所在部队编入中国远征军第54军，随后展开收复腾冲战役。李锡全是直属军部辎重团的特务长，专门负责运送战场给养。1944年5月11日凌晨，中国远征军打响滇西反攻战序幕。当日，李锡全所在部队强渡怒江，并随后从北斋公房翻越高黎贡山，挺进腾冲城。在腾冲收复战时，李锡全右腿负伤。战争结束后，李锡全来到缅甸密支那英军医院治病，未随大部队开拔，自此流落缅甸。2005年，时逢教师节，中国驻缅大使馆领事在密支那云南会馆，给密支那抗日老兵颁发有中共中央总书记、国家主席、中央军委主席胡锦涛签名的"中国抗日战争胜利60周年"纪念奖章。摸着这块奖章，李锡全思乡情越来越浓。终于，在2008年，中国《瞭望东方周刊》记者孙春龙找到李锡全，5月8日在网上发帖求助，网友"桃源热线"（彭亮）第一时间找到李锡全老家位置和亲属。10月20日，在多方努力下，李锡全终于回到阔别70年的故乡，"老兵回家"活动也由此拉开序幕。同年，李锡全入选"感动中国2008年度人物"候选人名单。2010年5月27日，李锡全受邀参加湖南国防教育文艺晚会《心的长城》，再一次回到湖南。2014年5月6日下午3时30分，李锡全在缅甸密支那去世。

（翦琴华）

车湖垸乡》

车湖垸乡行政区划略图

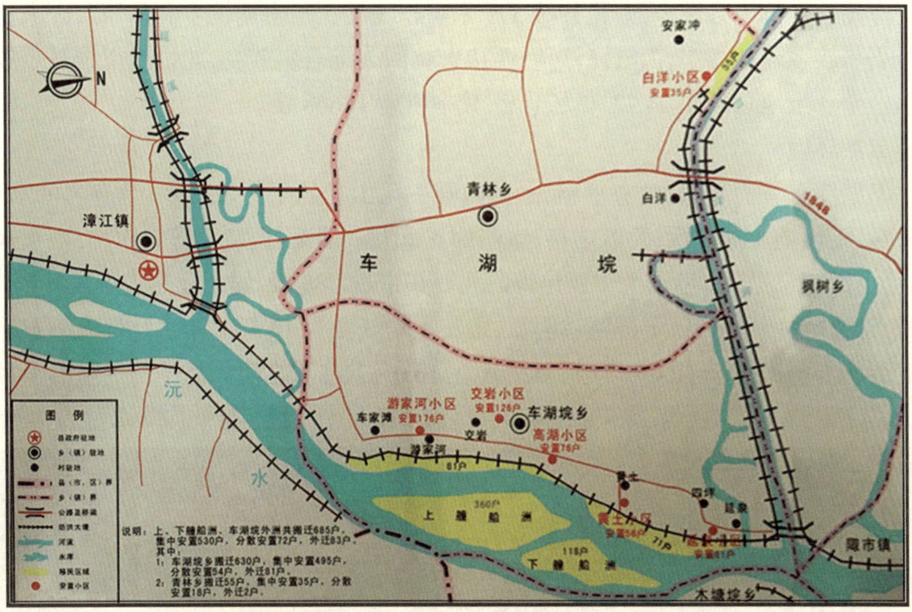

一、区域概况

建置沿革

按北宋《太平寰宇记》记载，境域属桃源县延泉村。据南宋《武陵图经》记载，属仙瑞乡延口村。清《光绪桃源县志》记载，分属仙瑞乡下坊村和大延上乡大高村。据元朝《六条政类》，元朝开始设立水驿延泉站（今延泉村），为桃源三个水驿之一。明洪武二年（1369），延泉驿迁改为渌萝水驿（今漳江镇南站村）。明嘉靖七年（1528），渌萝驿并入桃源驿。明《嘉靖常德府志》记载有古师铺（今古市村）、延泉铺；明《万历桃源县志》记载有延泉市、延泉铺、古师铺；清《道光桃源县志》记载有古师铺、黄土铺（今黄土村）、延泉铺。1941 年，改设为延溪乡。1947 年 2 月，延溪乡并入漳江镇。同年 5 月 25 日，恢复原建制。1952年8月土改复查时，境域属延溪区所辖延泉、黄土、交岩、长堰4乡和陬溪区巴溪乡。1956年撤区并乡后，划归茅草街乡和陬溪乡。1958年人民公社化后，分属城郊、东风公社。1961年4月调整建制，成立车湖垸公社，辖交岩、长堰、泥窝、古市、游家河、艟船洲、高湖、黄土、四坪、延泉、凤凰、巴溪12个生产大队。1984年春，改为车湖垸乡。是时，全乡辖长堰、车家滩、游家河、古市、交岩、艟船洲、高湖、黄土、小洲、四坪、延泉、凤凰、巴溪13个村125个村民小组。2011年并村后，全乡辖胜利、富强、交岩、均田坪、延泉、高湖6个村，125个村民小组，乡政府驻交岩。2015年全县乡镇区划调整中，该乡并入漳江镇。

位置面积

车湖垸乡位于县域东部，距县城5千米。东临沅江与木塘垸乡和鼎城区许家桥回族维吾尔族乡隔江相望，南毗漳江镇，西接青林回族维吾尔族乡，北抵枫树维吾尔族回族乡。全乡土地总面积24.72平方千米，其中耕地18668亩。

自然环境

车湖垸乡三面环水，地势平坦，是县内唯一无山丘的平原垸区乡，是有名的水乡，水灾频繁。境内土地肥沃，物产丰富，盛产棉花、稻谷、油菜籽、蔬菜等农作物，畜牧水产发达，出产延泉黑猪。境内为中亚热带向北亚热带过渡地段，属中亚热带季风气候。气候特点是冷热四季分明，干湿两季明显，多年平均气温为16.5℃。年平均气温分布除南部和西北部山区低于16.0℃之外，其余均在16.0~16.5℃之间。月平均气温以1月最低，为4.5℃，7月最高，为28.5℃，3—10月皆在10.0℃以上。年平均降水量为1437毫

▲ 余晖里的艟船洲

米，年平均相对湿度为82%。年日照时数1529小时，年平均日照率为5%。

人口民族

1995年，全乡总人口16714人，其中男性8492人，女性8222人。2005年，全乡总人口16485人，其中男性8527人，女性7958人。2014年，全乡总人口16530人，其中男性8528人，女性8002人。全乡少数民族有回族189人，土家族45人，维吾尔族98人。

二、经济发展

综述

1995年，全乡实现工农业总产值7191万元，其中农业总产值3747万元，工业总产值3444万元，农民年人均纯收入1740元。2002年，实现农业总产值6064万元，工业总产值181万元，财政收入155万元，农民人均纯收入2248元。2012年，全乡农业生产总产值近4亿元，完成社会固定资产投资5000万元，发放小额支农贷款5300万元，农民人均纯收入达6908元。

农业

种植业 车湖垸乡是全县棉花和油菜籽的主产乡镇之一。1995年，全乡种植棉花7000亩，总产735吨；种植油菜12000亩，总产1536吨；种植蔬菜3960亩，总产5942吨；种植水稻6100亩，总产2058吨。2005年，全乡种植水稻9515亩，总产4061吨；种植棉花8050亩，总产805吨；种植油菜13100亩产，总产1336吨；种植蔬菜8000亩，产量10800吨。2014年，全乡种植水稻15218亩，产量5614吨；种植棉花11000亩，总产1045吨；种植油菜14320亩产，总产1876吨；种植蔬菜7000亩，产量15267吨。均田坪村投入资金1400万元种植百合700亩，亩平产出4.5万元。

▲ 2013年，省人大常委会副主任罗海藩来乡视察油菜产业

养殖业 家畜、家禽、水产养殖是车湖垸乡经济主要支柱之一，尤以养殖延泉黑猪著名。1995年，全乡发展生猪18740头，出栏13300头，发展家禽13.4万羽，出笼9.15万羽，水产品产量44吨。2005年，全乡发展生猪47012头，出栏30012头，出栏肉牛1000头，出栏羊14035只，出笼家禽50万羽，水产品产量1030吨。2009年，全乡有养

猪场30个、山羊养殖场5个、养鸡场18个，畜牧业产值占全乡生产总值的30%以上。2014年，全乡发展生猪60265头，出栏40550头，出栏肉牛476头，出栏羊11854只，出笼家禽55万羽，禽蛋产量1466吨，水产品产量1017吨。

工业

20世纪80年代至90年代初，车湖垸乡乡村企业和个体私营企业得到较大发展，形成以建筑业和建材业为主体的工业企业。1995年，乡村企业和个体私营企业475家，从业人员1175人，固定资产总值1270万元，总产值6828万元。至2002年，乡村办集体企业全部改制私营，全乡个体民营企业和个体户共268家，个体民营企业主要有丰湖兄弟食品厂、宏发大米厂、润龙食用油厂等。2009年，丰湖兄弟食品厂生产的"刘老黑"品牌腊制品获省、市农博会金奖，长清棉业合作社从事棉花深加工，年产值5000万元。2015年，全乡有工业企业120家，年产值1.2亿元。

商业

1984年，全乡有个体商户30户，从业人员100余人。1999—2002年，建成以乡政府所在地为中心、沿公路两旁的商业街和交岩集贸市场。2015年，全乡有个体商户200余户，从业人员480人；乡集镇有商铺17家，全乡有农贸市场1家；社会商品零售额1000万元。

三、基础设施

交通运输

1994年，全乡投资30万元新建防汛公路11千米。1999年，建成11千米防汛通道水泥路。2014年，筹资300万元硬化长6.5千米的白洋河北大堤。2015年，全乡有乡村公路22千米，汽车客运站1处；有客车6辆，客运线路3条，每天由乡集镇发往邻近乡镇和桃源县城的客班车8趟，运送旅客2000人次。

邮政通信

1972年，车湖垸乡建邮政所。1995年，开通程控电话，程控电话50部，组组通广播。2009年，全乡程控电话发展到600部。2011年，移动、联通公司在乡境建通信基站，开通互联网。2015年，全乡有座机2300部、手机3100部，有快递分公司3家。

水利建设

20世纪70年代末至90年代初，车湖垸乡新建电力排灌机埠5座，装机194千瓦；改造和新建渠道14条42千米。2012年，投入40万元对全乡农田水利渠道进行硬化，投入50万元对多个村的机埠进行维修改造。2013年，车湖垸完成投资5000万元的农业开发项目，

集镇建设

1961年，车湖垸集镇有街道1条，长620米，建成区面积720平方米。1984年，车

湖乡集镇有街道2条，长1700米，建成区面积1500平方米。2014年，筹资150万元，在延北公路安装路灯400余盏，实现全线亮化。集镇有街道3条，长2500米，建成区面积5000平方米。

四、社会事业

教育

1964年，车湖垸公社一个大队一所耕读学校，全公社共19所。小学10所，学生1300人，教师32人。1969年，办起车湖垸公社中学，由4所完小附设初中班合并而成，有教师12人，学生200余人。1978年，学校曾办起农机班与农技班，有80名学生毕业。1983年，全乡有中、小学14所，中小学生2269人，教师132人。1995年，车湖垸乡有中小学10所，村级幼儿班4个，在校中小学生1622人，在职教职员工118人，教学楼、教师宿舍楼、仪器室、图书馆、阅览室一应俱全，中学教育质量名列全县前茅。2002年，全乡有初级中学、中心小学、完全小学各1所，村级小学2所。2009年，全乡有初级中学1所，小学2所。2012年，投入资金近100万元改善办学条件，发放贫困寄宿生生活补助15万元。2013年，投资200万元新建中心幼儿园。2014年，投入100多万元购置新国标校车，投入8万余元设置校车线路标示牌、整改校车线路危险路段。是年，全乡有幼儿园5所，入园幼儿460人，幼师33名；有小学1所，学生360人，教师22名；有中学1所，学生452人，教师30名。

文化

1994年，乡内有有线电视台1座，广播电视转播台1座，有线电视入户2113户，村通广播率98.7%，开通桃源电视微波站并与全市联网。2009年，乡域内有有线电视台1个，电视差转系统1座，电视入户率100%。2015年，全乡有文化站1处，有村级文化活动中心7处，各类文化艺术表演团体4个，从业人员52人，各类图书室15个，藏书4.5万多册。

医疗卫生

1965年，建车湖垸公社卫生院。1970年，大队成立卫生室，每个卫生室配卫生人员4名。1984年，全乡有卫生医疗机构4家，有医务人员13人。1993年，新建延泉门诊大楼，添置10万元的医疗设施和药用器材。是时，卫生院建筑面积1300平方米，大小医疗器材24件，医务人员21人。2002年，乡卫生院有门诊部5个，另有村级卫生室7个。2009年，村级卫生室增加到13个。2013年，建成垃圾中转站，在各村新建垃圾池、新购垃圾车、新置垃圾桶等，进行农村卫生清洁整治。2014年，新修乡卫生院门诊楼。2015年，全乡有医疗卫生机构2家，医务人员24名；医疗设备价值400万元。

五、特色地情

名优特产

延泉黑猪 是车湖垸乡一带农民利用当地丰富的粮食和野生水草等饲料资源，经过长时间优化、培育，逐渐形成的地方优良猪种，明代即已闻名遐迩。清《桃源县志》对延泉黑猪作了记载。该猪种属脂肉兼用型，体质结实，结构紧凑，毛色纯黑，皮肤浅灰，头大小适中，脸平直或微凹，额较狭，有“介”字形皱纹，颈肩结合良好，背腰较长且宽而平直，母猪腹大不拖地，四肢强健有力，无卧系或半卧系，公猪前驱较高，尾长过腓节而撒开，习称“鱼尾”。1968 年，延泉黑猪被引往越南饲养，深受好评。延泉黑猪具有早熟易肥，蓄脂力强，味道鲜美、肉质细嫩的特点。延泉黑猪较耐粗饲，在“一瓢潲水一把糠”的饲养条件下，饲养 8—10 个月，再经过 1—2 个月左右的补料催肥，到 10—12 个月可达 65～70 千克，而在饲养条件较好时，出生 7 个月可达 80 千克。

历代名人

雷声宏 1932 年 2 月出生，笔名雷雨，桃源车湖垸人。1940—1949 年，先后在致知小学、桃源私立新民小学、常德私立隽新中学就读。1949—1954 年在十二兵团、湖南军区司令部等单位做参谋、干事工作。1954 年，加入中国共产党。1954—1956 年，在重工业部有色金属管理局中南钨矿局做人事工作。1956—1961 年，在南开大学中文系学习，毕业后留校任教，讲授《马列文论》和《文艺理论》等课程。1969—1976 年，在中共天津市委宣传部工作。1977 年，调到《红旗》杂志社做编辑工作，曾担任红旗出版社副社长，先后被聘为副编审、编审。1982 年，加入中国作家协会。1995 年，任《求是》杂志社研究所研究员，被聘为国务院研究室中国言实出版社特邀顾问兼编审。著有文艺评论自选集《繁荣创作的必由之路》，编撰《马克思恩格斯文艺思想论纲》《毛泽东文艺思想论稿》，编辑《李广田文学评论选》《李广田文集》(5 卷)，校注古典小说《儒林外史》，参与译注《中国古代旅游散文大系·湖南卷》，另著有散文、报告文学及文艺理论、评论文章 100 余篇。

(陈国祥)

枫树维吾尔族回族乡

枫树维回乡行政区划略图

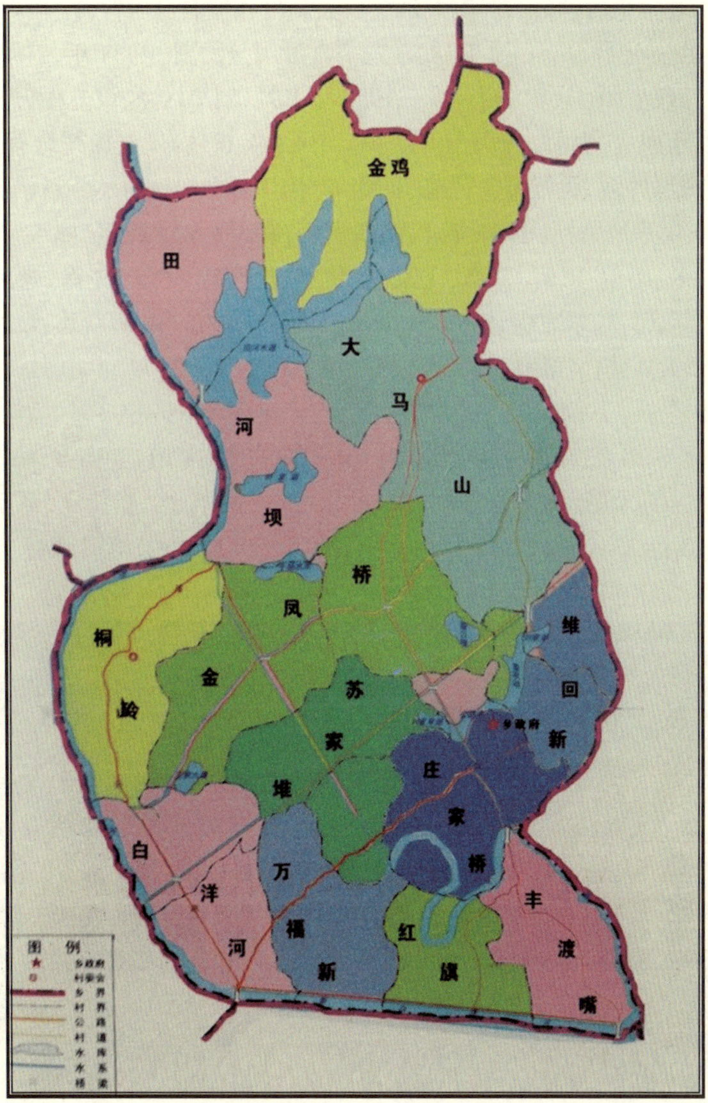

一、区域概况

枫树维吾尔族回族乡是常德市4个少数民族乡之一。既是湖南省著名水稻劳动模范李光庆的家乡，更是伟大的马克思主义史学家翦伯赞的诞生地。枫树维回乡素有“中国维吾尔族第二故乡”之称，是全国民族团结进步模范集体、国家级生态乡镇。该乡维回新村为首批中国少数民族特色村寨。

建置沿革

按南宋《武陵图经》记载，境域分属仙洞乡大高村（大高滩后讹为大家滩）和后眷村。据明《嘉靖常德府志》记载，属大延上乡大高村和仙洞乡后眷村。境内有吕真渡，明《万历桃源县志》记载设有吕真铺，此建置一直沿用至民国。1934年，属陬溪区浯溪团。1935年8月，废乡团，新编为浯溪乡。1952年8月，划小区乡，设立枫树、田家河、黎家坡、桐岭、大家滩、庄家桥、金鸡山7个乡。1953年6月，设立枫树维吾尔族自治乡。1956年初，撤区并乡，属陬溪乡管辖。同年6月，恢复枫树维吾尔族自治乡。1958年人民公社化后，属东风公社。1961年4月，析置枫树公社，辖大家町、回维、金鸡、兴隆、爱国、立新、和平、南岳、田河、公路、庄家桥、黎家坡、桐岭、牛场、先锋、老井、苏家堆、新屋、新建、新河、砌口、覃家嘴、田湖23个生产大队。1975年，析新建、新河、砌口、覃家嘴、田湖5个大队建白洋河农场，为公社一级行政单位。1979年10月，白洋河农场撤销，并回枫树公社。1984年2月，撤销公社，建枫树乡。1986年2月，撤销枫树乡，成立枫树维吾尔族回族乡，辖庄家桥、栗林坝、田河、老井、江家堉、金鸡山、桐岭、南岳、袁家巷、大家滩、牛场、仙坞、黎家坡、桂竹岗、苏家堆、公路、回维、新屋岗、覃家嘴、新河、砌口、鸡婆山、田湖23个村，239个村民小组。2011年并村之后，辖田河坝、金鸡、大马山、

▲ 枫树维回乡人民政府新貌

金凤桥、桐岭、白洋河、万福新、苏家堆、庄家桥、维回新、丰渡嘴、红旗12个村民委员会。

位置面积

枫树维吾尔族回族乡地处桃源县城东北，东与陬市镇、木塘垸乡毗邻，南与车湖垸乡、青林回族维吾尔族乡隔白洋河相望，西接浯溪河乡，北与漆河镇、架桥镇山水相连。辖区东西最大距离8.5千米，南北最大距离12.5千米，总面积58.95平方千米，其中陆地47平方千米，水域11.95平方千米。乡政府驻地距桃源县城15千米，距常德市城区18千米，离国道56杭瑞、国道5513长张高速公路及桃花源机场15千米。

自然环境

枫树维吾尔族回族乡平原、山区各占一半，地势自西北向东南倾斜，西北系丘陵区，东南则是平原低洼区，形成八湖平原。主要山脉有大马山，境内最高峰大马山海拔98米，最低点童家湖海拔25米。境内最大河流为沅水，主要支流有白洋河哑河等。境内主要自然灾害有洪涝、干旱、冰冻等，洪涝灾害年均发生1次，主要发生在6月至8月。1954年上八湖垸、官木溶垸溃堤，全垸淹没，损失惨重，下半年冰冻，果木、冬季作物全部冻死。最严重的一次发生在1969年6月老八湖垸区，白洋河流域强降雨引发山洪，水位达43.14米。旱灾年均发生0.5次，主要发生在8月至10月，最严重的一次发生在1988年8月，百日干旱无降雨，2万人饮水困难，3万亩水田几乎绝收。

乡域位于中亚热带向北亚热带过渡地段，属中亚热带季风湿润气候。气候特点是冷热四季分明，干湿两季明显，多年平均气温为16.5℃。雨量由南向北递减。年平均降水量为1447.9毫米，年平均相对湿度为82%，年日照时数1531.4小时，年平均日照率为5%，无霜期283天。

人口民族

1986年，全乡有8436户32000人，其中少数民族有2101户8489人，少数民族中土家族31人，苗族44人，回族446人，维吾尔族7968人。2002年，全乡有8738户31835人，少数民族人口约占全乡总人口的17%，少数民族主要有维吾尔族和回族。2015年，辖区总人口32207人，总人口中，男性16656人，女性15551人；汉族22948人，少数民族9259人；少数民族中，维吾尔族7883人、回族1216人、土家族122人、苗族18人、壮族7人、白族5人、侗族3人、瑶族3人、布依族2人。

二、经济发展

综述

1995年，全乡财政收入299.99万元，支出260.28万元，税收283.63万元，农民人均纯收入1355万元。2002年，全乡农业总产值15422万元，工业总产值12442万元，财政收入517万元。2005年，全乡国民生产总值达到5.4亿元，农民人均纯收入2907元。2012—2014年，枫树维回乡全面建设现代农业示范区，成为全县10万亩水稻丰产片和争创全国粮食生产标兵县核心区。重点培育粮食生产、蛋鸡养殖、肉牛养殖、水产养殖、葡萄种植等特色产业。2014 年，引进国钦棉业、四通养殖、浏阳河饲料、福星鞋业等企业，引资总额达 3.6 亿元，全乡新增工业产值 10 亿元，新增就业近 5000 人。2015 年，全乡工农业生产总值 15.2 亿元；财政总收入 2344 万元，信用社存款余额 2.8 亿元；固定资产投资 3.09 亿元；农民年人均纯收入 10656 元。

农业

种植业 1952 年，庄家桥村李光庆试种双季稻成功，枫树双季稻面积连年扩大。1966 年，李光庆“稻—稻—麦”三熟复种试验成功，其试验田平均每公顷产粮食（麦子、稻谷）23470 公斤，全乡“稻—稻—麦”“稻—稻—油”大面积推广。20 世纪 80 年代，双两大、水稻旱育秧、软盘抛秧、水稻免耕栽培、撒播、稻鸭共生、频振灯杀虫等先进农业生产技术在全乡推广应用，粮食产量不断提高。1982 年农村实行家庭联产承包制后，农民种田积极性得到充分发挥。1983 年，全乡粮食总产 2135 万公斤，比 1981 年增产两成以上；油菜籽产量创历史，种植面积超过 1.3 万亩，油菜籽总产 130 万公斤。1995 年，全乡粮食总产 14565 吨，油菜籽总产 156 万公斤。2012—2014 年，枫树维回乡全面建设现代农业示范区，建成 3 万亩优质稻核心产区，建设 10 亩育秧大棚，无公害基本农田覆盖率达 100%，粮食年产量 3.1 万吨，成为全县 10 万亩水稻丰产片和争创全国粮食生产标兵县核心区。2014 年，全乡种植葡萄 100 亩，新建无公害蔬菜基地 350 亩。2015 年，全乡种植棉花 1.2 万亩，产量 3072 吨；种植柑橘 0.53 万亩，产量 1722.5 吨；种植油料作物 2.6 万亩，产量 3289 吨；种植蔬菜 0.46 万亩，产值 1100 万元；全乡种植业产值 1560 万元。

养殖业 20 世纪 70~80 年代，枫树维回乡养殖业并不兴旺，生猪、肉牛、鸡鸭养殖基本以农户自给自足为主，且出栏成熟期较长。90 年代初，专业养殖兴起，四喜生猪、薛金刚肉牛、三尖蛋禽、白洋河水产等专业养殖合作社迅速崛起，推动周边养殖户积极参与，形成规模产业。1995 年，全乡出栏生猪 21000 头、牛 2120 头、羊 1143 只，年末家禽存笼 17 万羽，水产品产量 554 吨。2012—2015 年，全乡重点培育蛋鸡养殖、肉牛养殖、水产养殖等特色产业。2013 年，建年孵化 3000 万羽的家禽孵化基地和年出笼家禽 50 万羽的养殖基地。2014 年，建年出栏肉牛 7000 头的种草养牛示范小区；养殖蛋鸡 90 万羽，肉牛 1600 头，年产大闸蟹 3 吨，白洋青 16.8 吨，养殖业产值占到全乡农业总产值

▲ 常德市唯一民族贸易定点企业——义哥牛肉

60%以上，成为全乡主导产业。2015 年，9 户肉牛饲养大户饲养肉牛 3586 头，年末存栏 1157 头；23 家生猪养殖场饲养生猪 34665 头，年末存栏生猪 16939 头；有山羊饲养大户 15 户，全乡饲养羊 1798 只，年末存栏 529 只；56 个家禽饲养场饲养家禽 48.9729 万羽，销售家禽 53196 羽。湖南三尖农牧有限责任公司是全省最大的蛋鸡养殖企业，常德四通生猪养殖合作社是全省最大的生猪养殖基地。

林业 20 世纪 70 年代末，乡域林木蓄积量 45000 立方米。1995 年，全乡山林 16776 亩，林木蓄积量 45422 立方米，茶叶种植 1200 余亩，产茶 600 吨。林场 8 个，新造林 11000 余亩。至 2015 年，全乡有山林 25000 亩，林木蓄积量 50000立方米。林场 4 个，新造林 1.2 万亩，退耕还林面积达 2574 亩，以大马山、金鸡、金凤桥等村为中心的花卉苗木基地，面积达到 510 多亩。

工业

清末至民国时期，枫树有小作坊，从事铁器、木材和食用油加工。1953 年，乡境有木匠、漆匠、泥瓦匠等个体手艺人 714 名。1956 年，枫树 36 个高级农业生产合作社陆续办起农具厂、油榨坊、手纸厂、糖果糕点厂、粉厂等。1961 年秋，扩大农具厂规模，新建 2 家鞭炮厂，公社办砖厂、瓦厂、船厂。20 世纪 70 年代，预制件厂、乌胶厂、鞋厂、皮革厂投产。中共十一届三中全会召开以后，乡办村办企业发展较快。1995 年，全乡有 106 家企业，其中乡办 15 家、村办 90 家、联合体 1 家，总产值近 8000 万元。进入 21 世纪，个体私营经济得到迅速发展。2005 年，全乡有个体私营经济 845 家，较大型企业 15 家，其中年产值过千万元企业 3 家，全乡完成工业总产值 3.2 亿元。2012 年之后，乡工业以农产品加工、饲料生产为主。2015 年，全乡有工业企业 236 家，有职工 1207 人；有全国驰名商标 1 个，省优产品 4 个；全乡工业生产总值 3.97 亿元，利润 2000 万元，上缴税金 447.5 万元。

商贸服务业

1995 年，全乡个体私营经济户 843 户，从业人员 1479 人，年创产值 1000 多万元，创利税 28 万元。2002 年，全乡个体私营企业近 1000 家，乡境内建有枫树大市场、白洋河大市场和牛交易市场。2015 年，全乡共有商业网点 25 个，职工 251 人；社会商品零售总额 1.1 亿元；城乡集贸市场 6 个，年成交额 0.6 亿元。

旅游业

2012 年，开始开发乡村旅游产业，制定“民族团结示范园”建设规划。截至 2015 年年底，实施以“枫碑回眸”为主题的民族文化传承与民族风情展示区建设，推进核心景区枫林花海建设，举办“枫林花海旅游节”“浪漫郁金香、童真风车节”“蝶舞金秋旅游季”，枫林花海景区成为 AAA 级景区。2014—2015 年，接待游客 90 万人次，实现旅游综合效益 1.5 亿元，带动周边 100 多家农户自主创业，创就业岗位 200 多个，人均年收入增加 5000 元。

三、基础设施

交通运输

1995年，全乡有乡村简易公路60多千米，拥有客运汽车及小四轮32辆，货运汽车46辆，拖拉机、手扶拖拉机165台。2002年，全乡有村道130千米，组组通公路。2010—2011年，硬化通村通组公路47千米。2012—2014年，全乡拉通村级公路130千米，硬化公路85千米，组级公路硬化率达60%。至2015年，境内有省道226线，县道167线白漆公路；在建的黔张常铁路过境7.8千米，途经白洋河、万福新、苏家堆、庄家桥、维回新等5个村。客运汽车桃源至常德、桃源至漆河双向过境。

邮政电信

1995年，开通程控电话。2002年，建有2座移动电话通信基站。2011年，新增回维、江家堉2座移动基站，实现移动通讯村村全覆盖。2003年，建联通通信基塔，4700余户安装程控电话，程控电话入户率56%。

2015年，全乡有邮政网点1个，投递路线单程总长3600千米，投递点124个，乡村通邮率100%。有电信企业1家、服务网点4个，电话交换机总容量0.78万门，固定电话2453户，电话普及率54.19%；移动电话用户15000户，互联网用户678户，全年电信业务收入130万元。

供电饮水

供电 1995年，建成乡供电所，全乡高压、低压电线140多千米。2009年，全乡建有1个变电站和1个供电所，有17个村基本完成农网改造。至2015年，全乡农网改造完成二分之一。60兆瓦农光互补光伏项目落户枫树，项目装机总容量为60兆瓦，总投资4.8亿元，占地1715亩。

饮水 乡自来水厂建成于2004年，年供水25万立方米。2009年，人畜饮水工程全面实施，1200多农户5000名群众喝上清洁自来水。2011年，完成最后1个村180户的安全饮水问题。2013年，自来水厂易址新建，满足5200人饮水安全问题。2015年，全乡有饮水工程4处，自来水入户率100%。

水利建设

1959年冬至1960年春，在白洋河下游左岸、田河地段建成以灌溉为主，兼顾防洪的田河中型水库。1964年又兴建小(二)型牛场水库以及王家大堰等10余处蓄水塘坝。1971年，枫树、浯溪河两公社合力兴建栗林坝水轮泵站，灌溉农田7800亩，发电150万千瓦时。1970—1972年，枫树修筑大小渠道70余千米，兴建大小机埠30余处。1973年冬，县委成立白洋河截弯改直工程指挥部，组织全县33个公社的10万劳动力，开挖一条长5.1千米、宽195米、深12米的新河，同时修成两条长15千米，高12米的防洪大堤，昔日遭洪水肆虐的枫树变成旱涝保收的上八湖垸。至1995年，全乡有大小堰塘1089处，中型水库、小(二)型水库各1座，开挖山渠40多千米，修建机埠38处，全乡旱涝保收农田达耕地面积70%以上。2010—2011年，整修大小水利设施10多处，扩挖山塘和整修骨干塘200多口。2013年，整修扩挖山塘65口，新建维修机埠7处，新建排灌两用渠5.5千米。2015年，全乡有各类堰塘1100口，中型水库1座，小(二)型水库1座，中型泵站2处，机埠47处，排灌渠道515千米，各类水利设施附属建筑物314处。

四、社会事业

教育

1950年，乡域有学校5所。1965年，创办中学，时有中学生100人。1978年，枫树公社有小学18所，在校学生4100人，教师200名；有中学9所，学生450人，教师40名。1995年，全乡有中学1所，中心小学1所，村办小学21所，在校学生3600人，教师222名。2009年，全乡有初级中学1所，小学4所。2015年，全乡有幼儿园5所，在园幼儿692人，教师32名；有小学3所，在校学生1319人，教师70名；有初中1所，学生800人，教师86人。财政预算内教育经费810万元，预算内教育经费占财政总支出81.9%。

文化体育

1965年，建成乡广播电视站。至1995年，先后修建文化站、广播电视站、电影院、有线电视差转台。2002年，乡文化站为湖南省百强文化站之一。2009年，有5个村建成农家书屋。2011年，新建1个村民公园、5个村民体育运动场，全乡完成15个农家书屋建设任务。2015年，全乡有乡文化广播电视站1处，有村级文化活动中心12处，完善了白洋河村妇女儿童之家、维回新村和苏家堆村群众文化广场、演艺大厅等场地设施。成立广场舞队伍42支；民间演艺团队20支，其中腰鼓队7支、乐队8支、艺术团5支；舞龙队13支；桃源大鼓1支，继承人张成辉多次在省市县获奖，其作品在《艺术常德》多次发表。有学校体育场6个，经常参加体育活动的人员占常住人口的10.7%。

医疗卫生

1978年，枫树公社有医疗卫生机构15个，有医务工作者35人。1986年，有医疗卫生机构24个，有医务人员48人。2015年，全乡有乡医疗卫生机构1个，门诊部(所)15个；有床位52张；固定资产总值149万元。专业卫生人员42名，其中执业医师8人，执业助理医师15人，注册护士4人。12个村村民全部参加新型农村合作医疗，参保率100%。

社会保障

2005年建敬老院，敬老院设80张床位，集中供养五保老人50名。年发放优恤金15.75万元；对困难户、散居孤老残幼人发放集体供养金21万元。境内最低生活保障始于2006年，新型农村养老保险始于2012年。2015年，全乡有城镇最低生活保障户30户37人，全年支出城镇最低生活保障金10万元，月人均225元；医疗救助372人次，民政部门资助参加合作医疗1600人次，共支出112万元。全乡有农村最低生活保障户362户761人，支出农村最低生活保障金130万元，月人均140元。国家抚恤、补助各类优抚对象375人，抚恤事业费支出133.7万元。社会福利费22万元。全乡有敬老院2家，床位120张，供养农村五保人员106人。全乡有14000人参加新型农村养老保险，有5600人享受保险待遇，年收缴保费140万元，年发放保费530万元。

五、特色地情

风景名胜

清真古寺 古寺占地2000平方米，可同时容纳300人礼拜。该寺是明太祖朱元璋感念湖南维吾尔族祖先哈勒·八十将军平定叛乱的功绩，下旨敕建的四大古建筑群（忠勇坊、镇南堂、荐德楼、讲经殿）之一，明永乐元年（1403）年完工。讲经殿是枫树清真古寺的前身。清康熙二十年（1681），重新修整四处古建筑，讲经殿更名为清真西寺。民国5年（1916），由翦山胜等人发起，重新修整该寺时再次更名为翦家岗清真古寺。1966年“文化大革命”期间，古寺被拆除并收缴全部寺产，活动暂停。1988年，经国务院宗教局批准，重新修建清真寺，1993年6月落成。该寺曾多次接待过党和国家领导人、阿拉伯国家元首以及外省市领导、穆斯林同胞。1993年8月，被湖南省人民政府列为重点宗教活动场所。1999年11月，被评为常德市“五好宗教活动场所”。2001年8月，被确定为省级重点清真寺。

▲ 枫树清真寺

哈勒·八十陵园 洪武二十一年（1388），始祖哈勒·八十死于军中，奉旨敕葬常德东关外黄龙岗。二十二年，二世祖拜著奉旨征讨云贵，班师时不慎落入陷阱阵亡，奉旨与父同葬于常德东关外黄龙岗。1966年，因城市扩建及修建酒厂，遂迁到枫树岗回维村五队队屋旁。1993年6月经常德市人民政府批准，由桃源县人民政府组织迁往枫树清真寺内，墓体由石头、麻石砌成长2.32米、宽1.25米、高2.00米的石台。墓前有明洪武赐的“威震南方”石碑。2011年，被列为第九批省级文物保护单位。

翦伯赞故居 2009年6月，经中共中央办公厅同意，对翦伯赞故居进行修复。2010年10月，主体工程修复工程完成。整个故居占地24.3亩，由4部分组成：翦伯赞故居、管理用房、故居广场、故居大道。故居按照修旧如旧的原则，在原址按原貌修复。故居坐北朝南，平面呈“万”字形，是一幢具有湘西北建筑风格的纯木结构平房，建筑面积830平方米，共23间。故居由全国人大常委会副委员长司马义·铁力瓦尔地用维吾尔语题词，全国政协副主席、中央统战部部长杜青林用汉语题词。翦伯赞故居是常德市规模最大的名人故居，为省级文物保护单位。

枫林花海景区 枫林花海以民族团结示范园为依托，以清真古寺为中心，以翦伯赞故居为重点，建设具有维、回、汉民族特色的各种人文景观。主要包括哈勒·八十陵园、清真古寺、翦伯赞故居、民族演艺中心与广场、葡萄步廊、明末清初三大牌楼、明代建筑荐德楼、点将阁、礼拜西寺、讲经殿以及马德成将军陵园、三孔桥、吊索桥和近2000亩百色花海，是国家AAA级景区。

▲ 七彩花田

名优特产

清真饮食 清真饮食具有鲜、辣、咸以及特有的孜然香味，清真饮食文化是“维吾尔族第二故乡”招徕游客的亮点。清真牛肉食品既营养丰富，又讲究烹饪方法，清炒、卤制、蒸、煮、涮均可入味，尤其是牛肉火锅，更是注重营养配比，美味爽口，颇受各民族群众喜爱。以“清真釜牛肉、清真红烧牛肉、清真炖牛肉、清真牛百叶”为主菜的“八锅、八盘、八钵”分别组合而成的“牛大全席、牛中全席、牛小全席”更是枫树清真风味的经典。

民俗风情

湖南维吾尔族信仰伊斯兰教，称为穆斯林，笃信真主安拉，不崇拜偶像，视《古兰经》为“天经”，将真主语言作为穆斯林行为准则，信真主、信天仙、信经典、信圣人、信后世、信定然。生活习俗在许多方面与伊斯兰教的宗教活动密切相关，风俗习惯古老淳朴，语言、服饰、饮食、婚姻、丧葬、节日、礼仪等方面都有明显的民族特征。

历代名人

翦伯赞 1898.4—1968.12，派名象时，笔名林宇、林零、商辛、钱肃端、农畴、陈思遗、太史简等，维吾尔族，历史学家，今枫树维回乡维回新村人。1903年，入私塾启蒙。次年，转入清真小学。1908年，入县立高等小学堂。1910年，入常德中学预科。1912年，升入本科。1916年，毕业后考入北京政法专门学校。月余，转入武昌商业专门学校。1919年，毕业后在母校常德中学任英语教员。1924年夏，赴美国加利福尼亚大学研究经济。1926年回国后，在北京参加李大钊领导的“三一八”游行示威。同年七月到国民革命军总政治部工作，加入国民党。1928年，在商震的总司令部政治部工作，大革命失败后，为了探讨革命失败的原因，开始运用马列主义研究中国社会的性质和中国历史。1929年后，参与覃振等组织的反蒋活动。“九一八事变”后，翦伯赞写了大量著作，宣传党坚持抗战、团结和进步方针，揭露批判国民党反动派投降阴谋和分裂倒退活动。1937年5月，加入中国共产党。1940年起，翦伯赞长期在周恩来直接领导下，在重庆从事统一战线和理论宣传工作，进行抗战斗争。在艰苦的岁月中，翦伯赞以极大努力完成了《中国史纲》第一、二卷和《中国史论集》第一、二辑等上百万字的重要著作，为马克思主义史学理论在中国的奠定和发展做出了积极贡献。解放战争时期，翦伯赞按照周恩来部署，在南京、上海和香港继续进行统战和宣传工作，团结爱国民主人士，坚决反对国民党反动派的倒行逆施，热情支持各地蓬勃发展的爱国民主运动和青年学生运动。解放以后，翦伯赞在统一战线、民族团结、理论宣传和教育事业方面进行了大量的工作，后出任北京大学副校长和历史系主任，历任第一届全国政协委员，第一、二、三届全国人民代表大会代表，中央民族事务委员会委员，中国科学院哲学社会科学部学部委员。翦伯赞协同郭沫若、范文澜等，筹建中国史学会，开展史学研究和史料编撰工作。翦

▲ 翦伯赞故居

伯赞宣传马列主义和毛泽东思想，努力改造旧史学，建立并发展马克思主义新史学。他发表的《论中国古代封建社会》《论中国古代的农民战争》及有关《红楼梦》研究、历史名人评价等论文，都是为阐述毛泽东同志关于中国历史的论述而写的。他的《对处理若干历史问题的初步意见》《目前史学研究中存在的几个问题》等文章，宣传了历史唯物主义基本观点，批判抵制了唯心史观和虚夸学风。他认真执行贯彻党的知识分子政策，鼓励史学工作者努力学习马列主义，改造世界观，提倡老专家要认真带徒弟，青年要虚心向老专家学习，做到尊师爱生，互学互助。他在主编大学文科教材《中国史纲要》时，废寝忘食，呕心沥血，孜孜不倦。1956 年，翦伯赞以全国人大代表身份回桃源视察，曾专程访问母校漳江小学及枫树乡民族小学，还在桃源师范作学术报告，并深入农村调查访问，了解民情，上报中央。返京不久，又给枫树乡民族小学寄赠《义和团全集》一套。“文化大革命”中，翦伯赞以“资产阶级反动学术权威”名义被打倒、被迫害。1968 年 12 月，与妻子戴淑婉一起自杀而死。

1978 年 8 月，邓小平亲自批示：“我认为应予昭雪”，翦伯赞的十年沉冤始获彻底平反昭雪。

李光庆　清光绪三十一年八月二十九日（1905 年 9 月 27 日）生于一李姓贫苦农家，枫树维回乡庄家桥村人，农业劳动模范。未满周岁丧父，继父姓庄，家亦甚贫。幼未上学，7 岁帮人放牛，13 岁开始打短工、作长工。16 岁因躲避抽壮丁，由姓庄还原姓李。自结婚成家到 34 岁，为生计曾迁居 14 次，所生 7 个孩子因冻馁死去 6 个，备受颠沛流离和挨饿受冻之苦。

1951 年，庄家桥办起农业生产互助组，李光庆任王淑珍互助组副组长。1952 年 1 月，奉派参加常德地区农业座谈会，吸取南县、华容、安乡等县粮食丰产经验。回县后，着迷般地在 1.2 亩试验田里试种双季水稻，取得成功，使祖祖辈辈沿袭数千年的水稻耕作制度开始历史性的突破和改革。同年 7 月，李光庆加入中国共产党，被选为庄家桥农业生产合作社社长和村农民协会主席。同年，湖南省人民政府授予李光庆“水稻劳动模范”称号。

1966 年春，李光庆参加全国在福州召开的水稻生产科学实验交流会。回县后，把在会上学到的“稻—稻—麦”三熟制生产经验用于试验田，获得成功。1975 年 2 月，《湖南日报》《人民日报》相继刊登新华社电讯《人满七十，粮过三千》，报道李光庆的事迹。嗣后，《人民中国》《中国科学》《植物学报》分别用中、英文文本，向全世界介绍。湖南电影制片厂拍摄的纪录片《三熟夺高产》上映后，吸引全国绝大多数省、市、自治区派代表到李光庆所在地学习。包括国家元首等官员、专家和学者在内的一些外国朋友，也纷纷到该大队参观。李光庆因此先后 9 次获湖南省劳动模范，2 次获常德地区劳动模范，8 次获县特等劳动模范称号。1966 年，赴京参加国庆观礼之际，受到中共中央主席毛泽东接见。先后当选为中共枫树公社委员会委员、桃源县委常委、常德地委常委、湖南省委委员、省贫协副主席、中国农学会理事。1975 年 1 月，被选为全国第四届人大代表和第一次会议主席团成员。先后当选中共九大、十大、十一大代表。1978年,出席全国科学大会,被评为“全国先进科技工作者”荣誉称号。1989年2月16日,李光庆因心脏病突发逝世,享年84岁。

蓟迪岸 1949年12月出生,维吾尔族,河源巴登新域投资有限公司(巴伐利亚庄园)董事长,高级会计师、高级经济师,桃源枫树人。历任湖南省桃源县商业局党委书记兼副局长、县财办副主任,湖南省国际交流服务公司总经理。1994年,调入深圳华侨城建设指挥部工作,历任深圳特区华侨城建设指挥部主任助理兼城管(保卫)处处长、华侨城经济发展总公司总经理助理兼贸易公司总经理、深圳世界之窗总经理、华侨城集团公司纪委委员、党委委员、华侨城集团公司副总裁兼总会计师、泰州华侨城投资发展有限公司董事长、华侨城酒店集团监事长、华侨城集团公司董事、东部华侨城有限公司董事长兼总经理。深圳市第三、四、五届政协委员,华侨城会计学会会长,深圳市旅游协会会长,广东省旅游协会副会长,深圳市少数民族促进会副会长。2006年,获全国五一劳动奖章。2009年,被评为深圳地产十大贡献力人物十大领军人物,还获得过全国旅游系统劳动模范,深圳市先进会计工作者等一系列奖项。自2004年开始分管华侨城集团财务工作,通过科学理财,促进了集团的长期可持续发展。至2008年底,集团资产总额409亿元,比2003年年底的176亿元增长132%;归属母公司所有者权益75亿元,比2003年年底的35亿元增长114%;2008年实现营业收入208亿元,比2003年底的161亿元增长29%;实现利润总额21.7亿元,比2003年的5.5亿元增长295%。2008年,东部华侨城实现营业收入20亿元,实现利润总额3亿元,自开业以来累计接待游客超过400万人,实现收入36亿元,累计实现利润总额5亿元,解决4000余名员工的就业问题,取得了良好的经济效益和社会效益。在任职世界之窗总经理期间,提出“干活、理财、干净”思路,狠抓经营管理,实现利润以每年43.3%的速度递增,企业效益直线上升,自2000年起连续三年实现利润超过1.1亿元,以占全国2726家旅游景区利润总额(4.69亿元)的1/4而位居中国之最,创造了中国主题公园经营奇迹。经营东部华侨城期间,将项目打造成9平方千米世界级度假旅游目的地——集两个主题公园、三座旅游小镇、七家度假酒店、两座18洞山地球场、大华兴寺和天麓地产等项目于一体,拥有极为核心的市场影响力。项目获得联合国“全球人居环境最佳社区”、2009年“中国10大超级豪宅”“中国房地产金砖奖”“2009年度最具价值别墅大奖”“2009普利策年度别墅大奖”“深圳地产30年十大经典楼盘”等重要奖项。

杨万军 1960年12月出生,少将,研究生学历,汉族,桃源枫树人。1979年11月入伍,为广州军区警卫营三连战士。1980年9月至1982年7月,在广州军区测绘教导队测绘专业学习。1982年7月至1983年10月,任四十一军高射炮团轮训队教员。1983年10月至1991年5月,任四十一集团军司令部作训处参谋,其中于1987年9月至1989年7月,入南京陆军指挥学院学习。1991年5月至1995年6月,任广州军区司令部军训部参谋。1995年6月至1999年6月，任广州军区司令部办公室秘书。1999年12月至2003年6月，任广州军区司令部办公室处长。2003年6月至2009年5月，任广州军区司令部办公室副主任。2009年5月至2014年2月，任广州军区司令部军务部部长。2014年2月至2017年5月，任湖北省军区参谋长、湖北省征兵办主任。2017年5月，改任湖北省军区副司令员。2015年7月，被授予少将军衔。

（翦梅玲　翦象友）

陬市镇

陬市镇行政区域图

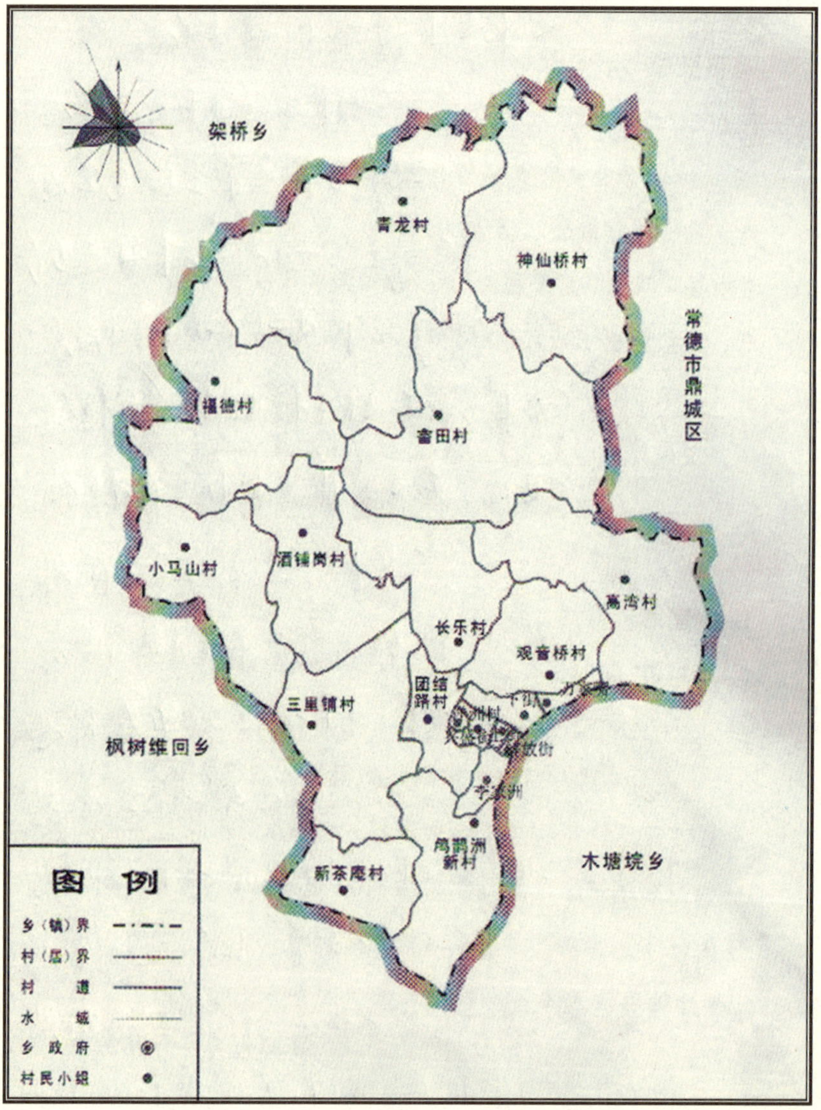

一、区域概况

建置沿革

陬市原名陬溪,“陬”即聚集之意,因三条河流汇聚于此形成集市而得名。陬市镇有五六千年的文明史,1985 年文物普查在毛家桥村(现已并入酒铺岗村)发现毛家桥遗址,属新石器时期大溪文化遗址。1985 年 8 月,在陬溪区三汊港乡三元村(今木塘垸乡金山村三元片)乡办机砖厂工地取土时发现一座战国中晚期楚墓,出土了一件有铭文的铜鼎,释读为“中昜王鼎”,经考证,中昜当为地名,与包山楚简(简 71、简 97)出现的地名“中昜”字形完全相同,应是一个楚县,地望位于桃源县东北一带,陬市镇附近在楚国时就已有中昜县建置。据《潜确类书》,东晋时发现桃花源的武陵渔人黄道真曾隐居在高吾山(今陬市镇高湾村一带)。《新唐书》记载朗州陬溪人周岳与同里人雷满、区景思等聚诸蛮数千补置伍长,是“陬溪”地名首次见于史籍,陬溪在唐朝已形成具有一定人口规模的集市。北宋乐史《太平寰宇记》云:“皇朝乾德二年,以朗州所管武陵、龙阳二县、敷余一场人户不等,仍析武陵上下二乡四千余户,于延泉村别置一县,以桃源为名,并废敷余场入近县”。据考证,宋朝设立桃源县之前的敷余场应在今陬市、河洑、畬田一带。敷余场被废以后,宋朝在此设立高吾市商税务,高吾市即今陬市镇高湾村。《宋会要辑稿》食货一九之一六“鼎州”酒课务作“高吴市”;《宋会要辑稿》食货一六之一四与《宋会要辑稿补编》(第 514 页)皆作“高居市”,疑皆为高吾市之传抄讹误。宋朝在鼎州共设立五个商税务:旧在城(今常德城)、桃源县、龙阳县(今汉寿县城)、赵塘镇(今柳叶湖旅游度假区白鹤镇赵公桥村)、高吾市,说明陬市一带在宋朝已是商业比较发达的集市。

据南宋刘子澄《武陵图经》记载,陬市镇境域属桃源县仙洞乡后眷村管辖,该区划一直沿用到民国初年。其中明洪武二十年(1387),苏溪巡检司改迁后眷村(今陬市),二十五年,苏溪巡检司迁至白马渡(今属漳江镇)。明《嘉靖常德府志》记载有邹溪市,并设有邹溪铺和高吾铺,都在今陬市镇境内。按《光绪桃源县志》,清咸丰元年(1851),桃源知县朱元增在河洑山下建仙源关,砌石如城,上修谯楼。咸丰四年,太平军来攻,楼遂毁。陬溪有市民数千家,商贾辐辏,为一邑巨镇,邑东北第一繁会之区。1928 年,辰州关移设到桃源县陬溪,改名武陵关,专征竹、木两税。1930 年 12 月底,裁撤。1915 年,始设陬市镇。1934 年,改设陬溪区陬市团。1935 年 8 月,废乡团,复设陬市镇。1941 年 1 月,撤区并乡,更名为陬溪镇。1947 年 2 月,陬溪镇、畬田乡并为陬市镇。同年 5 月 25 日,恢复原建制。1951 年 1 月,复名为陬市镇,与城关镇一起归县直辖,驻下街,辖6 个居委会。1960 年,改设陬市镇人民公社。1962 年 7 月,恢复陬市镇,辖上街、下街、解放街 3 个居民委员会和五七大队。1981 年地名普查,五七大队更名为重陂岗大队。1985 年,陬郊乡并入陬市镇,辖上街、下街、解放街 3 个居民委员会 15 个居民小组和崇庆、酒铺岗、五桂、毛家桥、指防口、东林、高湾、高家岗、朱家岗、长乐、戴家口、李家岗、杨家巷、三里铺、畹田、郊区、茶庵、新堤、洋洲、鸬鹚洲、重陂岗 21 个村民委员会 198 个村民小组。1992 年，重陂岗村改为兴盛街居委会。1994 年，郊区村析出竹林村。1995 年，畲田乡并入陬市镇，辖上街、下街、解放街、兴盛街 4 个居民委员会 19 个居民小组和崇庆、酒铺、五桂、毛家桥、指防口、东林、高湾、高家岗、朱家岗、长乐、戴家口、李家岗、杨家巷、三里铺、畹田、郊区、茶庵、新堤、洋洲、鸬鹚洲、竹林、畲田、塞水庵、长岭岗、神仙桥、黄溪港、冯坪、土地坡、黄花桥、印山庵、鹿田坪 31 个村民委员会 324 个村民小组。2003 年、2007 年增设 2 个居委会，全镇辖上街、下街、解放街、兴盛街、李家洲、万家嘴 6 个居委会和毛家桥、指防口、东林、高湾、高家岗、崇庆、朱家岗、长乐、戴家口、李家岗、酒铺、杨家巷、三里铺、畹田、郊区、竹林、五桂、茶庵、新堤、洋洲、鸬鹚洲、畲田、塞水庵、长岭岗、神仙桥、印山庵、黄溪港、冯坪、土地坡、黄花桥、鹿田坪 31 个村。2011 年，村(居)调整合并，全镇合并为李家洲、解放街、兴盛街、上街、下街、万家嘴 6 个社区居民委员会和鸬鹚洲新、新茶庵、三里铺、小马山、酒铺岗、长乐、团结路、观音桥、高湾、畲田、神仙桥、青龙、福德山、洋洲 14 个村民委员会。2013 年，洋洲村民委员会改为洋洲居民委员会，全镇辖 7 个社区居委会 13 个村。

位置面积

陬市镇位于县境东北部，东与常德市鼎城区石板滩镇、灌溪镇以及武陵区河洑镇接壤，东南与木塘垸乡隔沅江相望，西南及西与枫树维吾尔族回族乡相连，西北与北抵架桥镇。辖区东西最大距离 13 千米，南北最大距离 15.7 千米，全镇总面积 105 平方千米，其中耕地面积 5.79 万亩。

自然环境

境内地处湘西山地向洞庭湖平原过渡的滨湖地带，大部为平原，少部为浅丘区。地面高程一般为海拔 37 ~ 45 米，最高点为寨子山，海拔 45 米。境内矿产资源主要为石灰石、白土矿。

人口民族

1995 年，全镇有 20049 户 54870 人，其中男性 28062 人，女性 26808 人。2014 年年末，辖区总人口 57697 人，其中城镇人口 52656 人，城镇化率 91%；流动人口 1 万人。总人口中，男性 29110 人，女性 28587 人，人口密度为 550.5 人 / 平方千米。2015 年，全镇有 20627 户 56628 人，其中男性 28733 人，女性 27895 人。三里铺等村有回、维两族聚居。

二、经济发展

经济综述

1993 年，陬市镇财政收入跃上千万元台阶，获常德市委、市政府颁发的银奖。1994 年，镇属工业总产值过亿元，获常德市委、市政府颁发的金奖。1995 年，全镇农业总产值1.37亿元，农民年人均纯收入1342元。2002年，全镇农业总产值12843万元，工业总产值24026万元，财政收入843万元，农民人均纯收入2056元。2011年，全镇农业总产值3.7亿元，工业生产总值18.6亿元，实现工业增加值4.5亿元，社会商品零售总额15亿元，财政收入1300万元，境内金融机构存款余额8亿元。2015年，全镇生产总值实现45.11亿元，增长11%；固定资产投资4.23亿元，增长30%；规模工业增加值6.27亿元，增长18%；实现财政收入3934.56万元，年人均纯收入8700元。

农业

种植业 1995年，陬市镇种植水稻63320亩、产量18353吨，油菜20080亩、产量1476吨，棉花9000亩、产量516吨，蔬菜4134亩、产量6202吨，果园3694亩、产量301吨。2005年，全镇种植水稻71612亩、产量27379吨，油菜25000亩、产量2725吨，棉花5000亩、产量500吨，蔬菜10135亩、产量14819吨，果园面积1702亩、产量1209吨。2012～2013年，大力推进集中育秧，全面杜绝耕地抛荒和晚稻直播，开展高产创建示范，开展测土配方施肥，推行病虫害专业化统防统治，实现机插秧、机耕机收，全镇有50亩以上种田大户51户，500亩以上种植大户5户，千亩以上大户3户，千亩旱粮种植家庭农场一个。2014年，全镇种植水稻82250亩、产量30522吨，油菜30500亩、产量3996吨，棉花12800亩、产量1216吨，蔬菜22880亩、产量50472吨，果园2434亩、产量4258吨。

养殖业 20世纪90年代，陬市镇以三江禽业公司为依托，发展养殖业。1995年，全镇出栏生猪17273头，山羊901只，猪存栏19737头、牛存栏2062头、羊存栏904只，家禽存笼9.5万羽，水产品产量248吨。2005年，全镇出栏生猪47140头，山羊19966只，猪存栏29451头、牛存栏1995头、羊存栏26929只，出笼家禽125万羽，水产品产量2405吨。2009年，全镇养鸡大户发展到13个村3000多户，养鸡年产值突破3000万元。2013年，全镇家禽养殖规模达800万羽，向标准化、工厂化、无公害化发展，湖南三尖农牧有限公司在境内建有5个分厂，采用国内最先进的全自动给料、给水、清粪、收蛋设备。2014年，全镇出栏生猪42178头，山羊23715只，出笼家禽280万羽，禽蛋产量6176吨，水产品产量2681吨。

林业 1995年，全镇造林960亩，封山育林5100亩，抚育幼林3318亩，木材采伐量964方，油茶林5416亩，油茶籽产量261吨。20世纪90年代，开始建设苗木基地，至2009年，全镇有苗木基地4000亩。2011年，全镇林地4.6万亩，其中用材林1.5万亩，经济林3.1万亩，活立木蓄积量7.3万立方米。2014年，全镇造林1100亩，抚育幼林1500亩，木材采伐量401立方米。2015年，全镇有山林45406亩，其中杉木、松木类林木20239亩，毛竹90亩，经济类林木25077亩。生态公益林22776亩，活立木蓄积量61587方米，森林覆盖率25.9%。

工业

1995年，镇内有市、县、镇属工业企业100多家，工业产品580多种，其中镇属企业37家，从业人员1780人，固定资产2400万元，主要产品有汽车风扇带、桂花糖、水泥等，先后被评为省优、部优产品，获国家优质奖和金鹰奖。2009年，全镇工业有化工、食品、纺织、建材、造船、高新技术、印刷、饲料等38个行业，有民营企业75家，从业人员5000多人，其中规模企业17家，全年工商业产值17亿元。2014年，镇内有工商企业80家，有万福生科、磊鑫科技、大华机械、常摩摩擦、科辉墙材等规模企业14家，其中上市公司1家，形成了农副产品加工、机械制造、建筑建材、家具生产等四大支柱产业，拥有桂花糖、麦芽糖、摩擦片等一批国优省优名牌产品。工业产值12.8亿元，其中规模工业增加值过亿元，上缴工商各税1.5亿元，实现财政收入3000多万元。

▲ 陬市镇万福生科

商贸服务业

陬市镇历史上是商贾名流云集之地，为沅水流域桐油、茶油、竹木集散地。1949年，有竹木商48家。1950年，登记注册的工商业户3000多户。1956年，全镇社会商品销售额1.2亿元，有"湖北的沙市，湖南的陬市"之说，更有"小南京"之称。2009年，镇区有兴盛街商贸市场、陬市大市场、陬市农贸市场、上街粮油市场4座大型综合市场，有个体工商户2100多户，从业人员12000多人。2011年，全镇有商业网点1500个，从业人员5200人，城乡集贸市场6个，年成交额1亿元，社会商品零售总额15亿元。2014年，全镇有个体商户2500家，大型超市3家，社会商品零售总额15.6亿元。

三、基础设施

交通运输

省道306和226在镇区形成十字形交叉，国道5513长张高速跨镇而过并没有互通。沅江紧邻城区，流势平缓，形成天然港口，发达的航运直达长江，有可停靠千吨级船舶码头。距常德火车站15千米，桃花源机场15千米。2002年，全镇有公路113.4千米，镇区沅水码头可停泊5000吨级船舶。2011年，公共交通陬市站日过客运汽车180班次，日均客量5000人次，3路公共汽车直达常德市区。2013年，常桃路城乡统筹示范带陬市段投入资金2500万元，街道、人行道、绿化带、下水道、路灯、给水管、圆盘等建设基本完成并投入使用，柳叶大道西延线（陬市大道）建设正式启动。2014年，全镇完成公路硬化17.61千米，对镇区中心路、人民路、解放路进行改造。2015年，黔张常铁路开工建设，拟设陬市站。

▲ 高速公路大桥

邮政通信

1993年，陬市镇投资千万元开通4000门程控电话。2002年，全镇有固定电话用户9000户，移动电话用户18000户，互联网用户400多户。2009年，全镇有固定电话用户1.2万户，移动电话用户2.6万户，互联网用户1万多户。2011年，镇域内有邮政机构1家，电信企业1家，服务网点6个，电话交换机总容量0.9万门，固定电话用户0.7万户，移动电话用户4.5万户，互联网用户0.4万户。2014年，全镇有固定电话用户约0.5万户，移动电话用户约4.6万户，互联网用户约0.5万户。

供电饮水

供电 2014年，镇域内有11万伏国家中型变电站一座，314、318供电专线4条。

饮水 1985年前，居民均饮用河水、山塘水、地下井水。1985年9月，陬市自来水厂投产运行，受益人口5.7万人，日纯供水量5200立方米。2010年，建畲田水厂，水厂位于陬市镇长岭水库右侧200米，覆盖陬市镇神仙桥村、畲田村、青龙村和架桥乡军溶村、覃家溶村，受益人口9700多人，日供水量800立方米。2014年，总投资9480万元的陬市镇污水处理厂完成所有设备安装调试。

水利建设

境内属沅江水系。沅江境内河段长30.5千米，有沅江一级支流陬溪自北向南汇入沅江。有小(一)型水库1座，小(二)型水库3座，年总蓄水量198.52立方米。2013年，全镇完成山塘整治270口，渠道清淤整理65公里。2014年，整修沟渠10200米，新修机耕道15000米，整修堰塘27口。

城镇建设

1992年，陬市镇被常德市定为经济开发区。1993年，被桃源县定为私营经济试验区。1995年，被列为全国500强卫星小城镇之一。2004年，被列入全国小城镇建设重点镇。2012年，成为湖南省获批全国经济发达镇行政管理体制改革试点的3个镇之一。2013年，镇区道路长16.9千米、面积17万平方米，城区居住建筑面积150万平方米。2014年，投资1780万元对城区中心路、人民路、解放街道路进行综合改造，根据陬市镇总体规划对旧城区进行改造，修建性详细规划经市县专家评审通过，住宅小区建设部分实施；纸厂、轴承厂、农机二厂、水泥厂、李家洲等棚户区小区改造建设全部开工。

四、社会事业

教育

中华人民共和国成立后，域内信国中学改名桃源县第三中学。1963年，该校搬迁至陬市镇朱家岗村。2015年有教学班28个，学生1663人，教职员工132人。

1994年，投资300多万元对境内中、小学进行扩建改造；1995年投资140多万元兴建陬市中学科教楼和风雨操场。2002年，全镇有初级中学2所，完全小学和村级小学10所。2009年，全镇有初级中学1所，小学4所，幼儿园7所。2011年，全镇有初级中学1所，在校学生1068人，教师123人；小学3所，在校学生2647人，教师173人；幼儿园9所，在园幼儿1272人，教师108人。2014年，全镇有幼儿园10所，在园幼儿1272人，专任教师108人；小学3所，在校学生2340人，专任教师161人；初中1所，在校学生1068人，专任教师123人。

文化

中华人民共和国成立前，陬市镇知名度较高的戏剧团体有天元班、瑞林班、文化班、同乐班，特别是陬市亭子艺术闻名海内外。

2012年，县诗词书画协会和常德市广场健身舞协会陬市分会相继挂牌成立。2014年，镇区内有一座电影院，农村片区有一支流动电影放映队，每月放映一场电影。广播"村村响"工程全面竣工，每个村、社区都建有广播室。全镇有民间歌舞类表演团体7个，广场健身舞队9个。

医疗卫生

1959年，陬市镇工人诊所更名为陬市镇人民医院。20世纪90年代，全镇有镇人民医院和镇中心卫生院，有个体诊所30多家，有医务人员200多名，其中有技术职称的100多人，中高级医务人员50多名。1993年，陬市镇人民医院升级为桃源县第二人民医院，获省爱婴医院称号。2011年，全镇有镇级医疗卫生机构1个，门诊部1个，床位195张，专业卫生人员176名，医疗机构(门诊部以上)完成诊疗4.1万人次，14个村大部分村民参加新型农村合作医疗，参保率95%。2014年，有镇级医疗卫生机构1个，门诊部1个，床位120张，固定资产总值2100万元；专业卫生人员176名，所有村民参加新型农村合作医疗，参保率100%。

社会保障

2011年，全镇城镇最低生活保障户数913户1613人，支出389万元；医疗救助

159人次，民政部门资助参加合作医疗2460人次，共支出20.8万元。农村最低生活保障户数511户1156人，支出96万元。国家抚恤、补助各类优抚对象48人，抚恤事业费支出18万元；社会福利费14.2万元。敬老院1家，床位60张，收养人员41人。

2014年，开展"阳光行动"，对低保户、五保户动态管理，做到应保尽保，应退尽退。全镇新农合参保41183人，参保率100%。申报省为民办实事、贫困残疾人家庭无障碍改造项目及残疾人自主创业项目，经验收合格，全年发放各类残疾人补贴款近2万元，并发放各类残疾人设施，完成残疾人基本服务状况和需求专项调查核查工作。启动原雄劲特种水泥集团棚户区改造项目，改造规模586户。

五、特色地情

历史遗址

陈兆森烈士墓 位于陬市镇酒铺岗村。陈兆森，曾任中共桃源县委委员、桃源县第一任妇女部长。1927年参加南昌起义，后回湘鄂西创建革命根据地。同年底，因叛徒出卖入狱。次年1月6日，被害于常德小西门外校场坪，年仅25岁，归葬于老家陬市酒铺岗。1937年修墓立碑，碑联题："春秋多佳日；山水有佳音。"1990年迁葬于酒铺岗完全小学校园内。墓旁六角亭额镌廖汉生题"陈兆森烈士纪念亭"八字。2007年，被列为第三批市级文物保护单位。

徐溶熙苏维埃政权旧址 位于陬市镇青龙村，原为青龙寺，砖木结构，占地3000平方米。1927年11月18日，中共湘西特委发动武装起义，在此建立湘西北第一个红色政权——徐溶熙苏维埃政权。2009年，在旧址进行重修，为湘西北第一个红色政权旧址。

▲ 徐溶熙苏维埃政权旧址

许国璋将军殉国纪念碑 位于陬市镇畲田坪村灰山口。许国璋，1897—1943年，字宪廷，四川成都人。早年投入川军第2师服役，历任团长、旅长等职。1941年，升任第44军150师师长。1943年11月，参加常德会战，率部与日军在临澧太浮山、桃源陬市激战。当部队处于被日军包围的危急关头，亲临前线，率领官兵与敌人展开血战，重创日军。21日晨，在陬市畲田坪灰山口身负重伤，后在木塘垸殉国。其遗体安葬于四川成都。1944年2月2日，被国民政府追赠陆军中将。

▲ 许国璋将军殉国处

2014年9月1日，被中华人民共和国民政部追认为烈士，收入第一批国家级著名抗日英烈名录。2015年9月3日，抗日战争胜利七十周年之际，为缅怀将军爱国之志，抗日之功，常德市文物局和常德会战研究会特在其负伤阵地处建立纪念碑，以资纪念。

名优特产

桂花糖 原名陬市“洋糖”。起源于明末清初，其前身为桃源乡下的管子糖。初始，乡下农户制作的管子糖一无桂花的香气，二无糖芯的甜味，三无包壁的松脆。后经过反复研制，终于制作出空心、圆梗、香甜可口的糖。制作成功后，他们将糖送给县令和抚军，并作为贡品转呈宫内，被列为＂佳品＂，受到嘉奖。从此名声大振，销路越来越广；并随着购油买木的商户漂洋过海，远销外地，“洋糖”因此而得名。以后，随着社会的发展，“洋糖”的制作方法不断得到改进，质量不断提高，“洋糖”便演变成了桂花糖，被评为全国优质产品，两次获得银质奖章。

历代名人

雷满 ？—901年，字秉仁，唐朗州陬溪（今桃源陬市）人。本是一名渔师，骁勇有胆略，文身断发。唐乾符六年（879），聚诸蛮数千人组织土团军，初受荆南节度使高骈招抚为裨将，统领蛮军。后攻克朗州（今常德），杀刺史崔翥。中和三年（883），连克朗、衡、澧诸州，据有其地，唐昭宗以为武贞军节度使。累迁检校太尉，同中书门下平章事。光化三年（900）七月二十三日，封授冯翊郡王。雷引沅水以为城堑，上置长桥，为固守计。昭宗天复元年（901）卒，其子附于杨行密，地入于马楚。

张荣茂 1937年2月出生，桃源陬市人。1961年和1965年先后于大连工学院本科和研究生毕业。1975年9月，加入中国共产党。曾任沈阳市煤气化研究所技术员、专题组长，沈阳环保科技办副主任、研究室主任，沈阳市环保局副局长，沈阳市建委副主任。1981年，任沈阳市副市长。1988年，任中共沈阳市委常委、副市长。1992年，任辽宁省副省长。1994年2月，任辽宁省副省长、中共沈阳市委副书记、市长。1997年2月至2003年1月，任沈阳市人大常委会主任、党组书记。

（周鹏）

木塘垸乡

木塘垸乡行政区划略图

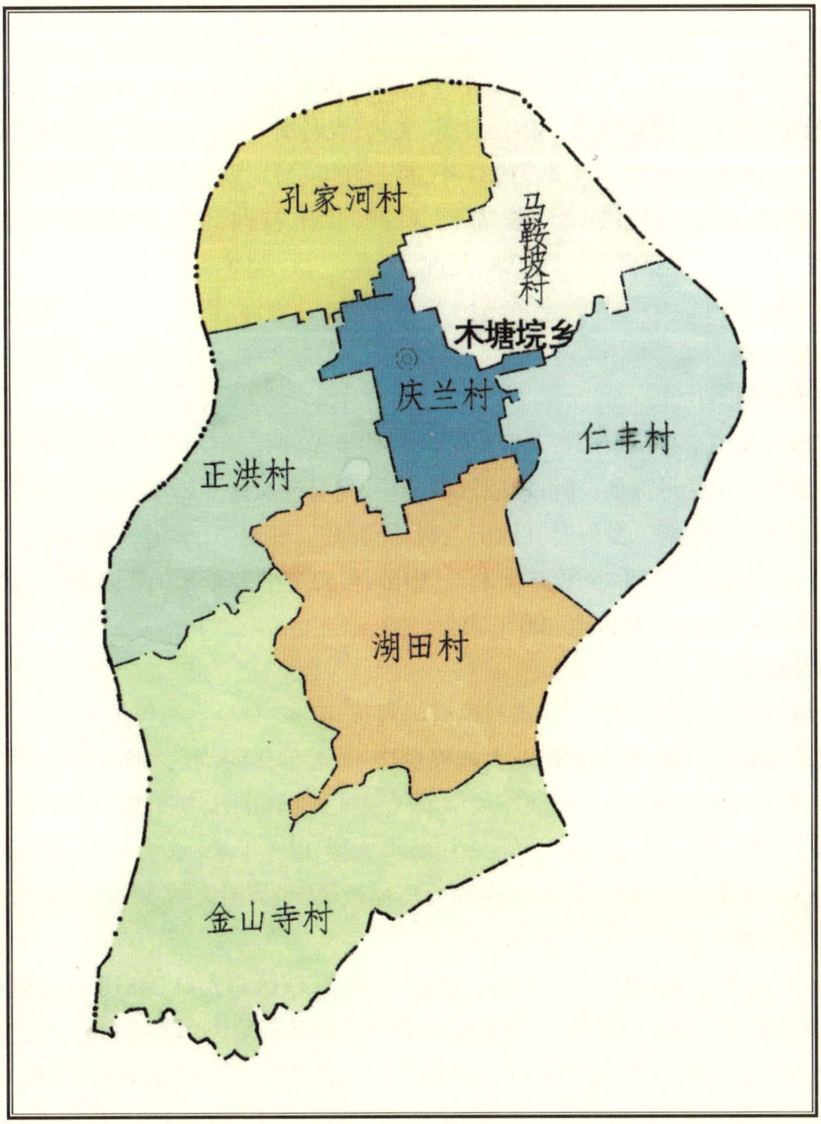

一、区域概况

建置沿革

原称木塘坪，明万历年间建堤垸，始称木塘垸。1985 年 8 月，乡办机砖厂在三元村（今金山村三元片）工地取土时发现一座战国中晚期楚墓，出土了一件有铭文的铜鼎，释读为“中昜王鼎”，经考证，中昜当为地名，与包山楚简（简 71、简 97）出现的地名“中昜”应是一个楚县，地望位于桃源县东北一带。按南宋《武陵图经》记载，境域属仙洞乡管辖。据明《嘉靖常德府志》载，属仙洞乡杜青村和木塘村，木塘村随后并入杜青村，该区划一直沿用至民国。1934 年，属陬溪区木塘团。1935 年 8 月，废乡团，新编为木塘乡。1952 年 8 月土改复查后，建有仁丰、马鞍、庆澜、长堤、大溪、桫木塘 6 个小乡。1956 年，合并为三汊港乡。1958 年，属东风公社。1961 年，成立三汊港公社，辖和平、龙虎、正洪、樟树、长堤、仁丰、马鞍、集民、周湾、大溪、文艺、农科所、三元、贵阳、双港、建国、桂洲、新农、庆兰、杉木 20 个生产大队。1984 年，撤三汊港公社，设三汊港乡。1995 年，撤区并乡，更名为木塘垸乡，辖仁丰、马鞍、周湾、双港、贵阳、桂洲、文艺、正洪、彭家湖、长堤、庆兰、易家桥、樟树、三汊港、王排洲、龙虎、大溪、三元、桫木塘、集民 20 个行政村，228 个村民小组。2011 年并村后，全乡辖仁丰、马鞍坡、孔家河、正洪、庆兰、湖田、金山 7 个村民委员会。

位置面积

木塘垸乡位于县域东部，三面环沅江，形如半岛。西与车湖垸乡、北与陬市镇、东和东北分别与武陵区丹洲乡、河洑镇隔沅江相望，南与鼎城区斗姆湖街道办事处、许家桥回族维吾尔族乡接壤。乡政府驻地庆兰村，距县政府驻地 20 千米、常德市区 10 千米。2015 年，全乡总面积 58.45 平方千米，其中陆地 52.2 平方千米，占 95.26%；水域 2.77 平方千米，占 4.74%。有耕地 40076 亩。

自然环境

乡域地势西南高东北低，仁丰村草鞋洲海拔 40 米，是全县海拔最低点，土地肥沃，主产棉花、稻谷、油菜，是常德市八大产棉乡之一，素有“银木塘”之称。此外，还有黄金、金刚石、红砂等矿产资源。乡域属季风湿润气候区，四季分明。年平均气温 20.1℃，年平均降雨 1300 毫米。乡域三面环水，一线防洪大堤 17.3 千米，水情是最大的乡情。在 1996 年 7 月的特大洪灾中溃垸，几乎所有房屋被淹，经济损失约 30 亿元。

人口民族

1995 年，全乡 9860 户 346803 人。2015 年年末，辖区总人口 34818 人，其中非农业人口 1169 人。总人口中，男性 17583 人，女性 17235 人；其中，汉族 34467 人，少数民族 351 人；少数民族中回族 121 人、维吾尔族 74 人、苗族 36 人、彝族 1 人、壮族 14 人、侗族 16 人、瑶族 2 人、白族 1 人、土家族 82 人、黎族 2 人、仡佬族 2 人。人口出生率

7.68‰，死亡率 5.13‰，人口自然增长率 2.21‰。

二、经济发展

经济综述

1993 年，全乡工农业总产值过亿元。1995 年，全乡有乡办企业 14 家，村办企业 56 家，民营企业 942 家；乡镇企业创产值 1.44 亿元，农民人均纯收入 1769 元，列全县第一。2012 年，财政总收入 426.9 万元，比上年增长 13.6%。全乡国内生产总值 5.33 亿元，其中第一产业增加值 9500 万元，第二产业增加值 8400 万元，第三产业增加值 10100 万元。农民人均纯收入 6036 元；全社会固定资产投资完成 1.2 亿元。2015 年，全乡实现国内生产总值 6.556 亿元，“十二五”期间年均增长 10%。其中，农业增加值 0.9 亿元，年均增长 10.2%；工业增加值 0.72 亿元，年均增长 10.3%；第三产业增加值 1.25 亿元，年均增长 10.2%。农民人均纯收入 8221 元，年均增长 10.2%。

农业

种植业 全乡 40076 亩耕地分为潮沙土、潮泥土两种，适合种植棉花、水稻、油菜、柑橘。1988 年，被湖南省农业厅评为棉花高产竞赛先进单位。1994 年，被湖南省人民政府评为冬季农业开发示范片先进单位。是年，全乡种植水稻 9538 亩，总产 5145 吨；种植油菜 31059 亩，总产 4658 吨。1995 年，种植棉花 12000 亩，总产 2120 吨。全乡蔬菜、水果种植广泛，王排洲村为中共常德市委、市政府五个百万亩工程的三倍体毛白杨苗培育基地。2012 年，农业总产值 8305 万元，生产粮食 12608 吨，其中种植稻谷 25520 亩，产量 9780 吨；种植油菜 39142 亩，产量 5010 吨；种植柑橘 3900 亩，产量 11605 吨。2015 年，实行棉田改制，调整产业结构模式，推广农作物轮作模式，创办 1000 亩“玉米 + 油菜”和 100 亩“花生 + 油菜”轮作示范点，对 51 个玉米品种、195 个花生品种进行对比试验，均取得较高产量，玉米亩产 500 公斤，花生亩产 350 公斤。湖南省新闻联播分别以“‘摇钱树’成‘赔钱货’、棉地改种减少损失”和“‘棉地改制’迎丰产，每亩增收超千元”为题进行报道，环洞庭湖区棉地改制玉米、花生全程机械化示范现场会在木塘垸乡召开。是年，全乡种植水稻 7428 亩，总产 5942 吨；种植棉花 29995 亩，总产 7499 吨。

▲ 棉花种植

养殖业 木塘垸乡养殖业以养殖猪、家禽、鱼为主，间有奶牛饲养。2007 年，全乡有养奶牛大户、养牛蛙大户、养羊大户、养鸡大户、养鸭大户 80 多个，其中尤以周湾等村的奶牛、仁丰等村的羊和肉牛、桫木塘等村的鸡和猪、龙虎等村的牛蛙养殖最为著名。2007 年，全乡养殖生猪 29800 头，出栏 14000 头；养奶牛 87 头；养羊 112 头，出栏 43 头；饲养鸡 14 万羽，出笼 12.8 万羽；养鸭 2 万羽，出笼 2 万羽；禽蛋产量 1873 吨。2015 年，全乡出栏肉猪 45580 头，出笼家禽 102 万羽，禽蛋产量 2900 吨。

林业 1995 年，全乡造林 225 亩，抚育幼林 300 亩，油茶林面积 5475 亩，油茶籽产量 96 吨。1982—2015 年，开展封山育林、植树造林和残林改造，退耕还林 360 余亩，培育油茶生产基地 400 多公顷。2015 年年末，全乡有林地 1.56 万亩，其中用材林 1100 余亩，经济林 9000 余亩，森林覆盖率 17.83%，活立木蓄积量 11000 余立方米。有珍稀树木金丝楠近 20 株，银杏、樟脑、红榉多株。

工业

木塘垸乡乡村工业以农产品加工、机械制造、建筑材料为主。1995 年，全乡工业产值 940.1 万元。2002 年，有乡办企业 5 家，民营经济形成一村一品、一村一产业格局，主要有水上运输专业村、木线条加工村、小商品批发村、轴承加工村、汽车运输专业村、家具制作村等，全乡工业生产总值 4860 万元，利润 492 万元，税金 37.3 万元。2015 年，全乡工业生产总值 1.75 亿元，占全乡生产总值的 28.1%，利润 1850 万元，税金 230 万元；有工业企业 135 家，其中规模以上工业企业 2 家，有职工 2147 人；实现工业增加值 0.84 亿元，拥有省优产品企业及产品名称 1 个，“湖南省银木塘棉花专业合作社”下属企业“新源棉业有限公司”被常德市政府评为“常德市农业产业龙头企业”。

商贸服务业

中华人民共和国成立初期至 1978 年，在乡（公社）机关驻地建供销社、肉食站、粮油店等，乡（公社）机关驻地成为农村中心市场，各村（大队）开设有集体商业零售店或代销店。2006 年，建农贸市场，市场占地 3100 平方米，设摊位 98 个。中共十一届三中全会后，个体商贸服务业得到发展，农村市场日益活跃。2015 年，投资 20 多万元，对农贸市场进行改造，设摊位 148 个。2015 年，全乡有各类商铺 200 多家，个体工商从业者近 500 人，墟场赶集日有近 3000 人；集贸市场成交额 0.2 亿元；全年社会商品零售总额 1.3 亿元。

三、基础设施

交通运输

乡域内沿江有 2 个可泊 500 吨船位的深水港口。

20 世纪 90 年代，对 6 千米乡级公路和 1.69 千米集镇街道进行硬化。1995 年，乡境县、乡公路 20.94 千米；有简易通村公路 62 条，总长 185 千米。1996 年，修建集镇通往桃花源机场的公路,全长15千米。2004年,修建湖田—南阳公路,连接319国道。2004年,建李家坪大桥,桥体为钢混结构,长720米,宽28米。2005年,5513国道长张高速公路贯穿乡境,过境里程8.9千米;修建木塘垸沅水大桥,大桥为钢混结构,长2856米、宽31.5米。2006年至2007年,硬化公路50多千米。2015年,全乡有县道12.8公里、乡道19.5千米、村组公路165千米,每天有24个班次的客车开往常德汽车南站,客运量300多人。

邮政通信

1995年,各村开通程控电话,为桃源县第一个村村通程控电话的乡镇。2015年年末,全乡有邮政机构1处,邮政业务总量1.2亿元,其中纯收入106万元。报纸、杂志累计期发行11000份。电信企业3家,服务网点4个,电话交换机总容量6000门,固定电话用户3000户,电话普及率30.84%;移动电话用户8000户,互联网用户1000户。全年电信业务收入140万元。

供电饮水

供电 1976年,木塘垸乡开始通电。2012年,投资400万元,完成集镇和2个村电网升级改造,新增容量600千伏安。2015年,全乡有变电站 1 处,有输电线路90千米,有变压器107台。

饮水 2007年,筹资1313.5万元,新建自来水厂,为当时全国农村规模最大、标准最高的自来水厂,解决3.4万人安全饮水问题。

水利建设

防洪大堤 全乡有一线防洪大堤17.3千米,始建于明朝万历年间。1996年7月溃垸,年底修复。2014年,投入水利建设资金5000万元,对防洪大堤全面加高培厚,除险加固。

堰塘沟渠 垸内排水沟渠纵横交错,有大小渠道1680余条,2006年始对其进行硬化,至2015年,累计硬化沟渠20余条,长8千米。投入资金2000多万元,整修堰塘200余口。

水库 1958年,境内修建4座水库。1995年,境内有县属小(一)型水库2座,乡属小(二)型水库2座,山塘800余口。全乡自流灌溉面积占水田总面积的70.6%。2010—2015年,共投入资金近1600万元,对4座水库进行除险加固。

集镇建设

1984年,三汊港公社集镇仅有2条街道,长1480米,建成区面积3.8万平方米。20世纪90年代,对1.69千米集镇街道进行硬化。1995年,建科技园。1998年,建接待省内外农业专家的专家楼。2006年,建综合市场。2012年,编制集镇建设规划。2015年,集镇有街道 3 条,总长2.38千米,建成区面积7.6万平方米。

2015年,疏通维修集镇街道下水道1.1千米,解决集镇居民生活污水排放问题;投资10多万元,在主要干道沿线安装56个垃圾桶,修建85个垃圾池,聘请23名保洁员实行卫生保洁。

四、社会事业

教育

2002年,全乡有初级中学、完全小学和村级小学6所,乡中学被授牌为市级示范性中学。2009年,全乡有初级中学1所,小学2所。2015年,全乡有幼儿园7所,在园幼儿725人,专任教师26人;小学1所,在校学生1385人,专任教师70人,小学适龄儿童入学率100%;初中1所,在校学生595人,专任教师58人,初中适龄人口入学率、小升初升学率、九年义务教育覆盖率均达100%,乡初级中学被常德市教育局授牌为市级示范性中学。财政预算内教育经费958.02万元,预算内教育经费占财政总支出比例为11.26%。

文化体育

乡域内三元村瓦窑寺窑址有窑室5座,属元代中期文物。桫木塘村有古建筑文星塔。庆兰、正洪村分别以土地革命战争时期革命烈士李庆澜、刘正洪命名。

1995年,投资50万元办起乡有线电视站和调频广播站。2011年,全乡有文化站、有线电视站各1处,村级文化活动中心7处,各种文化团队5个,各类图书室15个,藏书4.5万册,美术、书法、摄影及文学业务创作队伍50人,有线电视入户率25%。2015年,有乡综合文化站1处,村级文化活动中心7处,农家书屋17个,藏书50000余册,书法、美术、摄影及文学业余创作人员40多名,腰鼓队、军鼓队、管乐队9支;有学校体育场2处,健身中心1处。

医疗卫生

1995年,木塘垸乡初级卫生保健网基本健全,乡卫生院有医务人员26人,基本可做到小病不出村,大病不出乡。2002年,乡卫生院能开展剖腹产和小型外科手术。2011年,有乡医疗卫生机构1个,门诊部1个,床位30张,专业卫生人员28名,完成诊疗1.6万人次,村民参加新型农村合作医疗率100%。2015年,全乡有医疗卫生机构1个,门诊部(所)1个,村级卫生室7个;有床位30张,每万人拥有病床10张;固定资产总值117万元;有专业卫生人员28名,其中执业医师6人、执业助理医师10人、注册护士4名;医疗机构(门诊部以上)完成诊疗1.6万人(次);村民参合率100%。

社会保障

2005年,推行新型农村合作医疗制度。2006年,启动贫困居民最低生活保障金制度。2010年,全乡有敬老院2家,床位64张,收养农村五保人员64人。2015年,有城乡最低生活保障户318户763人;医疗救助12人次,民政部门资助参加合作医疗1467人(次),支出60540元;国家抚恤、补助各类优抚对象近1000人,抚恤事业费支出56700元;社会福利费10万元;扩建敬老院,有床位82张,收养农村五保人员49人。

五、特色地情

名优特产

棉花 木塘垸乡盛产棉花，是常德市八大产棉乡之一，素有"银木塘"之美誉，成立有全省第一家集棉花、种植、收购、加工、销售为一体的农民专业合作社——湖南省银木塘棉花专业合作社。该乡常年种植棉花 31000 亩，是该乡主导产业。多年来，木塘垸乡极力做优、做强、做大棉花产业，引进优质棉湘杂棉 4 号、湘文 1 号等新品种，优质棉覆盖率达 100%，并在全省打出"银花牌"品牌；全面推广地膜覆盖、合理密植、科学施肥、肥促化调、病虫综合防治、应用微肥等新技术，产量不断提高，全乡籽棉平均亩产 310 公斤，总产量 9610 吨左右。

▲ 银木塘棉花专业合作社

柑橘 木塘垸乡引进柑橘新品种，其中"山下红"1000 亩、椪柑 4000 亩、其他新品种 1000 多亩，全乡的优质柑橘面积达 6200 亩；全面推广柑橘培管新技术，柑橘产量提升很快，单产达到 3500 公斤。

风景名胜

瓦窑寺窑址 位于三元村，有窑室 5 座，属元代中期文物。

文星塔 位于原杪木塘村曜日岩顶，由桃源知县李瑛于清嘉庆二十一年（1816）倡修，继任知县谭震在竣工前将嘉庆二十三年在沅水之滨的延泉出土的周代古钟、唐代名画家吴道子所绘观音佛像用铁匣密封，作为镇塔之宝置于其中。1965 年塔被拆除。2000 年，重修。修复的文星塔有九级，每层四面开窗，沿梯登塔远眺，桃城一片繁华，建筑鳞次栉比；俯视沅水，蜿蜒迤逦、波光粼粼。该塔与漳江镇境内廻峰塔、楚望塔并称"桃源三塔"。

历代名人

文澍 1434—1515 年，字汝霖，号橘庵，桃源杜青村（今木塘垸乡）人，军籍云南金齿卫（今云南保山），家中排行第二，农历十一月初六生，年少时爱诵读研习《诗经》。以军籍中天顺三年（1459）云南乡试举人，登明成化二年（1466）丙戌科进士，授南京刑部江西司主事，历郎中，后出知重庆府。为政宽和平允，岁逢灾荒，请施赈济，救活饥民甚多。后因与监司不和，调贵州思南府都御史，旋致仕归里。澍博学，为诗文，古澹有思致。耄耋之年，依然手不释卷，居乡以礼法自律，为士民所钦佩。1507 年，王守仁贬龙场驿丞时，路过桃源，曾专程拜访文澍，两人在一起谈文作诗，“三夕而不辍，旬有五日而未能去。”文澍死后，王守仁为其撰写《文橘庵墓志铭》，称其“人也朴而理，直而虚。其莅官，执而恕，惠而节”。

文志鲸 1651—1721 年，字石涛，一字跋浪，号木村，又号沅南、汍澜，桃源杜青村(今木塘垸乡)人。康熙三十年(1691)辛未科进士。授检讨，三十八年，典试山右。四十一年，入值南书房，受大学士张玉书器重。四十二年，提督浙江学政。因遭诽左迁知邠都，改泸州。在任平反冤狱，剔除陋规，有政声，重入翰林，晋侍讲，充子史精华馆总裁，教习庶吉士。晋鸿胪寺卿，迁奉天府丞，代府尹，卒于官。能文章，重名节，三典乡试，均称得士。一生好学不懈，弥留之际口诵诗书不绝。

赵季平 1900.10—1949.3，号季湘，国民革命军高级将领，陆军大学特别班第二期毕业，木塘垸乡桫木塘(今金山村十二组)人。1915 年，毕业于桃源高等小学堂。1924 年，就读于陈渠珍创办的湘西十县联立中学，并结识了永绥县(今花垣县)隆子雍，结为异姓兄弟，同年校考隆子雍取得第一名，赵季平取得第二名，二人在校长王秉丞的建议下，携同乡 3 人共计 5 人前往长沙衡湘中学学习，2 人深得师生拥戴。1925 年，隆子雍任学生会主席，赵季平为副主席。1927 年，入湘军 35 军教导师任上尉连长、少校营长。1929 年后，调 70 军 19 师任中校营长、中校团副。1931 年，调 73 军 15 师任上校团长。1933 年，升任 73 军 15 师参谋长。1934 年 9 月，入陆军大学特别班第二期学习，1936 年 3 月 7 日被授予陆军步兵上校军衔。1937 年毕业，任陈渠珍部独立34 师独立旅旅长。随后，改任第 10 集团军 128 师参谋长，并于 1937 年 8 月参加淞沪会战。1937 年 10 月 1 日，赵季平随 128 师奉命从宁波昼夜赶往嘉善狙击日寇，战斗十分激烈。原定四天，后支援部队未按时接防，一直坚守到第七天，伤亡惨重，以劣势装备抗击强敌七昼夜，当时报刊曾作大量报道。1938 年 6 月 24 日，赵季平晋任陆军少将，随整编后的 128 师开赴江西，又参加武汉会战，在九江牯塘战役中，128 师奉命增援预备第 3 师，谁知 128 师尚在途中，预备第 3 师已溃败下来，致使阵地丢失，接替张发奎指挥的李汉魂为推卸责任，诬告 128 师“溃不成军”，致使顾家齐师长被送交武汉军事法庭受审。后经 128 师参谋长赵季平，副师长戴季韬出庭据证力争，军事法庭当局方撤销对顾家齐的起诉。牯塘战役结束后，128 师番号撤销，赵季平改任湖南省三青团筹备处主任。适逢义兄隆子雍在湘西发动苗族“革屯起义”，赵季平调任湘西行署政治科科长，随后第九战区司令薛岳将原湘西革屯抗日救国军改编为国民革命军新编第六军，赵季平先后任新六军暂六师二旅副旅长、旅长、副师长等职，参加了两次长沙会战和浙赣会战。1940 年，新六军番号撤销，改隶 79 军。1942 年，赵季平升任 79 军暂六师师长，率部参加第三次长沙会战、鄂西会战、常德会战和长衡会战(即第四次长沙会战)。1945 年，暂六师编入 74 军，参与湘西雪峰山会战。湘西会战结束后，日寇投降。1946 年 1 月，赵季平调第十集团军任少将高参。同年5月，投入李弥部第八军任司令部少将参谋。1947年1月14日，调新疆迪化市（今乌鲁木齐）任市政府秘书。随后不久，辞职回李弥部任第八军副军长。1948年3月，李弥部扩编为第十三兵团，赵季平任第十三兵团副司令。1949年3月去世，安葬于老家木塘垸乡金山村宝塔窝。

李庆澜 1906.10—1928.1，木塘乡中心村李家桥（今木塘垸乡庆兰村）人。1922年，考入湖南省立第一中学（今长沙市一中）就读，和同乡同学刘泽远、罗泽林、熊光、刘正洪等组成思想激进的自修小组，撰写讨伐日本帝国主义侵略中国的檄文，文中写道："蕞尔小国……竟蔑视我莽莽神州……同胞乎，共奋起！与倭奴决最后之雌雄！"1925年11月，去广州政治讲习所受训。结业后，到以林伯渠为主任的国民革命军第六军政治部工作，参加北伐。在攻克南昌的战役中负重伤，伤愈后被派回常德开展农民运动。1926年至1927年，和刘泽远等先后筹建国民党常德县党部、桃源木塘乡国民党组织并建立农民协会。1926年冬，由刘泽远、罗泽林介绍加入中国共产党，任中共桃源县委委员，旋任常德县公安局政治部主任。1927年5月，常德发生"敬日事变"，中共地方组织遭到严重破坏，他暗中与文承宝、邹文辉等寻找失散党员，重建党组织。8月初，在县城对河浔阳古寺成立中共桃源县委，任民运部长。新县委扩大会议决定加速发展组织，积极开展农民运动，配合全省发动农民武装暴动。9月，他在木塘乡召集地下党员会，传达县委扩大会议精神，积极筹划除夕暴动。12月，在木塘乡被捕。关押期间，他受尽严刑，坚贞不屈。反动派叫嚣："我叫你九死一生，自动开口！"他横眉怒斥："我看你白日做梦，枉费心机！"临刑前，写下豪言壮语："受折磨，心头滚热；抛头颅，甘洒热血！这是最后的斗争，共产党人决不变节！愿热血化作满天锦云红烂漫，唱凯歌千万颗丹心从头越！——这就是我的'自白'！"1928年1月5日，李庆澜从容就义于桃源县城漳江阁下河滩，时年21岁。解放后，为纪念革命烈士，中心村改设为庆澜乡，后改名为庆兰村。

（谢鑫杰）

架桥镇》

架桥镇行政区划略图

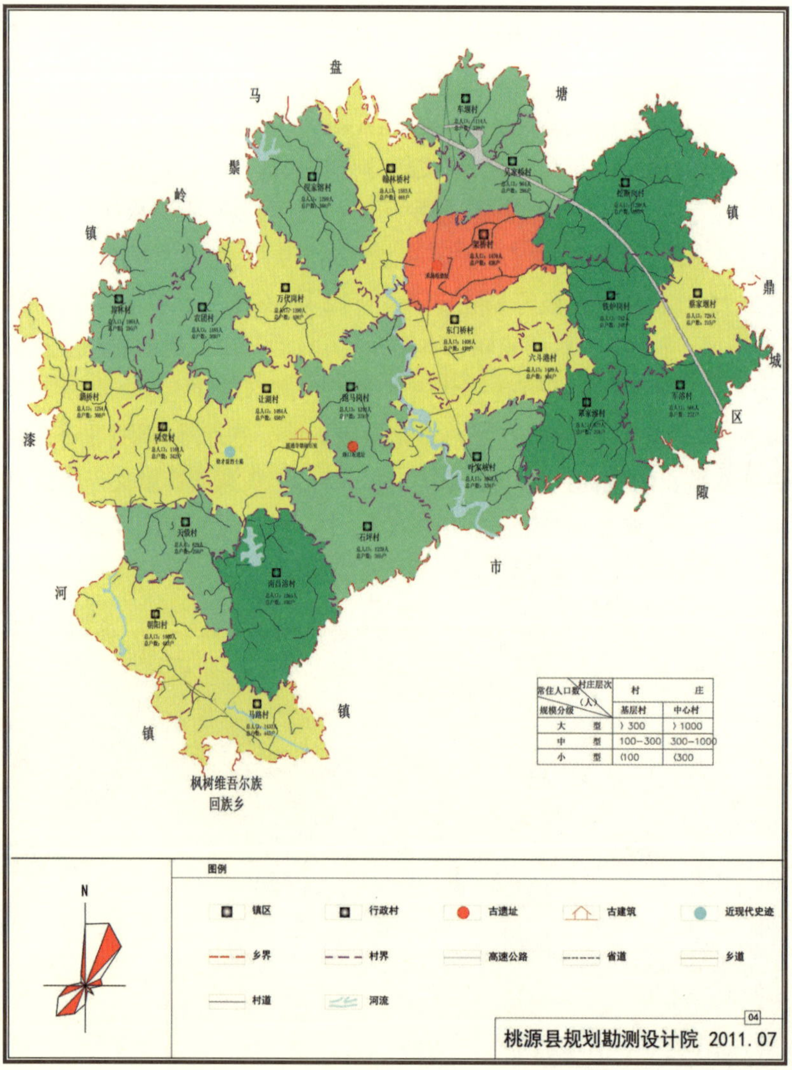

一、区域概况

建置沿革

据传，清康熙年间，居民见溪港阻隔，架木桥于溪港上，以利行旅，故称架桥。

按南宋《武陵图经》记载，境域属建宁乡，据明《嘉靖常德府志》载，境域属建宁乡水田村，此区划一直沿用至民国。1934年，属盘塘区水田团和栖凤团。1935年8月，废乡团，新编为翰林乡和栖凤乡。1941年1月撤区并乡后，分属水田乡、莫林乡、浯溪乡。1947年2月，水田、大田、硖州并为东屏乡。同年5月25日，恢复原建制。1952年8月土改复查后，属畬田区所辖蔡家堰、龙车、翰林桥、跑马岗、祠堂岗、麒麟岗、叶家坡、基隆山8乡。1956年撤区并乡后，分属基隆山乡和畬田坪乡。1958年9月人民公社化后，属畬田公社。1961年，析置架桥公社和基隆公社。1984年2月，公社改乡。1995年11月，撤区并乡，架桥乡与基隆乡合并为架桥乡。是时，架桥乡辖架桥、东门桥、六斗港、叶家坡、覃家溶、军溶、蔡家堰、铁炉岗、挖断岗、吴家桥、车堰、翰林桥、倪家溶、万代岗、跑马岗、让湖坪、石家坪、农团、其林岗、新桥坪、祠堂岗、天鹅堰、朝阳山、马路、南昌溶25个村、317个村民小组。2002年12月，撤乡建架桥镇；架桥镇辖架桥、东门桥2个居委会27个居民小组和六斗港、叶家坡、倪家溶、覃家溶、军溶、蔡家堰、铁炉岗、翰林桥、挖断岗、吴家桥、车堰、万代岗、跑马岗、让湖坪、农团、石家坪、其林岗、新桥坪、祠堂岗、天鹅堰、朝阳山、马路、南昌溶23个村299个村民小组。2011年，撤村并组，全镇辖架桥、东门桥2个居委会和叶家坡、茶林、挖断岗、先锋、翰林、黄龙、栖凤山、祠堂、朝阳、马路10个村民委员会，274个村民小组。

位置面积

架桥镇位于县城北部，镇人民政府驻架桥居委会，距县城中心34千米，东与鼎城区石板滩镇接壤，南与陬市镇、枫树维回乡毗邻，西与漆河镇相依，北与盘塘、马鬃岭两镇相连，国道5513长张高速、县道021线贯穿全境。全镇总面积112平方千米。

自然环境

架桥镇地势东高西低，西部为典型浅丘地区。最高点马头山海拔151.2米，最低处37.3米，

▲ 圆通古寺

土质以黄壤为主，适合种植水稻、棉花、蔬菜等农作物。属亚热带暖湿气候，四季分明，日照充足，雨量丰沛。年平均气温16.5℃，无霜期285天，年均日照1529小时，年均降水量1425.5毫米。全镇有耕地5.1万亩、林地11万多亩，森林覆盖率70%以上。

人口民族

1995年，全乡有33312人，其中男性17296人、女性16016人。2005年，全乡有30759人，其中男性16115人、女性14644人。2015年年末，辖区有9994户3.3万人，其中男性16312人，占49.4%；农业人口31737人，占96.1%。全年人口出生率6.1‰，人口以汉族为主。主要少数民族有苗族28人，土家族35人，回族5人，维吾尔族8人。

二、经济发展

综述

1995年，全镇完成工农业总产值16122万元，其中工业总产值9272万元，农业总产值6850万元。2013年，全镇实现国内生产总值9.19亿元，工农业总产值7.3亿元，农民人均纯收入5668元，城镇居民年人均可支配收入16615元。2014年，全镇完成地区生产总值4.3亿元；社会固定资产投资4.7亿元；城镇居民年人均可支配收入17649元，农民人均可支配收入6677元。2015年，全镇实现国内生产总值10.19亿元，工农业总产值7.3亿元，农民年人均纯收入9019元。

农业

种植业 架桥镇主要农产品有稻谷和棉花，其次是油菜、油茶、黄豆、花生和红薯等。1990年，全乡播种粮食47321亩，总产17508吨。2004年，播种粮食65447亩，总产29451吨；棉花种植3271亩，总产3200担；油菜籽总产量2880吨。2013年，全镇粮食作物播种40548亩，产量约32735吨，油料作物播种面积12358亩，产量395.5吨。2015年，全镇种植水稻45000多亩，总产1890吨，发展500亩以上大户2户、50亩以上大户40户，有序流转土地5200多亩，大型连片达4000多亩，5家水稻专业合作社种植规模均达到500亩以上；全镇种植棉花3800亩、总产836吨；种植油菜7800亩，总产1014吨。

养殖业 20世纪90年代，架桥乡在让湖坪、石家坪等村形成以生猪、山羊为龙头的常规养殖业。1995年，出栏生猪23813头、年末存栏生猪18140头；出栏羊380只，年末存栏370只。2003年，在车堰、吴家桥等村形成以牛蛙、蛇为龙头的特种养殖，牛蛙养殖水面20亩，销售牛蛙8000公斤；养殖蛇1200尾，出售蛇2400公斤；全镇养殖业产值200万元。2005年，全镇出栏生猪30500头、羊19825只，出笼家禽101万羽，水产品产量1077吨。2014年，全镇出栏生猪26500头、羊13888只，出笼家禽85万羽，禽蛋产量6081吨，水产品产量1548吨。

林业 1970—1979年，架桥根据公社山地多的特点，开垦荒山，全公社人工造林

90448亩，其中公社林场造林34365亩。20世纪80年代，全镇有柑橘园近7000亩，年产柑橘2500万公斤；种植水蜜桃2000亩，年产水蜜桃600万公斤，盛产蜜桃的东门桥村被称为“湘北蜜桃第一村”，该村出产的水蜜桃在常德鲜桃市场占有85%的份额。80年代以后，乡政府为改变全乡单一的用材林栽培模式，引导村民兴办120家果树苗圃基地。至1999年，全乡建成2家资产300万元以上的苗圃大户。2003年，常德市农业局在跑马岗村实施绿色果林低改项目。2013年，全乡有油茶林2.2万亩，年产茶油275吨。是年，“伯友园林”完成省公司注册，实现区域企业向综合企业转型突破。同时，借助市苗木花卉协会平台，实现苗木产业快速扩张，带动全镇苗木经济发展。2015年，全镇有优质苗木基地3100亩，产值超7000万元，产业惠及全镇2000多户6000多人；全镇森林蓄积量79948立方米；低改油茶林3000亩。

工业

1991年，架桥镇第一家碎石厂成立。1995年，全乡工业总产值9272万元，利润1390万元，上缴税金347.5万元。2010年，架桥镇将国家项目和民间资本相结合，大力招商引资，全镇工业企业发展到15家，年产值1.5亿元，利润2250万元，上缴税金895万元。2013年，全镇固定资产投资1.02亿；引进高新技术企业——湖南迪文科技有限公司；投入6995万元，对境内3个碎石厂进行扩改。2015年，全镇新进和扩改项目10个，合同利用资金3亿多元。新办百福家具厂、常德亿源服饰架桥分厂、明鑫作业家具厂、永利纽扣厂4家工业企业；对镇内石材产业进行改造合并，整合成森和、天鹅、白洋坡3个碎石场，日产碎石1万吨，年产值近2亿元，税收2000万元，带动就业500多人；金山粮油扩改完成投资800多万元，实现产值近2亿元。是年，全镇有工业企业16家，工业总产值2.5亿元，利润3750万元，上缴税金937.5万元。

商贸服务业

清代，境内逐步形成繁华的集镇中心。民国时期，周边乡镇居民来此进行商品交易，商品贸易得到发展。中华人民共和国成立后，在乡(公社)驻地建供销社、肉食站、粮油店等，成为农村中心市场。各村(大队)均开设有集体商业零售店或代销店。2013年，全镇有各类商铺1000多家，个体工商从业者2500人。墟场赶集日有近8000人。社会商品零售总额1.8亿元，其中集市商品成交额1.2亿元。辖区内有马路、栖凤山、架桥、茶林、祠堂岗5座墟场，其中架桥墟场为东路片最繁荣的集镇市场，经营商品有杂货肉食、百货布匹、粮油食品、手工业品、农具、家具、文具书籍、生产资料等，每逢农历赶场日，集镇墟场内总共能容纳1.5万余人，商品成交额500多万元。

三、基础设施

交通运输

1996年，投资50万元在集市中心修建一条长700米、宽7米的水泥路，完成相应配套设施。2003—2009年，全镇新建道路130千米。至2009年，全镇道路硬化总里程达220千米。2012年，硬化改造乡道、村道、断头路14千米；对石陬公路改造拓宽，缓解车流拥堵。2013年，完成肖马线整改维修，硬化农村公路5千米。2014年，硬化中心街道1400米。至是年底，全镇有公路130千米，其中县道18千米、村道102千米；国道5513长张高速、县道021线贯穿全境。

邮政通信

1995年，投资近40万元开通200门程控电话。1996年1月，投资18万元，开通有线电视。2015年，全镇有邮政所1家，邮政代办所4家，移动通信服务站8家、联通通信服务站7家。有家庭固定电话5000余部，移动电话15000余部。

供电饮水

供电 20世纪80年代初，架桥镇开始用电照明。2003年，投资23万元进行集镇电力整改，增加市场电力负荷容量。2010年，进行第二次农网电力整改。改造完成后，全镇有变压器85台、输电线路9000千米、功率12375千瓦。

饮水 1978年前，架桥镇村民饮水主要靠堰塘、沟渠蓄水。20世纪90年代后，镇域居民挖井取水。2003年，投资70万元建成自来水厂，解决集镇居民及部分村民用水问题。2013年，投资940万元新建镇自来水厂，完成4个村自来水改造。2015年，投资1200万元推进农村安全饮水工程建设，解决1万人安全饮水问题。

水利建设

20世纪70年代，架桥兴建吴家桥、翰林桥、倪家溶等11个电力排灌机埠，总装机容量1000千瓦，配套灌渠长22500米。80年代，兴建电力排灌站10处，总装机容量330千瓦，配套渠长18900米；建小(一)型水库1座、小(二)型水库5座，基本实现旱涝保收。2013年，架桥镇投资100多万元对基隆水库、张家湾水库、湖溶水库进行加固除险。2015年，投入549.5万元，整治山塘131口、整修渠道162千米，维修机埠22座。

镇村建设

2009年，集镇建成区面积1.2平方千米，街道装有路灯23盏，修有垃圾堆放处理池。2012年，长2千米的架桥大道亮化改造工程完成。2013年，对长4千米、宽8米的架桥镇集镇街道、机关院落进行改造；新建垃圾填埋场1个、垃圾池70个。编制完成《架桥集镇总体规划（2011—2030）》《架桥镇镇域村镇布局规划（2013—2030）》。至2014年，全镇城镇化率26.2%；架桥、东门桥、叶家坡等12个村(居)建有村级活动中心(村部)。

四、社会事业

教育

1905年，域内创办栖凤书院。1950年，乡域有小学15所、学生4500人，教师132

名。20世纪70年代，乡初级中学教育开始，时有学生238人。1956年，栖凤书院改名为栖凤学堂，1984年改名为基隆中学。从1984年起，先后投资250万元搬迁架桥镇基隆中学、中心小学，投资100万元改造架桥镇中学和中心小学。1990年，全乡有小学10所、学生2300人、小学教师168名；中学4所、学生4300人、教师176名。2004年，投资30万元，对架桥中学、基隆中学和马路小学危房进行改造。2014年，全镇有幼儿园5所；有小学5所、学生1200人、教师139名；有中学1所、学生535人、教师58名。

文化体育

1996年，架桥乡开通有线电视。至2009年，有线电视覆盖17个村，9个村(居)建有农家书屋。2013年，修建农村文化休闲广场。2015年，全镇有文化站1个，文学艺术爱好者500多人，电视机入户20000多家，农家书屋8个，藏书(刊)1.6万余册；广场舞队10支、唢呐乐队8支、老年诗词协会1个、狮龙队3支、艺术协会1个。各类体育运动场所12个。2015年10月，举行“2015美丽架桥乡村文化艺术节”暨“身边好人、身边能人、身边贤人”颁奖活动。

医疗卫生

中华人民共和国建立初期，域内有中药铺9家。1962年，成立中心联合诊所。1982年，改为架桥卫生院。1988年，投资100万元对乡卫生院进行搬迁。1992年，乡卫生院改名为桃源县肝病专科医院。2004年，架桥医院定为省级血吸虫疫区重点整治单位。2013年，镇内有卫生院1所，村级卫生室12个，病床25张，专业医务、护理人员14人，年诊治患者2万人次。是年，镇、村投入30多万元，新建垃圾填埋场1个、垃圾池70个，解决集镇垃圾处理问题。2015年，投资263万元建垃圾池97个，清理垃圾8000余方，购置垃圾清运车辆13辆。

社会保障

2007年，架桥镇敬老院建成，42名五保老人入院养老。2013年，农村合作医疗参合率达到100%，全镇确定五保户99人，低保户541人，危房改造户22户。2014年，对3541名60岁以上老人进行健康体检，对2800名14周岁以下儿童进行先心病筛查，为24人办理就业失业证，发送招工就业信息170余条，转移劳动力人口7400多人。2015年，11000多名城乡居民参保；对142名重度残疾人发放护理补贴，救助城乡患病困难对象40名，发放医疗救助金8万元；完成475名残疾人入户调查和信息录入，落实残疾人居家托养对象5人；对260名困难群众发放慰问物资折合款项4万多元。

五、特色地情

名优特产

油茶 2006年，架桥镇金山粮油有限公司生产的“晶山”牌茶籽油被评为“全国绿色放心食品”。4月，获得QS生产许可证；6月，获得ISO9001:2000质量管理体系认证。

2013 年,金山粮油有限公司与架桥镇军溶、蔡家堰、铁炉岗等村签订 30000 亩茶山与 3000 亩优质水稻租赁合同。

苗木 1998 年,创建架桥镇佰友苗木基地,时有苗木试验田 8 亩、花木品种 2 个。2015 年,佰友苗木基地花木苗圃发展到近 1000 亩,花木品种 23 个,主要苗木品种有桂花、银杏、樟树、山茶花、红檵木、广玉兰、杜鹃、香樟、三角枫、杜英、合欢、金叶女贞、枫香、冬青、棕树等。公司产品远销北京、上海、四川等 10 多个省市。

▲ 佰友苗木百亩桂花基地

▲ 中苏友好林

名胜古迹

常青树 1977 年,全国人大常委会副委员长乌兰夫、外交部副部长何英、湖南省委书记毛致用陪同到桃源考察林业的苏丹国总统尼迈里,一起在架桥公社码头山林场栽植杉、樟、桂花、柏 4 棵长青树,以示纪念,并象征中(国)苏(丹)友谊。现今这 4 棵树长得非常茂盛,整片树林立下"中(国)苏(丹)友好林"标牌。

圆通寺禁闭石室 位于架桥镇栖凤山村圆通寺旁东北 80 米处,为圆通寺附属物,用青石条砌成。入口为 0.7 米正方口,垂直深约 3 米,下为长方形石室,长 3 米,宽 1.5 米,为禁闭犯戒僧人而设。圆通寺始建于唐高祖武德六年(623),已有近 1400 年的历史。据寺院出土的古碑记载,唐代寺院香火鼎盛,多次举行法界圣凡水陆普度大斋盛会,为盛唐护国息灾。唐高祖御赐圆通禅寺为"禅宗祖庭",管辖湖湘寺院近百所,是湖南境内佛学禅修及宗教文化交流的中心。栖凤山上佛教遗址和历史文物遍布,建有古井、菜圃和供罪僧面壁的天牢山、水牢井，半山还建有常建祠。古井原址在基隆完全小学，现已填平。菜圃有1.8亩，位于大雄宝殿左侧，亦称自在园。水牢井位于菜圃北面，和菜圃具为一体。菜圃南边不到5米的地方，有一处归真窑遗址，是火化历代僧人的地方，窑址保存完好。清初，寺院分为前庙和后庙。清末，前庙和后庙被太平军焚毁。清咸丰四年（1854），两庙合为一体。经集资复建，修建一座占地面积120平方米的大雄宝殿，一直保存完好，直至解放。"文化大革命"时期，圆通禅寺惨遭毁坏。1996年，宽云法师（俗名于才玉）重建圆通禅寺并任住持。2012年，圆通寺禁闭石室被列为第四批市级文物保护单位。

皿方罍　1919年，水田乡茅山峪村（今架桥镇栖凤山村毛山峪组）农民艾清宴在屋后杉园山山坡上捡肥料时挖出一尊古鼎，艾并不知道其价值，一直存放家中。直到1924年，被益阳古董商人石瑜璋看到，出重金购买，艾清宴将罍盖拿到新民学校校长锺逢雨处，抵为其子艾心斋在新民学校的学费，校长锺逢雨辨识罍盖上的铭文，断定为商朝太庙之物，并随后开始追索皿方罍器身，可惜罍身已追之莫及，随后流落海外，罍身罍盖自此分离。罍盖后归藏于湖南省博物馆，罍身经多位海外收藏家流转之后，于2014年由美国佳士得公司再度进行拍卖，湖南省博物馆得到消息，随之与之洽购，在纽约佳士得拍卖行与卖方达成协议实现交接，运至湖南省博物馆仓库，被湖南省博物馆永久收藏，罍身罍盖终于归国合璧。盖和器身合一之后，经过测量，器高62.4厘米，口长26.1厘米，宽21.6厘米，盖高28.7厘米，通高88厘米，重51.5千克，容积为50.93升。器为方形有盖，子母口，直颈，腹下收，圈足，器身一面正中上下排列牲首和兽面耳，一面有一牲首。左右两面肩部各有一兽首衔环，器口内铸铭文"皿乍父己尊彝"六字。盖呈四坡屋顶形，顶上有捉手，盖内有铭文"皿而

▲ 皿方罍

全作父己尊彝”八字，盖上铭文原来释读为皿“天”全，后来改释为皿“而”全。盖身及其四角、器身四角及其中部均饰长条钩戟形扉棱，细云雷纹为地，饰兽面纹和龙纹、鸟纹。器形高大，被称为方罍之王，集立雕、浮雕、线雕于一身，是中国青铜文化鼎盛时期的代表作品。2015 年 4 月，国家文物鉴定委员会 5 位专家鉴定，确认为商代晚期器物，并确认盖与器身为一套。

历代名人

徐才益 1903—1929 年，号化心，栖凤乡（今属架桥镇）让湖坪村人。1923 年，就读省立第二师范学校。1925 年赴广州入黄埔军校第四期步科学习。不久，在校加入中国共产党。1926 年 8 月，与周维城等组建中共桃源支部，积极发展党组织。9 月，任县党部武装部部长，兼县农民自卫军大队长。随即，率领农民自卫军在道山头、麻阳湖一带，发动农民建立革命武装，查抄大土豪、桃源县团防局局长敬泮芹的家。1927 年 10 月，与周维成在桃源基隆山组织农民暴动。11 月 18 日，与张祺等在桃源县畲田青龙寺创建拥有 9 个乡的湘西北第一个红色政权——桃源徐溶熙苏维埃政权，张祺任主席，他任军事委员会委员兼第十七游击队大队长。1928 年 4 月，任湘西特委直属赤卫大队大队长，配合石门“南乡暴动”。1929 年 4 月，因叛徒出卖不幸被捕。1929 年 6 月，在常德市北门外柳堤惨遭杀害，安葬在桃源县架桥镇让湖坪村官坊湾。

倪正东 1974 年 4 月出生，英文名 Gavin Ni，清科集团创始人、CEO 兼总裁，桃源架桥人。1992 年，进入湖南大学力学系。4 年后，进入清华大学力学系固体力学专业攻读研究生，获工学硕士学位。1999 年，转入清华大学经济管理学院，获工商管理博士学位。

1997 年，倪正东和几个同学在清华成立创业者协会。1998 年，倪正东等 3 人在清华策划第一届大学生创业计划大赛，成为亚洲第一个创业者计划大赛。其著作《清华园中的创业启蒙》，挤进当月畅销书排行榜前五名。此外，他参与著译的作品还包括《数字化商业》《风险投资浪潮》《把握浪潮规则》等。在校期间，他还曾担任多家知名专业杂志的主编、撰稿人。1999 年，担任清华大学科技创业者协会会长的倪正东负责第二届创业大赛，成立了“挑战杯”。而后，倪正东凭借当时的名气，号召校友、海外投资银行家，共同创办北京清科信息咨询有限公司，并担任 CEO。将清科集团建成中国最有影响力的创业投资和私募股权投资服务机构，被称为“掌握中国创投市场最全面信息之人”，也被业界媒体誉为“中国创业投资界青年一代的代表人物之一”。其参与投资和帮助融资的企业超过 100 家，直接投资的企业包括奇虎 360（NYSE:QIHU）、博纳影视(NASDAQ:BONA)、麦考林（NASDAQ：MCOX）、百分通联（已被澳洲电讯收购）、56 网（已被人人网收购）、海报网（已被 CBSi 收购）、天涯社区、梦芭莎、三夫户外、爱康国宾、嘉和医疗、窝窝商城、小马奔腾影视、百合网、融 360 等等。倪正东是中华全国工商联合会经济委员会委员、国家科学技术部火炬创业导师、国家开发银行专家委员会成员；担任中华有限合伙人协会（LPACN）联合创始人和秘书长、清华企业家协会（TEEC）理事、亚杰商会（AAMA）执委。2010 年，被华夏时报和中国 CEO 俱乐部评为“2010 年度中国十大杰出 CEO”。

龚海燕 1976年出生，桃源架桥人。是个很具传奇色彩的女性，有着打工妹、北京大学才女、复旦大学硕士、中国网络红娘第一人多种身份。高二时，辍学做起小生意，打工3年后又返回学校，以县文科状元身份进入北京大学，在复旦大学读研二时，用1000元起家创办世纪佳缘交友网站，“严肃婚恋”的定位和严格的身份鉴定制度很快为世纪佳缘赢得市场。新东方创始人钱永强、徐小平、王强等先后注入4000多万元风险投资。2007年6月，又获得美国启明创投1000万美元投资。2010年10月，创办由世纪佳缘独资的婚嫁门户网站——囍鹊网。2011年5月，世纪佳缘在美国纳斯达克上市，股票代码为“DATE”。2012年12月，龚海燕主动辞去世纪佳缘CEO职务，开始第二次创业，先后创办91外教网、梯子网、那好网，皆告失败。2015年1月13日，91外教网被51Talk网收购。

（裴宏菲）

盘塘镇

盘塘镇行政区域图

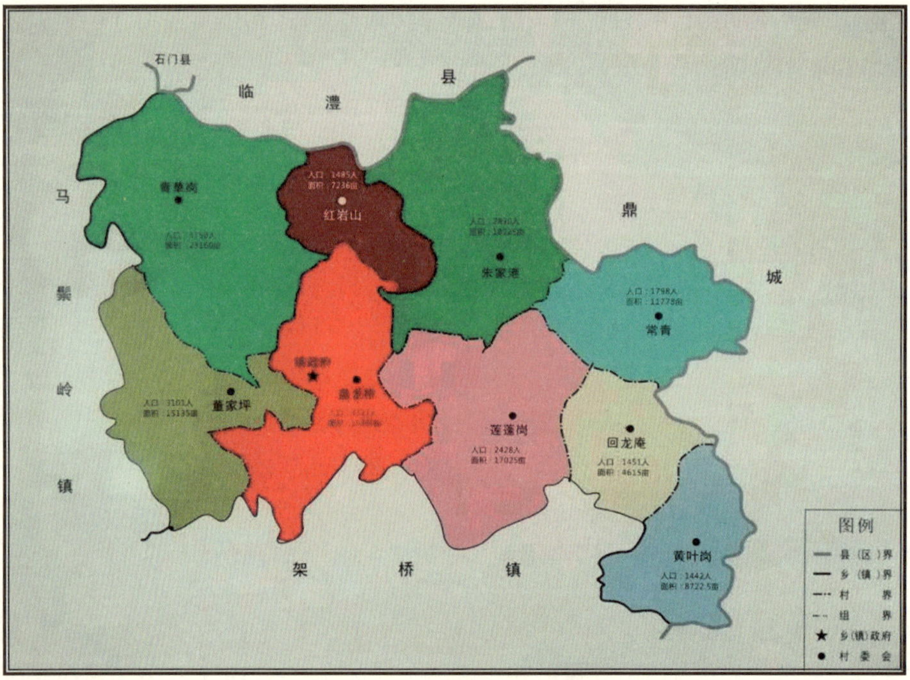

一、区域概况

建置沿革

盘塘原名盘龙桥，因四周有五座小山似卧龙盘踞，其南有一座石拱桥，桥头刻有“盘龙”石雕而得名。明初，当地高、董两大宗族互争龙脉，高姓在桥头西北挖一水塘，故又称盘塘。清初顾祖禹《读史方舆纪要》云：盘塘、麻溪诸处，介于澧州之石门、慈利二县间，通永顺蛮，路小而僻，向无关隘，防守最切。

按南宋《武陵图经》记载，境域属建宁乡管辖。明《嘉靖常德府志》载，属建宁乡大田村和硖州村，该区划一直沿用至民国。1934年，属盘塘区硖州团，1935年8月，废乡团，新编为第三区盘塘乡和回龙乡。1941年1月撤区并乡，为硖州乡和大田乡。1947年2月，大田、硖州、水田并为东屏乡。同年5月25日，恢复原建制。1952年8月土改复查后，属盘塘区所辖盘塘、车堰、红岩山、三真、回龙庵、朱堡、楠竹铺、徐家坪8乡。1956年撤区并乡，为盘塘乡。1958年9月人民公社化后，为盘塘公社，辖盘塘、黄叶岗、回龙庵、六房湾、铁家垱、楠竹铺、白家堉、花树桥、朱家港、张家桥、白鹤、华林、车家坪、青草岗、红岩山、王家垱、常青、董家坪18个生产大队。1984年，恢复盘塘乡建制。1996年，撤销盘塘乡，建立盘塘镇，辖盘龙桥、回龙庵2个居委会25个居民小组和白鹤、车家坪、张家桥、花树桥、六房湾、黄叶岗、常青、董家坪、朱家港、王家垱、红岩山、华林、青草岗、铁家垱、楠竹铺、白家堉16个村191个村民小组。2011年并村，全镇辖莲蓬岗、黄叶岗、青草岗、常青、朱家港、红岩山、董家坪7个村，盘龙桥、回龙庵2个居民委员会，216个村(居)小组。

位置面积

盘塘镇位于县境东北部，东与鼎城区蔡家岗镇、石板滩镇接壤，南与架桥镇毗邻，西和马鬃岭镇相连，北与临澧县太浮镇交界。距桃源县城40千米，距常德市35千米。全镇总面积83.84平方千米，耕地2667公顷，其中水田2200公顷，丘岗林地4670公顷，水面267公顷。

自然环境

境区属丘陵地形，土壤母质为第四纪红壤。地势为西北高东南低，平均海拔50～80米，最高点白鹤山139米，最低点谭家铺船形地海拔41.1米。属中亚热带向北亚热带过渡的季风性湿润气候，气候温和，光照充足，热量丰富，雨量充沛，且四季分明，春季多雨，夏季酷热，秋季凉爽，冬季干冷。年平均气温16.5℃，年平均日照时数1529.7小时，年平均降水量1437毫米，无霜期284天，主要自然灾害有冰雹、旱涝、风灾、低温、霜冻、雷击等。

人口民族

1995年，盘塘乡有6220户23315人，其中男性12012人、女性11303人。2005年，盘塘镇有7193户22089人，其中男性11510人、女性10579人。2014年，全镇有7463户22912人，其中男性11806人、女性11106人。全镇人口均为汉族。

二、经济发展

综述

1995年，盘塘乡工农业总产值2.3亿元，个人储蓄总额2000万元，农民年人均纯收入1692元。2002年，盘塘镇农业总产值11366万元，工业总产值16610万元，财政收入639万元，农民年人均纯收入2510元。2010年后，盘塘镇探索土地流转新模式，培植壮大烟叶、油茶、柑橘、果蔬等特色产业，推进农业产业化发展模式，有村级示范片

5个,成立朱家港烟叶、益农水稻、金华柑橘、老百姓果蔬等7家专业合作社。2012年,全镇实现国内生产总值36402万元,三次产业结构调整为35.9∶34.5∶29.6,完成固定资产投资8000万元,镇可用财力达726万元,农民年人均纯收入6612元,居民储蓄余额2.31亿元。2014年,全镇实现工农业总产值40282万元,完成财政收入909万元。

农业

种植业

水稻　20世纪90年代,全镇粮食常年产量2000多万公斤,人均向国家上交定购粮330公斤,居全县之首,素有“桃源粮仓”之称;1995年,全乡种植水稻53600亩,产量17353吨;2005年,全乡种植水稻45378亩,产量17574吨;2014年,全乡种植水稻62052亩,产量23073吨;2015年,袁隆平超级稻科技攻关项目落户盘塘,全镇种植水稻64150亩,总产25660吨。

柑橘　20世纪90年代全乡大搞丘岗开发,曾连续三年被评为全县丘岗地开发十佳乡。开发的丘岗地主要用来栽种柑橘。1995年,全乡柑橘6144亩,产量2000吨;2005年,全镇种植柑橘10000亩,产量12000吨;2014年,全镇种植柑橘16500亩,产量4822吨;2015年,扩张种植面积,提升果品品质,新造、改良品牌柑橘2000亩,建设朱家港、红岩山和莲蓬岗村高标准柑橘示范园;全镇柑橘种植2万多亩。

烟叶　1996年,镇政府把发展烟叶产业作为促进本地经济发展、引导农民致富的一条重要途径,1997年,把烟叶作为农业结构调整的首选项目,推广“烟叶—晚稻”种植模式,烟叶面积稳定在1000亩以上,年产优质烤烟3000多担。2003年,常德卷烟厂的“烟草科技园”落户该镇红岩山村。2009年,国家现代烟草农业整县推进项目落户盘塘镇,为全镇烤烟产业发展注入新活力。朱家港烟叶合作社2013年被授予全国优秀合作社,2014年通过省级烟叶“精益生产示范园”验收。2015年,全镇种植烟叶8600亩,新建烤棚110座,烟叶产量达2.4万担,总收益超4000万元,每户烟农年纯收入达5万元以上。

蔬菜　1995年,全乡种植蔬菜2500亩,产量4200吨;2005年,全乡种植蔬菜5000亩,产量6000吨;2015年,以湖南百姓果蔬专业合作社为依托,建设蔬菜产业基地,青草岗核心基地共栽种有机蔬菜1800亩,产量700吨,销售收入265万元,成为长沙马王堆蔬菜批发市场、怀化蔬菜批发市场的生产基地。

养殖业　1995年,盘塘乡建立良种猪繁育体系,开发水面养殖和特种养殖,全乡涌现出养猪、养羊、养鸭、养牛蛙、养鳖等各类养殖大户500多户。2005年,全镇出栏生猪40021头,牛存栏4150头,出栏羊15000只,出笼家禽50万羽,水产品1637吨。2014年,全镇出栏生猪41640头,牛存栏3599头,出栏羊16863只,出笼家禽42万羽,水产品1384吨。

工业

20世纪80年代至21世纪初,盘塘乡镇企业和民营企业得到很大发展,先后建起水泥、农机农具、陶器、铸造、建筑等企业数十家。2012 年，全镇实现工业总产值 145 亿元，其中创元工业园完成规模工业总产值 120 亿元，创元工业园为主的桃源工业园区成功获批省级工业集中区。2015 年，全镇有工业企业 6 家，其中规模以上工业企业 3 家，3 家规模以下工业企业完成产值 2600 万元。创元工业园完成工业总产值 196 亿元。

附：

湖南创元铝业有限公司

桃源县 2001 年 10 月引进落户于回龙庵村的一家大型中外合资企业，主产电解铝锭、阳极制品和铸轧铝材，是被国家确定为首批鼓励做大做强的 24 家大型电解铝企业之一，“湖南省百强企业”和“省重点调度协调服务企业”。公司 2002 年 6 月动工兴建，2003 年 4 月首条生产线投产，2008 年被省委办公厅、省政府办公厅联合授予“全省加速推进新型工业化红旗企业”。至 2010 年，公司开发面积 2800 亩，建成 33 万吨电解铝、7.2 万吨铝板铸轧、60 万千瓦火电、16 万吨阳极等项目，形成较完整产业链，创造高速建厂、高效经营、高质发展奇迹。铝锭多项指标位居国内领先水平，铝锭产量占全省 90%以上市场份额并远销国内外。公司累计完成固定资产投资 80 亿元，成为年创工业销售收入 100 亿元的规范化、特色化、规模化产业集群和国内重要铝业生产基地。创元工业园以创元铝业为核心企业，2014 年有创元铝业、晟通集团铸轧分公司、晟通集团熔铸分公司等 6 家规模企业，其中高新技术企业 3 家，形成发电、阳极、电解铝、熔铸、铸轧上下游产业链，拥有 60 万千瓦火电厂、18 万吨碳素阳极、33 万吨电解铝、20 万吨铸轧卷和 15 万吨熔铸产销能力，总资产超过 150 亿元，为中国产业链最为完整大型铝工业企业之一，实现产值 173.5 亿元。

▲ 创元铝业

三、基础设施

交通运输

1998 年 10 月，石长铁路建成通车，经过该镇常青、回龙庵、黄叶岗三个村，过境 7.2 千米，并在回龙庵建盘塘火车站。2009 年，石长铁路动工修建复线。2005 年，国道 5513 长张高速公路建成通车，在距盘塘集镇 1 千米处设有互通。县道 021 石(门)盘(塘)段依南北贯穿全境，扩改工程 2009 年基本完工。石陬公路纵贯镇区，北通石门，南达陬市，成为常德至石门的捷径。盘马公路硬化，向西直达漆河，与省道 306 贯通，向东联接蔡家岗，与国道 207 相连。2006 年，对镇内 68 千米乡村公路干线进行硬化，2007—2009 年，对镇内 41 千米乡村公路硬化。2011 年，硬化各村主干道 9.2 千米，铺装碎石道路 7.8 千米。2012 年，新建通村通组水泥路 10.7 千米。

邮政通信

1993 年，盘塘建电视差转台。1994 年，开通程控电话，为县内首批电话乡镇之一。1995 年，建盘塘有线电视站，可转播 20 套电视节目，电视入户率达 98%。2000 年，移动公司、联通公司在镇境建 4 座移动电话通讯基站。2014 年，镇内设有盘塘电信分局和盘塘邮政分局，负责盘塘、马鬃岭、架桥 3 个镇的邮政电信业务。

供水

1996 年，新建日产 2000 吨自来水厂一座，供集镇居民 5000 人生活用水。2009 年，兴建王家垱水厂，受益人口 1.25 万人。2012 年，解决 5000 人安全饮水问题。2015 年，启动董家坪安饮工程项目，完成盘龙桥自来水厂镇区主干道管网改造，启动原白家堉片安饮工程。

水利建设

1950 年，盘塘有山塘 1890 口。1958—1978 年，全公社共修建小(一)型水库 1 座、小(二)型水库 7 座、大小电力提灌机 25 处，装机共 30 台 1254 千瓦，小塘小坝 1890 座，小河坝 99 座，总蓄引水量 1384 万立方米，有效水量 1350 万立方米。2011 年，对 1 座小型水库进行加固，对全镇 152 千米水渠清淤、31 千米渠道进行硬化、396 处山塘进行整修扩建，恢复机埠 2 处，硬化沟渠 6800 米。2012 年，对 2 座水库进行除险加固，完成渠道防渗 27 千米，渠道清淤 32.5 千米，山塘整修扩容 45 口。同时，全镇成立以各村支书为主体的农民用水户协会组织，促进水利工程设施可持续运行，促进农业节水。2014 年，全镇共有小(一)型水库 1 座、小(二)型水库 7 座，大小电力提灌机 32 处，小塘小坝1954 座，小河坝 120 座。

集镇建设

1996 年，投入资金近千万元，加强集镇硬件建设，硬化街道 600 米，油化街道 1300 米，敷设下水道 2300 米，架设路灯线路 1400 米，绿化植树 1200 株，建成占地 8277 平方米、有40个固定门面、250个摊位的农贸市场,新建居民商住楼25000平方米,改造居民住房6000平方米;集镇面积由0.13平方千米扩展到1.2平方千米。2008年以后,筹资约1000万元,对3000米道路进行硬化、亮化、美化,安装彩色人行道板砖;新建长800多米、宽46米的盘塘新街;对墟场祠堂路进行硬化;在石陬公路过境镇区安装桃源县第一个乡镇级交通信号灯;在镇境范围内安装路灯85盏,建设高标准垃圾填埋场,修建垃圾渗滤液收集处理池;成立专门清扫队伍,配备环卫工人8人、垃圾清运车2辆、洒水车1辆、铲车1辆、人力保洁车5辆,街道设置果皮箱150个、可移动式垃圾箱6个。在镇区新增高清摄像机32只,并与县级相关部门连线并网。2015年,对镇区宣传牌进行统一更换,统一颜色、统一大小、统一位置,对镇区113盏路灯进行全面维修,对集镇建设统一规划,建成11栋农村住宅示范小区。

四、社会事业

教育

1938年,创办硖洲乡西陵小学。1951年,该学校更名为盘塘完小。1957年,在盘塘完小设初中班。不久,学校迁至杉树湾,后改名为盘塘镇中学。1996年,桃源五中停办,盘塘中学搬迁至此,办学条件得以改善。全乡集资800多万元,改善盘塘中学、盘塘中心小学及朱家港完小、回龙庵完小和青草岗完小的办学条件。2011年,恢复桃源五中。2013年,全镇有幼儿园4所,入园幼儿351人、幼师19名、小学2所,中学1所,有学生1453人,在职教职工133人,其中专任教师114人,中学高级教师1人,中级职称教师66人。小学适龄儿童入学率100%、初中就读巩固率98%以上。

▲ 桃源五中

科技

1990—2000年,盘塘镇是国家科技攻关项目——湘北红壤低丘岗地农业持续发展研究试验区。期间,1996年被中共常德市委、常德市政府授予科技进步十佳乡镇称号;1997年开展的"湘北丘岗区农业综合开发的水土资源动态与发展模式研究",获湖南省科技进步三等奖;2000年开展的《湘北红壤低丘岗地农业持续发展研究》,获湖南省科技进步三等奖。

2001—2010年，盘塘镇是“中国科学院知识创新重要方向”“国家重点自然科学基金”“国家杰出青年科学基金”研究课题基地。盘塘镇抓住国家科研项目落户契机，抓好科技兴镇五大工程：农作物良种引进繁育工程、技术成果转化工程、技术开发应用工程、丘岗地开发工程、生态庭院工程，使盘塘镇的传统农业优势和丰富的资源优势尽快转化为经济优势和产品优势，促进农村经济持续发展，

文化

1991年，乡广播站达省级验收标准。1993年，建盘塘电视差转台，1995年，建有线电视站，电视站可转播20套电视节目，电视入户率98%。2009年，镇文化站建有电影院、舞厅、乒乓球室，7个村建有农家书屋。2013年，全镇有镇文化站1处，村级文化活动中心5处，各类文化专业户13户，各类图书室9个，藏书10万余册。

医疗卫生

1995年，盘塘中心卫生院建筑面积6600平方米，拥有B超、胃镜、心电图、救护车等医疗设备，有病床28张，医护人员49人。2009年，镇中心卫生院被评为一级甲等医院，村村设有农村医疗室，全镇有村医疗室10个，有乡村医生24人。2013年，全镇有镇卫生院1所，标准化卫生室7个，全年完成诊疗9600人次，收治住院病例870人次。村（居）民参加新型农村合作医疗率100%。

五、特色地情

名胜古迹

盘龙桥　位于盘塘镇盘龙桥居委会桥南组，为半圆拱单拱石桥。始建于明初，清宣统元年（1909）重建，桥长5.7米，宽2.4米，净跨2米，南北走向。两侧有石护栏，上饰蟠龙浮雕，并刻记建桥年月。盘塘四周有猫儿、拱拱、长角、灯笼、爷爷等五座小山脉，蜿蜒起伏，构成“五龙戏珠”佳景。

历代名人

董维键　1890—1942年，字润田，笔名之学，盘塘镇铁家垱村龙口堉人。曾就读于桃源漳江书院、常德官立中学堂和湖南省立高等工业专门学校。1912年，公费留学美国。7年苦读，以优异成绩获哥伦比亚大学经济博士学位，于1920年学成回国，先后在国立武昌高等师范学校、国立武昌高等商科学校和湖南省立高等工业学校任教授。

1924年，国共第一次合作，董维键的思想再次发生变化，向其好友蒯伯赞说：“空谈经济改良，不足以救国；要救国，必须革命。”旋即加入中国国民党，任长沙市党部执行委员。1926年7月，北伐军攻占长沙，中国国民党活动公开，董维键被选为湖南省党部执行委员、宣传部长，还受聘为湖南省农民协会顾问，被任命为湖南省教育厅厅长。期间，频频接触毛泽东、董必武、徐特立、郭亮、谢觉哉、柳直荀等，从而奠定共产主义信仰。是年冬，董维键以国民党湖南省党部特派员身份视察指导常德农民运动，发现桃源

县政府即将处决10多名因镇压一名作恶多端保长的农协会员，立即函告桃源县县长予以制止：保长作恶多端，死有余辜；农协会员行为无罪，全部释放。同年冬，长期把持湖南邮政大权的邮务长法国人饶略破坏邮政畅通，危及北伐进军，董维键与谢觉哉、柳直荀等组成“收回中华邮政委员会”，并通告湖南省各县举行示威游行，开展抵制法货运动。饶略被迫于次年1月离开长沙，3月武汉政府明令解除饶略职务，结束了外国人把持湖南邮政的历史。“马日事变”后，大批中共党员和革命青年惨遭杀害，董维键对其同乡好友及同事张唯一说：“几年来我和共产党人一起共事，深感正直救国救民的还是共产党。要革命，只有跟共产党走。”于是，董、张二人潜赴武汉，在白色恐怖严重的1927年8月，由郭亮介绍同时加入共产党。翌年初，董维键赴上海，在中共中央机关从事国际宣传和情报工作，并以经济学家的公开身份，团结上海文化界进步人士与国民党反动派开展合法斗争。1930年2月，董维键与鲁迅、胡愈之、潘汉年、郁达夫、田汉等人组成由中共中央领导的第一个革命文化团体“中国自由运动大同盟”。“九一八”事变后，撰文揭露日本侵略者罪恶阴谋，谴责国民党政府对日妥协、国际联盟出卖中国主权的可耻行径。

中共中央由上海转移到中央苏区后，董维键奉命留上海中共中央局工作。1935年7月，该机关再次遭国民党反动派破坏，大部分负责人被捕，董在通知另外一名同志转移时也被捕，关进南京监狱，受尽酷刑而坚贞不屈。1937年3月，董获释出狱。出狱后，赴上海由中共中央安排在国民政府军事委员会政治部任专门委员，兼第三厅第七处二科科长，负责国际宣传和国际情报工作。一年后，董维键随政治部西迁重庆，任战地党政委员会设计委员。1940年，应太平洋学会之邀赴香港，担任国际问题的研究，旋又应广西大学之聘回桂林讲学。不久因旧病转剧，赴香港医治。1942年3月12日，董刚经过医治手术，不幸碰上日本侵略军攻陷香港，医护人员仓皇逃离，致使董维键陷入于无人护理和照料困境，心情万分悲愤，病情急剧恶化，次日含愤而逝。

董维键的主要著作有1930年商务印书馆出版的《各国民权运动史》、上海昆仑书店出版的《世界农业史》，1933年中华书局出版的《世界殖民地独立运动》、商务印书馆出版的《国际贸易浅说》，1936年商务印书馆出版的与傅勤家合译的（英）柏尔（Charles Bell）著《西藏志》等。

陈协平　1903.12—1932.9，原名陈叶平，又名陈亚军。今盘塘镇莲蓬岗村陈家湾人，中国工农红军高级指战员，革命烈士。幼年曾随舅父读过私塾，后受聘到家乡小学教书。1922年，考入武汉湘省旅鄂中学。1926年2月，在中共党组织帮助下，前往广州国民革命军政治讲习班学习。不久，加入中国共产党。结业后，曾到黄埔军校政治部工作。后被任命为国民革命军前敌总指挥部宣传股长，随师北伐。大革命失败后，随贺龙部开赴江西参加“八一”南昌起义。10月，起义部队在广东流沙受挫后，回到家乡从事武装斗争。按照中共湘西特委部署，在桑植组建了一支有500余人的农民武装。1928年6月，奉命到桑植洪家关向贺龙转达中共湖南省委指示后，被任命为湘西前敌委员会委员兼工农革命军第四军秘书长，成为湘鄂边根据地创始人之一。同年9月，当部队在石门渫阳遭敌重兵偷袭，严重受挫而处于十分危急的紧要关头，协同贺龙带领余部300余人，转至湖北宣恩、鹤峰，与敌周旋，使革命武装重新得以发展壮大。年底，投入收编当地土著武装“神兵”的工作，分别争取两股“神兵”参加工农革命军。1929年年初，任红四军代理党代表。不久，兼任中共鹤峰县委书记，领导一批红军干部和地方干部深入到全县各区乡，组建党组织和工农武装，进一步巩固和扩大湘鄂边苏区。1930年7月，红四军与红六军合编为红二军团后，被任命为红二军团第四师政委。之后，同军团内夏曦等人的“左”倾错误进行反复斗争，并对“会师武汉，饮马长江”的军事冒险行动进行过抵制。1931年3月，调任红三军教导第一师政委。不久，教导第一师改编为湘鄂边区独立团（亦称独立一团），改任团政委。7月中旬，在湘鄂边区第三次反“围剿”战斗中，不顾“左”倾领导的组织压力，采取灵活游击战术，率领二营突破敌人包围，转到外线作战，在南北墩、清水湾一线发起猛烈攻击，打乱敌军四面包围的部署。后与团长王炳南率部多次奇袭敌军，为第三次反“围剿”胜利立下奇功。1932年5月，“左”倾错误领导导致湘鄂边区全部丧失后，率领独立团及随军家属3000余人，向洪湖地区转移。是时，由团政委降为政治处主任。9月中旬，到达湖北江陵土地口时，被诬为“改组派”秘密杀害，年仅29岁。1945年，中共中央“七大”追认其为革命烈士。

（龚勋）

马鬃岭镇》

马鬃岭镇行政区域图

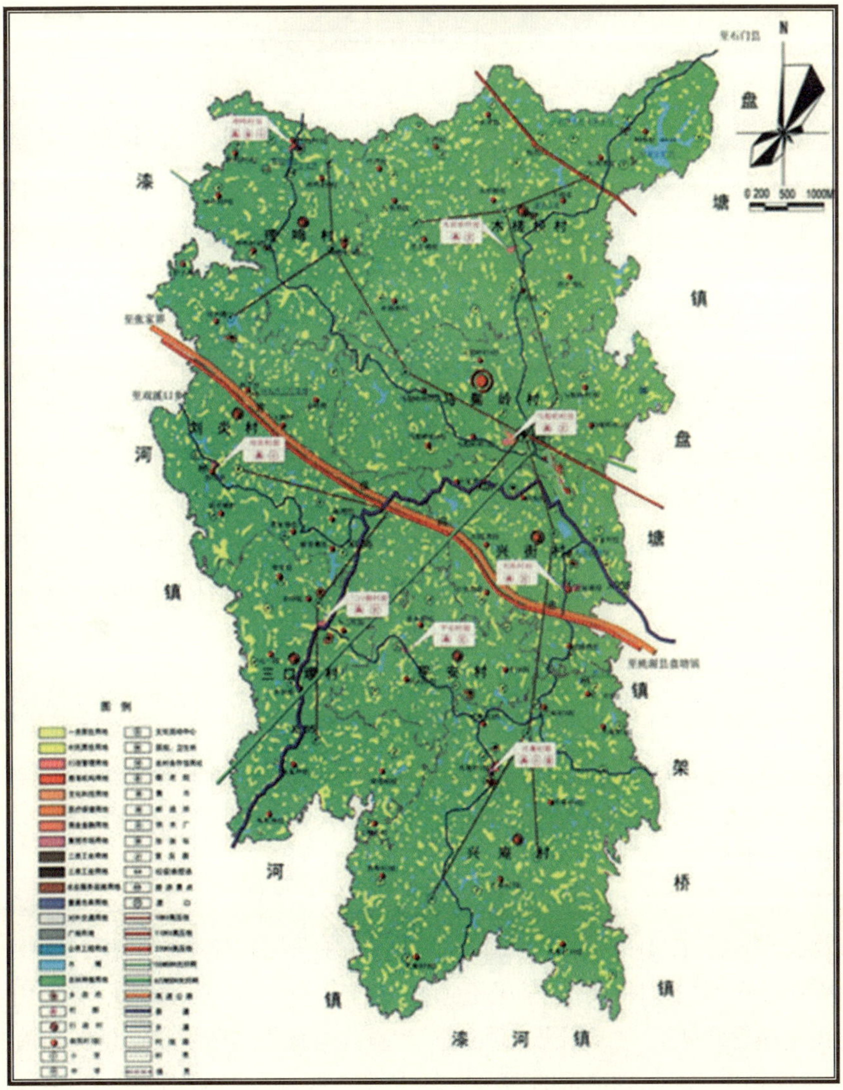

一、区域概况

建置沿革

据南宋《武陵图经》记载，境域属建宁乡罗佩村。明《嘉靖常德府志》记载，罗佩村并入大田村，境域分属建宁乡大田村、硖州村和善溪乡莫林村管辖。据清《道光桃源县志》，境域分属建宁乡莫林村、大田村和硖州村，该区划沿用至民国。1934 年，分属盘塘区吉祥团、赤竹团和漆河区莫林团。1935 年 8 月，废乡团，新编为第三区吉祥乡、赤竹乡和第八区新民乡。1941 年 1 月，撤区并乡，分属第四县政指导区莫林乡和第一县政指导区大田乡、硖州乡管辖。1947 年 2 月，水田、大田、硖州并为东屏乡。同年 5 月 25 日，恢复原建制。1948 年，为纪念国民党元老覃振（字理鸣），大田乡更名为理鸣乡。中华人民共和国成立后，理鸣乡复名大田乡。1952 年土改复查时，境域属盘塘区（第五区）马鬃岭、桃家溶、大二、罗家店、三口堰、文峰山、白云寺等 7 个乡管辖，根据常德行政专员公署 1952 年 8 号文件精神，临澧县王化乡一、二、三、四、五村划归马鬃岭乡。1956 年撤区并乡，为马鬃岭乡。1958 年人民公社化后，并入盘塘人民公社。1961 年 4 月，乡境从盘塘析出，成立马鬃岭人民公社，辖马鬃岭、吉安湾、鹤峰、先锋岗、永红、陶家溶、建设、三口堰、木槎桥、竹湾、兴安、刘炎、大路坪、白云寺、文峰山、平安、沈家港 17 个生产大队。1984 年，恢复乡建制，改称马鬃岭乡，全乡辖马鬃岭、陶家溶、吉安湾、沈家港、木槎桥、鹤峰、竹湾、罗家店、响水垱、大路坪、三口堰、文峰山、平庵、沙堰、刘炎、兴庵、白云寺、尖峰岗（由"先锋岗"改名）18 个村 211 个村民小组。2002 年 12 月，撤乡建镇，马鬃岭镇辖马鬃岭 1 个居委会 11 个居民小组和陶家溶、吉安湾、沈家港、木槎桥、鹤峰、竹湾、罗家店、响水垱、大路坪、三口堰、文峰山、平庵、沙堰、刘炎、兴庵、白云寺、尖峰岗 17 个村 196 个村民小组。2011 年并乡后，全镇辖马鬃岭居委会和木槎桥、理鸣、刘炎、三口堰、兴庵、平安、兴街 7 个村。

位置面积

马鬃岭位于桃源县东北部，因山岭盛长马尾松，故称马鬃岭。镇东连盘塘镇，西接漆河镇、双溪口乡，南抵架桥镇，北邻石门县蒙泉镇，东北与临澧县太浮镇相接，是三县交界处交通中心、商贸中心。人民政府驻马鬃岭居委会，距桃源县城 45 千米，镇域总面积 68.7 平方千米。

自然环境

镇域地形为丘岗山地，属季风湿润气候区，四季分明。年平均气温 18.7℃，年平均降雨 1400 毫米。树木以柑橘树、马尾松为主，还有少量油茶、杉、樟、栗、枫等 10 多种树木。境内土壤含沙较多，土质疏松，透水透气性好，适宜柑橘树生长。1840—2013 年，共发生自然灾害 24 次，特别严重的洪灾 3 次、旱灾 2 次、冰灾 1 次。

人口民族

1995 年，全乡有 6507 户 22708 人。2002 年，全镇有 6869 户 21806 人。2014 年，辖区有 6946 户 22535 人（全为汉族），其中男性 11623 人，女性 10912 人，人口出生率 10.69‰，死亡率 10.38‰，人口自然增长率 0.31‰，人口密度为 328 人 / 平方千米。

二、经济发展

综述

1950 年，域内人均耕地虽有 0.88 公顷（其中水田 0.65 公顷），但年人均口粮不足 250 公斤。农民住房普遍为平房，其中多数为茅草房，少数为瓦房。1953 年，开始间作双季稻，粮食产量增加，人民生活有所改善。1983 年，粮食产量大增，人均产粮 529 公斤，农民基本解决温饱问题。20 世纪 80 年代后期，一部分家庭富裕起来，兴建楼房，购置电风扇、电视机、电冰箱、洗衣机等家用电器。

1995 年，马鬃岭乡工业总产值 4000 万元，农业总产值 3800 万元，财政总收入 25.56 万元，乡内信用社各项存款余额 3015 万元、贷款余额 1019 万元，农民年人均纯收入 1690 元，65%的农民建新房，每百户农户有摩托车 15 辆、汽车 1.15 辆。2002 年，全镇工业总产值 15300 万元，农业总产值 8124 万元，财政收入 389 万元。2010 年，完成工农业总产值 60000 万元，其中工业总产值 20000 万元，农业总产值 40000 万元。2014 年，实现国内生产总值 100120 万元，其中第一产业 25000 多万元，第二产业 11000 多万元，第三产业 64120 万元，产业结构比为 24.91：10.99：64.1。2015 年，农民年人均纯收入 10450 元，年末人均存款 10005 元，90%的农户入住新楼房，每百户农户有摩托车 75 辆，汽车 6.5 辆。

农业

种植业 1995 年，全乡种植水稻 49800 亩，产量 15898 吨，种植棉花 6000 亩，产量 388 吨，种植油菜 20000 亩，产量 1840 吨，栽种柑橘 5607 亩，产量 2200 吨。2002 年，全镇种植水稻 37700 亩，产量 12812 吨，种植棉花 3000 亩，产量 240 吨，种植油菜 18000 亩，产量 1188 吨，栽种柑橘 17028 亩，产量 24000 吨，是湘西北柑橘之乡，20 多个省市水果商贩前来竞相购买。2014 年，全镇种植水稻 52589 亩，产量 19556 吨，种植棉花 11500 亩，产量 1093 吨，种植油菜 21032 亩，产量 2755 吨，栽种柑橘 23500 亩，总产 27500吨。

养殖业 1995 年，全乡出栏生猪 21900 头，牛存栏 1640 头，养殖家禽 50 万羽，发展肉用兔 10000 只、出笼 8000 只，出产鲜鱼 384 吨。2002 年，全镇出栏生猪 31890 头，牛存栏 5100 头，出栏羊 22950 只，家禽存笼 30 万羽，出产鲜鱼 566 吨。2014 年，全镇出栏生猪 43250 头，牛存栏 3000 头，出栏羊 16863 只，出笼家禽 42 万羽，禽蛋产量 3178 吨，出产鲜鱼 914 吨。

林业 1995 年，乡内有林地 1023.7 公顷，占山林总面积的 37.6%，森林覆盖率 36.93%。之后，乡（镇）党委、政府发动群众开展封山育林、植树造林和低产林改造，在 2004 年、2005 年两年内退耕还林 31.5 公顷，并发展以柑橘为主的经济林 1000 公顷。2013 年，全镇有林地 1125.6 公顷，森林覆盖率 38.5%，新造优质油茶林 50 公顷，规划国家级生态公益林 1504.3 公顷，建立优质水果基地 320 公顷。

工业

1986 年，乡政府投资 70 万元，建成活性白土厂，1991 年倒闭。后利用其厂房，建成化工厂，生产膨润土和 888 仿瓷涂料等产品。1987—1992 年，狠抓企业经营，完善经营机制改革，乡镇企业出现新的发展。1995 年，乡镇企业总产值 1800 万元，工业产值 500 万元，1996 年，全乡民营经济总产值 8000 万元，其中工业总产值 4000 万元。至 2002 年，镇村集体企业全部改制，民营经济发展较快。2005 年，全镇工业总产值达 1.6 亿元，以木槎桥村郭梅伯务工返乡建成的金马林业为龙头发展起来的一批木器加工企业得到迅速发展，产品远销全国各地。2006 年 10 月，镇柑橘产业协会会长杨学初等人投资 56 万元建成马鬃岭镇柑橘打蜡厂，年加工柑橘 1000 多万公斤，年创利润 30 万元。2011 年，马鬃岭镇政府引进飞沃新能源科技股份有限公司，生产风力发电部件、预埋螺旋套，产品远销国外，年创税收 200 多万元，解决 200 多人就业问题。2014 年，全镇有工业企业 55 家，其中规模以上工业企业 1 家，总产值 3000 万元，利润 500 万元，上缴税金 130 万元。

商贸服务业

中共十一届三中全会后，个体商贸服务业得到发展，农村市场日益活跃。1996 年，镜内有马鬃岭、兴庵、罗家店、三口堰、边贸城 5 个墟场，个体商铺发展到 200 多家，社会商品零售总额 2000 多万元。1999 年，投资 300 万元，在响水垱村与石门县交界之地建成一座边贸城。2002 年，镇流通协会组织全镇农副产品外销，年流通额 2000 万元。2005 年，马鬃岭柑橘产业协会成立，所注册“湘马牌”柑橘畅销全国各地。2011 年，新成立金马鬃富硒柑橘专业合作社，富硒红柑橘远销新疆。2013 年，在吉安湾村金钩湾组建金湾新街，建筑面积 4 万多平方米，临街门面近 200 个。2014 年，投资 500 万元新建的 4000 平方米集贸市场投入使用；全镇有各类商铺 500 多家，个体工商从业者 897 人，墟场赶集日有近 3000 多人，社会商品零售总额 1.01 亿元，其中集市商品成交额 6000 多万元。

三、基础设施

交通运输

1992 年，马鬃岭乡投资 80 万元建成县道 055 刘漆公路马鬃岭段 9.7 千米的四级公路。1993 年，投资 20 万元改造扩宽通往双溪的公路 6 千米。1991—1994 年，先后投资 60 万元改造通往临澧县边界公路 10 千米、通往原基隆乡公路 8.7 千米、通往石门县边界公路 10 千米的主要交通干线。1995 年，全乡有客货运输车辆 215 台。2002 年，硬化马鬃岭至盘塘公路 5.6 千米。至 2009 年，全镇硬化村、组公路 118 千米，实现村村通水泥路。2012 年，投资 400 万元新建集镇新街道路 0.4 千米。2014 年，完成农村水泥公路建设 22 千米。至 2015 年，从集镇出发有盘马路、罗马路、鹤马路、青马路 4 条乡道，总长 35 千米；有县道 2 条，总长 25 千米；有通组的水泥路 46 条，总长 118 千米；有客货运输车辆 263 台。

水利建设

马鬃岭属黄石水库灌区，黄石北干渠贯穿全镇。境内有堰塘 2246 口，骨干塘 49 座，小(二)型水库 3 座，小(一)型水库 1 座，提灌机埠 50 处总装机 1650 千瓦，自流灌溉面积占水田总面积的 30%，提灌面积占 70%。2012 年，投入 460 万元对鹤峰小(一)型水库进行除险加固，扩容整治山塘 300 多口。2013 年，整修堰塘 240 口，维修机埠 12 处，渠道清淤 50 公里。到 2015 年年底，全镇清淤整修堰塘 1280 口。

供电饮水

供电　1995 年以前，全乡架有高压输电线路 64 千米、低压输电线路 252 公里，有变压器 61 台，总装机容量 4140 千伏安。2012 年，投入 200 万元进行农网改造，新增变压器 42 台，总装机容量达到 4300 千伏安、高压输电线路 76 千米、低压输电线路 134.9 公里，全镇 14 个自然村群众受惠。

▲ 马鬃岭镇水源地——鹤峰水库

饮水 1997年,政府筹资120万元兴建自来水厂。2010年,投资300多万对镇自来水厂进行改造。至2015年,全镇8个村(居)的6000多农户农民吃上了干净放心的自来水。

镇村建设

2002年12月,开始制定镇区发展规划。2006年,马鬃岭镇获常德市新农村建设考核第一名,被确定为全市新农村建设示范片。2009年,在刘炎村建立占地3.7平方千米的刘炎农业生态园。2011年,制定《马鬃岭镇2011—2030总体发展规划》。2013年,征用土地38.6亩,在马鬃岭镇吉安湾村金钩湾组建设400米商贸新街,取名为金湾街。同时,完成镇农贸市场建设。2015年,全镇8个村(居)建有村级文化活动中心(村部),其中理鸣村有覃振故居,属市级文物保护单位,刘炎村建有刘炎纪念亭,每逢清明节,扫墓的人络绎不绝。理鸣村建有农会革命遗址,理鸣村、木槎桥村建有贺龙避难处纪念碑,兴街村建有常德侵华日军细菌战死难同胞纪念碑。

四、社会事业

教育

1950年,境域有小学1所,学生560名。1970年,全公社有小学18所,学生4000名;有中学1所,学生1200名。20世纪80年代,调整学校布局,撤并学校,并校后,全乡有小学6所,学生2100名;中学1所,学生1700名。2002年,镇域内有初级中学1所,有学生1580名、教师120名;有小学6所,学生1800名、教师120名;有幼儿园6所,入园幼儿270个、幼师17名。马鬃岭中学为全县唯一的一类初级中学,是湖南文理学院优秀实习基地之一,为教育部全国教育科学十五规划和自我教育与素质发展课题研究基地。2012年,投资200万元新建一所示范幼儿园。2015年,全镇有中学1所,学生379名,教师40名;小学4所,学生1033名,教师69名;幼儿园4所,入园幼儿653个,幼师43名。

文化

2015年,有镇文化站1个,有线电视管理站1个,群众业余剧团5个,老年诗词协会1个,广场舞协会1个,有文学、音乐、诗词、美术、书画、唢呐等文学艺术爱好者312人。文学艺术创作,演出活动经常,群众文化生活丰富多彩,电视入户6715户,农家书屋18个,藏书(刊)2万册。

医疗卫生

1953年1月,建乡卫生院。20世纪90年代,乡卫生院经联合国卫生组织审查验收,列为中国基层妇幼保健、计划生育服务扩展项目。1995年,乡卫生院有医护人员17人。1996年,乡卫生院建综合门诊大楼,全院设施设备资产总值130万元。2014年,启动卫生院住院大楼及附属工程建设。2015年,镇卫生院有职工32人;有18个村级卫生室，20名卫生员，每个村卫生室配有1～2名卫生员。基本上可以做到小病不出村，大病不出镇，满足人民群众看病治病需要。有1089户建有沼气池，改灶、改厕、改水。各村(居)建有垃圾池，组织专人清扫村民聚居点和主要道路。

社会保障

2007年，推行新型农村合作医疗制度，参加合作医疗人数达2.1万人，参合率100%。启动贫困居民城镇最低生活保障制度，有714人享受农村最低生活保障待遇，38人享受城镇最低生活保障待遇。2011年，镇政府将原三口堰小学改建成镇敬老院。2015年，全镇有257名五保人员全部落实供养政策，其中有50人入住镇敬老院集中供养；2.12万人参加农村合作医疗，参合率100%，补偿率76.71%，全镇有3983人住院，总补偿金额6693748元，6510人享受社会养老保险待遇，领取养老金49万元。

五、特色地情

历史遗址

细菌战劫难碑　位于马鬃岭镇兴街村汪家湾组。1941年11月4日，侵华日军在常德投下鼠疫细菌，致使鼠疫在常德流行。1942年5月4日，村民李宏华的祖父李佑生前往常德城贩卖生猪，不幸染上鼠疫，回家仅一周就去世了。更为不幸的是，李佑生携带的鼠疫病毒致当地26人染病，其中16人先后罹难，李宏华家族就有15人。2014年，作为细菌战亲历者，李宏华赴日本参加对日诉讼声援。2016年4月，纪念碑建成，全高约3米，主碑为一整块岩石，刻“劫难碑”三个大字；基座由大理石砌成，上面篆刻有碑文，记录了1942年桃源马鬃岭细菌战受害的全部经过。细菌战受害纪念碑揭幕典礼特地选在“九一八”事变纪念日举行，告诫后人勿忘国耻。

覃振故居　位于马鬃岭镇理鸣村响水垱，2007年开始修复，2009年3月修复完毕。故居是一典型的桃源民居，四逢三间，木质结构，陈列着覃振从事革命后的历史文物和照片，故居后还有覃振父母合葬墓。2012年，被列为第四批市级文物保护单位。

▲ 覃振故居

历代名人

覃振　1885.3—1947.4，字理鸣，原名道让，桃源县建宁乡大田村罗家店(今马鬃岭镇理鸣村)人。1904 年春,经宋教仁介绍加入华兴会,后赴日本东京求学。1905 年,在东京参加中国同盟会成立大会,被选为评议员。1908 年,覃振受同盟会派遣回国策划革命,刚抵长沙即遭清政府逮捕,被判终身监禁。1911 年 10 月 10 日武昌起义后,覃振出狱赴长沙任湘桂联军督战队队长,率部援鄂。1913 年,覃振当选为众议院议员。1914 年,覃振在东京参加中华革命党,任"湘支"部长。1916 年,参加湖南的反袁独立活动,率护国军扼守湖南西、南两路以遏制袁军。1917 年秋,以孙中山为大元帅的军政府任命覃振为湖南检阅使。1921 年,任孙中山非常大总统府参议兼法制委员。次年 9 月,孙中山拟改组中国国民党,指定覃振与陈独秀草拟党章。1924 年 1 月国民党改组,覃振当选为中央执行委员。

1927 年,南京国民政府成立,覃振任特别委员会宣传部部长。1931 年,覃振被选为立法院副院长,代理院长职务。次年 5 月,当选为司法院副院长兼中国国民党中央公务员惩戒委员会委员长。抗日战争期间,覃振被选为中国国民党历届中央执行委员,第五、第六届中央监察委员,国民政府委员,主张积极抗日。蒋介石发动内战,覃振对其所为多有不满,常帮助中共人士及地下工作者。

1947 年 4 月 18 日,覃振病逝于上海,葬于长沙岳麓山。

刘炎 1904.1—1946.11,原名刘安焕,又名刘炳生、刘本初,桃源县建宁乡莫林村孔水坡下庙湾(今马鬃岭镇刘炎村)人。1926 年,刘炎投身农民运动,次年被选为乡农民协会委员长。1927 年 5 月敬日事变后,刘炎遭到国民党反动派追捕,离家赴武昌,参加由中共领导的国民政府警卫团,随后参加毛泽东领导的秋收起义。三湾整编后,刘炎任一营二连副班长和中共班小组长,后逐步升为连政治指导员、团政治委员、师政治委员。1933 年,刘炎任红一军团政治委员、地方工作部长。1934 年 10 月,刘炎参加长征。

1938 年 1 月,新四军军部在南昌成立,刘炎任新四军第一支队政治部主任,协助陈毅创建以茅山为中心的抗日根据地。1941 年皖南事变后,中共中央军委重建新四军军部,刘炎被任命为第一师政治委员兼苏中军区政治委员及中共苏中军区委员会书记。在艰苦的战争环境中,刘炎染上重病。1943 年,他被中共组织护送上海治疗,未愈,便返新四军驻地。1946 年 6 月,全面内战爆发,刘炎随新四军主力从苏北撤往山东。11 月,刘炎病情恶化。医生为其注射葡萄

▲ 刘炎烈士纪念塔

糖，他坚决不同意，说服医护人员把药品留给前方的伤病员。11月20日，刘炎因病医治无效，在山东临沂逝世，时年42岁。1950年，中共鲁中南区党委、鲁中南行政公署、鲁中南军区将刘炎遗骨迁葬于临沂市华东革命烈士陵园，墓呈巨轮形，高11米，全石结构。墓碑上有陈毅题词“献身革命勋劳永在，服务人民无限忠诚”和杨立三题词“尽忠人民革命事业”。

（余橙）

双溪口乡

双溪口乡行政区划略图

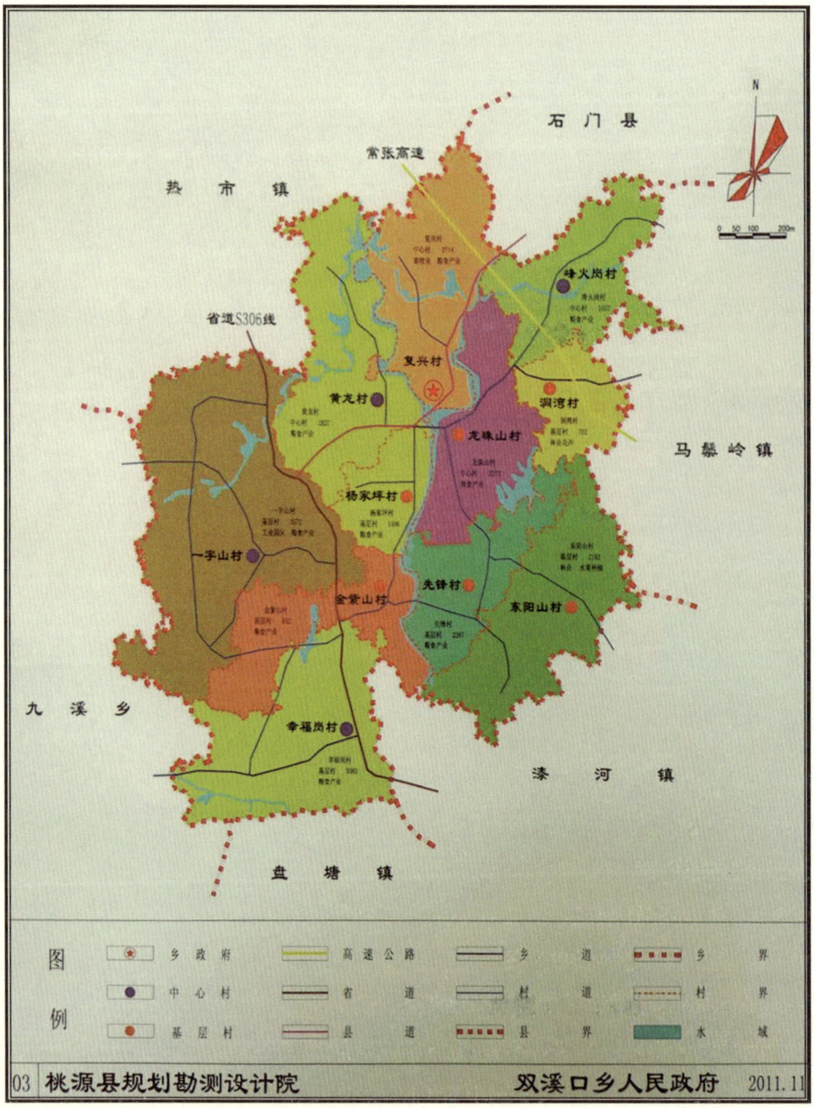

一、区域概况

建置沿革

明朝前后，驻地称芳草坪、秀水镇。因有界溪、汤溪两条溪水在此相交汇合，故名双溪口。

据明《嘉靖常德府志》，境域分属善溪乡高都村和东七里村，区划一直沿用至民国。1934年，属九溪区高东团。1935年，废乡团，新编为双溪乡。1941年1月撤区并乡后，改为高东乡。1947年2月，高东、明月、九溪并为新民乡。同年5月25日，恢复原建制。1952年8月土改复查后，属双溪口区所辖双溪、福善岗、白羊、跑马、岗陵、双桂、杨嘉山7乡。1956年，撤区并乡为双溪口乡。1958年，双溪口乡更名为双溪口公社，社域扩大，辖岗陵、双桂、红旗、一字山、荣禄、复兴、粟坪、彰善、福善岗、跑马10个生产大队。经过多次区划调整，至1977年双溪口公社辖阳雀、洞湾、灌车湖、杨家坪、龙家港、岗陵、回龙、竹园、古堤、大公、郑家坪、跑马、傅家堉、岩桥、烽火岗、长堤、茶园、双桂、一字山、庄家铺、龙凤、幸福、荷花23个生产大队。1984年，双溪口公社改为双溪口乡，辖杨家坪、茶园、郑家坪、荷花、龙凤、跑马、烽火岗、洞湾、阳雀、古堤、岗陵、傅家峪、庄家铺、双桂、灌车湖、金紫山、福善岗、大公、岩桥、长岭、一字山、回龙、龙家港23个村230个村民小组。2011年，撤村并组，双溪口乡辖杨家坪、黄龙、复兴、烽火岗、洞湾、东阳山、先锋、龙珠山、金紫山、幸福岗、一字山11个村委会，108个村民小组。

位置面积

双溪口乡位于桃源县北部、常德—慈利走廊中心腹地，省道306线贯穿全境，东邻马鬃岭镇，西南接九溪乡，南抵漆河镇，北靠热市镇，东北部与石门县蒙泉镇交界，南距桃源县城57千米，东距常德城区48千米。全乡东西最大距离7千米，南北最大距离9千米，总面积66平方千米。有耕地3.56万亩，其中水田2.65万亩，旱地0.91万亩，山地3.65万亩，水域面积4500多亩。

自然环境

全乡平均海拔50米，东西两条溪流贯穿乡境南北，沿河两岸为冲积小平原，地势平坦，土地肥沃。乡域大部为丘陵地带，属亚热带气候区，四季分明，年平均气温17.1℃，年平均降水量为1232毫米，树木以用材林为主，主要树种有马尾松、杉树、楠树、樟树、杨树、油茶树、枫树、棕树；果树有柑橘、桃树、李树等。野生动物有35种，其中国家二级保护动物2种。乡境属水层岩区。境内土质较多的为黄红壤，含泥沙较多。

人口民族

1995年，全乡总人口24816人，其中男性12740人，女性12076人。2005年，全乡总人口23655人，其中男性12354人，女性11301人。2015年末，辖区内有7245户24850人，其中男性13125人，占52%，农业人口23743人，占95.5%，城镇常住人口

3120人。总人口中，汉族24721人、少数民族129人，少数民族中土家族71人、苗族12人、彝族8人、回族20人、壮族18人。

二、经济发展

综述

1995年，全乡完成工农业总产值11062万元，其中工业总产值4102万元，农业总产值6960万元，农民年人均纯收入1641元。2002年，全乡农业总产值1.08亿元，工业总产值3581万元，财政收入473万元。2011年，全乡年人均纯收入6750元。2015年，全乡工农业总产值5.1亿元，其中工业总产值1.6亿元，农业总产值3.5亿元，财政收入119.6万元，农民年人均纯收入10300元；域内农村信用合作分社各项存款为1.45亿元，各项贷款余额6000万元，邮政储蓄存款余额1.6亿元，95%的农户住上楼房。

农业

种植业 20世纪70年代以前，双溪口种植业处于传统作业状态，粮棉油品牌单一，全乡粮食产量仅475万公斤，棉花单产不足40公斤，油菜单产不足35公斤。80年代以后，引进新品种，应用新技术，传统农业向高效农业迈进。先后引进粮、棉、油优良品种汕优63、湘棉15号、湘油13号，产量大幅提高。到1995年，早稻孔膜育秧、旱育秧、中苗带土移栽，晚稻"双两大"，棉花育苗移栽等新技术得到普遍推广。2015年，水稻种植以优质稻为主，全乡种植水稻47022亩，总产1.8万吨。灌车湖村为金健米业股份有限公司水稻生产基地、湖南省生态农业示范区，全村有种粮大户108户，种植水稻12035亩，总产9.7万公斤，占全乡稻谷总产量的25.5%。

全乡粮食作物除水稻外，还有玉米、红薯等；主要经济作物有油菜、棉花、花生等。2015年油菜种植19168亩、总产2767吨；棉花种植2000亩、总产400吨。还有水果、药材等。

养殖业 1995年，全乡发展生猪15600头，出栏12000头；发展耕牛800头，出栏600头；发展山羊12000只，出栏9000只；发展家禽100万羽，出笼90万羽。2015年，全乡有生猪饲养大户32户，饲养生猪3.5万头，年末存栏1.8万头；饲养山羊10.8万头，年末存栏4.2万头，常年有运羊车队将山羊销往广州；养牛2958头；全乡有养鸡大户26户，养鸭、鹅大户5户，饲养家禽20.8万羽；出产鲜鱼890吨。

林业 1995年，双溪口乡造林614亩，抚育幼林1500亩，木材采伐量70立方米，有油茶林15亩、油桐林60亩。2005年，全乡造林155亩，抚育幼林5175亩，木材采伐量442立方米。2012年，全乡造林690亩，抚育幼林1200亩，木材采伐量1500立方米。2015年，全乡有林地2439公顷，其中国家级生态公益林433.5公顷、经济果林307.6公顷、退耕还林84.4公顷、封山育林560公顷；用材林967公顷，用材林总蓄积量41000立方米，森林覆盖率25%。全乡有花木林基地种苗圃10处，珍稀树种有银杏、鹅

▲ 洞湾村苗木花卉培育基地

掌楸、金丝楠木、红豆杉、水杉、香樟等 6 种。县林业局建档并挂牌保护的古树名木 2 株。从事林业的专业合作社有 150 户 400人。

工业

中华人民共和国成立前，双溪口乡在墟场有一家罐头厂，产品销往石门、临澧两县和县内各乡；有制作纸伞、加工鞭炮、榨油、纺织、印染、制作家具与铁器的小作坊。1968年，常德地区运输公司干部职工子女下放双溪口，在常德地区运输公司帮助下，在一字山建起汽车修配厂，知青回城后该厂改为油脂加工厂，后又改为大理石厂。1973 年，公社创办麻厂、烟厂、农具厂和农副产品加工厂，有固定资产 50 万元、年创产值 40 万元。1986 年，创办大理石厂、红砖厂，将农具厂改为钢球厂，全乡形成以建筑材料为主的乡办企业。1992 年，抓亏损企业改造和整顿，重点改造红砖厂和大理石厂。1995 年，建年产 1000 万块砖的第二砖厂。1996 年，筹资 1000 万元新建年产 4.4 万吨水泥的双溪水泥厂，筹资 70 万元创建大理石工艺生产线。2015 年,全乡有工业企业 60 家，其中规模以上工业企业 1 家，工业生产总值 1.6 亿元，利润 650 万元，税金 90 万元，企业职工 1009 人。

商贸服务业

20 世纪 30 年代至 50 年代初期，双溪口有全县最繁华的农贸市场。市场上有各种商行、店铺 191 家，商行店铺销售的物品齐全，有“买不到的(东西)双溪口买得到，卖不脱的(东西)双溪口卖得脱”的俗语。每逢农历二、七场期，各地商贩来双溪口摆摊设点，最多时摊位有 500 多个，3 千米外都能听到赶集人交易的吆喝声。抗日战争时期，川盐从水上运输至四川巴东县三斗坪后，人们靠肩挑背扛至双溪口，每天到达双溪口的盐有 700 多担，从双溪口运往湖南各县和贵州广东两省部分县市，每天仅挑盐的人就有千人之多。双溪口还是湖南省西北部最大的牛羊集散地，每个场期都有数千头牛从湖北及湘西各县赶来贩卖，买者既有常德、益阳、长沙人，也有湖北沙市、荆州人，还有广州的大客商。1949年后，在双溪口建供销社、食品站、粮油站。“文化大革命”期间，墟场交易场期被取缔。中共十一届三中全会后，乡境双溪口、幸福岗2个市场恢复，市场得以快速发展。

2015年，乡境有双溪口、幸福岗两个商贸市场。双溪口有农贸市场1个，大型超市3个；全乡有各类商铺300多家，个体工商从业者1700人，墟场赶集日赶集者近万人；年社会商品零售总额3.5亿元，其中集市商品成交额2.6亿元。

三、基础设施

交通运输

省道306线贯穿全境。1988年前，全乡23个村都修建通往乡政府驻地的简易公路。1988年，建成长5千米的双溪至石门磐石的公路。1994—1995年，建成双溪至马鬃岭、双溪口至涌泉、双溪口至九溪的公路，3条公路全长21千米。2005年，国道5513长张高速公路修通，从乡境穿过，过境里程6.5千米。

1988—2005年，对双溪口至周边县乡镇公路进行砼化。2005年后，对所有村道进行砼化，至2010年，全长35千米由双溪口集镇通往各村的村道全部砼化。2015年，全乡有省道9千米，有县道15千米，有乡村公路342千米；双溪口乡过境班车主要有临澧至桃源、马鬃岭至桃源、常德至慈利、石门花薮至常德。双溪口开往桃源县城的客车每天4班，开往常德的每天1班，通往漆河镇的客车每半小时1趟；开往益阳、长沙、广州、珠海、深圳的远途客班，每周3至5趟。全乡日客流量200多人(次)。全乡有汽车1200多辆、电动车1230辆、摩托车3000多辆。

邮政通信

1950年，桃源县邮政局在乡设邮政所。1993年，邮政、电信分设。1995年，投资150多万元，开通500门程控电话。2015年，乡域有邮政所1家，邮政代办站1个，中通、汇通、圆通等物流快递公司在乡境开设有4个营业处，移动、电信、联通公司在乡境开设4个营业处；每个家庭拥有一部手机，全乡有电脑2003台，座机3800多部。

供电饮水

供电 1973年，双溪乡通电。2003年，进行电网改造，增大用电功率。2000年，全乡用电量680万千瓦时，2005年用电量1100万千瓦时，2010年用电量1300万千瓦时，2015年用电1900万千瓦时。2015年，全乡有变压器128台，输电线路208千米。

饮水 2012年，完成从戈尔潭水库到各村的引水工程，铺设主管道103千米、入户管道180千米，全乡2万多人喝上安全放心的自来水。

水利建设

1953年，修建小(二)型水库——傅家埫水库。1975—1992年，全乡新建机埠46处1200千瓦，解决4000多亩农田灌溉问题。2013年，对域内3座水库除险加固，渠道硬化15千米、维修清淤121千米，堰塘扩容清淤175口，维修机埠38处。2015年，全乡有小型水库9座，堰塘1855口，渠道101条、134千米；提灌机埠62处，全乡旱涝保收面积25400亩，占水田总面积的92.6%。

乡村建设

乡政府驻双溪口乡复兴村。洞湾村的村部是全乡甚至全县首屈一指的村部，不仅有看报，下棋，打乒乓球的活动室，还有会议室、图书室、卫生室、食堂、客房等，有篮球场和健身场各1个，健身器材10件。2014年，龙珠山村在村居地安装路灯68盏，后有黄龙、先锋、一字山等村的主干路也装上了路灯。

四、社会事业

教育

清代，设有私塾蒙馆，经馆多家。1925年，朱雍在上街芳草寺创办芳草寺小学，1938年改为高东中心国民学校。1942年前后，沙氏在其祠堂创办大公完小。是时，有多家私塾改为小学。1949—1954年，除上述学校外，域内还设有阳雀小学、洞湾小学、旭升垭小学、白羊岗小学。1950年，高东中心国民学校改名为高东乡完小，后又改为双溪口完小。1961年，全公社23个大队都办有小学。1967年，创办双溪口公社中学，1975年，公社中学招高中班。1977年恢复高考制度后，公社中学停办高中，各大队小学停办初中，县属中学恢复招生。1984年，双溪口乡有小学22所，学生2300人；有中学1所，学生1328人；中小学有教师68人。2015年，双溪口乡有初中1所，学生1180人，教师72人；有小学4所，学生1230人，教师62人；幼儿园3所，在园幼儿400多人，幼师18人。义务教育覆盖率100%。

文化体育

双溪口乡传统文艺项目有花鼓、舞狮、龙灯、三棒鼓、渔鼓、土地戏、围鼓戏，还有袁怡凤的汉剧班等。2015年，全乡有歌舞剧团2个，腰鼓队2个，管乐队5个，文学、诗词等研究创作团体1个；有19个舞蹈场所，有乡级文化站1处，村级活动中心11个，各类图书室17个，藏书3万册，艺术团5个。

医疗卫生

中华人民共和国成立前，域内知名中医有李元勋、李良栋、杨树人等，有4家中药铺、1家西药铺。1953年，建双溪口卫生所，开展防疫治病，杨树人、李良栋等组成联合诊所，1959年，溪口卫生所与联合诊所合并，成立双溪口人民公社卫生院，有医务人员7人，病床12张。卫生院在6个大队设卫生所。1969年，大队兴办农村合作医疗，1980

年停办。1984年,公社卫生院改称乡医院,后又更名为乡卫生院。1998年,卫生部授予双溪口乡医院一级甲等医院称号。2015年，乡卫生院设门诊部1个，有医务人员35名,病床42张,有公共卫生人员10名;幸福岗村设有卫生院二门诊部,全乡有13个村卫生室。

社会保障

2005年推行新型农村合作医疗制度,至2011年农村合作医疗和城镇居民参保率达95%。2012年在乡境内建有敬老院,入院五保、孤寡老人46名。2015年,全乡有五保老人358名;农村医保和城镇医保参保率均为100%。

抚恤优待、救灾救济、农村五保、最低生活保障自2005年开始,农村残疾人补助(只有1~2级重度残疾人有)2014年开始,每人每月50元。

五、特色地情

名优特产

双溪口羊肉 双溪口是一个优质牛羊集散地。长久以来,农户养羊少则几只,多则上千只。2014年,村民胡向阳建近百亩的养殖基地,养羊1500余头。乡内从事活羊交易的有200余人,全年交易活羊10余万只,年交易额近2亿元。双溪口的牛、羊畅销长沙、广州,在广州的很多农产品批发市场都有双溪口乡人开办的牛羊交易摊铺。这里加工的羊肉“肉质滑嫩、油而不腻、无膻味”更是一绝,羊全席驰名全省。

▲ 特色饮食—羊全席

双溪口厨师、“南北酒家”老板李波涛,凭借多年从事厨艺的经验，潜心研究,于1987年首推羊肉系列菜品,俗称“羊全席”。至2014年南北酒家的羊肉火锅、羊全席远近闻名,其羊肉系列菜品有“黄焖羊肉”“黄焖羊脚”“黄焖羊肘”“干锅羊肝”“麻辣羊肚”“椒盐羊排”“神仙羊肾汤”等10余种,在旺季日销售额达万元,供不应求。2015年,“南北酒家”加工销售山羊500来只,创利润20多万元。

历代名人

魏墨怜 1902—1977年,又名魏涵、魏墨伶,笔名墨怜、墨者、墨子,双溪口乡阳雀村人，集邮家、教育家。1937年，为纪念辛亥革命先烈——宋教仁，与龙湛岑等人合力创办“渔父中学”（今常德市五中前身），是校董之一。抗日战争期间，常德市遭日机轰炸，他捐款迁校于桃源双溪口魏家大宅，抗战胜利后才迁回常德。1919年开始集邮，主要集中国邮票、印花、片、封、戳、集邮文献与烟标等，先后参加过中华、新光（永久会员）、甲戌（永久会员）、金竹（永久会员）、北平、重庆、金城、怡友等邮票会，有时在邮刊上发表文章，与著名集邮家张包子俊、郭润康、谢鄂常等常有书信往来，在国内集邮界有较大影响，与同为邮友的姻戚田畸（又名田奇田）把双溪口打造成了当时闻名全国的集邮重镇。中华人民共和国成立后，他家被划为地主成分，因他长年在外，且为人友善，做了许多好事，口碑不错，没有受到什么批斗，继续留校任教。集邮等收藏活动一直坚持到“文化大革命”期间。

魏文彬 1950年1月出生，双溪口乡洞湾村人。桃源四中初26班校友，湖南师范大学中文系毕业。1969年12月，招工到涟邵矿务局洪山煤矿当矿工，半个月后调洪山殿煤矿子弟学校担任语文教师，随后被学校作为业务尖子送往邵阳师专进修，进修回来之后担任语文教研组组长。1974年，作为工农兵学员被涟邵矿务局推荐到湖南师范学院（现湖南师范大学）中文系学习。1977年9月，任涟邵矿务局宣传部宣传干事。1981年12月，为湖南人民广播电台编辑。1983年起，历任湖南电视台新闻部主任、湖南电视台副台长、湖南电视台台长。1992年7月，任湖南省广播电视厅副厅长、党组成员、湖南电视台台长。1993年3月，任湖南省广播电视厅党组书记、厅长。1998年12月，任湖南省委宣传部副部长、湖南省广电厅党组书记。2000年4月，任湖南省广播电视局党组书记、局长。同年12月，兼任湖南广播影视集团董事长。2008年1月，当选为第十届湖南省政协副主席。被中国新闻社主办的《新闻周刊》评为全球2000年新闻人物，并被誉为中国媒体产业化的先驱。1993年受聘为湖南师范大学新闻传播学院兼职教授。在文学艺术、新闻理论、行政管理、资本运营诸方面卓有建树，作为电视湘军领军人物，第一次提出和践行了媒体产业化道路和文化产业市场化的创新理论，并带领湖南电视人取得成功，美国《时代》周刊及《亚洲商业周刊》称之为“Aedid Mogul——媒体巨人”。

（李良明）

热市镇》

热市镇行政区划图

一、区域概况

建置沿革

明崇祯进士阙士琦《汤泉记》曰:“溪碧而泉清,溪凉而泉热,溪曲而泉直。泉力未尽,一线行溪中,明了可鉴,鱼浮鸟没,不能乱已。裸而入,才如釜上气,蒸湿人面,顷则炮灼不可留手,坡公所谓其源殆可热物也。”清康熙年间,湖广提督俞益谟将汤泉更名为圣水泉,俗呼热水坑,热市镇因此而得名。

北宋在桃源县设立五寨:汤口寨、桃源寨、黄石寨、白崖寨、白砖寨,汤口寨即今热市镇汤口村,始置年代不详,熙宁七年(1074年)废。据明《嘉靖常德府志》记载,境域属善溪乡高都村和上七里村,该区划一直沿用至民国。1934年,属九溪区高上团。1935年8月,废乡团,新编为高上乡。1941年,撤区并乡为明月乡。1950年3月,更名为温泉乡。1952年8月土改复查后,属双溪口区所辖热市、彰善、马家堰、菖蒲、白鹤、观音、金鹤等 7 个乡。1956年撤区并乡后,分属热市、菖蒲、双溪口3乡。1958年9月人民公社化后,分属热市公社和双溪口公社,是时,热市公社辖太平、菖蒲、白鹤、松树、兴隆、云泉、温泉、金凤、和平、天会、马口、沙溪、黄金13个生产大队。1961年,公社建制缩小,改设菖蒲、郝坪、热市3个公社,是时,热市公社辖龙家嘴、马家堰、彰善、汤口、金凤、九龙、云泉、荣禄、大田、桃子、胜丰、温泉、和平、粟家坪、凤鸣、永丰16个大队。1984年2月,公社改乡,辖16个村164个村民小组。1995年11月,撤区并乡,菖蒲乡与热市乡合并成热市乡,辖汤口、凤鸣、粟家坪、彰善、九龙岗、龙家嘴、荣禄、大田、胜丰、云泉、温泉、永丰、金凤、桃子、马家堰、象牙、明月、太平寺、夏家峪、明星、菖蒲、山河、华林岗、平桥、松树、会同、得五岗、老棚、桃垭29个村、1个茶场、301个村民小组。1997年,撤乡建镇,成立热市镇,辖热水坑、棠梨岗2个居委会和汤口、凤鸣、粟家坪、彰善、九龙、龙家嘴、荣禄、大田、胜丰、云泉、温泉、永丰、金凤、桃子、马家堰、象牙、明月、太平寺、夏家堉、星德山、菖蒲、山河、华林、平桥、松树、会同、得五岗、老棚、桃垭29个村、1个茶场、301个村民小组。2011年,并村合组,热市镇辖热水坑、棠梨岗2个居委会和凤鸣、彰善、龙家嘴、荣禄、大田、温泉、永凤、桃子、马家堰、明月、太平寺、夏家峪、菖蒲、山河、会同、云盘山、白鹤、戈尔潭18个村,120个村民小组。

位置面积

热市镇地处桃源县西北边陲,东与石门县蒙泉镇接壤,南连双溪口乡,西界慈利县二坊坪镇,西南与九溪乡、郝坪乡相连,北与慈利县零溪镇、广福桥镇毗邻。是通往慈利、永顺、保靖、龙山、桑植5县的咽喉。全境海拔最高处842.5米(星德山),最低处63.9米,镇政府驻地距县城64千米。镇域总面积127.43平方千米。

自然环境

全镇地势自北向南倾斜,西北群山环抱,东南地势平坦开阔。西北多黑红黏性土壤，紫砂土，东南为红壤、泥沙兼有。土地肥沃，属亚热带季风湿润气候，四季分明。年降水量1200～1500毫米之间，降雨集中在4—8月份；年平均气温16.9℃，7月最热，月平均气温28.7℃，1月最冷，月平均气温5℃。域内群山起伏，属山丘岗地貌。盛产粮、棉、油菜、油桐、大豆、黄豆、豌豆及马尾松、杉、楠、槐、柏、竹、水果。水果以柑橘、桃、李、梨、枣、柿为多。干果有板栗、核桃等。

人口民族

1992年，全乡共4763户17228人。1995年，菖蒲、热市两乡合并后有7931户30888人。2015年，全镇有10332户31286人，其中非农业人口1385人。境内人口均为汉族。

二、经济发展

综述

1992年，全乡工农业总产值3077万元。1995年，年人均纯收入1550元。2012年，全镇工农业总产值31851万元。2013年，全镇工农业总产值36552万元，年人均纯收入7768元。2014年全镇工农业总产值37076万元，年人均纯收入8941元。2015年，全镇完成工农业总产值71423万元，其中工业总产值47988万元，农业总产值23435万元；财政收入1249.8万元；热市信用社、邮政储蓄所2家金融单位年末存款总额突破6亿元大关；农民年人均纯收入10551元。

农业

种植业　域内种植业历来以粮食作物为主。1982年，粮食总产7828.5吨，1992年达到12199吨，1995年达到19854吨。2015年，全镇粮食播种13383亩，总产25676吨。经济作物播种36740亩，油料产量3769吨，棉花播种6800亩，总产646吨。实施土地依法流转，涌现出100亩以上种粮大户11个，创建明月、山河两个1000亩超级稻生产基地，提高粮食产能示范点村7个。

养殖业

生猪　1962—1980年，域内生猪养殖为生产队养殖和社员个人养殖相结合，其中生产队开办养猪场88个。1962年养殖生猪4478头，年末存栏3182头，其中集体存栏1450头，社员私养存栏1732头，年内出栏1296头。1975～1980年，公社和大队开办养猪场6个，1981年集体猪场解散，生猪分给社员养殖。基本实现每户养1～2头猪。1995年养猪55324头，2015年出栏生猪37572头，年末存栏17752头。

牛羊　养牛，1962年813头，1972年1032头，1980年2069头，1992年872头，2015年上升到5213头。养羊，1995年出栏11710只、存栏5090只，2005年出栏15071只、存栏22155只，2015年养羊16663只、存栏18255只。

鱼　1962年，镇域利用水库、池塘养鱼800亩。1980年，淡水养殖水面3170亩，年产鲜鱼1413吨。2011年,水库废止养殖合同,严禁投肥养鱼,鱼产量有所减少。2014年,鲜鱼产量1360吨。

家禽　1995年,家禽存笼10万羽;2005年,家禽出笼120万羽;2015年出笼133.44万羽,产蛋量3237吨。

林业　1982年林业"三定"(确定森林权属、划定自留山、制定林业生产责任制)后,成立云盘山、桃北大山、千里岩、狮龙山林场。1991年,全乡有林地27755亩,牧草地4230亩,林业产值27万元。1995年,造林2880亩,封山育林26891亩,幼林抚育2690亩,年末实有油茶林639亩,实有油桐林990亩,低产林改造350亩。2002—2015年,先后两次实施退耕还林8500亩,享受国家补贴665万元。从2002年国家实施公益林以来,全镇实施65000亩,享受国家补贴2000多万元。2013—2015年,利用世行贷款131万元,造林1882亩。2015年,全镇造林1300亩,幼林抚育2200亩,木材采伐量392立方米,培养100亩以上规模造林大户11个,其中徐文安规模造林750亩、佘高波等农户新造杉林950亩。全镇有100年以上挂牌保护的古樟树、古松树、古槐树、古桂树54棵。

工业

1975年,公社、大队办社队工业,从业人员27人,工业收入13.13万元。1980年,社办、大队办工业增加到17个,从业人数增加到437人,总收入65.2万元。1991年,全乡工业总产值432万元。1996年,全乡有铸管、加工、石灰、猪鬃、水泥、建材等规模工业企业6家,固定资产2450.4万元。2007年,常德中材牛力100万吨水泥生产线在热市镇奠基。2014年,全镇工业企业有科鑫矿业等23家。2015年,全镇有工业企业128家,其中规模以上工业企业23家,完成工业总产值47988万元,上缴税金3000多万元。

商贸服务业

清代,域内商业繁荣的集镇有菖蒲垭、观音寺、热水坑、龙家嘴4处,经营商品有杂货肉食、百货布匹、粮油食品、手工业制品、农具、家具、文具、书籍、生产资料等。民国时期,菖蒲垭的木梳、夏家峪的毛笔、戈尔潭的木货制品、老棚的火纸(迷信纸)声名远播。中华人民共和国成立后,在乡(社)驻地建供销社、食品站、粮油店等,乡(社)驻地成为农村中心市场。1995年,镇内有棠梨岗、热水坑、龙家嘴、马家堰等4个墟场,个体商铺发展到400多家。2014年,集镇有各类商铺600多家,个体工商业者1500多人,墟场赶集日赶集者有5000多人,社会商品零售总额逾亿元。

三、基础设施

交通运输

1947年,建成常慈公路(省道306线),境内长15.5千米。20世纪50年代,建成县道024线菖(蒲)上(午通)公路,长7.8千米。2005年,建成国道5513长张高速公路,穿境12千米。2015年，全镇农村公路主干道硬化率达100%，组级道路和通农户道路硬化率60%，龙家嘴、夏家峪两个村通村、通组、通户道路硬化100%，菖蒲村建设招呼亭6个，全镇接送学生校车线路全覆盖，客运量达500多人。

邮政通信

1995年，热市乡设有邮电所，政府设有总机室，集镇墟场开通程控电话，邮路长达60千米，除老棚村外，村村都有电话、广播。2015年，全镇有热市邮政所1家、热市电信支局1家，邮政所开办邮政储蓄业务，电信营业点3家，移动、联通营业点各2家，固定电话5000部、移动电话12000部，宽带4000户，邮政、通讯业务收入370万元。

供电饮水

供电 1987年，域内兴建热市35千伏变电站，1988年建成投运。2010年，域内有供电所1家，有电力职工10余人。2000年以后，投入资金3000多万元，对全镇35个村(未合并村)进行农网改造升级，新增杆线1000千米，变压器78台。2015年，全镇有变压器178台，功率2700千瓦，建成高压输电线路170千米、低压输电线路1000千米，电力入户率100%，农村用电费用达2600万元。

饮水 2005年，建戈尔潭水厂。2009年，建白鹤山水厂，总设计供水6万余人，日供水量分别为6000立方米、3000立方米。全镇9200农户吃上安全卫生放心水。

水利建设

1975—1977年，举全漆河区之力建成戈尔潭水库，集雨面积24.46平方千米，库容1627万立方米，设计灌溉农田5.5万亩，发电装机容量850千瓦，年发电量80万千瓦时，灌溉渠道24.88千米。1981年，有中型水库1座、小(一)型水库3座，小(二)型水库17座，山塘2679口，河坝31座，总提水量15万立方米。刘家峪、张家湾、白鹤山3座小(一)型水库总蓄水量389.6万立方米，受益面积4340亩。2014—2015年，全镇实施水保工程，龙家嘴等6个村完成水保林面积1000亩，经保林面积1000亩，坡改梯面积150亩，高标准整修渠道1500米。

镇村建设

1995年，镇区面积2.95平方千米，有热水坑、棠梨岗2个墟场。2014年，集镇基础设施建设不断改善，购洒水车1台、垃圾清运车1台、翻斗车3台，建垃圾池50多个，安装太阳能路灯52盏，近3000米街道硬化。2015年，镇区基础设施基本完善，建垃圾池50个，安装太阳能路灯150多盏，改造下水道1000米。18个村级活动室完成“五位一体”布局，村村建有农家书屋，10个村建有篮球场。

四、社会事业

教育

清代，域内有私塾蒙馆和经馆多家。1926年，郑中人、饶秉阳等首办小学。1923年，热水坑有完全小学1所。1950年,有小学11所,学生880人。1972年,全公社有小学14所,学生2500人。1970年,始办中学。1984年,全乡有小学28所,学生4996人;中学2所,学生800人。1991年,全镇有普通中学2所,小学11所。1995年,设有热市、莒蒲2所普通中学,2所小学,村片小25个,农科教中心学校1所,在校学生4369人,教师248人。2012年,撤销村片小,莒蒲中学组建为九年一贯制学校。2015年,全镇有学校6所,教职员工140人,在校学生2014人,学前班20个,在园幼儿829人。

文化体育

1991年,全镇有文化站和电影院各2个。2015年,全镇有文化站1个、18个农村文化活动中心,各类体育活动场所32个,有老干书画协会分会,文体活动室、科普图书室,藏书16500册;有广场舞队18支,龙灯舞狮队2支,女子管乐队8支;有文学、音乐、诗词、美术、书画、唢呐等文艺爱好者25人,参加县首届书法、美术、摄影大赛获组织奖,9名作者作品入展。桃北艺术团参加市百团大赛获三等奖,莒蒲中学教师徐凯玉获最佳新人奖,莒蒲小天使舞蹈队参加全省第二届广场舞大赛获"全省百强奖"和"最具爱心奖"。

医疗卫生

中华人民共和国成立前,域内医疗为个体诊所,知名中医有李有能、魏寿阶、萧汝昌、佘协成等。20世纪50年代,热市、莒蒲建卫生所。1958年在热市、莒蒲建卫生院。1984年,公社卫生院改称乡卫生院,村设医疗点,配有乡村医生、农村接生员。1995年,全乡有卫生院1个、卫生所2个、卫生站30个,有医务人员72名。2007年1月,推行新型农村合作医疗制度,有24524人参保。2015年参保人数为28150人,参保率100%;有卫生院1家,医疗点(门诊部)2个,村级卫生室25个,病床42张,专业医护人员53名,固定资产总值2100多万元,年诊治患者3.5万人次。为897名65岁以上老年人健康体检。改善农村卫生条件,有1200户建沼气池,8000户改灶、改厕、改水,18个村建垃圾池,全镇有45名义务保洁员。

社会保障

1985年,公社建敬老院。全公社有五保老人105名,其中30人入敬老院集中供养。2007年,1322人享受农村最低生活保障。2010年,热市敬老院迁至向阳学校,69人入院养老。全镇有7918名老年人纳入社会养老保险体系。2015年,全镇五保老人全部落实供养政策,有5870人享受农村最低生活保障待遇,19865人享受社会养老保险待遇。全镇801名残疾人中有400人申领办证。

五、特色地情

名胜古迹

热市温泉 旧称阴阳泉、汤泉、圣水泉,俗呼热水坑,位于热市镇温泉村西北,居云盘山麓。云盘山峭壁有清代崖刻"甘露"、"雪涛"等字,最大字径约0.8米,书体为行、楷、隶书。岩坡上竖一高宽各丈余的巨石，上镌"潮音后洞"四字行书。岩脚有温泉五眼。清《道光桃源县志》载："高灵洞之圣水泉，其泉常温，裸而入，如釜上气，顷则炮灼不可留手，然冬更热甚，暑月水只微温，汤溪之名由此矣。"属偏硅酸型温泉，出水量为1800立方米/时，平均水温47℃，富含锶、锂、锌、溴、碘、硒等多种对人体健康有益的微量元素。泉水清澈如镜，卵石可数，白沙粒粒如黍米珠。附近有高灵洞。"汤井米珠""十曲通幽(高灵洞)"均列入桃源旧十二景。

星子宫古建筑群 位于热市镇星德山村星德山，北与慈利"南武当"五雷山隔山相望。星德山旧称月德山、星子山，上有一石笏拔地而起，高3.3米，宽1.6米，色泽莹白，望之若星，名星子岩，俗称飞来石，山由此得名。为丹霞地貌，海拔842.5米，其形高圆，四面危岩裸露，树冠如盖，景观以奇石、险崖、古松、云瀑称绝。明洪武三年(1370)，道士张道会始建三元宫。清康熙五年(1666)，圮于火。雍正五年(1727)、乾隆三十九年(1774)、道光九年(1829)，几度重修增建。1966年，部分建筑遭损毁。1992～2001年修葺，恢复旧观。主体建筑居星德山顶，坐北朝南，依次为百子堂、佛殿、王爷殿、南天门、星子宫、寝宿殿、火工殿等，全用条石砌筑，上覆生铁铸瓦，结构坚固，雕饰精美，蔚为大观。峰下有百步磴、张道会墓、文昌阁、观音殿、半山亭(星德山门)，后山有三清观、移山观、财神殿、观音阁、凌霄殿等，并保存有众多明清碑刻。星子宫占地面积188平方米，封火山墙，硬山顶；前出抱厦，三面回廊，重檐庑殿顶，脊中竖宝葫芦，翘角高耸，殿内供真武祖师等神像。地坪左前南天门为四柱牌坊式，高约3米，梁柱饰花草、十二生肖图案，两侧嵌"星德山之由来"等石碑，前立石狮、石象，中柱刻联："石壁星辉，观其上如近碧天五尺；佛宫月朗，到此间顿忘尘世三千。"背面门楣题"毫无四相"四字。境内另有神龟岩、舍身岩、企人岩、情人石、盘古斧、玉带湾、安身坡、靴子岩、磨子岩、穿山洞、打鼓洞、观音龛、金鸡岭、鹿踏岭、马头山、插旗山、龟仙泉等景点。每年农历三月初三、八月十五，进山朝拜的香客

▲ 星德山

络绎不绝，盛况空前。2002 年，湖南省人民政府公布为省级文物保护单位。2013 年，国务院将星子宫古建筑群列入第七批全国重点文物保护单位，立保护标碑。

棠梨岗抗日阵亡烈士墓 位于热市镇白鹤村。1943 年 11 月，国民革命军第 73 军 15 师为阻击侵华日军第 3 师团南犯常德，在域内热水坑、棠梨岗与敌浴血奋战，阵亡将士 87 人。次年春，国民革命军与当地群众为纪念抗日阵亡将士，在棠梨岗修建国民革命军烈士墓，墓周遍植树木花草，建纪念亭、纪念塔、纪念馆各一处。该墓为穹窿合冢，由砖石砌筑，占地 330 平方米，木栅栏围护。墓前立石碑数十方，镌刻烈士英名。墓地两侧矗立花岗石华表两根，其上镌刻着梁祇六师长亲撰对联，联曰：“人杰地灵，热水清泉流日夜；成仁取义，碧血丹心照古今。”1951 年土改时，六角亭分给农民，不久即被拆除，纪念塔和其余建筑在“文化大革命”中因破“四旧”而被毁，逐渐荒芜。2006 年，当地群众用水泥砌以墓围。2012 年，被列为第四批市级文物保护单位。

历代名人

萧汝霖 1890—1926 年，字培荄，谱名昌炽，别署萧斋主人，热市菖蒲垭人。1909 年，赴京入法律学堂学习政法。1911 年，武昌首义后南归，在长沙与覃振筹办《国民日报》，为总主笔。1912 年秋，留日，入明治大学学习政法。1914 年，在东京加入中华革命党。1915 年回国，任讨袁护国东北军总司令居正的秘书长。1917 年，与胡瑛等在湘西组织护法军兴师。不久，湘西军改靖国联军，萧任第三军总司令胡瑛的参谋长。1920 年 1 月 12 日，被广州军政府授予加陆军少将衔。1921 年，孙中山在桂林设大本营谋划北伐，萧任大本营高级参谋。1923 年，任湖南矿务协理。1926 年，在衡阳遭唐生智杀害。著有《浏阳烈士传》《大力士霍元甲传》等著作。

谢世鋆 1904—1972 年，字鉴民，笔名唯真，翻译家，热市镇老棚村人。1914 年，在慈利县两汉溪高等小学读书。1920 年，考入常德的湖南省立第二师范学校，受到革命思想的熏陶，接受了马克思主义。1924 年 5 月，加入共青团。1925 年 1 月，加入中国共产党。1926 年 1 月 17 日，任共产主义青年团常德地方执行委员会组织委员。谢在二师读书时，是当时学生运动组织者之一。1925 年，常德以共青团组织为核心掀起反对日、英帝国主义的斗争。1926 年 1 月，二师学生组织爱国群众团体“救国义勇队”。2 月，共青团常德地方执行委员会建立群众团体——非基督教大同盟，谢参加了组织活动。1926 年，省二师右派学生与左派学生发生械斗，造成“二师惨案”。谢世鋆、滕代远、李立新等人遭到右派学生大肆攻击，右派学生散发“快邮代电”，诬蔑他们是挑起事端的罪魁祸首，强令学校当局开除他们 39 人的学籍。1926 年大革命运动中，谢在长沙参与工农革命运动。中共湖南省派他任湖南省农民协会执行委员会秘书长，并指派他任国民党湖南省党部农民部秘书长。1927 年春，党派他到苏联深造，进入莫斯科中国劳动大学。1928 年，按苏共中央决议，他由中共党员转为苏共候补党员（候补期无定）。1929 年秋至 1930 年夏，在莫斯科中国问题研究院研究班学习。1930 年至 1931 年春，在共产国际编辑出版部担任《共产国际》杂志中文版编辑、马列主义经典著作译校员。1931

年春至1956年春，在莫斯科苏联外文书籍出版局继续担任共产国际执委编辑部中文编译工作，历任中文编译部主任、经典著作负责编辑、中文编辑部主任编辑等职务。1938年冬,曾以“丧失布尔什维克警惕性”的莫须有罪名,被开除苏共党籍,直到1955年7月才恢复苏共党籍(候补)。1956年从苏联回国,在中共中央马恩列斯著作编译局任主任。主持编译共(布)党史、列宁全集等。“文化大革命”中,谢世鋆遭迫害。1972年10月31日病逝于北京,终年68岁。中共十一届三中全会后,冤案得到平反昭雪。

熊新民 1904—1992年,号云程,国民革命军高级将领,热市锅耳潭(今戈尔潭村)人。1911年起,在家乡读私塾。1921年起,先后入桃源县立第一高等小学、省立第一职业学校、桃源县立甲种师范学校学习,在读书期间加入国民党,被推选为国民党桃源县党部青年委员,桃源县学生联合会会长。为声援上海的五卅运动,熊在桃源积极参加和领导反日爱国宣传和查禁日货的学生运动。1926年9月,熊新民来到大革命的中心广东,考入黄埔陆军军官学校第六期,编入陈明仁任队长的第二队学习,两年后转入南京中央陆军军官学校继续深造,重点锤炼军事技术,学习使用德式新武器。从军校毕业后,1930年分配到以宋希濂为师长的国民党第87师任排长、连长,参加过蒋冯阎军阀混战和在江西围剿工农红军,也参加了抵抗日军侵略的“一二八”上海淞沪抗战,在战役撤退时,熊新民的连队受任为后卫尖兵连,掩护大部队边抵抗,边后撤。1933年起,在国民党第36师任营长、参谋主任、团长。1937年抗日战争全面爆发以后,国民党发动抗击日本侵略军的上海“八一三”淞沪大会战,身任团长的熊新民率全团官兵奉命攻击杨树埔敌军所设的海军码头,然后退而死守江湾阵地,与敌军浴血搏斗三个月之久,全团伤亡惨重,前后补充新员达2000多人。12月,日军分三路进攻和包围南京城,熊新民又随36师率团投入由唐生智指挥的南京保卫战。1940年起,熊新民升任第88师副师长,代理师长职务。1942年,熊新民率领的88师被编入中国远征军,开赴云南、缅甸前线,与日本侵略军为争夺滇缅公路而展开激战。在反攻战役中,先后攻克滇缅公路沿线的龙陵、芒市、遮放、畹町等城市,最后与另一支通过印度打过来的中国远征军在缅甸的芒友胜利会师。抗战结束后,熊新民先后担任过国民党第87师师长,第一兵团副司令员,长沙警备区副司令员等职,与我人民解放军在东北营口、四平及湖南的衡阳、邵阳等地作过对抗。1949年8月湖南和平起义前夕,参加与人民解放军的和平谈判。8月5日,参加程潜、陈明仁将军的签名通电起义。但随即在白崇禧的胁迫下又重返旧军队，并担任了71军军长，同年12月，在广西十万大山被我人民解放军俘获。1952年,由中南军区军法处判处无期徒刑,后改判为20年徒刑。1975年11月,被释放。1975年12月,任常德市政协秘书。1984年起,任湖南省人民政府参事室参事、常德市政协常委、湖南省政协委员。著有《四平战役回忆》《长沙和平谈判中的几点回忆》《上海八一三抗战回忆》等多篇回忆录,被全国政协《文史资料专刊》等刊物采用。1992年4月16日,在北京病逝,享年88岁。

（尤敏）

郝坪乡》

郝坪乡行政区域图

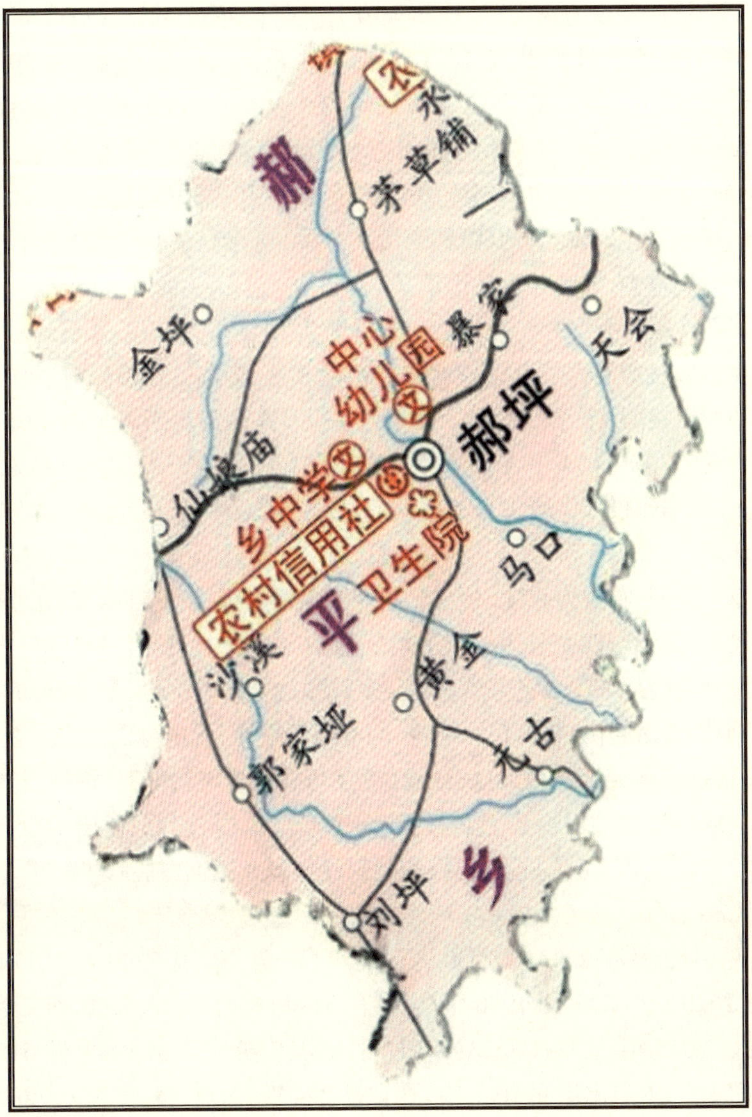

一、区域概况

建置沿革

相传明末清初，李自成兵败之后，禅隐石门县夹山寺。其起义军一部定居于此，继续开展反清复明活动。因该部首领姓郝，故称此地“郝家坪”，后简称“郝坪”。

据明《嘉靖常德府志》记载，境域属善溪乡高都村和上七里村管辖，此区划沿用至民国。1934年，属九溪区二七团。1941年1月撤区并乡后，属明月乡管辖。1950年3月，为第三区温泉乡。1952年8月土改复查时，属双溪口区所辖沙溪、马口、天会、金坪4乡。1956年，撤区并乡为热市乡。1958年9月，实行人民公社化，改称热市公社。1961年4月，郝坪从热市公社析出，建郝坪公社，辖沙溪、红卫、马口、郝坪、高峰、元古、黄金、天会、暴家、和平、金坪、刘坪12个大队，117个生产队，68个自然村。1984年2月，实行乡建制，成立郝坪乡，辖郝坪、仙娘庙、沙溪、郭家垭、刘坪、元古、黄金、马口、暴家、天会、茅草铺、金坪12个村，126个村民小组。2011年，撤并村居小组，郝坪乡辖郝仙坪、岩桥坪、和平、暴家、天会、刘坪、郭家垭7个村、48个村民小组。2015年12月，全县进行乡镇区划调整中，该乡并入热市镇。

位置面积

郝坪乡地处桃源县西北部，东、北与热市镇相连，南与九溪乡毗邻，西与张家界市慈利县二坊坪镇接壤，南距桃源县城50千米。全乡东西最大距离10.7千米，南北最大距离13.4千米，面积64.74平方千米，其中陆地61.41平方千米，占94.86%；水域3.33平方千米，占5.14%。

自然环境

郝坪乡位于湘西北，为武陵山余脉，属湘西山地边缘，西北部略高，东南部略低。属亚热带季风湿润气候，四季分明。年平均气温16.9℃，7月最热，月平均气温28.7℃，1月最冷，月平均气温5℃。矿产资源丰富，多碳酸盐岩和砂页岩，是良好的建筑材料和工业原料。境内群山起伏，属山丘岗地貌，间有小块平原，成土母质主要是红壤土。土地肥沃，盛产粮、棉、油菜、油桐、大豆、豌豆，适合马尾松、杉树、楠树、槐树、柏树、楠竹及果树生长。果树以柑橘、桃、李、梨、板栗、枣为多。柑橘、楠竹、杉树为“郝坪三宝”。2010年和2014年，该乡分别通过省级和国家级生态乡镇创建验收。

人口民族

1962年，全公社有2243户7930人。1972年，全公社有2440户10174人。1982年，全乡有2640户10835人。1990年，全乡有3199户、11585人。2002年，全乡有3092户10969人。2015年，全乡有3513户10993人，其中男性5831人，女性5162人，城镇常住人口351人，人口出生率10.27‰，死亡率2.64‰，人口自然增长率7.63‰。人口密度为59人/平方千米。人口中以汉族为主，少数民族42 人，其中土家族32人、苗族4

人、布依族3人、侗族2人、黎族1人。

二、经济发展

综述

1962年，全公社总收入65.5万元，农民年人均纯收入83元。1972年，全公社总收入达到133.6万元，农民年人均纯收入132元。1981，推行家庭联产承包责任制，农村经济迅猛发展，全公社收益分配总收入273.7万元，其中农业收入为主，占73.26%，农民人均纯收入259.2元。1995年，全乡农业产值2200万元，人均农业产值居全县前列。2014年，全乡农业总产值8750万元，工业生产总值1678万元，社会商品零售总额135万元，财政总收入183.97万元。2015年，农民年人均纯收入9433元。

农业

种植业 域内主产稻谷、油菜籽和棉花。粮食生产北部多为单季稻，中、南部多为双季稻。1962年粮食作物播种面积25674亩，总产278.56万公斤，亩产108.5公斤。1967年，粮食作物播种面积36711亩，总产458.89万公斤，亩产125公斤。1972年，粮食作物播种面积33024亩，总产627.46万公斤，亩产190公斤。1977年，粮食作物播种面积40509亩，总产629.53万公斤。20世纪80年代，实行联产承包责任制，农村生产力得到解放，农民生产积极性提高，同时通过提高农业科技含量，大力推广良种良育，发展高产、高效、优质农业，增加农业投资，改善农业生产条件，郝坪乡农业生产得到质的飞跃。80年代初，全乡水稻总产6300吨、棉花总产70吨、油菜总产180吨。90年代，农业生产得到进一步发展，1995年，全乡水稻复种面积24900亩，总产9577吨；棉花播种面积2500亩，总产159吨；油菜播种面积11500亩，总产977吨。2014年，全乡耕地面积1.92万亩，生产粮食1.2584万吨，农业总产值8750万元。2015年，粮食播种38354亩，总产25676吨，经济作物播种面积36740亩，油料总产3769吨，棉花播种面积6800亩，总产646吨。土地依法流转，涌现出100亩以上种粮大户5个，创建2个1000亩超级稻生产基地、2个提高粮食产能示范点村。

养殖业 畜牧养殖以猪、羊、家禽为主。1962年，养殖生猪3400头，年末存栏2150头，年内出栏1100头，养牛621头，养羊1750只。1972年，养殖生猪7080头，年末存栏4407头，年内出栏2451头，养牛794头，养羊2210只，水库池塘养鱼693亩。1980年，养殖生猪11692头，年末存栏7151头，出栏4541头，养牛835头，养羊2985只，淡水养殖水面1028亩，年产鲜鱼29吨。1981年，集体猪厂倒闭，生猪分给社员养殖。2002年，发展生猪23000头。2015年，发展生猪30662头，出栏18562头，年末存栏12100头；牛发展到857头，养羊11098只，年末存栏7902只；全年出笼家禽45万羽、产禽蛋259吨；淡水养殖面积1200亩，水产品产量340吨。

林业 1967年，全公社有4个大队林场，造林200亩。1973年，有社办林场1个、大队林场12个,造林1404亩。1978年,幼林抚育面积达7177亩。1982年林业实行"三定"(确定森林权属、划定自留山、制定林业生产责任制),农民造林积极性提高。1986年,全乡有乡办林场2个,村办林场12个,人工造林2000亩,复垦油桐、油茶、楠竹基地1.098万亩。1994年,造林730亩,封山育林1.36万亩,改造低产林45亩,幼林抚育2295亩,年末实有油茶林4723亩,油桐林3750亩。2015年年末,全乡有林地5.0163万亩,其中用材林2.7844万亩,经济林0.858万亩,竹林0.891万亩,森林覆盖率85.6%,活立木蓄积量9054万立方米。主要有杉树、松树、楠竹、油茶树、油桐树等。果木业主要发展优质柑橘,新开发蜜桃种植基地与红心蜜柚种植基地。

工业

20世纪70年代中期,郝坪公社围绕农业办工业,办起农具厂、农副产品加工厂。80年代初,办起圆钉厂、建材厂、七〇砂厂、精石灰厂。1986年,全乡有乡、村、组、个体企业160个,从业人员477人,总产值248.38万元。90年代,先后办起五金电器厂、防腐精厂、水泥砖厂等。1995年,全乡有31家乡村企业,固定资产4520万元,职工近600人,工业总产值近1400万元。1997年,暴家村村民戴华红投资1100万创办银翔钙盐化工厂,工厂占地11亩,职工48人,主要生产轻质碳酸钙,年产值达850万元,税收3万元。90年代末,乡办企业或倒闭或改制私营。2012年,银翔钙盐化工厂被县委、县政府评为受保护企业。2015年,全乡有工业企业7家,全乡工业总产值700万元,利润95万元,税金18万元。

商业

1981年,全乡有商业网点38个,从业人员70人,社会商品零售总额137万元,其中消费品占70%,农业生产资料占30%。1986年,全乡有商业机构、网点91个,从业人员128人,社会商品零售总额205.5万元;有集贸市场1个,年成交额75.4万元。1990年,全乡有商业网点128个,从业人员207人,社会商品零售总额241万元,其中消费品143万,农业生产资料98万。2014年,全乡有商业网点86个,从业人员152人,社会商品零售总额135万元。

三、基础设施

交通运输

郝坪距离桃源县城、常德市区均不足60千米,距国道5513长张高速公路热市入口处和省道306线均只有7千米;距常德桃花源机场、常德火车站和慈利火车站均在50千米以内。域内有县道056马(家堰)仙(娘庙)公路,全长11千米。1992年,投资20多万元,将全乡通往各村村部的公路都铺上卵石。2007年,建成乡客运站;投资400万元修建热九(热市至九溪)公路郝坪段。2014年,对马仙公路8.9千米损毁段重建。2015年对三里桥、会龙桥进行重建。全乡有县道18千米,乡道16千米,通村简易公路8条,总长 7 千米，有桥梁 15 座；有跨省客运豪华卧铺车 3 辆，有往返县城、市区的客运汽车 4 辆，出租小车 30 部。

邮政通信

1996 年，投资 175 万元开通 256 门程控电话。至 2009 年，全乡实现电信宽带、移动、联通网络全覆盖。2013 年，建邮政代办所，全乡邮政业务总量 10 万元；有电信企业 1 家，服务网点 1 个，电话交换机总容量 0.6 万门，固定电话用户 1532 户，电话普及率 50.47%；移动电话用户 1 万户，互联网用户 365 户；电信业务年收入 42 万元。

供电饮水

供电 2000 年以来，全乡投入资金 600 多万元，对 7 个村进行农网改造升级，新增杆线 200 公里，变压器 15 台。其中，2015 年投入资金 79.2 万元，新增高压线路 1 千米、低压线路 5 千米，新增容量 290 千伏安。2015 年，郝坪乡供电属热市供电所，该所电力职工 210 人。全乡共有 49 台变压器，容量共 4630 千伏安，建成高压线路 46.2 千米，低压线路 232 千米，电力入户率 100%，农村用电量 690 万千瓦时。

饮水 2008 年，建成乡自来水厂，年供水 3.285 万立方米。2015 年，实施农村安全饮水工程，辖区农户人畜饮水问题得到有效解决。

水利

1972 年，域内修建第一座水库——岩板峪水库。1975 年，再建青年水库，两水库总灌溉面积达 1000 多亩。1980 年，全乡有山塘 1420 口，河坝 16 处，总计蓄提引水量 590 万立方米。20 世纪 80—90 年代，修通黄石水库和戈尔潭水库渠道，建机埠 18 处，总装机容量 1120 千伏安。1990 年，全乡有山塘 1551 口，河坝 4 处，有效灌溉面积 14700 亩。2008—2015 年，投入 150 万元，护砌渠道 11 千米，清淤整修堰塘 825 口。

集镇建设

1961 年，郝坪公社成立时，墟场有街道 1 条，长 300 米。2007 年，建成乡客运站，墟场街道建筑面积 24480 平方米，临街门面 110 个；城镇化率为 12.8%。全乡各村都建有村级活动中心（村部）。2015 年，墟场有街道 3 条，长 1.5 千米，街道主要建筑物建筑面积 34580 平方米，临街门面 170 个；城镇化率为 22.7%；全乡各村都建有村级活动中心（村部）。镇区建垃圾池 35 个，安装太阳能路灯 30 多盏，改造下水道 800 米，有垃圾清运车 1 台。

四、社会事业

教育

1986 年年末，全乡有幼儿园 1 所、幼儿班 11 个，入园（班）儿童 375 个；有中学 1 所，在校中学生 334 人；有小学 11 所，小学生 1385 人；有教职工 98 人；儿童入学率 98%。2002 年，境内有学校 4 所，教职工 70 人，其中专任教师 64 人，在校学生 1152 人。2009 年 9 月，和平村、天会村、岩桥坪村片小和郝坪完小与郝坪中学 5 所学校合并为郝坪中学,合并后,郝坪中学成为九年一贯制学校。2015 年,全乡在园幼儿 163 人,专任幼师 8 人;小学及初中在校学生 471 人,专任教师 35 人。小学适龄儿童入学率、初中适龄人口入学率、小升初升学率、九年义务教育覆盖率均达 100%。全年财政预算内教育经费 172.8281 万元。

文化体育

1986 年,全乡有文化站和图书室各一个,图书室有藏书 500 余册;建有业余剧团、影剧院、放映队、广播站,全乡 210 户通广播。2011 年 6 月,建乡有线电视站。2014 年,建成 1 个学校体育场和 1 个村体育场,经常参加体育活动的人员占常住人口的 28%。2015 年,全乡有文化站、广播电视站各 8 处,有村级文化活动中心 7 处,各类图书室 8 个,藏书 8 万余册;有民间艺术团体 3 个,从业人员 48 人;全乡有线电视用户 790 户,入户率 80%。

医疗卫生

1985 年,全乡有卫生机构 13 个,乡卫生院有病床 10 张,全乡有医务工作人员 25 名。1995 年,全乡有卫生院 1 个,有医务人员 15 人。2007 年,推行新型农村合作医疗,全乡有 8789 人参加新农合。2014 年,全乡有乡级医疗卫生机构 1 个,门诊部(所)8 个;固定资产总值 215 万元,专业卫生人员 14 名。2015 年医疗机构(门诊部以上)完成诊疗 1.44 万人次,全乡所有村民都参加了新型农村合作医疗,参合率 100%。

社会保障

2010 年,建郝坪乡敬老院,有床位 50 张,入住五保老人 40 名。2014 年,全乡有城镇最低生活保障户 9 户 10 人;医疗救助 100 人次,民政部门资助参加合作医疗 107 人次;农村最低生活保障户 195 户 516 人;国家抚恤、补助各类优抚对象 180 人。

五、特色地情

风景名胜

仙姑洞 仙姑洞位于鲁家大山与蓝家大山之间。洞内最大的钟乳石造型酷似仙女,因此得名仙姑洞。洞内支洞纵横交错,最长的纵深 4 千米,洞内钟乳石以奇、异而闻名。洞内有阴河,河水冬暖夏凉,且富含矿物质。该洞可与张家界黄龙洞媲美,极具旅游开发价值。

历代名人

张登嵩 1889—1952 年,又名登崧,字岳仲,祖籍桃源县郝坪乡马口村,生于龙山县茨岩塘镇岩板村。幼承庭训,少年从戎,求学于湖南陆军小学堂、武昌陆军第三预备学校、清河陆军第二预备军官学校。1916 年 8 月,从保定陆军军官学校第三期步兵科毕业,分发湖南陆军服务。在武昌陆军第三预备学校求学时参与过武昌起义,历任湖南陆军第二师步兵团排长、连长、副官等职。1926 年 10 月任国民革命军第八军(军长唐生智)第三师(师长李品仙)独立团营长、团长等职,随部参加北伐战争。1928 年 3 月,

▲ 仙姑洞内仙姑神像

任国民革命军第四集团军暂编第一旅司令部参谋长，湖南省保安司令部参谋处处长，保安第二师司令部参谋长、代理师长等职。1933 年 12 月，任军事委员会南昌行营高级参谋，兼任参谋团成员，河南省陆地测量局局长等职，随部参加对中央红军和江西革命根据地的“围剿”作战。1936 年 1 月，授陆军少将军衔。抗日战争爆发后，历任湘西师管区司令部参谋长，第九战区司令长官部第二新兵补充训练处督练官，重庆卫戍总司令部高级参谋等职，获国民政府颁授“忠勤”勋章一枚，陆海空军“甲种一等奖章”一枚。1946 年 7 月，退为备役，回祖籍地马口村隐居，不问世事。1952 年镇反时被镇压。编著有《测量业务丛刊》。

李运之 1945 年 1 月出生，郝坪乡仙娘庙村人。1960 年 9 月入伍，中共党员，大专文化。20 世纪 50 年代，在郝坪、热市上学读书。入伍后，在广州军区 55 军任战士，师、团俱乐部工作员。1964 年，晋升为军官，先后任营部书记，团政治处宣传干事，师、军党委秘书。1969 年，调广州军区党委办公室任秘书，后因党委办撤销，改任军区政治部政研室干事。1979 年，调北京任解放军总政治部办公厅政工研究室干事。1985 年，任该室正师职副主任。1988 年，任该室副军职主任。1990 年，任总政治部副秘书长，并于同年授予少将军衔。1992 年，任总政治部秘书长(正军职)。1997 年，任军事科学院副院长(大区副职)。1999 年 7 月，晋升中将军衔，调任广州军区副政委。2000 年 9 月，调任沈阳军区副政委。在部队期间，曾立三等功两次，入国防大学战略研究班学习。是中共十五大代表、十六届中纪委委员。

(陈璐)

黄石镇

黄石镇行政区划图

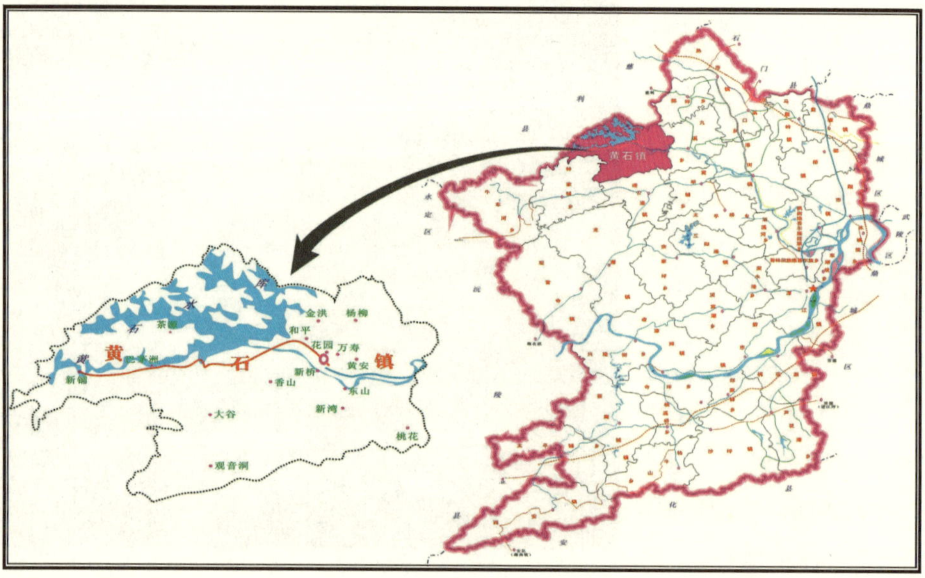

一、区域概况

建置沿革

据《康熙常德府志》记载，秦末授张良《太公兵法》的圯上老人黄石公到此游览，遗下一石，石上有人书“圯桥”二字，击之铿然如钟声，乃名为黄石，黄石镇因此得名。北宋在桃源县设立五寨：桃源寨、黄石寨、白砖寨、汤口寨、白崖寨，黄石寨即今黄石镇，始置年代不详，废于元丰年间，《宋会要辑稿·方域》一八之二五和《续资治通鉴长编》卷二九六俱称废于元丰二年（1079 年），《宋史·地理志》卷八八称废于元丰三年（1080 年）。据明《嘉靖常德府志》记载，境域属桃源县善溪乡香山村管辖，并已设黄石市，为桐茶油枯市贩所。1927 年，属九溪区黄石团和香山团管辖。1935 年，废乡团，编为黄石乡和香山乡。1941 年，撤区并乡，为第四县政指导区黄石乡。1951 年 1 月，建立黄石镇。1952 年

8月，划小区乡，黄石区(第八区)辖1镇15乡，其中黄石镇、黄石乡、金山乡、凤凰乡、竹岩乡、芭茅洲乡、观音洞乡、香山乡、东山乡共9个乡镇在今黄石镇境域。1956年，撤区并乡属黄石乡和芭茅洲乡。1958年人民公社化时，属黄石公社，辖芭茅洲乡、香山、观音洞乡、东山、花园、金山、桃花、六一、河坪、九溪、兴隆、青华、板桥、官坪、竹岩15个生产大队。1961年实行区管社为区属社，从黄石公社划出九溪公社和芭茅洲公社。1977年，属漆河区黄石公社和芭茅洲公社。是时，黄石公社辖金星、新桥、金洪、先锋、杨柳、泉井、黄安、五星、桃花、施家、竹岩、金鹤、双桥13个生产大队。1984年春，公社改为乡。同年8月，建黄石镇，辖和平街、万寿宫2个居委会和金鹤、泉井、黄安、杨柳、金洪、花园、新桥、东山、新湾、双拱桥、桃花井、施家、竹岩13个村以及黄石水库榔树垭村。1995年，芭茅洲乡并入黄石镇，镇政府驻黄石镇，辖和平、万寿2个居委会9个居民小组和金鹤、泉井、黄安、杨柳、金洪、花园、新桥、东山、新湾、双拱桥、桃花井、施家、竹岩、新铺、卓湾、包公潭、莫埫、向坳、学堂埫、香山、郭湾、大谷、卓溶、陈棚、观音洞、寨坡、杜湾27个村203个村民小组以及黄石水库榔树垭村。2011年并村后，辖万寿、和平2个居委会和黄安、杨柳、金洪、花园、新铺、芭茅洲、茶源、新桥、东山、新湾、桃花、香山、大谷、观音洞14个村民委员会，212个村(居)民小组。

位置面积

黄石镇位于桃源县西北，地处武陵山余脉，北与慈利县龙潭河镇、二坊坪镇交界，居白洋河源头，东接九溪乡，南临理公港镇，西接钟家铺乡，东北与郝坪乡擦边，白洋河穿越境内。辖区东西最大距离18.2千米，南北最大距离14.7千米，距桃源县城31.5千米。2002年，全镇总面积166平方千米。

自然环境

黄石镇依山傍水，气候宜人，物产丰富。大型水库黄石水库坐落于镇境内，水面4万多亩，800多个小岛，3万多亩青山倒映水中，水岛相连，旅游资源丰富。境内气候四季分明，干湿两季明显，属中亚热带向北亚热带过渡的季风湿润气候，多年平均降水量

涓涓清泉石上流

别有洞天

玉柱擎开府中景

汨水洞中悬玉帘

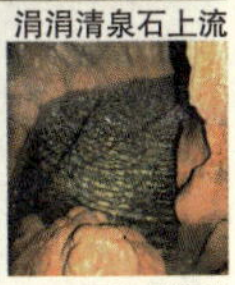
洞深有温泉

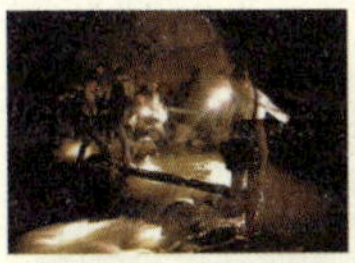
探秘汨水洞

汨水洞秋色

金帷银幔九重天

1465毫米。水田土壤主要有耕型淋溶红色石灰石、黑色石灰石，土壤肥沃，种植业发达，盛产油菜、棉花、苎麻、水稻、油茶、柑橘等，渔业以肉质鲜嫩的黄板翘鱼闻名。矿产主要有大理石、方解石、重晶石等。

人口民族

1995年末，黄石镇有5698户20476人，其中男性10382人，女性10094人，农业人口18104人。汉族20439人，少数民族37人，少数民族中，苗族11人、土家族21人、回族3人、壮族2人。2014年年末，全镇有6862户20841人。2015年年末，全镇有6024户21320人，总人口中，男性10958人、女性10362人；农业人口18577人；汉族21271人，少数民族49人，少数民族中苗族16人、土家族25人、回族6人、壮族2人。

二、经济发展

综述

1995年，全镇完成工农业总产值15880万元，其中工业总产值6113万元，农业总产值6817万元，服务业2950万元，农民年人均纯收入615元。2011年，全镇实现总产值19525万元，其中农业总产值7367万元，工业总产值7313万元，服务业4845万元。2015年，引进资金2300多万元，湖南炎帝生物有限公司、深圳科力远公司落户黄石，黄石大理石厂、黄石碎石厂、桃源县金黄塑料制品厂、桃源县世源纸塑厂等一批企业产销两旺。全年完成工农业总产值35230万元，其中农业产值8205万元，工业产值12410万元，服务业14615万元，农民年人均纯收入9440元，财政收入450万元，银行储蓄突破10000万元，人均储蓄4690元，每百人有轿车2台。

农业

种植业 黄石镇历来以种植粮食作物为主。1995年，粮食产量10025吨。2010年，种植早稻10200亩，产量2805吨，一季稻4520亩，产量1920吨，晚稻14100亩，产量4700吨；种植豆类2130亩，种植红薯3200亩。2015年，成立桃源县富强水稻专业合作社，全镇流转土地3000多亩，科技能手张春海承包水田1209亩耕地种植水稻，科力远公司在金洪村承包600多亩土地种植生态环保蔬菜、水果，观音洞等村利用山区昼夜温差大的优势发展种植优质稻基地1200多亩，生产的"福田米"市场价每市斤8元。全年粮食总产11000吨，其中优质稻产量4795吨，特色红薯、优质油菜基地4个，种植红薯3370亩，油菜18000亩，棉花4000亩，苎麻2300多亩。

养殖业 1995年，全镇生猪出栏14750头，牛出栏430头，家禽出栏53000羽，羊出栏3122只，出水鲜鱼450吨。2010—2013年，引导养殖大户引进先进品种，进行科技养殖、特种养殖。2010年，黄石镇养殖专业合作社成立。2015年，养猪科技能人曾洪饲养生猪4314头，出栏3455头，姚三忠、邓金元等养猪大户年出栏生猪均在400头以上；观音洞村12户村民饲养"藏香猪"460头，出栏267头，每头市场均价7000元；全镇有养牛大户18户，饲养肉牛1397头，年出栏840头。是年，全镇饲养生猪56340头，年出栏38540头，年末存栏17800头，养牛4335头，出栏2395头，年末存栏1940头，饲养羊19440头，出栏11270头，年末存栏8170头，出水鲜鱼670吨。

林业 黄石苗木产品繁多，水果有柑橘、板栗、桃、梨、李、枣等，景观树有银杏、栾树、桂花树、杜英、罗汉松等。药材类有尾笙、黄姜、山药、白芷等。用材林有杉木、马尾松、杨树、湿地松、檫树、枫木、香樟等。野生动物中有Ⅰ级保护动物中华秋沙鸭，Ⅱ级保护动物有天鹅、果子狸、灵猫、锦鸡、鸳鸯、猴面鹰，Ⅲ级保护动物有中华斑鸠、竹鸡、野鸡、竹鼠、豪猪、野猪、山羊等。2002—2006年，完成生态公益林区划91968亩。农民住房四旁植树24000多株，封山育林12000亩；全镇有观音洞、大谷、香山三大油茶林村。2015年，全镇有林地142435亩，其中用材林83328亩、经济林59107亩。

工业

1980年，黄安村办起花炮厂，是为镇境工业之始。该厂生产烟花、鞭炮140多种。1985年，该厂生产的"红皮炮"获省经委优待品证书。1988年，"菊花鞭"获省新产品、优产品奖。1995年，有镇办企业8家，村办企业11家，个体户和联户企业13家，完成工业产值6113万元，实现利税90.15万元。2010年，镇精干麻厂、汽水厂、印刷厂、水管厂改制，部分乡镇企业转让。2012年，引进浙江龙翔塑编厂、浙江金黄塑料制品厂和湖南炎帝生物有限公司等一批企业，扩大黄石花炮厂生产规模，发展民营企业23家。2015年，全镇有工业企业13家，其中规模以上企业3家完成工业总产值12410万元，完成利税140.5万元。

商贸服务业

明清时期，白洋河流域以生产桐、茶、木而声名远播，黄石依托其水运优势，渐成一方物产的集散地，上通永顺、保靖、龙山、桑植，下达陬市、常德、汉口、上海，舟楫辐辏，商贾咸集。中华人民共和国成立后，在乡（公社）驻地建供销社、食品站、粮油站，乡（公社）驻地成为农村市场中心，各村（大队）均开设有集体商业零售店或代销店。1995年，除墟场集贸市场外，全镇个体商铺发展到176户，社会商品零售总额1125万元。2015年，全镇有各类商铺430多家，个体从业人员870多人，墟场赶集日有近4000多人，社会商品零售总额6300多万元，其中集市商品成交额3000多万元。

三、基础设施

交通运输

1995—1998年，兴修九溪至黄石8千米县乡公路，黄石至卓溶、黄石至观音洞、黄石至新铺65千米通村公路，黄石至桃花8.5千米公路。2010—2015年，整修、拓宽、延伸联村通村公路，分期硬化。2015年，长15千米的黄石至寨坡、黄石至观音洞村道全线贯通并硬化，对74千米村道进行砼化。芭茅洲村投资300多万元开通、硬化组级公路6.7千米，黄安村、金洪村自筹资金300多万元实行组组通，且路面全部硬化。至

2015年年底，全镇硬化村、组公路共投入资金1600多万元。黄石至大谷，黄石至桃花，黄石至新铺，黄石至杨柳农村客运线路全部开通，黄石往来常德、桃源、漆河的汽车客运班车每天有18个班次。

邮政通信

2010年，黄石邮电办公大楼竣工。2014年，圆通快递、中通快递、韵达快递等快递机构在黄石开办快递业务。至2015年，域内有移动通信塔7座，联通、电信发射塔5座，网络设施覆盖全镇，11000多人拥有手机，户平1.83台。

供电饮水

供电 1971年，黄石镇通电。1973年，始架设输电线路、安装变压器。1979年，花园、黄安等7个村由国家电网供电。1983年，香山、大谷等7个村由地方电网供电。2013年，黄石地方网供电全部纳入国网供电。2011—2015年，进行农网改造，14个村(居)投入改造资金3100万元，保障5025户17270人正常用电。2015年，全镇有输电线路210千米、变压器31台。

饮水 1993年，兴建自来水厂，集镇居民和50多家企事业单位用上自来水。2014年，国家投资400多万元新建黄石饮水工程，新建供水站，铺设2万多米管道，镇区和周边8个村14300多人用上安全卫生的自来水；新铺、芭茅洲、茶源、香山、大谷、观音洞等村在市县工作队帮扶下，新建人畜安全饮水工程，60%群众用上清洁卫生自来水。

水利建设

1950年，境域有山塘210口、水库1座，总库容量105万立方米。1958年，修建黄石水库，1968年竣工。1970年，发电站建成投入运行，工程总投资2813.87万元(国家投资1900.87万元，地方自筹913.42万元)，水库集水面积552平方千米，总库容6.12亿立方米。1974年，修建寨坡水库，总库容131万立方米。2010年，拨专项资金450万元对寨坡水库除险加固；对黄安、花园、金洪、杨柳15千米渠道进行整修。2013年，国家投入1500万元对金洪、杨柳、花园、黄安3000多亩国土进行整治改造。2012—2015年，国家投入山区清淤扩容山塘资金130万元，对271口山塘清淤扩容；对2座小(一)型水库、3座小(二)型水库除险加固。2015年，全镇有小(一)型水库2座，小(二)型水库3座，山塘791口，总库容量500万立方米。

镇村建设

2009年，制定《黄石镇区2010年至2025年总体发展规划》。2010年，投资270万元对镇区街道人行道进行平整，铺设大理石人行道板2000(平方)米，实行街道亮化、硬化、绿化。投资200万元兴建会贤广场，投资100万元新建黄石综合性车站。2012年，在镇区修新街2条，新街与老街道形成“井”字形框架。2014年，投资120万元对镇区内市级文物保护单位黄石古桥进行维修改造，投资600万元修建黄石新大桥。2015年，镇区设施建设基本完善，进镇经商办厂人员增加到934户3522人，城市化率38%。投入380万元，对14个村部进行改造。

贺龙于 1921 年捐资修建的会贤桥

大坝上的残碑

1950 年剿匪战斗中牺牲的二排长——刘国生烈士墓

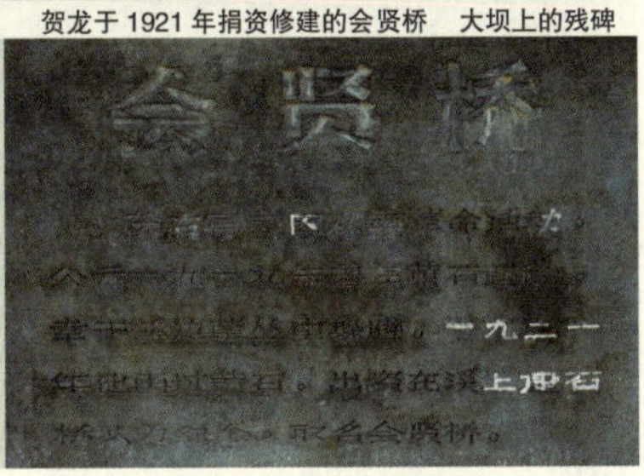

县级文物保护单位——会贤桥

香山观圆寂塔

四、社会事业

教育

民国时期，境域有私塾 2 所、小学堂 2 所。1950 年，境域有小学 4 所。1958 年，全公社有小学 7 所，学生 687 人；有幼儿园 3 所，入园幼儿 160 名。1969 年创办黄石中学，有中学生 165 人。是时，全公社有小学 23 所，小学生 2690 人；有幼儿园 2 所，入园幼儿 320 名。1984 年，全镇有中学 2 所，学生 1320 人；小学 26 所，学生 3300 人；幼儿园 3 所，入园幼儿 410 名。1998 年，对全镇学校布局进行调整，调整后，有中学 1 所，学生 470 人，教师 29 名；有小学 5 所，学生 270 名，教师 43 名。2015 年,全镇有杨柳小学、芭茅洲小学、新铺小学、大谷小学、观音洞小学等 5 所小学，有小学生 270 名；有学前班 5 个，入学儿童 530 名；有中学 1 所，学生 370 名，教师 27 名。

文化体育

2012 年，建镇综合文化站办公大楼，大楼建有图书室、阅览室、活动室、广播室。2015 年，全镇有文学艺术爱好者 210 多人，电视入户 5722 户，占总户数的 95%，14 个村有农家书屋，藏书(刊)32000 多册；有文艺剧团 1 个，有中西乐队 4 支，有龙灯 1 支，有篮球队 1 支，羽毛球队 1 支。2015 年，黄石龙灯队在桃源县百龙比赛中获第三名。在 2015 年首届县农民运动会上，黄石羽毛球队获团体第二名。黄石文艺剧团编写的歌剧“四季探妹”获桃源县“百团大赛”一等奖。

医疗卫生

中华人民共和国成立前，域内有中药铺 2 家。1951 年，建黄石卫生所。1960 年，成立公社卫生院。1969 年,大队办农村合作医疗。1984 年,公社卫生院改为镇卫生院。1995 年,镇卫生院在 11 个行政村设卫生室,有医生 12 人。2015 年,黄石卫生院成为集临床医疗和预防保健为一体的综合性卫生院,有职工 26 人,病床 45 张,拥有彩色 B 超、全自动生化仪等诊疗设备,被省卫生厅评定为一级甲等医院,11 个村卫生室有专业医护人员 14 名,病床 23 张。

2015 年年底,全镇有 962 个农户建立沼气池,2950 户农户将厕所改为水冲式厕所;14 个村有垃圾池 58 个,镇区成立由 4 人组成的环保清洁小组,负责清扫镇区垃圾,确保街道清洁卫生。

社会保障

1995 年,全镇供养五保老人 167 名。2011 年,投资 140 多万元建黄石敬老院,集中供五保老人 48 名,分散供养五保老人 155 名,集中供养五保老人每月 350 元,分散供养五保老人每人每月补助 240 元;15976 人参加新型农村合作医疗,参合率 86%。2015 年,有 18205 人参加农村合作医疗保险,占总人口的 98%,住院医疗补偿金 660 万元,全镇有 625 名贫困人口享受农村最低生活保障,75 名城镇居民享受城市最低生活保障,5080 个移民每年享受 600 元的国家补助。

五、特色地情

名优特产

黄板翘鱼 生长在黄石湖中的黄板翘鱼呈雪白色,尾部有红色和黑色两种,肉质细嫩可口,常德、长沙等地有很多餐馆就是以黄石翘鱼作招牌,也有很多游客从百里之外赶来,专程品尝黄石翘鱼。常年产量 12 万公斤。

脆蜜桃 八月十日左右成熟,内红外白,香、甜、脆,袁隆平院士称之为“天下第一

▲ 波光潋滟晴方好·黄石水库全景

桃”。该桃最早为打工回镇创业村民徐成试种，2007年时其桃园产量超过20万斤，产品销售也扩大到长沙、广州、深圳等城市。在其影响带动下，周边农户加入脆蜜桃种植行业，正洪、杨柳、黄安等村种植面积达300余亩

风景名胜

黄石湖 大坝位于三条河汇合处，规模宏大，气势雄伟，坝高94.5米，坝顶长219米，坝顶宽5.9米，堪称亚洲第一土坝。黄石湖水面4万多亩，水中有800多个小岛，水岛相连，水中有山，山中有水，水随山流，山随水转，青山绿水互相映衬，平湖瑰丽多姿。

会贤桥 原名会仙桥，俗称贺龙桥。位于黄石镇黄石街后，为半圆拱单拱石桥，桥长4米，宽2.5米，东西走向。1919年，贺龙率部在黄石遇险，其父贺仕道蒙观音寺智莲禅师搭救，藏于石桥下。1921年，贺龙为报答已故禅师，捐资重修石桥，并撰祭文勒石于禅师墓侧。《智莲碑》现存湖南省博物馆。1995年，被列为第一批县级文物保护单位。

黄石石拱桥 位于黄石镇，横跨白洋河上。民国八年(1919)，乡绅曾正顺、吴源大等发起募捐，集桃源、常德、慈利、石门四县1000余户乡民资金，聘慈利石匠姜楚伯设计并施工。修建过程中，桥墩被洪水冲倒8次，工程延至民国二十三年(1934)竣工。黄石石拱桥为纯石结构，主桥长40米，两端引桥长20米，全长60米，高14米，由五跨石拱组成，每跨长8米，拱高12米。拱券用扇形条石逐层递砌，桥墩平面呈梭形，墩础为大放脚，以糯米、豆腐、石灰混合浆为砌筑剂。桥面砌石板，两侧以条石砌成“品”字形栏杆。桥头各置大理石雄狮两尊。桥两端布石级，拾级而上至桥面，桥南29级，桥北27级。1970年，为通行机动车计，废两端石级改为缓坡道引桥，拆除桥面石板而铺沙土。黄石桥结构合理，气势雄伟，工艺精湛，迄今仍岿然屹立，可通行汽车。无论从结构规模、施工技术、设计水平，还是从石匠的制材、砌筑技艺来看，堪称桃源近代石拱桥之最。

杨书元将军殉国纪念碑 位于黄石镇黄安桥头。杨书元，1897—1943年，字剑秋，河北雄县人。历任74军58师174团团长、58师上校师附。1943年冬，参加常德会战。11月29日，部队向桃源黄石市发动强攻，亲率敢死队攻入市镇，展开激烈巷战，身先士卒，与敌近身肉搏，不幸中弹，壮烈成仁。1944年8月15日，国民政府追赠陆军少将。2015年9月3日，抗日战争胜利70周年之际，为缅怀将军爱

▲ 杨剑秋上校殉国处

国之志，抗日之功，常德市文物局和常德会战研究会特立此碑，以资纪念。

历代名人

席大成 1835—1885年，字海珊，原籍桃源县香山村（今黄石镇），后迁居永定县城（今张家界市区），从小练就一身武艺。清咸丰七年（1857），投效清军老湘营，因镇压太平军受清廷赏识提升为总兵，赏"雄勇巴图鲁"名号。清同治六年（1867），中亚浩罕国安集延人阿古柏，在英、俄殖民主义支持下，侵入新疆喀什，建立"哲德沙尔"汗国，分裂中国领土。陕甘总督左宗棠于是年三月奉命征讨，檄调席大成率部从征。席身先士卒，常赤脚上阵，部属均奋勇争先。攻克西宁州、迪化州，斩俘叛逆万余人。战斗中他负重伤，伤势稍愈，即率孤军远征吐鲁番、喀什、乌恰各城。在给养枯竭、饮水困难、寸草不生的戈壁滩上，急行军十余日，出其不意攻入喀什，扫清伊犁叛敌。立下赫赫战功，清廷赐以一品顶戴，穿黄马褂、赏"霍隆武巴图鲁"名号，记名提督，实授巴里坤挂印总兵。清光绪十年（1884），法军侵犯闽浙海疆，清廷檄调席大成留防南石头。他治军严明，操练弁勇，勤修炮台、船舰，海疆安定。十一年九月殁于军中，清廷诏立旌表牌坊。

姚成友 1942年10月出生，黄石镇竹岩村人。1961年8月参军，在42军126师先后当战士、班长、团报道员、师文化干事和宣传干事。1970~1974年，在42军政治部任宣传干事。1974年8月，调广州军区宣传部，先后任干事、副处长、处长、副部长、部长。1979年2月，参加对越作战，先在前指工作组深入部队作战前动员工作，后随55军组织战时政治工作，战后立三等功1次。1992年，在国防大学基本系学习1年。其间，被任命为桂林陆军学院副院长，学习结业后到陆军学院任职。1994年4月，调任广州军区政治部副主任，晋升少将军衔。1995年，入中央党校省部级干部班进修。

在繁忙的工作之余，从事业余文艺创作，先后发表诗歌1500余首，散文120余篇。出版的诗文集有《红珊瑚》（与人合集）、《我寻找明天的微笑》《太阳雨》《生活告诉你》《历史的回声》《山花海月》《人生看得几分明》《人生进行曲》《珍藏》等。散文《魏巍虎门》《留下一个诱惑》分别被选入中等专业语文课本和初中语文自读课本。组织策划的23集电视连续剧《和平年代》，获文化部"飞天奖"和中宣部"五个一"工程奖。组织策划的反映1998年长江抗洪伟大斗争的电视连续剧《惊涛》，获第八届中宣部"五个一"工程奖。理论文章《培养和造就更多的李向群式的英雄战士》，获第八届中宣部"五个一"工程奖。

王同亿 1939年4月出生，黄石镇学堂堉村庹家岗人。1958年，考入北京大学物理系。1963年毕业后，到二机部从事外文期刊、图书馆的编辑、审校工作。曾任原子能出版社副总编辑、编审，海南出版社、三环出版社总编辑。王同亿早在中学时代，就较好地掌握了英、俄两门外语。在大学期间，又利用课余时间坚持自学外语，先后攻读法、德、日、意等多种外语，大学毕业时，已熟悉或初步掌握多门外语的基础知识，人称"王十国"。1978年，经考试合格，懂13门外语。由邓小平提名参加全国科学大会，获"全国先进科技工作者"荣誉称号。1958—1999年编著辞书、专著共38本，约2亿2千万字，其中有 4066 万字的《英汉辞海》，2500 万字的《英汉科技词汇大全》，2400 万字的《语言大典》，1300 万字五种文字对照的《英德法俄汉物理学词典》，1000 万字的《日汉科技词汇大全》《法汉科技词汇大全》《德汉科技词汇大全》《俄汉科技词汇大全》以及发行数量达几百万册的《新编新华字典》《新现代汉语词典》《初高中英语速记》等。发明《新部首快速查字法》，攻克了千年来的"难检字"，为汉语使用者带来了方便。有关《语言大典》等词典的内容和质量曾引起国内辞书界广泛争议，是第七、八届全国政协委员，2015 年又编纂出版了约 8 亿字的两百卷本《词经》。

（莫正建）

九溪乡

九溪乡行政区划略图

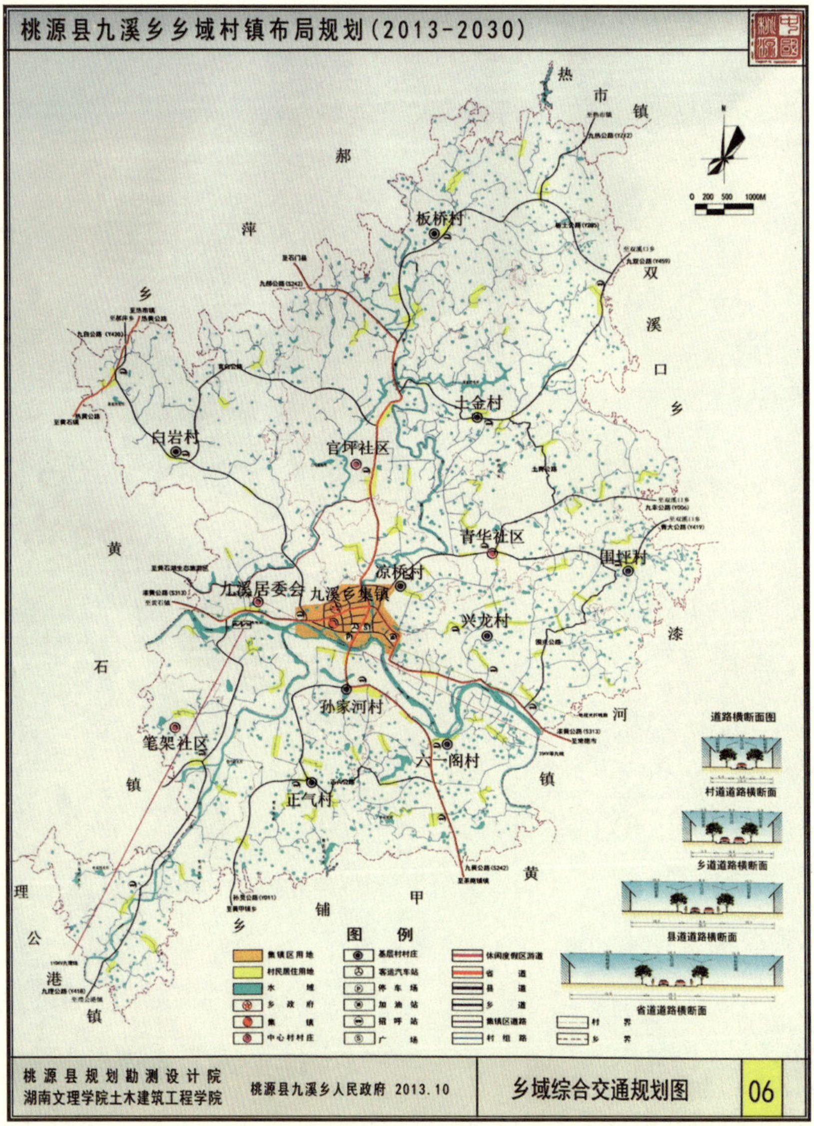

一、区域概况

建置沿革

传说古代有武陵渔人听说境内盛产“三红一花一米”(红莲、橘红、红辣椒、棉花、香米)名扬四海,便乘舟经沅江延溪入口逆驶白洋河,途经浯溪、叶溪、善溪、莫溪、麻溪、苏溪到沙溪与兰溪交汇的老码头,渔人掐指一算,一路走来,整整经过9条小溪。本地人称“九溪”还有两种说法,第一从老码头逆水向上西有芭茅溪、龙潭溪、毛家溪、洞潭溪,南有桃花溪(张家溪、马跳溪)、罗汉溪、兰溪,北有郝溪、沙溪等汇入老码头。第二汇入老码头境内的溪流,有兰溪水系的风箱溪、牌路溪、马跳溪、罗汉溪,沙溪水系的郝溪、刘家溪、木子溪、牛鼻溪,直入白洋河的岩门溪。因此,后人都以“九溪”名地,行政区划也由此得名。

北宋在桃源县设立五寨,其中白崖寨即今九溪乡白岩村,始置年代不详,熙宁七年(1074)废。明《嘉靖常德府志》记载设有”九溪市”,境域属善溪乡上七里村和下香山村。1934年,属九溪区九溪团和兴隆团。1935年8月,废乡团,新编为九溪乡和兴隆乡。1941年撤区并乡后,属九溪乡。1947年2月,九溪、高东、明月并为新民乡。同年5月25日,恢复原建制为九溪乡。1952年8月土改复查时,分属黄石区所辖九溪、兴隆庵、青华山、板桥、官坪和理公港区六一阁、马溪、河坪8个乡。1956年,撤区并乡,为九溪乡。1958年9月人民公社化后,属黄石公社,1961年4月,九溪从黄石公社析出,成立九溪公社,辖板桥、河坪、两河、笔架、金鸡岗、兰田、九溪、官坪、青华、白岩、正气、围坪、六一阁、联心、兴隆庵、双龙、白鹤、老屋、土金、狮子、天星、卓桥22个生产大队。1984年2月,恢复乡建制,设九溪乡。1995年撤区并乡时保留原行政区域不变,辖九溪、凉桥、兰田、兴隆庵、双龙、围坪、天星、青华、土金、卓桥、老屋、板桥、两河、官坪、白岩、孙家河、正气、神堂垭、笔架、红更潭、金鸡岗、六一阁22个行政村,244个村民小组。2011年并村后,全乡辖九溪、凉桥、兴龙、围坪、正气、青华、孙家河、土金、官坪、白岩、笔架、板桥、六一阁13个行政村,244个村民小组。

位置面积

九溪乡位于桃源县北部,乡政府驻地距县城54千米,东接漆河镇、双溪口乡,西临黄石镇,南和理公港镇、黄甲铺乡接壤,北与热市镇和郝坪乡毗邻,西北角与慈利县二坊坪镇相望。辖区东西最大距离21千米,南北最大距离14千米,总面积98.68平方千米,其中陆地96.44平方千米、水域2.24平方千米。乡政府驻地九溪村。

自然环境

九溪乡为中亚热带向北亚热带过渡地段,属中亚热带季风气候。气候特点是冷热四季分明,干湿两季明显,多年平均气温为16.5℃,年平均降水量1437毫米,年平均相对湿度为82%,年日照时数1529小时,年平均日照率为5%。该乡属丘陵地带,格局构成为“六山一水二分田，一分道路和庭院”。境内有石灰石、桃花石、油页岩等矿石；境内有九条溪流，白洋河横贯东西，属黄石水库灌区，水利资源丰富；光照充足，土地肥沃，盛产水稻、棉花、油菜、水果、湘莲等。

人口民族

1995年，全乡有6456户24810人，其中男性12493人、女性2317人。2005年，全乡有7249户23216人，其中男性12057人、女性11159人。2015年，全乡7232户22687人，其中非农业户897户，集镇常住人口5188人；有少数民族10人，少数民族中，土家族6人，白族2人，侗族2人。

二、经济发展

综述

1995年，全乡社会总产值15244万元，其中工业产值4162万元，农业产值7394万元，农民年人均纯收入1665元。2002年，全乡农业总产值9484万元，工业总产值9931万元，财政收入422万元。2005年，全乡农业总产值14004万元，农民年人均纯收入3254元。2015年，全乡完成国内生产总产值30635万元，其中农业产值8000万元，工业产值2700万元，服务业产值19935万元，农民年人均纯收入8858元，财政收入1220万元。

农业

种植业

烟叶、水稻、柑橘、棉花、苗木是九溪乡五大龙头产业。

烤烟　2001年，九溪乡开始种植烤烟，高峰期达6500多亩，低谷时200多亩。2007年，湖南省现代烟叶生产现场会在九溪乡召开，青年村成为湖南省现代烟草农业示范基地。2009年，全市烟叶移栽工作现场会在九溪乡召开。2014年，全乡种植烟叶4000亩，产量近万担，产值近2000万元。2015年，推广烟叶标准化生产，种植烟叶3000亩，收购3500担。

水稻　1995年，全乡种植水稻40260亩，产量15981吨；2005年，种植39208亩，产量16015吨；2014年，种植56204亩，产量21070吨。

柑橘　1995年，全乡种植7050亩，产量3175吨；2005年种植11200亩，产量2677吨；2014年种植9400亩，产量2348吨。

棉花　1995年种植6500亩，产量300吨；2005年种植2810亩，产量281吨；2014年种植8500亩，产量808吨。

苗木　2015年，全乡苗木苗圃面积4000亩。

养殖业　1995年，全乡发展生猪33400头、耕牛1182头、山羊5400只、家禽100万羽，有养殖专业户865户，形成六一阁、兴隆庵养鸭专业村。2005年，全乡出栏生猪30130头，牛存栏3559头，羊出栏22978只，家禽出笼76万羽，水产品产量1120吨。

2014年，全乡出栏生猪33027头，牛存栏4120头，羊出栏23129只，家禽出笼37万羽，水产品产量798吨。

工业

1975年，九溪公社建年产7000吨的土窑水泥厂及石灰厂、建材厂、发电站等。1994年，乡水泥厂投资1500万元新扩建8.8万吨生产线一条，至1995年年产量达11万吨，产品获部优称号。村办企业形成白岩石灰石开采专业村，围坪、天星鞭炮生产专业村，九溪建材专业村，兰田运输专业村。1995年，全乡工业产值3067万元。乡水轮泵站利用自身资源，办起电石厂、造纸厂、乙炔厂，形成以电站为核心的工业集团。2002年，全乡有4家乡办企业、30家村办企业、258家个体私营企业，形成建材、精细化工、烟花鞭炮、食品加工四大支柱企业，工业总产值9931万元。2015年，九溪希贵工业园进驻有九溪水泥厂、制氧厂、永久塑管厂、皮鞋厂、红砖厂、电石厂、乙炔厂、三合板厂等20多家企业。是年，全乡完成工业总产值2700万元。工业企业从业人员320人。

商贸服务业

2011年，全乡有商业网点238个，职工710人，社会商品零售总额13932万元，城乡集贸市场1个，年成交额297万元。2015年，九溪乡有各类商铺380多家，从业人员760多人，赶集日有近3500多人，社会消费品零售总额19935万元，50平方米以上超市12个，住宿餐饮业企业15家。

三、基础设施

交通运输

九溪乡交通发达，漆（河）黄（石）公路、郝（坪）九（溪）公路、九（溪）双（溪口）公路、九（溪）理（公港）公路、九（溪）黄（石）公路在乡集镇交汇。2004年，修筑长22千米的漆（河）黄（石）公路和长7500米的九（溪）黄（石）公路。2008年，修筑长9000米的郝（坪）九（溪）公路和长12千米的九（溪）理（公港）公路。2009年，修筑长18.38千米的九（溪）双（溪口）公路。2015年，全乡有县道1条、长22千米，有村道13条、总长120千米。

水利建设

九溪乡域属黄石水库灌区，域内水利基础设施较完备。1956年，修建吴家湾水库，库容11.3万立方米。1958年，修建六一水库、白马泉水库、鸦雀塆水库，库容分别为32.4万立方米、18.6万立方米和45.5万立方米。1977年，建水轮泵水电站，集灌溉发电于一体。1980年，修建青年水库，库容67.1万立方米。

2015年，全乡有小型水库5座，总库容174.9万立方米；山塘1870口，总蓄水446万立方米；渠道132千米；机埠67处，装机容量1650千瓦。

邮政通信

2003年，设邮政代办所。2011年，民间快递机构应运而生，申通快递、中通快递、韵达快递等快递公司在乡集镇开设代办点，日寄送快递160件。

1995年，投资180万元开通500门程控电话。至2015年，移动公司在乡域内建有5座通信基站，联通公司、电信公司在乡域内建有通信基站4座，网络设施全覆盖。全乡有15000多人拥有手机，电视、数字传输、图文传真、因特网络等其他服务设施全部投入使用，程控电话入户率达80%以上。

供电饮水

供电　1977年，建水轮泵水电站，为白洋河水泵梯级开发二级电站，集灌溉发电于一体。1981年，乡域始通电，时有变电所1处。1985年，全乡村民用上电。2000年，进行电网改造。2015年，全乡有变压器61台。

饮水　1980年，建九溪供水站，日供水271立方米，解决集镇11个单位343户居民用水问题。2015年，投资1500万元的九溪水厂农村饮水工程通水，解决了13个村2万多群众的安全饮水问题。

四、社会事业

教育

1950年，境域有学校13所。1961年，九溪公社有学校15所。1968年，公社始办初中，时有中学生130人。1981年，九溪乡有幼儿园20所，入园幼儿400人；有小学20所，学生3108人，教师100名；有中学1所，学生758人，教师59名。2009年，对学校布局进行调整，调整后，全乡有学校6所。2009年，全乡有初级中学1所、小学1所。2015年，九溪乡有幼儿园4所，在园幼儿400人；小学1所，在校学生762人，专任教师36人，小升初升学率100%；初中1所，在校学生319人，专任教师50人，初中适龄人口入学率、九年义务教育覆盖率100%。

文化体育

群众文化　民国时期，九溪乡有吊儿戏班、傩戏班、围鼓汉戏班以及板龙灯等演艺团体。中华人民共和国成立后，民间汉戏班得到发展，培养了很多汉戏表演人才。1974年，建立乡文化站，成立九溪乡汉剧团、电影队，一批文化艺术爱好者组成创作组，利用业余时间创作剧本。1978年，九溪乡文化站剧团获湖南省文化厅颁发的“先进文化工作单位”证书。九溪剧团经过数年的发展，至1980年，成为经营性剧团，经常活动在湘北一带。1987年，全乡有戏剧、曲艺、殡葬文艺、文艺社等26支演艺队伍，演艺人员320名，其中最为突出的是由民间艺人鄢明清创办的九溪神龙艺术团。

1995年，九溪乡被省政府授予“群众文化艺术之乡”称号。1996年，九溪乡被文化部、农业部、国家体育运动委员会评为“文化体育先进乡镇”。1998年，九溪乡获“湖南省亿万农民健身活动先进乡镇”称号。1999年，乡文化站被湖南省文化厅评为全省百强文化站。

▲ 县戏剧家协会成立桃北分会

2008 年，全乡艺术表演团队发展到 28 支，参加演出活动的人员近 1000 人。每年在县内外演出 1200 多场次，演出收入近 3000 万元，文艺演出产业成了九溪乡的经济支柱之一。

2011 年，九溪乡民间艺术协会成立，负责对所有民间文艺团体进行审核。为提高乡民间演艺团体的表演水平，从是年起，乡政府每年为乡民间艺术协会拨款 8 万元，聘请专业老师讲课，定期开展创作培训。

2011－2014 年，全乡各艺术团体以小品、歌舞、丝弦等形式，创作 50 多个贴近生活的作品。像《赞烟农》在各村巡演 50 多场，很多农民因此走上烟叶种植致富路。2014 年，九溪农民演艺集团成立。

从 2005 年起，全乡每年举办一届农民艺术节，吸引县内外 50 多个剧团参演交流、2 万多人(次)观看，辐射周边两市五县。中央电视台《新闻联播》，《人民日报》《人民网》《湖南日报》，湖南电视台的《湖南新闻联播》等主流媒体竞相报道，创造了独特的"九溪文化现象"。

文化设施 1980 年，建影剧院。1984 年，建农民俱乐部。1985 年，修建灯光球场、宣传橱窗、墙报栏。各村建立村级文化活动场所——农家书屋。2008 年，投资 20 多万元的九溪乡板龙源观戏大厅落成，是全县最大的农村观戏大厅。2011 年，将旧影剧院改造升级打造成农民文化宫。

医疗卫生

1950 年，境域有个体诊所 5 家，乡村医生 22 名。1961 年，九溪公社有医疗机构 23 个。1981 年，九溪公社有医疗卫生机构 24 个，医务工作者 43 人。1993～1995 年，投资 100 万元对乡卫生院进行改造，改造后，乡卫生院建筑面积 3000 平方米。1995 年，乡卫生院有医务人员 28 人。2012 年，九溪乡卫生院编制床位 40 张，实际开放 28 张，编制医务人员 30 名，实有职工 20 人；其中副主任医师 1 人、主治医师 2 人、医师 8 人、执业药师 1 人、护士 3 人，药士 3 人，其他 2 人。2015 年，九溪乡卫生院有职工 22 人，门诊服务 31500 人次，出院 1800 人。病床占有率 98%，治愈好转率 99%。

社会保障

2011 年，全乡有 51 户 54 人享受城镇最低生活保障，320 户 588 人享受农村最低生活保障；农村五保户集中供养 48 人、分散供养 116 人。民政部门资助参加合作医疗 200 人次，城乡临时救助 50 人次。2015 年，九溪乡有社会福利收养性单位 1 个，床位 45 个，收养人数 45 人。新型农村合作医疗参保人数 22600 人，新型农村社会养老保险参保人数 14100 人，农村居民最低生活保障人数 1001 人。

五、特色地情

民俗风情

九溪乡板龙灯 板龙灯又名板凳龙灯，因其用木板联结而成，故又称为板板龙灯。板龙由一块块长 2 米、宽 0.13 米、厚 0.03 米的木板连接而成，玩龙人不用手舞而用肩扛。相传元朝末年，九溪罗鼎公等十余族首议定以元宵节玩龙灯为名举行起义，不幸失败，但板龙灯由此流传下来。明初，板龙灯趋于成熟，并在九溪乡官坪村的上山坪专修有九层堂屋供奉谷龙神位，当朝阁老杨嗣昌曾朝拜并亲笔赐以《龙吟虎啸》金匾。清末为板龙灯活动鼎盛期，每条灯的板由 8 块、18 块、108 块发展到 1008 块，并把每年的正月十五与六月三十（谷龙生日与逝日）确定为祭祀纪念日，伴有隆重的祭祀活动，形成宗族与庙会的板龙灯文化。板龙灯出灯时，前面 10 杆九眼铳开道，接着 1 面队旗、8 个排灯箱、2 面大土锣、2 人抬鼓、1 支号角、4 支唢呐、1 班土锣鼓、1 把万人伞、1 个龙珠、1 队板龙灯。板龙灯舞可概括为四种：平步舞、狂欢舞、参花舞、戏龙舞。板龙灯舞独具风格，成为桃源县民族民间艺术的奇葩。

▲ 九溪板龙灯进城闹元宵

中华人民共和国成立后，特别是改革开放后，九溪乡板龙灯得到长足发展，九溪神龙艺术团为九溪乡板龙灯艺术表演团队的佼佼者。从 20 世纪 90 年代开始，九溪神龙艺术团在周边县市进行商演，在其带动下，九溪乡民间板龙灯艺术表演团体发展到 28 个，九溪乡民间艺术也因此成为文化产业，形成独特的“九溪文化现象”。九溪神龙艺术团团长鄢明清传承的传统民间艺术形式——虾灯舞被列为市级非物质文化遗产保护名录，车儿灯、背梅等一批民间艺术经过鄢明清的挖掘整理和创作改编，得到发扬光大，绽放出绚丽的艺术光彩。

虾灯舞 桃源虾灯舞源于唐朝贞观年间（627—649），经历唐、宋、元、明、清及民国时期的兴衰起伏，近1300多年历史传承，至今流传在九溪、黄石、漆河、双溪、桃花源及沅江流域。桃源虾灯舞原始表演由2名演员完成，后来发展到多人，虾灯舞的动作造型别具一格，形象逼真，有着浓郁的水性动物色彩，主要反映了虾的生活习性，在水中遨游、奋进、踩雄、亲嘴、戏水的神态。虾灯舞表演时一般用民间吹打乐伴奏，主要是鼓、锣、头拍、二拍、钩锣和两支唢呐，唢呐吹奏《得胜令》作为主要曲牌。头、二的演奏加上大锣(土锣)在关键时刻“呛”的一声，生动表现虾子追波逐浪的动态。桃源虾灯舞因是独家传授艺术门类，故传承日渐稀少，在湖南省仅九溪乡尚有保存。

历代名人

沙少海 1907.6—1996.8，字啸岩，古典文学家和教育家，桃源九溪人。1934年从国立武汉大学毕业后，一直从事教育工作，先后执教于福建、湖北、湖南、四川等地。1947年，应聘为广西大学文学院讲师。1953年，奉调广西师范学院(今广西师范大学)中文系。1961年，升为副教授。1972年，重返广西大学。1981年，晋升教授。曾任古籍整理研究室主任，主要研究方向为训诂和古籍整理。在半个多世纪的教学过程中，先后教授中学国文、大学预科、大一国文、古典文学、写作指导、现代汉语、古代汉语以及汉语史研究生的各门专业课。年逾七旬之时创立了广西大学第一个文科硕士点——汉语史，为形成广西大学文科教育层次立下了不可磨灭的功勋。曾参与修订《辞源》和审订《粤西诗载校注》。他对古籍中号称“三绝”的《老子》《庄子》《周易》进行多方位思辨，撰写出版《老子全译》《庄子集注》和《易卦浅释》3部著作，在学术界颇具影响。

(徐姚)

漆河镇

漆河镇行政区划图

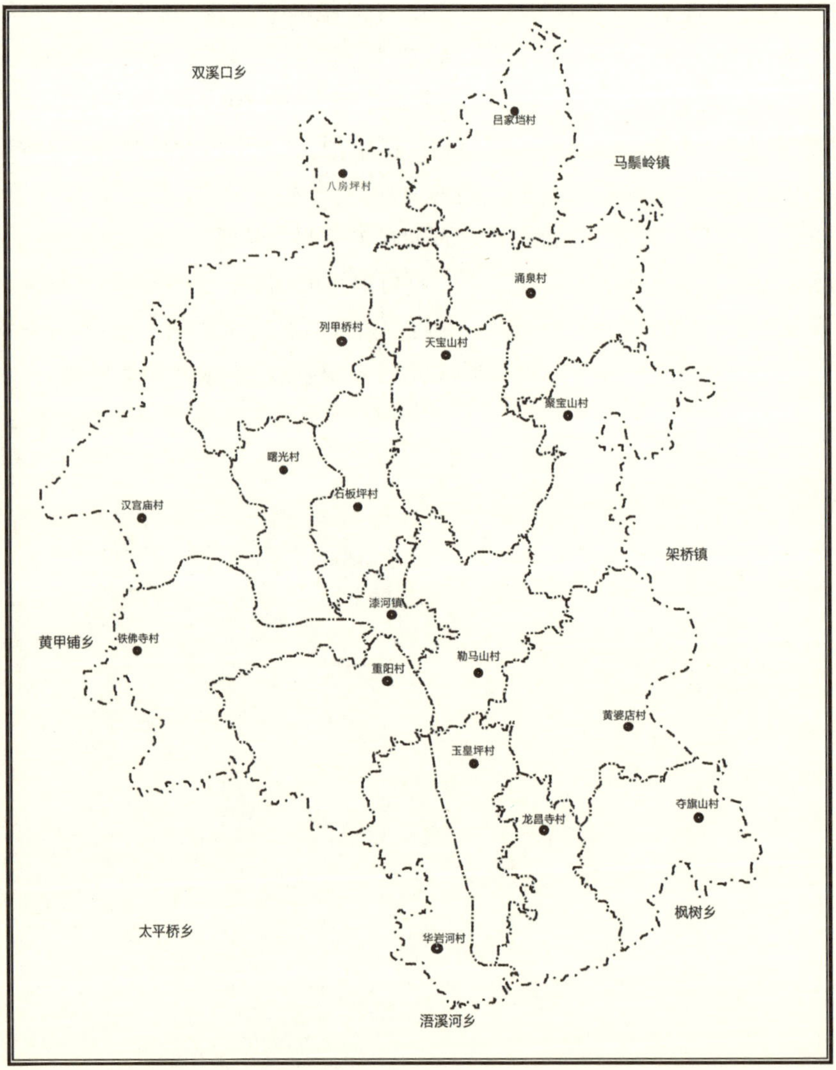

一、区域概况

建置沿革

漆河原名麻溪市，清乾隆年间（1736—1796）更名为漆家河市，后简称漆河。据传，古时候有漆姓人家在此聚居，聚居之地的山被称为漆家山，山下河流被称为漆家河，漆河之名由此而来。

1978年7月，漆河公社红旗大队（即玉凤坪村，2011年并入曙光村）出土了银质印章、铜质印章各两方，银印为正方形，一方为龟钮，阴篆“虎牙将军章”五字；一方为驼钮，阴篆“晋蛮夷率善邑君”七字。铜印均正方形，驼钮，阴篆“晋蛮夷率善邑君”七字。驼钮印章，是汉魏以来对边境各族施行和亲政策而颁发给他们本族首领的印信，大的族群的族名一般放在“率善”之前，小的族群的族名则置于“率善”之后，例如“晋匈奴率善伯长”“晋率善羌伯长”等。可见在晋代，桃源漆河一带的“蛮夷”人数相当多，并已有羁縻的建置。据清《嘉庆一统志》记载，元朝开始设立麻溪巡检司，明废。据明《嘉靖常德府志》，境域分属新兴乡新安村、东七里村、善溪乡和建宁乡管辖，并设有麻溪市和善溪市（今华岩河村善溪港），麻溪市在清乾隆年间更名为漆家河市，在新兴乡新安村。据清《道光桃源县志》载，新兴乡并入善溪乡，漆家河市改属善溪乡新安村。清《读史方舆纪要》《嘉庆一统志》《清史稿》俱言桃源县有三镇，麻溪镇位列其一。1934年，境域分属漆河区新安团、新民团、莫溪团、莫林团4个乡团管辖。1935年8月，废乡团，新编为第八区新安、新民、华林、华岩等乡。1941年1月，撤区并乡，分属漆河乡、莫溪乡、莫林乡管辖。1951年1月，建立漆河镇，是桃源五个建制镇之一。1952年土改复查时，漆河区辖漆河镇、天保山、石板坪、会龙、聂家桥、汉宫庙、放马、展旗、狮子坪、复兴、仙人山、碌场桥、黄婆店、夺旗山、华岩河、龙昌寺、显化岗等1镇16乡。1956年，撤区并乡，夺旗山、华岩、龙昌寺、碌场桥、黄婆店、显化岗6个乡并为黄婆店乡，漆河镇以及其他10个乡并为漆河乡。1958年9月，成立桃源县第一个人民公社——漆河人民公社，辖华岩、黄土堉、龙昌寺、方家桥、黄婆店、联华、六塝、显化岗、涌泉、天保山、狮子坪、列甲桥、建华、汉宫、曙光、仙人山、放马、胜利、重阳19个生产大队。1961年9月，漆河公社分置为漆河公社、重阳公社、黄婆店公社和涌泉公社。1963年10月，复设漆河镇。1968年6月，漆河镇再度撤销，改为漆河大队，隶属于漆河公社。是时，漆河公社辖星星、永红、新胜、新华、东风、和丰、曙光、红光、晓溪、建华、红星、红卫、红旗、漆河、光明、立新16个生产大队。1981年8月，漆河大队从漆河公社析出恢复县属镇，漆河镇辖长寿街、兴隆祠2个居委会和牛场坡1个农业大队（5个自然村、5个生产队），漆河公社辖红光、石板坪、晓溪、列甲桥、建华、罗湾、禁碑垭、聂家坪、汉宫庙、庙儿岗、玉凤坪、曙光、勒马山13个生产大队、136个生产队、89个自然村。1984年春，漆河公社改为漆河乡。1986年11月，漆河、重阳两乡并入漆河镇，全镇辖长寿街、兴隆祠2个居委会和勒马山、红光、仙人山、六角堰、石板坪、晓溪、刘家嘴、建华、罗湾、禁碑垭、聂家坪、汉宫庙、庙儿岗、玉皇坪、曙光、华岩河、黄凤坪、展旗山、谢家垱、新华、崇寿寺、金龙山、铁佛寺、重阳、牛场坡、列甲桥26个村。1995年11月15日，撤区并乡，漆河镇、黄婆店乡、涌泉乡合并为漆河镇，辖长寿街、兴隆祠2个居委会和红光、勒马山、仙人山、六角堰、石板坪、晓溪、列甲桥、建华、罗湾、禁碑垭、聂坪、汉宫庙、庙儿岗、玉凤坪、曙光、华岩河、黄凤坪、展旗山、谢家垱、新华、崇寿寺、金龙山、铁佛寺、重阳、牛场坡、刘家嘴、黄婆店、夺旗山、方家桥、龙昌寺、镇龙、玉皇坪、黄土堉、高碑、株湖、碌场桥、封火溶、白家溶、八房坪、狮子山、关桥、福星、吕家垱、涌泉、约集岗、新民、天宝山、白马坪、郑坪、聚宝山、松岭岗、显化岗、连珠桥53个村。1996年10月，牛场坡村改为仙鹤路居委会。2002年12月，仙人山村改为仙人山居委会。2011年并村后，辖长寿街、兴隆祠、仙鹤路、仙人山4个居委会和勒马山、石板桥、列甲桥、汉宫庙、曙光、华岩河、铁佛寺、重阳、黄婆店、夺旗山、龙昌、玉皇坪、八方坪、吕家垱、涌泉、天宝山、聚宝山17个村民委员会。

位置面积

漆河镇地处桃源县境西北部，距县城40千米，东与马鬃岭镇、架桥镇接壤；南与枫树维回乡、浯溪河乡、太平桥乡抵界；西同黄甲铺乡、九溪乡毗邻；北与双溪口乡相依，是通往常德、张家界、五强溪的重要交通枢纽。区域总面积155平方千米。

自然环境

漆河镇以丘陵为主，系武陵山余脉。主要山丘有金龙山、展旗山、五峰山、勒马山、文峰山和十八罗汉山。主要河流是白洋河上游的漆家河。属亚热带季风气候，四季分明。春季低温多雨，湿度大，时有雾霾天象；夏季炎热，雨水充沛，偶有暴雨和中小旱情；秋季风和日丽，气爽宜人；冬季寒冷干燥，多西北风，霜冻频繁，雪雹量少。年平均气温在20℃以上，年平均降水量在1800毫米以上。白洋河的3条支流流经全镇，水量充足，基本可以旱涝保收。山丘植被茂密，林木种类繁多，森林覆盖率57%。

人口民族

漆河镇的居民绝大多数是汉族，但由于夺旗山与枫树维回乡接壤和通婚等缘由，也有回族、维吾尔族和土家族居民，人数也就百余人。1995年，全镇16624户57940人，其中男性29946人、女性27994人，少数民族103人。2005年，全镇20023户57255人，其中男性29622人、女性27633人，少数民族101人。2014年，全镇19755户56785人，其中男性29221人、女性27564人，少数民族101人。

二、经济发展

综述

漆河镇物产丰富、商贾云集、经济发达，素有蜜柚之乡、荸荠之乡和红肉甜瓜之乡的美誉。1995年，全镇工农业总产值10115.2万元，其中农业产值6437.5万元。进入21

▲ 漆河镇特色名片

世纪后,经济发展一年一个台阶。2008 年,全镇国内生产总值 8.3 亿元;社会固定资产投资 2480 万元,财政总收入 1467 万元。2010 年,全镇完成国内生产总值 9.3 亿元;社会固定资产投资 5680 万元,财政总收入 1482 万元,农民年人均纯收入 5312 元。2013 年,全镇工农业总产值 10.9 亿元;完成固定资产投资 2.38 亿元;城乡居民储蓄余额 8.547 亿元;农民年人均纯收入突破 9500 元,城镇居民年人均纯收入 11200 元;财政总收入 2700 万元。2014 年,全镇工农业总产值 11.66 亿元;完成固定资产投资 2.86 亿元;城乡居民储蓄余额 9.4 亿元;农民年人均纯收入 9600 元,城镇居民年人均纯收入 11500 元;财政总收入 3623 万元,经济保持平稳增长。

农业

种植业

粮食　1976 年,引进杂交稻,全镇种植杂交稻 100 亩,总产 35 吨。1995 年,全镇粮食总产 38438 吨。2009 年,进行高产示范片建设,在晓溪、石板、列桥三个村建成"Y 优 7 号"超级杂交稻种植示范片,面积 1500 多亩,亩产 750 公斤;全镇种植杂交稻近 2 万亩,总产 15000 吨;同时,推广超级稻种植,集中示范基地种植超级稻 1500 亩,全镇种植超级稻 16000 亩。2009 年,以桃源县兴隆米业科技开发有限公司为依托,发展订单农业,采取"龙头企业＋专业合作社＋农户"运作模式和"优良品种＋富硒"科技策略,建成 6000 亩富硒大米生产基地。与湘西酒鬼酒公司合作,在全镇推广种植优质糯高粱,全镇种植优质糯高粱 1000 亩,总产 35 万公斤。2011 年,种植超级稻 30000 亩,总产 19500 吨。2013 年,在 3 处集中连片稻田开展早稻集中育秧和机插秧示范工作,各村创办 1 个 5 亩以上的集中育秧示范点,全镇集中育秧的稻田 188 亩。2014 年,流转土地 2 万余亩,引进种粮大户种植双季稻,常慈公路沿线基本实现双季稻全覆盖,是年,全镇种植水稻 123138 亩,总产 45759 吨。2015 年,土地流转 20000 多亩,全镇有 1000 亩以上种粮大户 2 户、100 亩以上种粮大户 100 多户。

柑橘　1985 年,全镇开始大面积种植柑橘,1990 年,种植柑橘 11000 亩,总产 16500 吨。1993 年,重点抓柑橘品种改良,引导柑橘主产村种植琯溪蜜柚、红肉蜜柚和沙柑柚,全镇种植蜜柚 4000 亩。1995 年,全镇种植柑橘 25000 亩,产量 37500 吨。2008 年,全镇投资 20 万元,控制柑橘大实蝇,确保柑橘质量和产量,是年,种植柑橘 26000 亩,总产 39000 吨。2011 年,全镇种植柚子 4000 亩,总产柚子 6000 吨,种植柑橘 18000 亩,总产 27000 吨。2014 年,全镇种植柑橘 8000 亩,总产 12000 吨。

油菜　1995 年,全镇油菜总产 5470 吨。2009 年,漆河镇落实桃源县万亩稻田油菜机耕直播高产创建示范任务,种植油菜 5.8 万亩,产油 2175 吨。2014 年,种植油菜 57960 亩,总产 7829 吨。

养殖业　1995 年,全镇出栏生猪 42263 头,牛存栏 3262 头,出栏羊 4674 只,家禽存笼 20 万羽,出产鲜鱼 488 吨。2005 年,全镇出栏生猪 66143 头,牛存栏 4691 头,出栏羊 46800 只,出笼家禽 205 万羽,出产鲜鱼 1747 吨。2014 年,全镇出栏生猪 51157 头,牛存栏4114 头,出栏羊 51834 只,出笼家禽 116 万羽,禽蛋产量 4386 吨,出产鲜鱼 3808吨。

林业　1995 年,全镇有林地 7.94 万亩。2008 年,与县林业部门一道创办封火溶油茶产业开发示范基地,面积 2000 多亩。2009 年,大力推行丘岗开发,在封火溶村开发 2000 亩优质杂交油茶基地,在罗汉山开发油茶基地 2000 亩。2011 年,组建油茶合作社,在黄婆店村建立 1100 亩优质杂交油茶基地。2014 年,新增油茶林 1200 亩,培育珍贵树木基地 500 亩,植树 50 万株,发放退耕还林、生态公益林补助资金 200 万元。2014 年,全镇有林地 8.24 亩,其中油茶林 1.1 万亩。

工业

1995 年,全镇有工业企业 26 家,产值 3663.5 万元。20 世纪 90 年代末,漆河水泥厂、黄婆茶厂、多元素复合肥厂、砂轮厂、机械厂、机砖厂效益倍增。1999 年,全镇有工业企业 34 家,其中,规模以上企业 3 家,工业总产值 5627 万元,利润 216 万元,税金 127 万元。2009 年,漆河资产上千万的企业有桃源县三力活塞环有限责任公司、湘北茶叶有限公司和漆河镇兴隆大米厂。三力活塞环有限责任公司 2005 年通过 ISO 国际质量认证,年产值 1800 万元;湘北茶叶有限公司是市级农业产业化龙头企业,被常德市工商局授予"常德市私营经济 10 强企业"称号,年产值 3900 万元;漆河镇兴隆大米厂年产值 2800 万元。2014 年,漆河镇引进桃源县诚兴农业生态工程有限公司、ZLH—0.9 空压机、赐尔福轻烃燃气工程等项目,实现招商引资 5500 万元;全年完成固定资产投资项目 19 个。2014 年,全镇有工业企业 49 家,其中规模以上企业 3 家,工业总产值 16286 万元,利润 659 万元,税金 392 万元。

商贸服务业

20 世纪 90 年代末,建成商贸城大厦、水果批发市场和长 2000 米的私经街,年商贸总额 2.28 亿元。2002 年,漆河集镇上有超市、自选市场近 20 家。2011 年,实现社会商品零售总额 12.8 亿元,漆河集镇形成以农副产品、服装、家电、建材 4 类商品批发为支柱的商贸发展格局。2014 年, 实现社会商品零售总额 13.7 亿元, 全镇有商业网点 163 个,从业人员 2513 人;大型城乡集贸市场 4 个,总面积 10300 平方米;大型超市 5 家,年销售额 5 亿元;综合性酒店、宾馆 6 家,日接待能力 3000 人(次)以上;各类商铺、摊位 503 个,逢场期人流量高达 3 万人。中心镇服务区辐射周边 15 个乡镇近 50 万人,是湘北重要的农副产品和生活日用品集散地及主要消费场所之一。

三、基础设施

交通运输

漆河镇地理位置优越,白洋河流经全境,可通水上航运。省道 306 线、227 线和县道 055 线贯穿全域,公路四通八达。全镇村民不仅能当日往返上县城办事,而且上省城办事也可以一天来回。2009 年,政府投资 300 万元扩建省道 227 线漆河大桥。2010 年以来,全镇开展"村村通"工程,兴建硬化村组公路 500 余千米,实现组组通水泥路,三分之一的农户也通了水泥路。2012 年,政府投资 80 万元重建龙五桥,连通县道 167 线白(洋河)漆(河)公路。2015 年政府投资近 1000 万元,兴建两座横跨白洋河的大桥——华岩大桥和玉皇大桥。漆河镇是桃源县北路片交通枢纽,客运发达,由漆河发往周边的黄石、九溪、郝坪、双溪口、热市、菖蒲、马鬃岭、盘塘、架桥、黄甲铺、理公港、龙潭、观音寺、五强溪、牛车河、钟家铺、太平桥等乡镇的客运班车每天不少于 110 班次;发往桃源、常德的客运车辆每天不少于 50 班次;发往省会长沙的每天 4 班次;发往深圳、珠海、佛山、浙江的每天 8 班次;经过漆河的长途客车每天在 30 班次以上。

邮政通信

20 世纪 50 年代,漆河设有邮电所,负责电报和信件的传递。20 世纪 60 年代以后,成立漆河邮电分局,有员工 65 人。1994 年 3 月,漆河邮电大楼竣工。1998 年 9 月 24 日,邮政、电信分家经营,电信住原邮电大楼,邮政花费 59 万元买下原工商银行漆河分理处房产, 于次年 9 月搬迁。邮政储蓄银行的存款余额由 1998 年的 800 万元增至 2014 年的 3.9 亿元;年投递邮件 10 万件以上;年报刊流转额 30 万元以上。

1998 年,电信有职工 12 人,主要负责程控交换机的调试维护、机线安装维修等项工作。后改为大唐设备,供全镇 2500 多个用户。2014 年,全镇有 8450 个手机用户和 8640 个宽带网络用户。

供电饮水

供电 1968年以前，漆河镇只有个别农具厂用小柴油机发电。1968年，由狮子山变电站向漆河送电。1984年，桃源县小水电公司成立，农户开始用上电灯。1987年，成立漆河供电所。嗣后，供电所实行“两改三”，即将黄石电网“两线一地”送电线路改成三厢送电，“两改三”极大地提升了电网的安全性能。1999年，进行全面农网改造。2003年，漆河所从热市、石门磐石、枫树、理公港分离，新建漆河变电站。

供水 1984年，漆河镇政府投资4000元，拨地2亩，兴建漆河镇自来水厂，时有员工6人，供300来户的用水。2001年，改名为漆河镇供水所。2014年，供水所拥有固定资产853万元以上，有员工18人，日供水能力13000立方米，可保证镇区4000多用户的生活用水和城区的生产、环卫、绿化、消防等用水。

2014年，全镇投资4000余万元建设农村安全饮水工程，新建涌泉水厂、黄婆店水厂、重阳水厂，解决3.4万人安全饮水问题。

水利建设

1995年，全镇有小(二)型水库8座、山塘4300口。2008年，完成干支渠清淤125千米，护砌28.8千米，整修山塘250口，对3座小(二)型水库除险加固，机埠维修7处7台286千瓦，河堤维修2处。2013年，投资400万元，对3座小(二)型水库除险加固，疏通渠道125千米，维修机埠17处，扩挖山塘126口；投资252万元的麻溪河八里岗流域农业综合开发水土保持工程顺利完成，达到预期目标。2014年，投资240多万元，完成渠道清淤120千米，投资500多万元整修山塘150口，投资160余万元整修机埠21座。2014年，全镇有小(二)型水库8座、山塘4300口(其中骨干塘110口)，水渠506千米(其中，干渠25千米，一级支渠101千米、二级支渠380千米)；电排机埠76处、电机76台、功率875千瓦。

城镇建设

2004年，漆河镇镇区面积2.8平方千米。2008年，投资150万元硬化镇区兴隆祠、长寿街居委会所属的上街、下街，两条街道2.5千米；投入150万元对新建的漆河大市场的进行配套建设。2010年，投入180万元，对镇区三条小街巷砼化，投入60万元完成漆黄公路迁建和仙鹤大道六角堰段及仙人山段降低坡度工程，投入500万元对镇区主要街道——仙鹤大道改造升级。2014年，以道路、管网升级改造为重点，对大桥北路等5条长约5千米的道路实施综合改造；投资162万元，对长2.1万米的下水道、长3000米的自来水管网进行改造，铺设燃气管道5000多米。投资1152万元，对仙鹤大道1.8千米道路铺设沥青，将双向4车道拓宽为8车道。建成占地11亩、建筑面积8000多平方米的大型综合农贸市场和佳沅建材大市场以及占地30亩的湘西北农资农产品大市场。2014年，集镇区面积扩展到7平方千米。

▲ 漆河镇夜景

四、社会事业

教育

民国 11 年(1922),创办桃源县私立新民学校。

1950 年,境域有小学 4 所。1968 年,漆河公社有幼儿园 16 所,入园幼儿 320 人;小学 16 所,学生 1900 人;有中学 1 所,学生 960 人。1984 年,漆河乡有幼儿园 16 所,入园幼儿 420 人;小学 16 所,学生 2500 人,教师 108 人;有中学 1 所,学生 1260 人,教师 42 人。1995 年撤区并乡后,漆河镇集资 800 余万元对全镇 18 所小学进行改建和维修,集资 1200 万元兴建一所全新的中学。是时,境内 3 所中学和 18 所小学都是示范性和规范化学校。2002 年,漆河中学、黄婆中学、涌泉中学合并,18 所小学合并为 6 所。至此,镇内有高中 1 所(桃源四中),初中 1 所,小学 6 所,幼儿园 15 所。在岗教师 298 人,在校学生 4300 人。2011 年,漆河镇有幼儿园 15 所,小学 6 所,初中 1 所,普通高中 1 所,专任教师 545 人,小学适龄人口入学率、小升初升学率、九年义务教育覆盖率均达 100%。2015 年,全镇有幼儿园 15 所,入园幼儿 1800 人,幼师 130 名;有小学 6 所,学生 4200 名,教师 167 人;有初级中学 1 所,学生 1450 名,教师 123 名;有高中 1 所,学生 1450 名,教师 108 名。

文化体育

1995 年,全镇共设立图书室 55 个,拥有藏书 27500 册,人均 0.4 册;成立文化工作队、腰鼓队、鼓乐队、舞狮队、龙灯队。各村建立村舞蹈队,开展全民健身活动。镇政府办起老年学校。2012 年,漆河镇举行迎接党的十八大胜利召开暨常德市群众文化演出

"百团大赛"选送节目文艺会演漆河赛区文艺试演。2013年,成功举办由中国农业银行常德分行冠名播出,常德电视台公共频道承办的《幸福家园美丽乡村行——走进漆河》活动。2014年,对全镇"村村响"工程进行选址与安装,实现全镇全覆盖;参加"百团大赛"活动,获全市二等奖、湖南省一等奖。全年开展群众文化活动7次,送电影下村70余次,图书阅览室免费开放天数达到200天以上,建立2个村级文化活动示范村。2015年,组织参加桃源县第一届体育运动会,荣获乡镇组团体一等奖。

医疗卫生

1950年,域内有私人诊所4家,从业医生8名。1958年,建立漆河卫生院,开设中、西医诊疗科,有医护人员30余名。1968年6月,在"把医疗卫生工作的重点放到农村去"精神引领下,全公社16个大队都成立了大队合作医疗站,每个站配有男女赤脚医生各一名。1984年,漆河医院成为管辖11个乡镇的地段医院,有专业医卫人员150余人,除负责漆河镇1.5万人的医疗卫生工作外,还负责漆河区16万人口的防病治病工作。1995年撤区并乡时,漆河镇有黄婆、涌泉两所乡级卫生院和漆河地段医院。1997年,漆河地段医院改名为桃源县第三人民医院,黄婆、涌泉两医院并入第三人民医院,原黄婆、涌泉两乡医院设门诊部,有在岗专职医生260名,床位150张;55个村级合作医疗室,配备55名乡村医生。2011年,全镇有医疗卫生机构2个,门诊部(所)73个,专业卫生人员260名,床位150张,21个村(居)民参加新型农村合作医疗,参保率100%。2015年,投资1800多万元兴建第三医院住院大楼,医院设有17个诊疗科室,全镇新型农村合作医疗参合人员4.3万人,上缴新农合资金380余万元。

社会保障

1963年,漆河镇利用"关帝庙"办敬老院。1995年,在桃花山兴建漆河镇敬老院。1998年,扩建漆河敬老院。2012年,全镇9614名老人享受国家新农保养老金待遇,9573张社保卡基本发放到位。2015年,对全镇城乡低保全面清理整顿,重新审查认定,清理出212人,对符合要求的2483人重新办理低保手续。完成756人优抚对象核实认定。完成200余名1~2级残疾人信息录入上报,并落实生活补助发放。

五、特色地情

文物古迹

皿方罍 1919年,在漆河镇新民学校学生艾清宴家里出土一件青铜器,新民学校校长钟逢雨认出铭文,确认为商代器物,罍盖抵为艾清宴之子艾心斋在新民学校的学费,可惜罍身已早先一步被益阳古玩商人石瑜璋买走,不久,罍身流落海外,罍盖后被湖南省博物馆收藏。2014年,湖南有关方面洽购皿方罍罍身,在纽约佳士得拍卖行与卖方达成协议实现交接,运至湖南省博物馆仓库,与罍盖完美合璧,被湖南省博物馆永久收藏。

晋代"虎牙将军"银制和铜制印玺三枚及玉磺 1978年,在玉凤坪村出土晋代"虎牙将军”银制和铜制印玺三枚及玉磺等文物，存县文管所。

三国时期军铜锅 1993年8月，在松岭岗出土三国时期军铜锅两口，存县文管所。

镇龙山崖刻 镇龙村域内的寒风溪，太平天国翼王石达开曾路过此地，并在寒风溪西镇龙山崖壁上书有“江山如画”四个遒劲大字，字迹清晰可辨，其中最大字径约0.5米，传说禁碑垭曾是太平天国军队驻地，有地名送将垭、跑马岭、一天门可考。

红军过境地 1921—1935年，贺龙、萧克曾几度率部过境，驻扎在漆河镇万寿宫、关帝宫、重阳、六角堰一带。

名优特产

蜜柚、荸荠、红肉甜瓜 漆河镇白马坪的蜜柚享誉全国；郑坪的荸荠全省有名；铁佛寺的红肉甜瓜畅销三湘。

历代名人

唐伯球 1891.3—1960.2，原名启虞，字伯球，1925年改以字行，实业家，桃源漆河人。父亲世恩（号拜迟）为前清秀才，自幼随其发蒙。稍长，至长沙求学，先后毕业于长沙明德中学和湖南省高等工业专门学校采矿冶金科。1916年，被湖南省矿务局分发在桃源县矿务局实习。同年，被聘为衡阳第三甲种工业学校教员。1918年，由覃振介绍加入中华革命党。1925年，随林支宇、覃振到常德改编唐荣阳部，任林所领湘军总司令部副官长，后缩编为湘一军，任该军警卫团团长。川、湘军在澧州被赵恒惕派军击败，退驻保靖后，遣散所部，随熊克武去粤，被蒋介石所诬，扣押于虎门。后潜湘转赴上海，与林支宇、覃振共患难。1928年3月至次年9月，经覃振推介任湖北省枝江县县长。后立志实业救国。1930年，改任湖南省建设厅第三科科长，治理矿务。1932～1937年，任水口山铅锌矿务局局长。他曾跋山涉水遍及湘南、湘西10多县探索地下矿藏，发现锑、钨等多种稀有金属，经集资创设双利钨矿公司进行开采。同时，还与皮名振合作编著《冶锑学》一书出版发行。1938年1月至1946年8月，被张治中调任湖南省纺纱厂厂长。由于长沙大火殃及该厂，奉令迁移安江。经他与职工不懈努力，终于1940年在安江建厂竣工投产。随后，又在安江筹建第二纺织厂，扩大纺织生产。还曾集资创办以印度纺织机为基础的辰溪利民纺织厂，藉苏民困。唐伯球洞察时势，体恤民情，处事明谋善断。1946年9月，辞去原来职务，先在桃源县参议会被选为省参议员，后当选为湖南省参议会副议长。1949年1月，当选为议长。在任议长期间，与中共地下工作者秘密接触，配合程潜，为湖南省和平解放作出重大贡献。中华人民共和国成立后，唐伯球毅然将其全部家产捐献给人民政府。之后，唐伯球历任中南军政委员会财经委员、中南军政委员会参事室参事兼湖南省政协副主席等职。1960年2月，病逝于长沙。

游青程 1899—1952年，国民革命军高级将领，桃源莫溪乡（今属漆河镇）人。湘军讲武堂军官训练班、中央陆军军官学校高教班第三期毕业。历任湘军第二混成旅排、连、营长，国民革命军第八军总指挥部中校副官，第四集团军（唐生智部）驻南昌办事处主任，军事委员会南昌行营高参兼训练科科长。抗日战争爆发后，任长江上游江防总指挥部军务处处长兼第二水上挺进支队司令。1943 年任中国驻印远征军陆军新编第一军驻渝办事处处长。1946 年 7 月 31 日,被授予陆军少将,旋退役。

李铁如 1905—1972 年,别字寄衡,国民革命军高级将领,桃源漆河人。1926 年 10 月,考取公费留学资格,并由本省军事机关保送日本学习军事,先入日本陆军振武学校完成预备学业,继入日本陆军联队骑兵大队实习。1927 年 4 月,考入日本陆军士官学校第二十期骑兵科学习,1929 年 7 月毕业。回国后,投效中央军部队,任南京宪兵司令部宪兵第二团少校团附。1934 年 10 月起,任宪兵第二团副团长。抗日战争爆发后,任中央宪兵司令部第六处处长。1936 年 3 月 14 日,授予陆军宪兵中校军衔。1937 年 12 月随部参加南京保卫战,战后随部迁移至四川万县、梁平一带驻防。1945 年 10 月,获颁忠勤勋章。1946 年 5 月,获颁胜利勋章,并任国防部少将监察官。1948 年 9 月 22 日,被国民政府军事委员会铨叙厅颁令叙任陆军少将。1949 年,随蒋介石败退到台湾。1954 年 1 月,递补为第一届"国民大会"代表。1972 年 12 月 18 日,因病在台北逝世。

徐惠中 1905 年出生,字子馨,号盛念,国民革命军高级将领,桃源漆河人。1926 年 3 月考入广州黄埔中央陆军军官学校第五期步兵科步兵大队学习,1927 年 8 月毕业。历任国民革命军陆军步兵团排长、连长、营长等职。1935 年 6 月 20 日,叙任陆军步兵少校。抗日战争爆发后,任陆军步兵团团长,补充兵训练分处副处长,集团军总司令部参谋处处长等职。抗日战争胜利后,奉派中国驻德国使馆陆军武官。1946 年 1 月,入中央训练团将官班受训,登记为少将学员,1946 年 3 月结业。1947 年 11 月,入陆军大学乙级将官班学习,1948 年 11 月毕业。

胡天圣 1926—2014 年,桃源漆河人,北京协和医院眼科教授。湖南雅礼中学 46 级校友。1950 年,毕业于清华大学化学系。同年,考进北京协和医学院,后留校任教,博士生导师。从事眼科专业 40 年, 曾任协和医院眼科主任, 早年从事青光眼研究,于 2014 年 5 月 26 日逝世,享年 88 岁。

康绍忠 1962 年 11 月出生,教授,博士研究生导师,中国工程院院士,漆河镇新民村(现已并入八方坪村)人。1976 年,入读桃源四中高 38 班(后为 37 班)。1978 年,考入武汉水利电力学院农田水利工程专业。1985 年和 1990 年,先后在西北农业大学农业水土工程专业硕士与博士研究生毕业,分别获农学硕士和工学博士学位。后赴澳大利亚 CSIRO 水土研究所和维多利亚洲持续灌溉农业研究所、以色列农业研究组织水土与环境科学研究所、香港浸会大学进行合作研究。1993 年 9 月,晋升教授。现任中国农业大学中国农业水问题研究中心主任,农业水土工程学科教授、博士生导师。1994 年,入选首批中国科学院"百人计划"。1997 年,获国家杰出青年科学基金。2001 年,批准为教育部"长江学者奖励计划"特聘教授。2006 年,获国家科技进步二等奖,并入选教育部创新团队。2010 年,被英国 Lancaster 大学授予荣誉科学博士学位。2011 年 12 月 8 日,当选中国工程院院士。

(康复兴)

黄甲铺乡

黄甲铺乡行政区划图

一、区域概况

建置沿革

黄甲铺原名黄家棚，因黄姓居住于此而得名，桃源方言把黄发音为王，所以又称王家棚。唐朝洛浦元安禅师从澧州石门县洛浦山迁居朗州苏溪，《五灯会元》称“洛浦元安”，而《宋高僧传》则称“苏溪元安”，苏溪即今黄甲铺乡小苏溪村一带，说明苏溪在唐朝已见于史籍，并已形成集市。北宋在桃源县设立五寨，其中白砖寨位于今黄甲铺乡街头坪村，始置年代不详，废于元丰年间（1078—1085），《宋会要辑稿·方域》一八之一六、一七和《续资治通鉴长编》卷二九六俱称废于元丰二年（1079），《宋史·地理志》卷八八称废于元丰三年。南宋《舆地纪胜》载：“灵岩洞在桃源白砖市”，明《万历桃源县志》称白砖市已废。南宋《武陵图经》记载，境域属桃源县大延乡管辖。据清《嘉庆常德府志》记载，元朝开始设置苏溪巡检司（位于今枫岭村小苏溪组），明废。明《嘉靖常德府志》载，有苏溪市和白砖市，境域属大延上乡上苏村和下苏村管辖，这一区划一直沿用到民国。明崇祯年间任桃源县教谕的广西临桂人徐谦所写《桃花源纪游》提到：“苏溪两岸，晨炊烟合，万瓦鳞差，亦一雄市也。上有苏武祠，相传昔曾至此，因悟‘俯观江汉流’之句。子卿实经南游，故有斯吟，原非塞北语也，足释前之疑也。”明《万历桃源县志》也说苏溪市商民繁富，与陬溪市相埒。清《读史方舆纪要》《嘉庆一统志》《清史稿》俱言桃源县有三镇，其中苏溪镇在列，清末，因苏溪航道淤浅，交通不便，商人逐渐向漆河转移，苏溪市因此衰废。1934年改设九溪区灵岩团，1935年8月废乡团为第九区灵岩乡。1949年中华人民共和国成立后属黄石区（第四区）灵岩乡，1952年8月土改复查时，属理公港区所辖黄甲铺、铁甲、长寿村、三元、灵岩寺、八斗、杨家庄等7个乡，1956年撤区并乡并为黄甲铺乡，1958年黄甲铺划归理公港公社，1961年4月，黄甲铺从理公港析出，成立黄甲铺公社，辖铁甲、灵岩、青棚垭、莫家坪、三元桥、街头坪、竹园、杨家庄、乾元、小苏溪、和平、黄甲铺、长寿、舒家坪、金红15个生产大队。1984年春，恢复乡建制，改称黄甲铺乡，辖黄甲铺、小苏溪、舒家坪、乾元、灵岩、三元桥、青棚垭、街头坪、长寿、河家坪、杨家庄、竹园坪、汪家山、铁甲、莫家坪15个村和麻园场。2011年并村后，辖枫岭、乾元、灵岩寺、街头坪、长寿寺、杨家庄、黄甲7个行政村。2015年12月，全县乡镇区划调整，该乡并入漆河镇。

位置面积

黄甲铺乡位于桃源县城西北部，东接漆河镇，西抵理公港镇，南交太平桥乡，北连九溪乡。乡政府驻地距县城45千米，省道227线贯穿全境。全境总面积47.5平方千米。

自然环境

黄甲铺乡域内地势自西南向东北倾斜，丘陵起伏，遍布山峪和小盆地，土壤肥沃，风景优美。域内耕地面积27300亩，其中水田20700亩，旱地6600亩；山林51030亩。

属亚热带季风气候，四季分明。春季低温多雨，湿度大，时有雾霾天气；夏季炎热，雨水充沛，偶有暴雨和中小旱情；秋季风和日丽，气爽宜人，适合各种作物收藏；冬季寒冷干燥，多西北风，霜冻频繁，雪雹量少。2013 年 5 月获得省级生态乡镇命名，黄甲村、杨家庄村同时获得省级生态村命名，2014 年 4 月，通过国家级生态乡镇创建工作现场验收。

人口民族

2000 年，全乡有 4966 户 17357 人，其中男性 9043 人、女性 8314 人。2010 年，全乡有 5634 户 17093 人，其中男性 8841 人、女性 8252 人。2014 年，全乡有 5944 户 17014 人，其中男性 8836 人，女性 7322 人。境内人口均系汉族。

二、经济发展

综述

1994 年，全乡工农业总产值 5479 万元，农民年人均纯收入 1430 元。1995 年，全乡工农业总产值 7781.6 万元，其中农业总产值 4921 万元，农民年人均纯收入 1565 元。1996 年全乡实现工农业总产值 1.63 亿元，其中农业总产值实现 5000 万元，企业总产值实现 1.13 亿元，农民年人均纯收入 1770 元。1998 年实现工农业总产值 2.24 亿元，农民年人均收入 2274 元。2006 年全乡实现工农业总产值约.5 亿元，其中农业总产值 9688 万元，工业总产值 25082 万元。2013 年全乡工农业总产值达 3.78 亿元，其中工业产值 2.84 亿元，农民年人均纯收入 7711 元。2014 年完成地方生产总值 4.6 亿元，完成固定资产投资 0.95 亿元，农民年人均纯收入 8966 元。

农业

种植业　1995 年，全乡粮食总产 9975 吨；种植苎麻 10000 亩，产量 1400 吨；种植油菜 16000 亩，产量 1600 吨，各类水果种植面积 8500 亩，产量 1200 吨。2003 年，发展苎麻产业同时，还发展油菜、油茶、柑橘、蔬菜等产业，全乡基本形成优质苎麻、优质水稻、优质水果三大主导产业；全乡种植优质苎麻 18000 多亩，年产苎麻 2800 吨，产值 2300 万元；优质水稻 27700 多亩，年产粮食 12000 多吨；优质水果种植面积 3900 多亩，年水果总产 6000 吨，产值 800 万元。2012 年，成立湖南省世珍苗木专业合作社，为是的湘西北地区最大珍稀良种苗木基地之一。2013 年，全乡粮食种植面积 25100 亩。2014 年，打造万亩玉米高产示范片，玉米亩产超过 450 公斤，玉米成为全乡粮食支柱产业之一。全乡发展种田大户 20 个，其中 200 亩以上的 1 个，100 亩以上的 3 个，50 亩以上的 16 个，累计流转土地 3000 多亩。苎麻种植因销路与经济效益原因只维持在 2000 亩左右，产量 274 吨。水果种植 14100 亩，产量 7516 吨。2015 年，湖南瑞臻生态农业有限责任公司在杨家庄村投资发展生态农业。

养殖业　1995 年，全乡生猪出栏 15300 头，耕牛存栏 2100 头，羊出栏 4204 只，家

▲ 黄甲铺乡世珍苗木基地

禽出栏21万羽，水产品产量121吨。2005年，全乡出栏生猪13000头，耕牛存栏2000头，羊出栏14000只，家禽出栏20万羽，水产品产量900吨。2014年，全乡出栏生猪16250头，耕牛存栏42头，羊出栏1355只，家禽出栏26.8万羽，水产品产量508吨。

工业

20世纪70年代，黄甲铺公社创办缸套厂，是一家集水利、电力、灌溉、冶炼、铸造为一体的综合性企业。80年代，创办精干麻厂。1992年，投资近300万元，在乡墟场建起黄甲铺乡个体工商业小区。1995年，有170户善经营的能工巧匠入驻工商业小区，形成前店后厂经营格局。是年，小区创产值650万元，上缴费税10.8万元。在小区的带动下，个体民营经济在全乡形成气候，全乡个体工商户发展到758家，从业人员1354人，私营企业主35家，全乡个体私营经济创产值4950万元，上缴税费55万元。1995年，有乡办企业6家，拥有固定资产总值1100万元，职工511人；乡镇企业总产值7308万元。是年，乡缸套厂有职工163人，固定资产500万元，发电装机600千瓦，发电220万千瓦时；乡精干麻厂有职工55人、固定资产120万元，流动资金135万元，加工精干麻400吨，创利80万元。1995—2012年，全乡引进工业企业8家，固定资产投资6800万元。2013年，桃源县天源机械厂投入资金300万元进行技术改造升级，乾元村和缘页岩环保砖厂投资1500万元进行技术更新和扩大再生产。至2015年，全乡基本形成以机械、烟花鞭炮、采石、苎麻加工等为龙头，以油茶、工业原料等新兴产业为助力的工业体系。全乡有工业企业38家，其中规模以上工业企业1家，全乡工业企业创产值2.86亿元，利润406万元，上缴税金486万元；工业企业从业人员2287人。

商贸服务业

1992年，投资300万元在乡墟场建起黄甲铺个体工商业小区，至1995年有170多户工商业主迁进小区，形成前店后厂格局。2015年，全乡有个体商户798户，大型超市6家，餐饮店6家，社会商品零售总额8000万元。

▲ 天源机械厂厂房区

三、基础设施

交通运输

1995年，全乡有汽车22台、拖拉机132台，有公路8条，长65千米，实现组组通公路。2012年，新修组级公路7千米。2013年，筹资170万元完成枫岭等4村共计8千米组级公路硬化。2015年，投入200万元，完成1.8千米乾元村汪家溶公路硬化，维修村道30千米，新建杨家庄村米糊堉桥和黄甲村汪家港桥。2015年，全乡境内有省道1条，长10千米；有乡道3条，长15千米；通村道路168千米；有桥梁38座；汽车187台，其中客运车辆4台，每天开往县城和邻乡班车2班次，客流量160人次。

水利建设

1954年，修建铁甲水库，库容112万立方米；1958年，修建金鸡垱水库，库容350万立方米；1976年，修建陈家溶水库，库容120万立方米，此3座小(一)水库总灌溉面积10800亩，渠道总长21千米。此间，又修建黄花堉、聂家堉、丰胜、高粟山、青年、黄土堉、汪家堉、白杉8座小(二)型水库。2011年后，全乡水利建设重点是对病险水库除险加固。2011年对金鸡垱水库护坡进行混凝土加固，启动铁甲水库加固除险工程；全乡7个村新建渠道3千米、机埠1个、渡槽1座、拦河坝4处。争取国土部门良田整治项目，整修渠道7千米，修建机耕道3千米，开挖堰塘25口。2013年，对黄花堉、丰胜、汪家峪3座水库进行除险加固，至此全乡11座小型水库有7座完成整修。2015年，全乡有小(一)型水库3座，小(二)型水库8座，山塘1583口，中型河坝1座，电排基埠26处，干渠120千米，总蓄水量1610万立方米。

邮政通信

1994年，投资110万元开通256门程控电话。2009年，开通有线电视。2015年投资18万元实施广播“村村响”工程，全乡7个村广播系统安装完成并投入使用。全乡有移动机站7座，有座机2021部、手机1.6万部。

供电饮水

供电 1991年，投资60万元改造小苏电站，装机达到600千瓦，全乡用电问题得到缓解。至2015年，完成5个村电网改造，覆盖人口1万人，彻底解决电价高、电压低的问题。2015年，全乡有电站1座，装机600千瓦；有变压器68台，输电线路150千米。

饮水 1988年，为解决集镇人畜饮水问题，乡政府投资10.55万元，将铁甲水库作水源，埋管10780米，建蓄水池一个，进行自给式供水，基本解决驻集镇单位和周边村部分农户人畜饮水问题。随着集镇人口增多，1995年对该饮水工程进行二期改造，重新铺设饮用水管道，维持至2012年。2013年争取国家项目投资400万元，新建一座自来水厂，受益人口4000余人。2014年继续投资60万元，进行自来水管网扩容工程，供水人数增加到6000人。2015年，完成农村安全饮水工程建设，覆盖人口1.1万人。

村镇建设

1995年撤区并乡后，黄甲铺乡15个行政村均有村部，小苏溪、长寿寺、杨家庄、竹园坪、汪家山、黄甲铺等村建有大会堂。2011年并村后，枫岭、乾元、灵岩寺、街头坪、长寿寺、杨家庄6个村建设新村部。政府院内新建派出所，司法所、政务服务综合楼。从2011年开始对环境卫生进行整治，筹集经费10万元在集镇墟场新增垃圾箱20个、垃圾围15个，各村在居民集中点修建垃圾围30余个，集镇居民备垃圾桶，农村居民挖垃圾坑解决垃圾收集问题。集镇新增清洁工人2名，购置垃圾运输车一辆，各村集中居住点安排保洁人员20余人。同时，明确集镇街道和各村环境卫生监督员监督各自卫生责任区内环境卫生。2014年，组建乡治安巡逻队，安装监控摄像头7个。2015年，开展集镇禁炮工作，在集镇划定区域禁止燃放烟花爆竹。2015年，黄甲铺墟场有街道4条，总长5千米，墟场面积68万平方米。

四、社会事业

教育

1958年，黄甲铺公社开设初中。1961年，全公社有学校4所。1984年，黄甲铺乡有幼儿园12所，入园幼儿400人，幼师40名；有小学14所，学生2302人，教师79名；有中学2所，学生865人，教师36名。1995年，调整学校布局，全乡有学校3所，其中中学1所、中心小学1所、村小1所，全乡有中小学生1895人，教师98名。1991～1995年，全乡投资100万元，修建中学教师住房、教学大楼，杨家庄小学、中心小学教学大楼，为学校添置教学仪器设备。1996年投资84万元建设总面积1600平方米的乡农校、中心幼儿园、乡农科教中心和中学语音室,同时对村级小学进行维修。2014 年,全乡有幼儿园 2 所,入园幼儿 325 名;有小学 2 所,学生 725 名、教师 45 名;有中学 1 所,学生 323 名,教师 35 名。2015 年,投入资金 240 多万元,在中学、中心小学修建公租房 42 套,解决 300 多名老师和学生住宿难题。中心幼儿园牵头,投资 150 万元引进校车 5 辆,逐步解决小学生、幼儿上下学乘坐车的安全隐患问题。

文化

1972 年建立文化站,先后成立文艺宣传队、电影放映队。1986 年筹资 80 万元,修建可容纳近 1000 人的电影院。2011 年,乡综合文化站建成,开设有图书阅览室,每个村都建有农家书屋。2014 年乡成立女子广场舞队,女子龙灯队,男子篮球队、拔河队参加市县组织的各项赛事。

医疗卫生

1953 年,建黄甲铺乡卫生院。1988 年乡卫生院新建门诊大楼,添置 30 万元医药用器材。1998 年建设一栋 1100 平方米的职工宿舍楼和一栋三层 1100 平方米的住院大楼,然后投资 100 多万元添置 30 多件医用器材。2003 年建设一栋三层 700 平方米的药库综合楼, 同时对原门诊大楼进行维修改造。2014 年, 筹资 200 多万元建设一栋 1300 平方米的乡卫生院医技综合楼,新增医院业务用房 20 余套,添置必需的医疗设备,设立 10 多个临床和医技科室。2015 年,黄甲铺乡卫生院有医务人员 30 名,病床 28 张。各村都设有卫生室,村卫生室有医务人员 13 名,可基本肩负起全乡 1.7 万多人的基本医疗服务工作。

社会保障

黄甲铺乡五保供养分集中和分散供养两种形式,2002 年投资 100 多万元在灵岩寺建起乡敬老院,设立床位 50 个,2003 年入住五保老人 47 人。2005 年在村级启动城乡低保,当年纳入农村低保 125 户 218 人,城镇低保 12 户 24 人。随着农村低保政策的不断完善,到 2015 年,纳入农村低保的有 412 户 519 人,城镇低保 21 户 39 人。军人优抚分别落实相关政策,老复员军人、参战军人、伤残军人、带病回乡军人、年满 60 岁退伍军人享受相关待遇。

2013 年完成新农保委托筹资代缴 68 万余元,参保率 60%以上;新农合参保人数 15420 人,参合率 100%;完成 14 户危房改造任务。2014 年,累计收缴养老保险 60 多万元,参保率 78%以上;新农合参保人数 15282 人,参合率 100%;完成 100 多户农村危房改造任务;贫困户建档全面完成,需扶贫的有 1140 人。全乡 43 名干部职工帮联群众 105 户。2015 年,新农合参保人数达到 15655 人,参合率 100%。

五、特色地情

民俗风情

桃源瑜伽焰口手势 桃源瑜伽焰口手势是民间戏曲和其他民间舞蹈重要的动作原型库之一，主要流行于黄甲铺、太平桥、三阳港、理公港、漆河、佘家坪等地。桃源瑜伽焰口手势由巫、道、佛三教手偈融合浓缩而成，唐咸亨年间(670—674)，"瑜伽行派"传入常德。"瑜伽焰口"是佛事活动中，拯救饿鬼的一种仪式，通常在黄昏时进行。"瑜伽焰口"在进行拯饿活动时，主持僧头戴五佛帽，身着青色圆领袍，斜披红色百佛(一百个黄色绣花罗汉)袈裟，右手指扣拂尘套绳，拂尘置于左臂上，然后正襟盘坐在香案前，乐队成顺八字坐于两侧，伴与乐曲八曲九调，乐器有铛、小铃、木鱼、鼓、笙、箫、笛、管、胡琴、唢呐等。主持僧口念咒语，双手随唱词节奏，不停地搓摸，念到最后一句时，即献手诀。"瑜伽焰口"共有128个手诀，不相同的手诀有94个。可分为准提偈、五方神偈、千佛偈、奉食偈、金刚偈等10组。每个偈都有其含义，如"准提"意为"心性洁净"。"瑜伽焰口"做完手诀后，还要进行拯饥活动，一般有三种方式，即撒斋食，意为拯救陆地上的亡灵；放洋灯，意为上西天成佛；放河灯，意为拯救水鬼。规模大时，放洋灯、河灯几百盏，夜间观灯，光点闪烁，甚是可观。灵岩寺法派从第一代宗师谭法兴、张超凡到何立中、曾老七，已传承7代，现传承人刘清元是黄甲铺乡竹园坪村人，2006年被确定为湖南省第一批非物质文化遗产名录项目。

名胜古迹

灵岩古洞 位于黄甲铺乡灵岩村，居灵岩山麓。五洞相通，洞中多怪石，形如钟鼓人畜、堂楼户牖，石乳下滴，状似龙麟麒角、玉树琼花。洞底一泓溪水，深不可测。中庭腹地有石乳结成观音大士像，紧贴岩壁，其头微低，仿佛听生公说法然。明万历年间，袁中道、杨嗣昌结伴同游并分别作记。洞额题"灵岩古洞"四字，为清光绪十八年(1892)桃源知县余良栋题书。清乾隆《大清一统志》云："昔人评花源胜景，首推灵岩。""佛石点头"为桃源县旧十二景之一，附近另有灵岩后洞等数处溶洞。现在洞内滴水观音、靠壁老君等石乳栩栩如生，"青云直上""豁然开朗"等历代文人雅士留下的崖刻历历在目。这里的清凉之水，有如甘露，水从洞口流进前面的灵岩溪，沿溪可划船至黄甲铺，然后通往外面的世界，此情此景颇似传说中的桃花源。

苏溪市、白砖市遗址 传说西汉时苏武曾游此地，境内有一条河便命名为苏溪，并建有苏武祠，现祠已毁。清《光绪桃源县志》载："苏市两岸，晨炊烟合，万瓦麟差，亦一雄市也。"其遗址在黄甲铺乡小苏溪、莫家坪、街头坪等地。从街头坪沿小苏溪(河)而下至苏武庙(1955年改建为粮店)，全长6公里。四周有"一天门""街头坪""送将垭""禁碑垭""放马峪""跑马岭"等地名，民间旧有"苏市小南京"之说。1974年，群众在园田化建设中，于表土下70厘米的土层中多处发现墙脚条石、天井石、石臼、垫柱磉礅、碎瓦渣等物品，瓦为灰陶，为绳纹筒瓦、无纹平瓦。1995 年被列为第一批县级文物保护单位。

历代名人

姚绍福 1932.10—2001.11，中国工程院院士，飞航导弹武器系统总体设计专家，黄甲铺乡铁甲村（现并入黄甲村）人。1939 年入姚氏宗祠小学，1943 年入灵岩中心小学，1945 年入私立平阳中学，1948 年入省立四中（今常德市一中前身），1951 年考入湖南大学电机系，1954 年赴苏联莫斯科动力学院动力系自动化专业留学，1956 年 11 月加入中国共产党。1959 年回国，先后任国防部第 5 研究院 3 分院研究室主任，第 7 机械工业部飞航导弹研究院总体设计部副主任，航天工业部 3 院研究员、副院长、院长，航天工业总公司 3 院科技委员会副主任、主任，飞航导弹型号系列总设计师。1988 年获国家级有突出贡献中青年专家称号。1997 年当选为中国工程院信息与电子工程学部院士。长期从事飞航导弹研制和设计工作，主持解决飞航导弹型号方面的一系列关键技术难题。参与研究设计的某型号导弹测向及射程控制方案，获 1985 年航天工业部科技进步二等奖；参与研制完成的某型号空舰导弹，获 1987 年国家科技进步一等奖；主持研制完成的某型号返航导弹，获 1988 年国家科技进步特等奖。在他主持下取得的系列重大科研成果，分别获得 1992 年国家科技进步三等奖，1993 年航天工业总公司科技进步一等奖，1995 年航天工业总公司科技进步二等奖。撰写《2000 年中国飞航导弹武器系统发展战略》《飞航导弹发展动态综述》等 10 多篇科技论文和研究报告，对中国导弹核武器科研和发展具有重要指导意义。

刘学明 1942.11—2012.4，中共党员，中专文化，高级工程师，全国人大代表，黄甲铺乡竹园坪村（现并入杨家庄村）人。曾在桃源一中、长沙有色金属学校学习。1961 年分配到锡矿山矿务局工作，先后在原锡矿山矿务局南矿担任工区值班区长、副区长、区长、南矿副矿长，1981 年任锡矿山矿务局副局长，1983 年任局长，当选为中共冷水江市第六届市委委员，冷水江市第七、八届人大代表，1998 年当选为第九届全国人大代表。1989 年被评为湖南省优秀企业家，1997 年被评为湖南省十佳领导干部。在任局长 16 年里，他大力进行企业内部人事、分配制度改革。依靠科技进步，进行锑产品深加工，开发 10 余个新产品，延长产业链头。狠抓产品质量管理，"闪星牌"精锑为出口免检产品，享誉世界。投资上亿元，建成 3 万吨锌厂第一期工程。在 38 年的工作历程中，他为锡矿山矿务局这个大型国有企业的生存和发展呕心沥血，作出杰出贡献。2012 年 4 月 12 日下午 3 时 50 分，因心脏病突发不幸逝世，享年 70 岁。

（张袁）

理公港镇》

理公港镇行政区划图

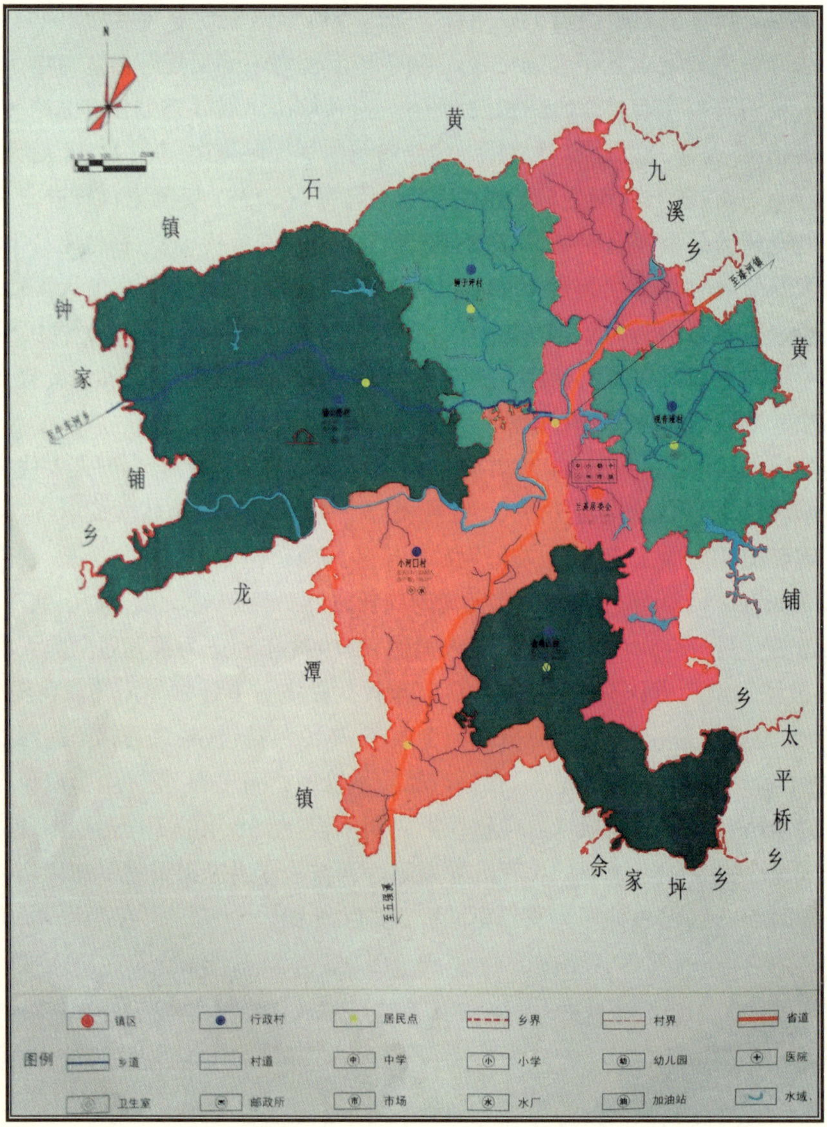

一、区域概况

建置沿革

理公港，原为“李公港”，相传有一李姓乡绅办事公道，说话有理公正，被尊称李公，李公门前有一小港，故称李公港，后寓说公正之意改为理公港。

南宋《武陵图经》记载，境域属大延乡苏溪村管辖，明《嘉靖常德府志》记载，属大延上乡下苏村。1934年改属九溪区兰溪团，1935年8月废乡团新编为兰溪乡，1941年1月撤区并乡后属灵岩乡管辖。1952年8月土改复查时理公港区辖16乡，其中理公港、观音垭、长耶寺、小河口、狮子坪、杨公桥6乡在今境域，1956年撤区并乡为理公港乡，1958年9月公社化后为理公港公社，辖八斗、灵岩、街头、三元、竹园、杨家庄、火箭、红旗、金星、小河、狮子、曹家坪、塘公、铁甲14个生产大队。1961年4月，析出黄甲铺公社，理公港公社辖立新、同心、金星、新天、杨岑岗、卫东、红旗、高峰、泥头山、小河口、红卫、丰收、向阳13个生产大队。1981年地名普查后，理公港公社辖杨岭岗、观音垭、白羊坡、观音桥、牌楼寺、狮子坪、杨公桥、洗马池、马进洞、泥头山、小河口、养珠湖、金鸡山、商家坪14个生产大队。1984年2月公社改乡。1995年撤区并乡，理公港乡仍辖14个村，145个村民小组。1996年撤乡建镇，理公港镇辖兰溪1个居委会和观音垭、白羊坡、观音桥、牌楼寺、狮子坪、杨公桥、洗马池、马进洞、泥头山、小河口、养珠湖、金鸡山、商家坪13个村民委员会。2011年4月并村，全镇14个建制村(居)调整为兰溪、观音垭、金鸡山、小河口、杨公桥、狮子坪6个建制村(居)委会，145个村(居)小组调整为53个村民小组。

位置面积

理公港镇地处桃源县西北，东靠黄甲铺乡，西南邻龙潭镇，西连钟家铺乡，北界九溪乡、黄石镇，南与佘家坪乡、太平桥乡毗邻，地域像一片枫叶，东西长约12千米，南北长14.5千米，面积98.03平方千米。镇政府驻理公港，距县城60千米，是通往五强溪和张家界的交通枢纽，桃源西北部的经济、文化中心。

自然环境

理公港镇域为丘陵地形，海拔最高处五冠山483.9米，最低海拔55.8米。南、西、北三面为山地，中部和东部地势略低，山地面积占总面积的70%以上。土壤类型为红壤，pH值为酸性。镇域属亚热带常绿阔叶林、针叶林混交带，气候温和，四季分明，雨量适中，光热良好，多年平均降水量为1319.7毫米，其中4—9月降水量占全年降水量的80%。全镇森林植被保存良好，森林覆盖率达68%，林木蓄积量5.5万立方米；境内山岭起伏，层峦叠嶂，清澈蜿蜒的兰溪穿境而过，沟渠纵横交织，排灌便利；自然资源丰富，地下蕴藏有丰富的石灰石、碳页煤、矾矿、硫铁矿。

人口民族

1995年,理公港乡有4354户16126人,其中男性8368人,女性7758人。2002年,全镇有4551户15269人。2015年,全镇有4396户15596人,其中非农业人口1961人,劳动力人口8856人,境内全部为汉族,无少数民族。

二、经济发展

综述

1995年,全镇农业生产总产值4767万元,工业总产值5400万元,农民人均收入1450元。2002年,全镇农业总产值5435万元,工业总产值7000万元,财政收入366万元。2003年,全镇农村经济总收入6125.8万元,农民人均收入2580元;2005年,农村经济总收入6449万元,农民人均收入2945元;2009年,农村经济总收入8381万元,农民人均收入4402元;2012年,农村经济总收入10316万元,农民人均收入6302元;2014年,工业总产值1.2亿元,农村经济总收入12895万元,农民人均收入8337元,财税收入达823.02万元。2015年,工业总产值1.8亿元,农村经济总收入15548万元,农民人均收入9850元,财政收入1178.76万元。

农业

种植业 镇内粮食作物以种植水稻为主,油茶产业为特色产业,还种植红薯、土豆、花生、豆类、玉米、油菜、苎麻、柑橘等作物,后引进红瓤蜜柚、药材等种植。中华人民共和国成立后,农民种水稻以双季稻为主,间植一季稻。一季稻年种植面积达到18100亩,总产一般在7000吨左右;油菜种植10000亩,总产1200多吨;种植苎麻10000亩,总产900多吨。柑橘面积达到4000亩,总产在400吨左右。1995年,全镇种植粮食24600亩,总产7865吨,其中稻谷21000亩,总产7556吨;种植油菜11700亩,产菜籽1228吨;种植苎麻5000亩,总产687吨;种植柑橘3200亩,总产906吨。2014年,早、晚稻各种植3000余亩,中稻种植近万亩,稻谷总产10117吨;油菜栽种1.6万亩,油菜籽总产2186吨,油茶低改3500亩。

▲ 干部职工进田间义务扯秧插秧

养殖业 1995年,全镇养猪22080头,出栏14000头;养牛2400头,出栏750头;

养山羊 14000 只，出栏 8500 只；饲养家禽 14 万羽，出笼 8.5 万羽。2004—2014 年，全镇在抓好鸡、牛、羊传统养殖的同时，以豪猪、山鸡、獭兔、竹鼠等特色养殖为重点，扶持发展规模养殖户和各类合作社组织农户 215 户。2014 年，全镇基本上家家户户饲养本地土猪，年出栏肉猪 17420 头，出售和自宰牛 890 头、羊 24120 只；特种养殖户中，有豪猪饲养专业户 20 户，饲养豪猪 2500 头；有山鸡饲养户 30 户，饲养山鸡 3500 只；有獭兔饲养户 25 户，饲养獭兔 2000 只；有竹鼠养殖户 30 户，养殖竹鼠 3500 只。

▲ 富硒山羊养殖基地

林业 “大跃进”运动中，大量采伐木材用于修建公共食堂、烧木炭炼钢铁，森林资源日渐枯竭。1959—1961 年经济困难时期，森林得到恢复性发展。1964—1978 年，全镇绝大多数大队建立林场，将大面积的造林任务分配到各生产队，大搞植树造林。1981 年，山林定权发证后，明确山林权属，建立护林制度，农户自主经营。1985 年，境内开始实行限额采伐制度。1989—1995 年，全镇消灭荒山 2.8 万亩，封山育林 1.5 万亩，植树造林 1.3 万亩，建油茶生产基地 1.5 万亩。2003 年，实施退耕还林，实行严格全面的限额采伐树木制度。2010 年，开展林权制度改革，重新勘界、定界，落实山权，换发山林权属所有证。至 2015 年，全镇共完成退耕还林面积 5000 余亩，全镇林地 9 万亩，森林覆盖率 68%，树种有 45 科 358 种，其中用材林 4.5 万亩，楠竹林 0.1 万亩，经济林以油料林为主，面积 4.4 万亩。

工业

1995 年，理公港乡乡办企业年产值 1200 万元，上缴利税 34 万元，村、组和个体私营企业发展到 28 家，全乡工业产值 5400 万元。20 世纪 90 年代后，乡、村办企业有石灰厂、精石灰厂、碳化砖厂。2002 年，竹道酒业落户小河口村。镇境公路两旁建起乡镇企业工业十里长廊小区，有近 600 家民营、集体企业和个体工商户落户。2014 年，镇内有年产值过百万元的企业 26 家，其中个体办石灰厂 2 家、碎石厂 5 家，个体工商户 356 户，工业总产值 1.2 亿元。常德电力协会投资 800 万元，建成年发电 600 千瓦的马进洞水电站建成发电。小河口低碳化环保砖厂，利用废渣生产环保砖，年产值 3000 万元。2015 年，全镇有各类中小微企业 32 家，上缴税收 20 万元的企业 1 家，完成工业生产总值 1.8 亿元。

商贸服务业

1995年,建农贸市场,市场占地1980平方米、有摊位56个。2015年,全镇有各类贸易场所182处,各类大小超市25个,移动摊位82个,年成交额1.2亿元,主要经营有服装、布匹、小百五金、食品、药材、肉类、水产、瓜果蔬菜等。

旅游业

理公港镇境内有壮观的千亩油茶林和泥头山古树、风景优美的兰溪河、历史悠久的五冠山古庙和仙娘洞等秀丽自然风光。泥头山盛产茶油,有5000多亩郁郁葱葱的茶林,山上有1株树龄150年的枫树和树龄200年的山枣树。兰溪河梯级开发建有两座水坝,水坝之间河道上风景秀丽,是农村生态旅游的好去处。位于杨公桥村的五冠山据传为慈利"五雷山"的兄弟山,号称"南武当";始建于明末清初的五冠山古庙,经历代佛、道各派宗教人士修建,发展成为有3层平台,4道殿堂的教派场所,后毁于"文化大革命"。五冠山古庙下的五冠山仙娘洞属于喀斯特地貌的溶洞,洞口宽5米、高约3米、洞深约2000米,从洞口一直往下,有几层平台,越往里走洞内空间越大、洞顶越高,洞内有石笋、石钟乳和石柱,洞内有多条支洞往四周发展。

三、基础设施

交通运输

理公港镇位于省道227和县道064线交汇处。20世纪70—80年代,理公港乡修建乡、村、组公路22条83千米,基本达到村村、组组通公路。1995—2013年,新建修通3条跨组级公路,长8.3千米,其中商家坪至杨家庄4.2千米、白羊坡至观音垭13组2.1千米、兰溪至观音桥5组2千米,解决近千人的交通不便行路难问题。2014年,投资150万元修建联络理公港、钟家铺、牛车河的兰溪河大桥。2015年,全镇投入资金450万元,完成金鸡山村商家坪,小河口村宋家溪、鸭儿湾、傅家坪,杨公桥村白岩堉、洞堉、十五组等公路硬化15千米。全镇境内有县道25千米、村道90千米、通组公路240千米。

通信

1950年,域内启动电信系统建设;1993年,理公港乡电信系统开始拥有自己的程控电话;1995年,电信开始受理移动电话业务;1998年,理公港镇电信开始为居民办理宽带业务;1999年,电信将移动电话业务移交给移动公司,直到2008年理公港镇电信才重新受理移动电话业务。

供电饮水

供电 域内20世纪70年代开始拥有电力,但当时电力极其不稳定。直到黄石水库修建,80年代桃源县成立小水电公司,1984年理公港镇电力系统才正式建立。2007年理公港镇开始实施电网改造项目。2013年,桃源集团电网被国家电网代管,理公港镇电力系统开始走向高速发展时期。至2015年，全镇原牌楼寺、泥头山、马进洞、杨公桥4个村没有改造外，其他村居都已改造完毕。

饮水 2014年，全镇有一座自来水厂，水厂供街道集镇3500人生活用水，农村有水井2035口，7340名散居农民饮用井水，有近2000人饮用水库水，有1500人饮用山泉水。

水利建设

20世纪70—80年代，理公港乡修建小(一)、小(二)型水库16座，有大小山塘1105口，水力发电站1座，水利电力排灌站5座，修建渠道34千米。1995—2013年，全乡(镇)扩建白岩堉水库和镇龙水库的防汛公路，修复、新建汇蜗套和黄土塝两座机埠。2011年，对牌楼寺港堉水库主渠道、小河口村机埠渠道、金鸡山村豪猪洞水库渠道进行维修硬化，对120口山塘进行整修，被评为全市水利建设十强乡镇。2014年，全镇有小(一)型水库2座，小(二)型水库13座，骨干塘17口，山塘1050口，灌溉排水泵站16座。

镇村建设

20世纪70年代以前，理公港交通闭塞，街道狭窄，房屋简陋陈旧。1996年撤乡建镇后，修建柏油路、停车场，修建自来水厂，完成农网改造、学校和民房改造等工程，修建长2.8千米的集镇街道。至2015年，新街创业路300米下水道铺装完成，对长1000米柳林路下水道进行改造，在镇区墟场、学校、医院、信用社等主要场所安装高清摄像头22个，农贸市场建设完成。有线网络、“村村响”工程覆盖全镇6个村(居)。拉通宽22米长380米的理公路、宽12米长290米的创业路，完成长800米、宽4米的柳林路路面硬化，街道新安装路灯30盏，建成兰溪河大桥，兰溪苑商住小区顺利封顶。

四、社会事业

教育

1995年，全乡有高中、初中和小学14所，在校学生3120人，学龄儿童入学率和小学毕业升学率均达100%。2002年，全镇中、小学数6所。2012年，中心小学与桃十中合并，新建十中教学楼和学生宿舍楼。2015年，全镇有小学2所、中学1所，在校学生1235人，教职员工85人；有幼儿园3所，入园幼儿280人，幼师15名。

文化

1981年，理公港乡业余汉剧团成立，次年，剧团在全县业余剧团演出比赛中获二等奖。1993年建成有线电视地面接收差转站，集镇内有线电视覆盖率达98%。集镇内有卡拉OK舞厅2个、溜冰场2个、电影院录像厅各1个。1995—2013年，农村文化不断丰富，腰鼓队、龙灯、舞狮队经常利用节假日开展活动，各村农家书屋的开放走上正轨。2015年，全镇所有村都建有文化室、图书馆，有3支广场舞队伍，2支舞龙队伍。

医疗卫生

1992年,投资50万元修建中心医院门诊大楼,开设中西医门诊、住院部,有床位近100张,有初中级卫生技术人员28人。2007年,启动新型农村合作医疗,至2009年,全镇参加新型农村合作医疗和城镇医保人数达14130人。2015年,全镇有卫生院1个,卫生室15个,投资220万修建的医院综合大楼竣工。全镇新农合参合总金额近170万元,参合率100%。

社会保障

2012年,启动新型农村养老保险。2015年,有5965人参加农村养老保险,收缴养老保险金62万元;为249户439人生活困难者落实最低生活保障;全镇有五保老人156名,其中31人在养老院集中供养,125人分散供养;300余困难户、重灾户及优抚对象受到生活、住房、医疗、助学等救助。规范完善438名残疾人的信息资料,45名重度残疾人护理补贴全面落实。

五、特色地情

名优特产

原生富硒油茶 理公港历史上就是"贡油"产地,油茶林主要集中在泥头山、金鸡山、商家坪等地。2014年,全镇有油茶林51815亩,年产茶油10万公斤左右。境内的油茶树一年四季云滋雾养,未受到任何农药和化肥污染,加上采用传统工艺,不经任何溶剂处理提炼,开发出的茶油品质优良,是纯天然绿色食品。小河口村与桃源县金虹茶油公司及东莞联华国际集团公司签订油茶开发合作协议,改造升级小河口万亩野生富硒油茶基地,进行产品研发、市场开拓,打造"泥头山"野生茶油品牌。

历代名人

刘维汉 1925—1951年,1925年生于一个贫苦农民家庭,桃源县灵岩乡送子坡村(今理公港镇观音垭村)人。1943年被国民党抓壮丁,在国民革命军第20集团军53军116师当兵三年,在滇缅战场上对日作战奋勇杀敌,抗战胜利后随部队派往越南接受日军投降,1946年6月随部队调往东北参加内战。1947年8月在辽宁威远堡解放后参加中国人民解放军,被编入解放军第40军120师358团1营3连,历任战士、副班长,1948年9月加入中国共产党。在解放战争中,他参加广西剿匪和解放海南岛等战役,荣立二等功。1950年10月,刘维汉编入中国人民志愿军第120师358团1营3连,赴抗美援朝前线作战。1951年4月初,他所在连奉命驻守朝鲜洪川江北岸鹰峰山,阻击敌人进犯。从4月5日上午11时至下午5时,刘维汉带领一个战斗小组,与近百倍之敌奋战7个小时,打退敌人6次进攻,毙敌100余人。最后,阵地上只剩下刘维汉和姚树清2人。刘维汉坚定地说:"我俩是共产党员,不管遇到多大困难,没有上级指示,绝不离开阵地。"当战友牺牲后,刘维汉仍坚守阵地。时至黄昏,敌人包围上来,一支支黑洞洞的枪口对准他。刘维汉拉响手榴弹与敌同归于尽，壮烈牺牲。1951 年 4 月 29 日，第 120 师党委决定，追认刘维汉为“模范共产党员”，给刘维汉战斗小组追记集体一等功，刘维汉追记二等功。同年，中国人民志愿军政治部授予刘维汉“一级战斗英雄”荣誉称号，记特等功，并追认为革命烈士。

（王俐）

钟家铺乡

钟家铺乡行政区划略图

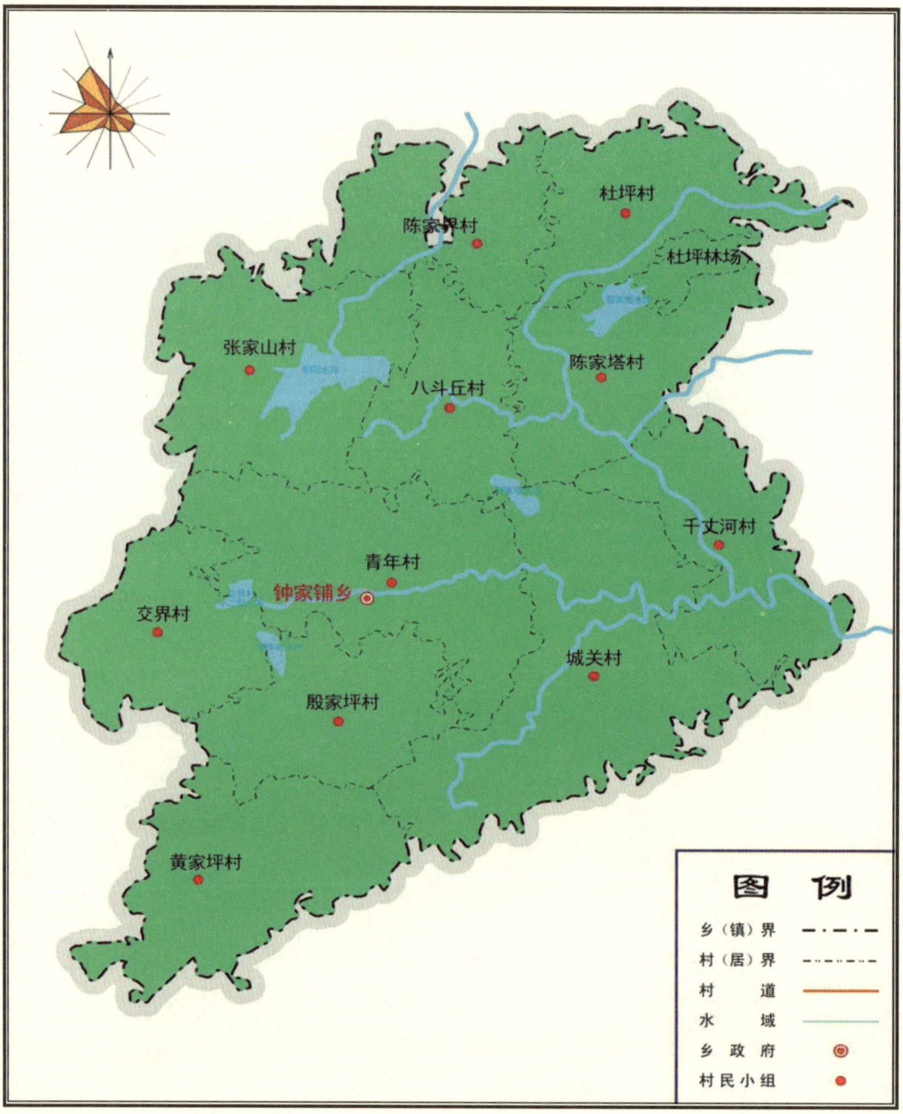

一、区域概况

建置沿革

明《嘉靖常德府志》记载，境域属善溪乡荻平村。明《万历桃源县志》记载，分属善溪乡下香山村和大延上乡上苏村。1934 年，分属龙潭水区护风团、祖岩团和九溪区香山团。1935 年 8 月，废乡团，新编为第九区护风、香山等乡。1941 年 1 月，撤区并乡分属龙池乡、灵岩乡、黄石乡。1952 年 8 月土改复查时，属牛车河区钟家铺、驷马桥、千丈河、交界、八斗丘、王家坪和黄石区杜坪 7 个乡。1956 年撤区并乡后，分属钟家铺乡和芭茅洲乡。1958 年 9 月人民公社化后，分属牛车河公社和黄石公社。1961 年，析置钟家铺公社和杜坪公社。是时，钟家铺公社辖杨家坪、千丈河、胜利、青年、全力、伍家坪、交界村、万胜、城关、艾家棚、朱家堉、叶家堉 12 个生产大队。1984 年 2 月，恢复乡建制，钟家铺公社改称钟家铺乡，全乡辖朱家堉、青年、交界、殷家坪、万胜、黄家坪、艾家棚、城关、泉栗、伍家坪、千丈河 11 个村和高玉界林场。1995 年 11 月杜坪乡并入钟家铺乡，全乡辖朱家峪、青年、交界、殷家坪、万胜、黄家坪、艾家棚、城关、泉栗、伍家坪、千丈河、棚垭、杜坪、马勒口、陈家界、陈家塔、八斗丘、张家山、银杏坪、大田垴、落珠坪 21 个村 193 个村民小组。2011 年并村后，全乡辖交界、青年、殷家坪、黄家坪、城关、千丈河、陈家塔、八斗丘、张家山、陈家界、杜坪 11 个村民委员会，194 个村民小组。2015 年 12 月全县乡镇区划调整，该乡并入理公港镇。

位置面积

钟家铺乡地处桃源县西北部，东与理公港镇接壤，南与龙潭镇为邻，西邻牛车河乡，东北接黄石镇，北与慈利县高桥镇毗邻。乡人民政府驻青年村，距桃源县城 78 千米。辖区东西最大距离 13.6 千米，南北最大距离 18.5 千米，总面积 124.61 平方千米。其中陆地 118.51 平方千米，水域 6.1 平方千米。

自然环境

钟家铺乡地处丘陵山区，域内大部为山坡林地，最高处老祖岩海拔 540.4 米。属暖温带季风区中的大陆性气候，四季分明，雨热同季，光照充足，无霜期长。春季干旱多风，夏季雨量集中，秋季温和凉爽，冬季干冷少雪。年平均降水量 1400 毫米左右。主要自然灾害有干旱、霜冻等。境内属沅江一级支流白洋河水系，是白洋河支流兰溪的发源地。境内矿产资源主要有大理石、石煤、硫黄、重晶石、钼、铜、页岩等 20 余种，地质储量 2 亿多吨。

人口民族

1995 年，全乡有 16305 人，其中男性 8595 人、女性 7710 人；2005 年，全乡有 16140 人，其中男性 8641 人、女性 7499 人；2014 年，全乡有 15598 人，其中男性 8276 人、女性 7322 人，全部为汉族。

二、经济发展

综述

1995年,全乡农业产值1800万元,农民人均纯收入1388元。2002年,全乡实现农业总产值5059万元,工业总产值283万元,财政收入211万元,农民人均纯收入1905元。2012年,全乡农业总产值5300万元,占国内生产总值的40%;财政总收入1194万元。境内金融机构各类存款余额6300万元,各项贷款余额2820万元。2015年,农民人均年纯收入6320元。

农业

种植业

油菜　油菜生产是钟家铺乡的传统特色产业,20世纪70年代获县、市的高产奖,20世纪80年代,引进优良品种"秦油二号""湘油13号",产量不断提升,得到省农科院、省农业厅的丰产奖励,20世纪90年代初得到农业部的充分肯定和好评,并在《农业》杂志上报道了钟家铺乡油菜高产经验。1995年,全乡种植油菜15000亩、总产2130吨,2005年面积11850亩、总产1066吨,2014年种植16988亩、总产2225吨。

苎麻　1995年全乡种植7500亩、产量780吨,2005年种植15500亩、产量1550吨。后由于市场变化,苎麻价格暴跌,2014年,全乡苎麻种植减少到1550亩、产量212吨。

水稻　20世纪80年代后期,根据山区一季稻一季油的特点,全乡粮油种植业得到高效发展。引进"金优桂99",产量不断提高。1995年,全乡种植水稻15000亩,总产5107吨。2005年,全乡种植水稻16119亩,总产7340吨。2014年,全乡种植水稻19075亩,总产8240吨。

旱粮作物　旱粮作物在钟家铺乡粮食种植中占较大比重。1989年,全乡种植红薯2200亩、玉米890亩。1995年,全乡种植红薯6400亩、产薯干604吨,种植玉米4050亩、总产405吨。2012年,全乡种植红薯2000亩,产鲜薯800万斤。桃源县富硒产品开发领导小组授予钟家铺乡"桃源县富硒红薯生产基地"。玉米生产成功创建农业部"万亩玉米高产示范片",平均亩产450公斤以上。2015年,全乡种植红薯1450亩,总产471吨;种植玉米7020亩,总产1931吨。

养殖业　1995年,全乡发展生猪18100头,出栏11150头;养殖耕牛490头,出栏301头;养殖山羊7200只,出栏6900只;养殖家禽16万羽,出笼12.5万羽。2005年,全乡养殖生猪22924头,出栏11372头;牛存栏3159头;出栏羊11502只,存栏11800只;出笼家禽88万羽,水产品产量146吨。2014年,全乡发展生猪20448头、出栏12850头,牛存栏2078头,出栏羊11582只、存栏3220只,出笼家禽14.7万羽,禽蛋产量97.5吨,水产品产量51吨。2015年,八斗丘村、殷家坪村发展规模养猪户20家,出栏生猪5000多头;陈家界村、杜坪村、张家山村富硒山羊养殖户40户,养殖山羊3000

只；城关村岩蛙养殖户35户，年产岩蛙肉2100多公斤，年收入达25万元。全乡特种养殖户有100多户，规模养殖户年收入达到10万元以上。

林业 1995年，全乡木材采伐量380立方米；有茶叶林1903亩，产茶10吨；有油茶林26036亩，产油茶籽584吨；有油桐林7684亩，产油桐籽239吨。2005年，全乡木材采伐量1588立方米；茶叶林550亩，产茶48吨。2009年，全乡板栗产量1000多吨。2012年，全乡林地18.66万亩，其中用材林13.7万亩，经济林4.65万亩，森林覆盖率58.7%，活立木蓄积量35.03万立方米，中华纹木属国家二级保护植物。2013年，钟家铺乡发展油茶300多亩，油茶低改200多亩，用材林造林7113亩，完成低产林改造2500亩，生态公益林封山育林36800亩；林木育苗700亩。2014年，全乡公益林管护面积7万多亩，其中国家级生态公益林6万多亩，省级生态公益林1万亩，发放公益林补贴资金100多万元。

工业

1993年以前，全乡有乡办企业13家，但部分企业由于经营不善、缺乏资金等原因，出现大幅度亏损。之后，狠抓企业内部管理，对效益好、产品对路的企业全力扶持，对效益差、扭亏无望的企业一律关闭。1995年，对企业新增投入800万元，新办企业3家，完成企业扩改5家，全乡民营企业发展到169家，全年完成工业总产值848.5万元。2007年，引进投资650万元的铜矿开采企业，引进2个水电开发项目；引进资金1600万元，对陈家塔电站、大田垴电站改造升级。2012年，返乡农民高永和投资300万元，创办环保木炭厂，吸收返乡农民工18人就业。至2014年，乡境内基本不再有工业企业。

商贸服务业

20世纪80～90年代，钟家铺乡的茶叶产品远销广东、新疆、黑龙江等省区，肉鸡销往长沙、张家界、常德等地。2009年，全乡有个体工商户300多家，年产值1440万元。2012年，全乡有商业网点79个，从业人员161人，社会商品零售总额1200万元；城乡集贸市场2个，年成交额900万元。

三、基础设施

交通运输

1989—1995年，全乡新修公路9条160千米，改造乡政府所在地的中心公路。2002年，修通杜坪到钟家铺6千米县道055线钟杜公路和大部分村道，硬化县道064线钟家铺路段。至2009年，全乡完成通村公路水泥硬化65.9千米，修筑通组公路78千米。2012年，对投资1200多万元的县道055线钟黄公路进行硬化。2013年，全乡硬化组级公路12条11.2千米，总投资270万元。2014年，硬化张家山村2.7千米乡道，拉通黄家坪村至龙潭镇梨树垭村县道3千米，硬化组道10千米。2015年，全乡有乡道

50千米,客车7部,通往县城及临近乡镇的班车每天10趟。

水利建设

1970年,兴建磨子峪水库和北风坡水库,库容分别为200.35万立方米和148.4万立方米。1973年,兴建白岩峪水库,总库容121万立方米。1989—1995年,全乡建机埠39处,修建、整修渠道48千米,修建骨干塘5口,解决4300多亩水田灌溉问题。2007年,整治水毁堤渠17处,骨干塘除险加固80多口,渠道清淤153千米,扩挖山塘214口,对何家峪、磨子峪水库进行大坝护坡、副坝溢洪道浆砌。2011年,维修山塘23口。至2013年,全乡有3座小(一)型水库、6座小(二)型水库、578口山塘,其中骨干塘82口;有机埠15座、渠道68千米、河坝49座,其中河坝引水渠长33千米,大小河流54条。是年,完成47口骨干塘清淤加固。

邮政通信

2002年,全乡21个村开通程控电话,总装机量2580门,建移动电话通信基站。2009年,全乡开通2774门程控电话,建成移动通信基站13座,开通互联网。2012年,全乡有邮政代办所2处,电信企业2家,服务网点8个,电话交换机总容量0.5万门,固定电话用户2412户,移动电话用户9942户,电话互联网用户480户。

四、社会事业

教育

1961年,钟家铺公社有学校3所。1984年,乡境始办初中。是年,钟家铺乡有中学5所,学生500人,教师40名;有小学7所,学生855人,教师41名;幼儿园4所,入园幼儿59人,幼师15名。1995年,全乡兴建中心小学、幼儿园各1所,成为县第一批"普九"教育示范乡。2002年,全乡有中小学12所。2009年,全乡有中小学4所,教师79名,3名教师在全市教师节表彰大会上受到表彰。2012年,全乡有幼儿园3所,幼儿232人,教师8人;小学4所,学生594人,教师40人;初中2所,学生266人,教师30人。小学适龄儿童入学率、初中适龄人口入学率、小升初升学率、九年义务教育覆盖率均达100%。2013年,乡财政预算内教育经费150万元,占财政总支出18.2%。2014年,争取资金200万元在钟家铺乡中学新建一栋教学楼,筹资40万元在杜坪中学建立一个临时教学安置点。2015年,全乡有幼儿园3所,入园幼儿212人,教师10人;小学2所,学生578人,教师38名;初中2所,学生219人,教师23名。

文化

1986年,建成乡广播电视站。1995年,钟家铺乡筹资13万元建成2所卫星电视地面接收站。2002年,杜坪、钟家铺墟场周围村建成有线电视网。至2009年,全乡有线、无线电视基本普及。2011年,完成乡综合文化站改扩建工程,文化站建筑面积300平方米、活动场地400平方米。2012年,全乡有线电视用户1100户,入户率33%。全乡有乡文化站、广播电视站各1处，有村级文化活动中心11处，老年秧歌文艺队2个，各类图书室11个，藏书1.25万余册。

医疗卫生

1961年，钟家铺公社有卫生院1所，大队卫生室9个，全公社有医务人员10名。1984年，钟家铺乡有卫生院1所，村卫生室11个，全乡有医务人员15名。1995年，钟家铺乡建新卫生院。2009年，完成乡卫生院扩建工程。全乡有乡级卫生院1所，村级卫生室14个，新型农村合作医疗和城镇居民医保参加率98%。2012年，有乡医疗卫生机构1个，门诊部(所)10个，病床24张，固定资产总值150万元，专业卫生人员18名，医疗机构(门诊部以上)完成诊疗6900人次，11个村村民参加新型农村合作医疗，参合率98.6%。2013年，全乡有14520人参加新型农村合作医疗。2014年，有14555人参加新农合。2015年，有14472人参加新农合；投入300多万元新建卫生院住院楼和职工公租房各一栋。

社会保障

五保供养 2009年8月，将钟家铺乡杜坪中心小学改建为乡敬老院，建筑面积2000平方米，有43名五保老人入住。2012年敬老院集中供养38人，分散供养62人，支出53.18万元，2014年，敬老院有37名五保老人入住，新增五保35人，全乡分散供养五保老人116人。2015年敬老院集中供养五保老人38人，分散供养五保老人123人。

养老保险 2012年，启动新型农村养老保险，全乡缴费人数6684人，保费收缴704800元；2013年，6204人参保，保费收缴660000元。2014年，城乡居民养老保险人数5780人，保费收缴612700元。2015年居民养老保险缴费人数6228人，保费收缴655000，到龄领取待遇人数3450人，发放养老金311万余元，待遇从2012年的最初的每人每月55元，提高到每人每月75元。

最低生活保障 2013年，全乡有农村最低生活保障户308户480人，支出最低生活保障金105万元；2014年，清查核对农村低保对象403户759人，新增低保275人，发放生活补贴资金近90万元，2015年低保户数458户851人。

优抚安置 2014年，全乡年满60岁农村籍退伍士兵110人，重点优抚对象40人。2015年，新增带病回乡6人。

五、特色地情

名优特产

“富硒”红薯 钟家铺乡有400多年红薯种植历史，素有“红薯之乡”之称。进入21世纪之后，钟家铺乡走“合作社+基地+农户”路子，大力发展富硒红薯产业。2015年，全乡种植富硒红薯2000亩，扶持仙山富硒红薯产销专业合作社与金秋农业产销专业合作社，投入300万元建成2条粉丝加工生产线。在第一届中国(湖南)富硒食品研讨

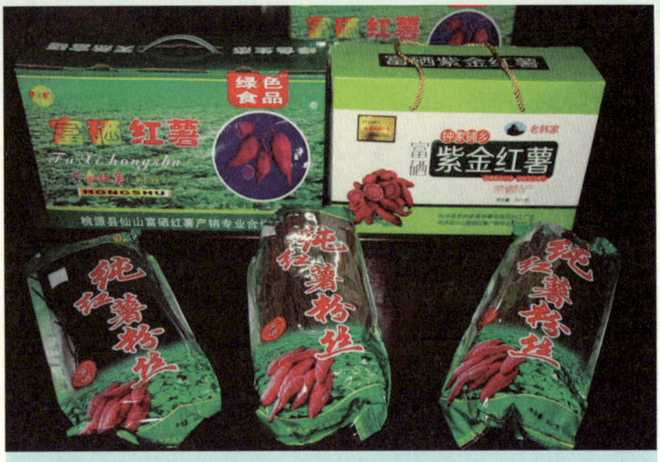

▲ 富硒山头养殖基地

暨博览会上，钟家铺乡老韩家富硒薯类食品加工厂被评为“全国富硒明星企业”。

风景名胜

老祖岩道教文化生态旅游园 老祖岩位于钟家铺乡交界村与牛车河乡毛坪村境内，海拔540.4米。相传为吕祖修道炼丹之所，后世信众建有道观，曾一度名声远扬，信众络绎不绝。明万历年间（1573—1620），桃源知县黄应元《老祖岩》诗云：“琳宇璃扉紫翠间，花源兰棹倚澄湾，仙翁料得多慈悯，愿乞飞沙一驻颜。“文化大革命”中，道观遭到破坏而残破不堪，但依然信众不断。2015年，钟家铺乡引进广东省东莞市投资团队投资成立湖南省唐宸旅游文化开发有限公司，计划总投资10亿元建设“老祖岩道教文化生态旅游综合开发项目”。该项目围绕“一轴两核三谷”景区布局，建设十大景区组团，打造“修道仙山，养生福地”文化生态旅游品牌，形成以道教文化、道家养生为核心，生态休闲与传统农耕文化配套的道教文化生态旅游大观园。项目共分两期完成，首期开发景区主体景观（景区入口、七星岩道观、药王山道家养生园、千羽谷大众养生园、培训基地、农耕文化园、养老公寓、李靖旧居、日月湖水上乐园和度假村等）建设，配套服务设施，二期主要是申办老祖岩道学院并启动建设，建设配套服务设施。

▲ 老祖岩仙山

千丈河崖墓群 位于钟家铺乡千丈河、马勒口、陈家塔、张家山等村，是东汉至明时期崖墓群。千丈河是沅水支流白洋河的源头之一，沿河两岸山势陡峭，临河岩壁上分布着大大小小数十个石洞，部分石洞中还有残存的尸骸或棺木。石洞均处于岩壁中部，距离河面与山顶均超过10米以上，可谓"上不挨天，下不沾地"，以长方形为主，亦有半月形和圆形，这些古今众说纷纭的悬棺，反映了古代沅水流域一种特殊的葬俗。明代朱维京《游仙岩》诗云："岩有千年骨，梯悬万仞船。夜闻仙乐动，缥缈五云边。"岩墓被誉为"华夏之最""天然的考古博物馆"，是世界文化史上的一大奇观。千丈河悬棺的主人应是以渔业为生，从已发现的崖墓来看，均在河流两岸的悬崖上，且大都在沅水支流及其末端，两岸高山峻岭、断崖绝壁，中间溪水流淌。2011年被列为省级文物保护单位。

历代名人

张桂华 1957年10月出生，钟家铺乡杜坪村人，中专文化，中共十四大代表。1975年至1978年，在常德卫校学习，1978年10月至1980年2月在杜坪大队当赤脚医生，1980年2月至1981年2月在钟家铺乡卫生院担任妇产科医生，1981年2月至11月在桃源县人民医院妇产科进修，1981年11月至1994年2月，先后任杜坪乡、钟家铺乡计划生育专干，1994年3月调桃源县计生委任副主任。

张桂华到任杜坪乡计生专干之初，仅1年时间就使计生率和一胎率分别上升到95%和87%。自1986年调任钟家铺乡计生专干后的五年里，共做手术1700多例，全乡连续5年人口出生率控制在计划之内，计生率达98.5%，人流比由1986年1∶1.18下降到1∶0.34，为全常德市最低。曾多次被省、市、县评为先进工作者，3次记功，1987年获省委授予优秀共产党员称号，1990年被授予全国计划生育系统劳动模范称号，1992年9月荣获全国计划生育"基层百星"荣誉称号，同年10月，她作为湖南计生系统第一位全国党代会代表，出席中国共产党第十四次全国代表大会。

（王俐）

牛车河乡》

牛车河乡行政区划略图

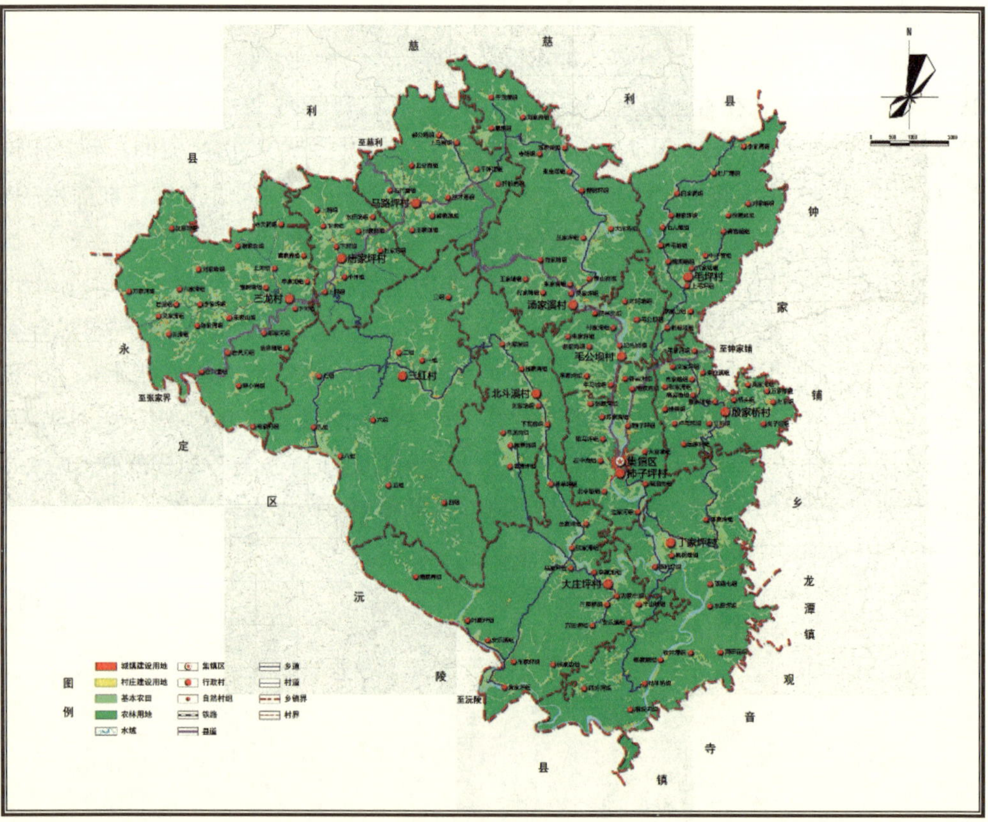

一、区域概况

建置沿革

境内有一大河,河流周围地势高,水田多位于河流四周高山上。古时,河畔常有百姓用牛拉水车灌溉农田,河因此而得名,乡以河名。

按明《嘉靖常德府志》记载,境域属善溪乡荻平村管辖。清康熙年间,属善溪乡上香山村和大延上乡上苏村。清光绪年间，属仙瑞乡大洑溪村。1934年，属龙潭水区祖岩团。1935年8月，废乡团，新编为第七区车河乡。1941年1月撤区并乡，为龙池乡。1952年8月土改复查时牛车河区辖16乡，其中牛车河、毛公坝、汤家溪、瓦儿岗、杉木坪、北斗溪、大庄坪、丁家坪、灰溪河、殷家桥10乡在今境域。1956年撤区并乡分属牛车河、瓦儿岗、钟家铺3乡。1958年9月人民公社化后，改为万宝山人民公社，辖杜坪、东风、轿顶山、灰溪河、瓦儿岗、大庄坪、同心、杉木坪、东方红、水田坪、殷家桥、万胜、星头、青年、联群、落珠坪、八斗丘17个生产大队。1961年4月，析置牛车河公社、瓦儿岗公社。是时，牛车河公社辖汪家堉、水田坪、高岩墩、殷家桥、柿子坪、麻潭河、北亭垭、毛公坝、丁家坪、大庄坪、凡寺坪、毛坪、北斗溪、马映岩、黄伞坪、洞溪河16个生产大队。1984年撤销公社建制，改称牛车河乡，辖柿子坪、毛公坝、凡寺坪、毛坪、殷家桥、水田坪、丁家坪、麻潭河、大庄坪、洞溪河、黄伞坪、北斗溪12个村民委员会103个村民小组。1995年撤区并乡，牛车河乡与瓦儿岗乡合并为牛车河乡，辖柿子坪、毛公坝、凡寺坪、毛坪、殷家桥、水田坪、丁家坪、麻潭河、大庄坪、洞溪河、黄伞坪、北斗溪、汤家溪、马路坪、唐家坪、真龙桥、龟龙山、龙凤山、飞旗河、马家河、马家峪21个村166个村民小组。2011年，撤村并组，牛车河乡辖柿子坪、毛公坝、汤家溪、马路坪、唐家坪、北斗溪、大庄坪、丁家坪、殷家桥、毛坪、三龙、三红12个村136个村民小组。

位置面积

牛车河乡地处桃源县西北角，东接桃源县钟家铺乡，西毗张家界市永定区王家坪镇，南邻沅陵县七甲坪镇、桃源县观音寺镇，北靠慈利县高桥镇和洞溪乡。乡人民政府驻柿子坪村，距桃源县政府驻地87千米。全乡总面积170平方千米，有耕地26533亩，其中水田17991亩，旱地8542亩；有山林19万亩；城镇村及工矿用地5625亩；水域及水利设施用地5535亩。

自然环境

牛车河乡是一个七山二水一分田的高寒山区。域内高山丘陵属武陵山余脉，山岭自北向南绵延起伏，全乡最高处龙凤山海拔707.2米，平均海拔400米以上。域内有双路溪、牛车河、北斗溪、洞溪河、万家河、邹家河等6条河流，最大河流为牛车河。牛车河发源于慈利县洞溪乡，自北向南流入观音寺镇。气候属中亚热带暖湿气候，雨量充沛，日照充足，冷热四季分明，干湿两季明显，春多寒潮阴雨，夏多暴雨高温，伏秋易旱，冬少严寒。年平均日照1531.4小时，年平均气温15.5℃，年平均降水量1447.9毫米。域内植被属于中亚热带常绿阔叶林，自然植被保护良好，品种繁多，以马尾松、杉树居多。之外，还有其他次生植被，森林覆盖率85%以上，乔木树种有42科、103属208种，还有若干灌木树种和草本植物。野生动物有数十种。域内矿藏储量丰富。据地质部门勘测，铅、大理石、石煤、镍等20多种矿藏蕴藏量达1亿多吨。境内土壤以红壤为主，土质较为肥沃，盛产稻谷、七星椒、烤烟、黄金梨、油菜等。岩石种类以青岩、石煤为主。因域内多为高山地貌，山土含砂石量大，受降水影响易发生干旱、山洪、泥石流、塌方等灾情。

人口民族

1995年，辖区内有4082户14422人，其中男性7377人，占50.9%；农业人口13831人，占95.9%；人口出生率14.1‰。以汉族为主，有少数民族11个，共162人。2015年年末，全乡有4693户13451人，其中男性6993人，占51.9%；农业人口12901人，占95.9%；人口出生率8.3‰；汉族13278人，少数民族173人。

二、经济发展

综述

1995年，全乡完成工农业总产值10078万元，其中工业总产值3993万元，农业总产值6085万元，农民人均纯收入1350元。2002年，全乡实现农业总产值5565万元，工业总产值5901万元，财政收入319万元，农民人均纯收入1639元。2009年，全乡农业总产值3055万元，劳务收入890万元，完成社会固定资产投资1708万元，招商引资39万元，农民人均纯收入2492元，全乡储蓄总额1800万元。2015年，全乡农业总产值7515万元，劳务收入2173万元，完成社会固定资产投资8124万元，招商引资1045万元，农民人均纯收入4640元，全乡储蓄总额突破过亿元，人均7700余元。

农业

种植业 域内以种植水稻、烤烟、七星椒、黄金梨、油菜、花生为主。牛车河乡是常德卷烟厂“芙蓉王”卷烟的优质烟叶生产基地；用七星椒加工的鲁胡子辣酱获湖南省第一届、第二届农博会金奖。1990年，水田坪被湖南省农业大学定为油菜良种繁育生产基地。1995年，全乡种植水稻1130公顷，总产7650吨。1996年，推广种植七星椒800亩，烤烟581亩。2002年，乡人大主席周北峰从湘西引进黄金梨种植，2005年收获第一批黄金梨，至2015年黄金梨种植面积达2200亩。

▲ 百亩烟田

2013年，实行大棚集中育七星椒苗，种植面积增至1700亩；种植烤烟5500亩，丁家坪、三红、汤家溪、毛公坝、三龙等村成为千亩烤烟专业村。同时，尝试种植魔芋，至2015年魔芋成了牛车河新的特色产品。同年，引进种植哈密瓜成功，种植富硒红米500亩，蔬菜种植1000亩。2015年，全乡种植水稻

20060亩、总产8445吨;种植烤烟1400亩、产值627.2万元;种植七星椒1000亩、产值450万元。

养殖业 1995年,全乡养殖生猪2.4万头,出栏1.51万头;养牛5210头;养禽8.47万羽;出产鲜鱼63吨。2005年,全乡出栏生猪17820头、1107头、羊16835只,出笼家禽13万羽,出产鲜鱼188吨。2015年,全乡养殖生猪19862头,出栏16540头;饲养家禽14.1万羽;养牛2996头;养山羊12560只;出水鲜鱼52吨。

林业 1995年,全乡山林面积170万亩。林业资源主要以茶树、杉树、松树、楠竹为主,主要分布在大庄坪、毛坪、毛公坝、汤家溪、北斗溪、殷家桥等7个村。乡政府重视植树造林,抓紧"田旁"植树,庭院、单位、街道绿化、美化,大力促进封山育林,退耕还林和荒山造林,森林覆盖率61.2%。

工业

1995年,全乡工业总产值340万元。2004年,投资1000多万元,成立鲁胡子辣酱公司,至2015年,该公司年产值达1000余万元。2008年,洞溪河村村民郭诚投资800多万元,创建高端电池厂,填补全县空白。2014年,利峰鞋业投资200万元在牛车河乡建立分厂。2015年,湖南三特机械公司投资900多万元在该乡建分厂。2015年,全乡工业总产值700万元,工业增加值400万元,工业固定资产投资600万元。

商贸服务业

牛车河乡是通往怀化、张家界的交通枢纽,西路片的经济文化中心。牛车河墟场为西路片最繁荣的集镇市场。民国时期,商品贸易有所发展。中华人民共和国成立后,在乡(公社)驻地建供销社、肉食站、粮油店等,成为农村中心市场。各村(大队)均开设有集体商业零售店或代销店。中共十一届三中全会后,个体商贸服务业得到发展,农村市场日益活跃。1995年,域内有柿子坪、瓦儿岗2个集贸市场。个体商铺发展到78家,社会商品零售总额100多万元。2009年,常德人曾祥夫在乡境开设新华大药房。2010年,浙商李新华开办新华联超市,2011年,常德人江建新开办全乡第一个大型服装超市。2012年,北斗溪村村民朱丽英开办大型电器超市。同年,富迪酒店开业。2013年,张重阳创办鹏程山庄,朱宪明开办10层楼的酒店。2015年,全乡有各类商铺150多家,个体工商从业者447人;墟场赶集日有1000多人。社会商品零售总额400多万元,其中集市商品成交额200多万元。

三、基础设施

交通运输

1987年,修成贯通瓦儿岗至张家界市永定区王家坪镇的4级沙路,修通村级公路。1998年,乡公路硬化延伸至瓦儿岗,该段公路为县内首条四级山区公路,后被湖南省交通厅鉴定为优质工程。2010年,投资760万元的牛栗公路(牛车河至张家界永定区王家坪镇栗子乪)改造硬化工程完成。新建农村客运站,每天有18个班次的客车从瓦儿岗墟场、牛车河客运站开往常德北站、常德南站、桃源黄花井汽车站,客运量300多人。2015年,域内有县、乡公路34.94千米,22条长43千米的通村简易公路;过境公路有理牛、牛栗、牛洞公路,牛车河—汤家溪—马路坪公路可达慈利县洞溪镇。黔张常铁路开工建设,并在丁家坪村设牛车河站。

邮政通信

2015年,全乡有邮政所1家,有移动、联通、电信基站11处。有固定电话2308部、移动电话7128部,宽带442户。乡政府建有有线电视站,有8个村级电视转播站,有地面维修接收设备2430套,彩色电视机普及率99.4%。

供电饮水

供电 1968年,乡境通电。1977—1987年间,境内相继建成丁家坪、郭岩洲、麻潭河、毛公坝、万家河、椰树坪水电站,分辊装机55千瓦、55千瓦、110千瓦、75千瓦、375千瓦、26千瓦。1999年,建成纸厂水电站,装机75千瓦。至2015年,乡境内未建变电所,有变电所变压器20台,输电线路140千米。

饮水 2010年,启动三龙、毛坪、唐家坪村农村安全饮水工程。2013年,投资500万建集镇自来水厂,至2014年投入使用。2015年,在三红、大庄坪、北斗溪、马路坪、殷家桥启动农村安全饮水(分散)工程。

水利建设

1955—1972年,修建桥子峪、神堂峪、炉子峪、八一水库,4座水库总容量60.9立方米。1973年,修建北斗溪水库,库容152.03立方米。2010年,对北斗溪水库整修硬化,北斗溪水库灌溉面积2451亩,其他小型水库因年久失修,蓄水量不大,总灌溉面积约3000亩。2010~2011年,全乡硬化、灌砌堰塘32口,渠道5580米。2015年,域内有6条河流及上百条小溪流,有小型水库5座,其中小(一)型 1 座(北斗溪水库)、小(二)型 4 座;水库干渠29千米,支渠26千米,水轮泵7座,河坝26处,山塘580口。

四、社会事业

教育

1956年,牛车河乡有学校10所。1984年,牛车河乡有中学1所,学生400人,教师20名;小学8所,学生1000人,教师60名;幼儿园5所,入园幼儿300人,幼师5名。1993年,商家河小学民办教师商建东被评为全国教育系统劳动模范、被授予人民教师奖章,1995年获曾宪梓教育基金会民办教师一等奖、全国十杰青年教师提名奖。是年,牛车河乡有中学1所,学生300人,教师25名;小学2所,学生700人,教师35人;学前班2个,学生200人,适龄儿童入学率100%,初中生毕业率99.4%。2015年,乡内有初中1所,学生224人,教师28名,学校建筑面积2780平方米;有小学2所,学生695

人，教师34名；有幼儿园1所，入园幼儿226人，幼师14名。

文化体育

1995年，全乡有 1 个文化站，有文学艺术爱好者100多人，电视机用户3864家，其中彩色电视机用户1230户；有农家书屋8个，藏书（刊）2013册；各类体育场所5个。2003年，成立乡有线电视管理站，部分农民接收有线电视。2015年，全乡有文化站1个，有线电视管理站1个，群众业余剧团1个，中西乐队2支，老年诗词协会1个，狮龙队4支，有文学、音乐、诗词、美术、书画、唢呐等文学艺术爱好者220人。文学艺术创作活跃，演出活动经常，群众文化生活丰富多彩。电视入户4082户，其中有线电视入户856户；农家书屋12个，藏书（刊）2万多册；有舞蹈队3个，各类体育运动场所9个。

医疗卫生

1956年，牛车河乡有卫生院1家，全乡有医务人员5名。1984年，牛车河乡有卫生院1家，医务人员11名；有村卫生室21个，有医务人员21名；全乡医疗设备价值30万元，有病床6张。1995年，乡有卫生院1所，村级及个体医疗站11个，建有药品超市2家；卫生院有医务人员12名，病床8张；农村卫生室医生和妇幼保健员16人；个体医生11人；个体药店12个；全面完成65岁以上老人健康体检，完成8000份健康档案。2013年，乡卫生院公租房建设启动，2014年投入使用。2015年，乡内有卫生院1家，医疗点（门诊部）3个，村级卫生室12个，病床22张，专业医务、护理人员15人，年诊治患者6000人次。

社会保障

2009年，建牛车河乡敬老院，21名五保老人入院养老。2013年，全乡共发放种粮补贴资金201.83万元，公益林资金51.4万元，摩托车补贴资金5.5万元。农村合作医疗参合率达到100%；全乡五保户99人，低保户541人，危房改造户22户。2014年，对享受最低生活保障的低保户重新进行评定，经过评审，全乡有398户795人享受最低生活保障；为3320人贫困户建档立卡，新增五保老人48名；对45户危房进行改造，危房改造补贴43.3万，危房信息摸底1200户，计划生育奖励扶助资金57万余元。2015年，全乡（集中）供养五保老人45名，每人每月补助生活费330元；分散供养五保老人95名，每人每月补助生活费240元。

五、特色地情

名优特产

七星椒　盛产于牛车河乡的七星椒辣素含量是普通辣椒的两倍，胡萝卜素、维生素C含量居蔬菜之首。七星椒味辛辣，有清热解毒之功效，曾被列为清代贡品。以本地传统工艺结合现代科技手段生产出来的鲁胡子辣酱系列产品先后获得湖南省首届、第四届、第五届农博会优质产品金奖，首届乡镇企业科技博览会金奖，中国轻工部新产品质量保证中心奖，并通过农业部《无公害绿色食品基地》鉴定，通过 QS(质量安全)认证 。

风景名胜

雪花洞 位于牛车河乡飞旗河村龟龙山下。雪花洞高约 30 米，宽约 40 米，深不可测。洞内梁架斗拱，鳞次栉比，穿插交错，冰花奇出，巧夺天工，更为叫绝的是洞中套洞，洞下有洞，岔洞重生，洞洞相通。

老祖岩 位于牛车河乡毛坪域内，海拔 540.4 米，山顶建有道观，相传纯阳祖师曾在此修炼并遗存碑碣，人们便将这座仙山称为老祖岩。道观建于公元 621 年，道观内主顶经殿供奉祖师菩萨，经殿下有四合院殿堂，中间一个天井，四周供奉小菩萨，西侧有偏房。

老祖岩双龟向阳，与轿顶山遥遥相对。山上有一对蜡烛石柱、岩鸡公、自生石臼、仙人足、令牌山，风景极美。老祖岩岩石上存有一方断碑，据传为吕洞宾所刻：“……上则天光朗照，其与斗牛分其烁；下则地气飞腾，时与庄姝合其形。月照星稀长照山光于千里，云覆霞颠永宜江河以万年……”明万历年间(1573—1620)，桃源知县黄应元《老祖岩》诗云：“琳宇璃扉紫翠间，花源兰棹倚澄湾，仙翁料得多慈悯，愿乞飞砂一驻颜。”

洞溪河 洞溪河是沅水支流大洑溪流经牛车河境内的一段峡谷。以洞溪河村黄家坪大坝为起点，终于麻潭河村牯牛潭，全长约 6.5 千米。河谷十里无人烟，充满野性的活力，荡漾原始的激情；两岸山势陡峭，有如斧削刀切，天然雕饰；山上终年树木葱茏，堆青叠翠，蔽日遮天；幽山鸣泉，随处可见，珍禽异兽，出没寻常；淡水如镜似练，百步九折迂回，鱼翔浅底，鸟鸣青山，原始生态环境保留完好。河谷两岸有濒临灭绝的珍稀植物群落——中华文木。磐岩踞石，造型奇特，黄杨、水柳、细叶香楠遍地丛生，仅杜鹃的种类就多达十五六种。春夏之季的野河谷既有花的浪漫情调，又有水的神秘色彩，其观赏游览的内涵底蕴可与其他有名的景点相媲美。洞溪河长渡河河段地势具有奇险之特色。奇在流势九曲回肠，弯道多

熊猫洞口笑迎客

曲径通幽一线天

绝壁之上小天门(穿心岩)

而急，峰回路转，带山穷水尽之势，出人不意，呈柳暗花明之境；河道狭而爽，宽处不及百米，狭窄之处仅二三十米，因狭而生险意，因险而衬奇势，水势或而湍流险急，或而幽平缓落；既有雷打岩、撞山门、翘脑壳、浪木港等奇石险滩，又有黄花潭、是非潭等舒缓平落之流。

穿心岩 位于牛车河乡龟龙山村，距雪花洞不远。与著名的天门山相像，略小，远眺宛若一座巨大的双孔拱桥。循口入，东西皆透天光，中有乳石成钟形，岩西为百米悬崖，一条溪穿“桥”而过，滚落深渊，形成瀑布。“桥”的跨度为150米，宽40米，高约200米，因赖造物主神奇，故又称“自生桥”。“桥”下巨石横空，与“桥”壁形成仅容一人侧身可过的缝隙，抬头仰望，天仅一线。于一线天听瀑，如虎啸、似雷鸣，别有一番意趣。穿心岩壁立如屏，青翠朴茂的苍松仿佛从九霄降落的神兵天将，齐整整一排、直挺挺一列拱卫，守护着主峰；峰顶一线蓬勃生长着一丛丛怒放的杜鹃，美如锦绣，灿若云霄。

殷家桥风雨桥 位于牛车河乡殷家桥村桥头组莫炳初屋旁，桥为晚清乡绅沈世香倡建，清《光绪桃源县志》载：“沈世香，倡修殷家桥，高岩磴、毛家河桥屋，行者便之。”桥长9.5米，宽3.5米，桥屋高4.1米，桥下距水面5.5米，廊桥样式，有飞檐，上覆老旧青瓦，细密匀致。桥梁鹊木为七根巨大的伯乐树，因质地坚硬担当大任，桥板为松木。内两侧建有四柱三间供行人歇脚的条凳，雕刻或现实或神幻图案的梁柱、枋额，是集桥、廊、亭为一体的桥梁建筑，当地人俗称“瓦桥”。据说贺龙率红二、六军团曾从此桥经过。2007年，列入第三批市级文物保护单位。

▲ 殷家桥风雨桥

真龙桥 位于牛车河乡真龙桥村。1934年，贺

▲ 真龙桥

龙、萧克曾率部队途经此地休整,招募兵力。

据传从前有一条孽龙在此兴风作浪,常常山洪暴发,泛滥成灾,两位神童与之搏斗被山洪冲走。为纪念这两位神童,老百姓将这条溪命名为文童溪,并召集能工巧匠,在文童溪上、下游各修建瓦桥一座,分别取名为真龙桥和金龙桥,"文化大革命"期间被毁。1962 年,真龙桥大队组织劳力对真龙桥进行复修。2007 年,真龙桥被列入第三批市级文物保护单位。

吊脚楼 在牛车河的两岸,人们依据山势建有一排排吊脚楼。牛车河乡三红村的吊脚楼群是湖南省吊脚楼群保存最完好的地区之一,和湘西吊脚楼大同小异,依山就势而建,呈虎坐形,以"左青龙,右白虎,前朱雀,后玄武"为最佳屋场,后来讲究朝向,或坐西向东,或坐东向西。依山的吊脚楼,在平地上用木柱撑起,分上下两层,上层通风、干燥、防潮,是居室;下层是猪牛栏圈或用来堆放杂物。房屋规模一般人家为一栋 4 排扇 3 间屋或 6 排扇 5 间屋,中等人家 5 柱 2 骑、5 柱 4 骑,大户人家则 7 柱 4 骑、四合天井大院。整体依山傍水,全木结构,小青瓦,花格窗,木栏扶手,司檐悬空,有鲜明的地域特色。年代久远一些的,一般用茅草或杉树皮盖顶。近些年代的多为全瓦铺盖,每间留有亮瓦,足够采光。四壁多为干杉木板,开凿密镶,外涂桐油,美观精致。

吊脚楼上有深闺

吊脚有楼梦飞扬

历代名人

鲁胡子 1954年10月出生，原名鲁周明，民营企业家，全国人大代表，中共党员，牛车河乡三龙村人。现任桃源县牛车河乡三龙村党支部书记、湖南桃源鲁胡子辣酱责任有限公司董事长。1978年从部队退伍后，回家乡真龙桥村务农，担任村支部书记。2011年4月担任三龙村党总支书记。因在其新疆当过兵，喜爱新疆人的胡子，所以留起阿凡提式左右翘起的“八”字形胡须，创业之后在与外商洽谈业务时，因实名与商标不符，常常遭到质疑，2003年10月，鲁周明来到公安局户政股，请求将名字鲁周明改为鲁胡子，并在身份证像片上保留含有商标标示作用的肖像特征——胡须，经过湖南省公安厅特批，鲁胡子如愿以偿，因此拥有一张全国独一无二的身份证。在任村支书的30余年里，依托本地特产七星椒发展辣椒产业。1996年，成立鲁胡子辣酱厂。2004年，成立鲁胡子辣酱责任有限公司，成为远近闻名的农民企业家，让辣椒成为群众致富的依靠。投资建立烤烟基地和油茶基地，创建用材林基地，带领三龙村百姓走出了一条以七星椒加工为主业，烤烟、油茶、林业产业为辅的致富捷径。带领党员群众修水渠、建水厂，修公路、安路灯，改变全村落后面貌。先后被授予省劳动模范、省优秀共产党员、省先进科技示范户、新世纪感动桃源十大人物、优秀县人大代表等荣誉称号。2013年，当选为第十二届全国人大代表。2016年3月8日，习近平总书记到湖南团参加审议，并与妇女代表合影。在照片里，总书记身后的鲁胡子表情呆萌，嘴上的大胡子又带着几分异域风情，一下子吸引了网友的注意力，迅速走红，一时被媒体广泛报道。

（傅芬芬）

观音寺镇

观音寺镇行政区划图

一、区域概况

建置沿革

南宋《武陵图经》记载，境域属桃源乡管辖。据明《嘉靖常德府志》，属桃源上乡黄沙村。据清《光绪桃源县志》，属仙瑞乡大洑溪村。按元《六条政类》记载，元朝已设立高都站（今高都驿村），明朝设立高都巡检司，清末废。清《读史方舆纪要》《嘉庆一统志》《清史稿》俱言桃源有三镇，高都镇位列其一。清《光绪桃源县志》记载设有观音寺市。1934 年，属龙潭水区观音团和翠峰团。1935 年 8 月，废乡团，新编为观音乡和翠峰乡。1941 年 1 月，撤区并乡，为翠峰乡和金林乡。1946 年，因纪念晚清拔贡燕起烈（号旸谷），金林乡更名为旸谷乡。1950 年 3 月，旸谷乡复名为金林乡。1952 年 8 月土改复查时，境域属龙潭区所辖观音寺、东阳溪、长潭坪、曾家河、三望坡、万峰、道山头和兴隆区所辖燕家坪、马鬃岭、万阳山、大洑溪等 11 乡。1956 年，撤区并乡，为观音寺乡、三望坡乡、燕家坪乡。1958 年 9 月人民公社化后，属龙潭人民公社。1961 年 4 月，析置观音寺、三望坡、燕家坪 3 公社。是时，观音寺公社辖腊洞溪、萧家坪、汤家店、长潭坪、高家洲、曾家河、雷家洲、姚家坪、李家坪、东阳溪 10 个生产大队。1984 年 2 月，改为观音寺乡，辖姚家坪、东阳溪、高家洲、李家坪、梁家界、长潭坪、汤家店、萧家坪、腊洞溪、曾家河、雷家洲、苏坊溪 12 个村民委员会和乡林场、万阳山林场，118 个村民小组。1995 年 11 月，原燕家坪乡、三望坡乡并入观音寺乡，全乡辖舒溪、会人溪、田坪界、汤田界、株木溪、道山头、小馆、朱家山、板溪、撩弓溪、野猪溪、姚家坪、东阳溪、高家洲、李家坪、梁家界、长潭坪、汤家店、萧家坪、腊洞溪、曾家河、雷家洲、苏坊溪、燕家坪、高都驿、大洑溪、甘溪、杨家溪、堂屋溪、李家溪、白石溪、羊楼坪、连岩头、桃儿堉 34 个村民委员会和万阳山、团垉、株木溪 3 个林场，283 个村民小组。1997 年 11 月，观音寺撤乡建镇，增设红旗居委会，从羊楼坪、白石溪两村析出刘家坪村，李家溪村改为马鬃岭村，堂屋溪村改为燕家溪村，全镇辖红旗居委会和姚家坪、长潭坪、舒溪、会人溪、田坪界、汤家界、株木溪、小馆、道山头、朱家山、板溪、撩弓溪、野猪溪、东阳溪、高家洲、李家坪、梁家界、苏坊溪、汤家店、萧家坪、腊洞溪、曾家河、雷家洲、燕家坪、高都驿、大洑溪、甘溪、杨家溪、燕家溪、马宗岭、白石溪、羊楼坪、连岩头、桃儿堉、刘家坪 35 个行政村，万阳山、团垉、株木溪 3 个林场，283 个村民小组。2006 年 2 月，姚家坪、长潭坪 2 村改为居委会，红旗居委会撤销，全镇辖 2 个居委会 18 个居民小组，33 个村，3 个林场，265 个村民小组。2011 年并村后，辖姚家坪、长潭坪居委会和舒溪、道山头、会人溪、野猪溪、万阳山、汤田界、李家坪、曾家河、东阳溪、杨家溪、羊楼坪、马宗岭、燕家坪、大洑溪、高都驿、桃儿堉 16 个行政村，283 个村（居）民小组。2012 年，村民小组合并为 177 个。2013 年，村民小组合并为 163 个。

位置面积

观音寺位于桃源县西部，东与龙潭镇接壤，南与兴隆街乡隔沅江相望，西与怀化市沅陵县七甲坪镇和五强溪镇相连，北与牛车河乡毗邻。辖区东西最大距离17.5千米，南北最大距离22.7千米。全镇总面积225.89平方千米，其中山地180平方千米，耕地27.5平方千米，水域18.39平方千米。镇政府驻地距桃源县城54千米。

自然环境

境内大部为山地，地势西北高东南低，最高点万阳山一尖峰海拔918.1米。境内属亚热带季风气候，为多发性暴雨区，年均降水量1485毫米，50%的降雨集中在6～8月，年平均气温17.5℃，无霜期320天，年均日照1620小时。矿藏资源主要有石灰石，还有铅、锌、石煤、重晶石等。主要自然灾害有旱灾、水灾、地质灾害等。

人口民族

1995年，全乡有7226户23933人。2002年，全镇有7570户24112人。2015年，全镇有7413户26855人，其中城镇常住人口4590人，城镇化率约17%；少数民族5人，主要少数民族为土家族。另有流动人口7350人。总人口中，男性14911人，女性11944人。人口出生率9.64‰，死亡率0.48‰，人口自然增长率8.22‰，人口密度为118.8人/平方千米。

二、经济发展

综述

1995年，全乡农业总产值1319万元，企业总产值9997万元，农民人均纯收入1279元。2002年，全镇实现农业总产值9001万元，工业总产值13365万元，财政收入442万元，农民人均纯收入1690元。2015年，全镇完成工农业总产值15357万元，人均收入7928元。

农业

种植业 观音寺镇水稻生产主要集中在原观音寺片、原燕家坪片。燕家坪村、羊楼坪村、杨家溪村、东阳溪村双季稻种植面积占耕地面积的80%，中稻适种区域种植面积占耕地面积的90%以上。1995年，全乡产粮10899吨、油料1791吨、水果282吨。在抓紧粮食生产的同时，因地制宜，扩大药材种植面积（种植中药材始于1983年），全乡黄柏、黄栀子、杜仲等木本药材种植面积5000多亩，薏米、白术等草本药材种植面积300多亩，形成草本、木本相结合的药材种植场。2005年，全镇种植粮食作物48854亩，产量15561吨，油料作物种植22322亩，产量2365吨，苎麻种植2200亩，产量242吨，蔬菜种植3500亩，产量3500吨。2015年，组建大洑溪种养专业合作社，全镇110户群众参与，辐射2000余亩双季稻耕地，推行公司管理模式。重点扶持富硒皇菊产业，培育种植面积近180余亩，建成厂房千余平方米，购置成套皇菊加工设备，年产值近500多万元。

2015年，全镇农作物播种面积87075亩，其中，粮食作物54360亩、总产19048

吨,粮食作物中,谷类48762亩、总产17955吨,豆类3850亩、总产486吨,薯类1748亩、总产607吨;油料作物28285亩,总产3708吨;甘蔗150亩,总产300吨;中草药材1000亩,总产800吨;蔬菜类2880亩,总产6278吨;瓜果类200亩,总产300吨;其他作物200亩。

林业 1995年,全乡造林1015亩,封山育林5615亩,抚育幼林2400亩,采伐木材1128立方米、竹材10860根,油茶林56007亩,油茶籽产量280吨,油桐林1082亩,油桐籽产量80吨,乌桕籽产量81吨。2005年,全镇造林1261亩,抚育幼林3084亩,采伐木材8959立方米、竹材7000根。2015年,辖区有林地27万亩,全镇植树造林38000多亩,涉及18个村(居),其中百亩集中连片的15处,500亩集中连片的4处,千亩集中连片的1处,产业每年增收9500余万元。全镇有51家大小木材加工厂,较2014年新增12家,总产值510余万元。

养殖业 1995年,全乡出栏生猪20658头,出笼家禽12.3万羽,出栏山羊4830只。2002年,全镇出栏生猪20000头、肉用牛1660头、羊31800只,水产品产量1226吨。2011年,投入1200万元成立会人溪冷水鱼养殖产业合作社,所产美国斑点叉尾鮰、鳙鱼获全国食品博览会金奖,其他产品获全国无公害农产品称号,合作社年产鲜鱼1500吨,产值3500万元,带动移民近100人加入合作社,每户新增纯收入1.5万元。2012年,燕家坪村新建1个占地15亩的万头猪场。2014年,镇农牧站与曾家河村、舒溪村的8户养殖户引进30头优质湘西黄牛养殖,取得较好经济效益,在其示范效应带动下,另有村民引进23头湘西黄牛进行养殖;舒溪村波尔山羊养殖基地养殖波尔山羊400多头。是年,全镇水产养殖面积1575亩,总产量1725吨。2015年,全镇出栏生猪38605头,出售和自宰肉用牛1091头,出售和自宰肉用羊37800只,出笼家禽96.03万羽,出售和自宰肉用兔2500只,出售和自宰狗1753只,蜂蜜3吨,蜂蜡35公斤,禽蛋3388吨,其他畜牧业产值130万元。

工业

1972年,观音寺乡兴建年产水泥4.4万吨的水泥一厂。1982年,又建起相同规模的水泥二厂。1995年,投资3200万元,建年产10万吨的特种水泥生产线。1997年,国家紧缩银根,特种水泥生产线建设贷款困难,成半拉子工程,被迫停建。2家水泥厂共负债6100多万元,涉及3100多债权人,观音寺镇政府陷入债务危机。2014年,全镇有工业企业7家,工业总产值485万元,利润50万元,上缴税金18万元。

商贸服务业

1995年撤区并乡前,原三望坡乡政府、观音寺乡政府、燕家坪乡政府驻地建有墟场,即农村中心市场。1995年撤区并乡后,仅留有观音寺乡政府驻地墟场与原燕家坪乡政府驻地墟场。2013年,观音寺镇有工商贸企业53家,各类商铺500多家,个体工商从业者1628人,年收入4567.6万元,墟场赶集日赶集者近3000人;年社会商品零售总额0.87亿元,其中集市商品成交额6000多万元。

三、基础设施

交通运输

2010年，建成观音寺镇客运站，日发客运汽车60班(次)，往返于桃源、漆河、五强溪等地；每日1趟开往广州、珠海、东莞的长途卧铺车；农村公交2次，客流量1500余人。至2013年，全镇完成通村通组公路硬化18条、总长76千米，新建村组公路228千米、扩改342千米，新修大小桥梁6座；4条40千米长的毛坯山区公路全面贯通。在建的黔张常铁路过境。

邮政通信

1994年，观音寺乡投资240万元开通500门程控电话。2001年，移动公司在集镇设营业点，邮政、电信业务收入284.4万元。至2002年，全镇开通程控电话4000门，移动和联通手机站相继开通，域内设邮政所。2006年，联通公司在集镇设营业点，全镇有家庭固定电话1237部，移动电话8863部，宽带用户654户。2014年，全镇有邮政所1家，移动、联通营业网点各1处。

供电饮水

供电　1974年，域内建毛坪水电站，装机500千瓦。1975年，镇境始架输电线路。1984年，建毛坪第二水电站，装机200千瓦。1995年，建电站。1999年，建杨家溪水电站，装机500千瓦。2004年，观音寺镇进行第一批农村电网改造，年用电量138.8万千瓦时。2015年，全镇有电站3座，变压器98台，输电线路145千米；开始第三批农村电网改造，用电量500万千瓦时。

饮水　1993年，观音寺镇建自来水厂，年供水105万立方米，供集镇2000人饮用。2014年，道山头集中改水工程完工，年供水80万立方米，供950名山区村民饮用；重建观音寺镇集镇自来水厂，年供水400万立方米，供集镇10000人饮用。2015年，投入400万元，完成群英水库整修及舒溪、马鬃岭、杨家溪、燕家坪等村(居)的分散供水工程。

▲ 会人溪水库

水利建设

2007年3月，修会人溪水库，2010年5月竣工，总库容7890万立方米，集雨面积392平方千米；10月，建会人溪电站，2009年5月，会人溪电站建成发电，装机容量2台机组，常年发电量4000万千瓦时，输入国家电网，直接经济收益1500万元。2013年，对6座病险水库除险加固、2.28万米渠道进行硬化。2015年，全镇有小(一)型、小(二)型水库16座，大型水库1座，骨干塘、小山塘689口，灌溉渠道57.24千米。

集镇建设

1992—1996年，观音寺集镇新开发80多亩，新增楼房200多户，新增常住人口1200多人，粮贸大楼、水电大楼、畜牧大楼、林业大楼、金融大楼、门诊大楼等高楼相继建起。2002年，集镇建成区面积0.48平方千米。2013年，投入380万元对观音寺镇桥北街道提质改造，改造街道1058千米，建下水管道985千米，铺设人行道板1008米，安装节能路灯70盏。2014年，对观音寺镇桥南街道升级改造，建下水管道5000米，铺设人行道板5000米，安装节能路灯82盏，强弱电改线8000米。2015年，投入15万元新购置封闭垃圾桶300个，聘请环卫保洁人员2名。

四、社会事业

教育

1950年，境域有小学2所，教师29人。1968年，全公社有幼儿园1所，入园幼儿80人，幼师4名；有小学6所，学生 580人，教师45名。 1969年，境域始办初中，时有中学生150名。 1996年，进行并校，学校撤并后，全镇有中学1所，学生700人，教师120名；有小学19所，学生330人，教师150名。1995年，全乡有中学2所，中心小学3所，村小16所，教学点15个，教职工140多人。2002年，对学校进行调整后，全镇有1所中学，11所小学。2009年，对学校再次进行调减后，全镇中学和中心小学各1所，村级小学3所。2013年，全镇财政预算内教育经费741万元，预算内教育经费占财政总支出比例为4%。2014年年末，全镇有幼儿园2所，在园幼儿438人，专任教师29人；小学6所(其中完全小学2所，村点小4所)，在校学生1032人，专任教师45人，小学适龄儿童入学率100%；初中1所，初中在校学生453人，专任教师38人。初中适龄人口入学率、小升初升学率、九年义务教育覆盖率均达100%。

文化体育

20世纪末至21世纪初，观音寺镇建成地面卫星接收站，镇广播站改造后达省级验收标准。2012年，全镇完成有线电视数字化整体转换工程3000多户，农家书屋实现全面覆盖。2014年，全镇有镇文化站1个，村级文化活动中心18个，各类图书室18个，藏书4.5余万册。有文化艺术团队13个，从业人员280人。有学校体育场2个，经常参加体育活动的人员占常住人口的6.7%。

医疗卫生

1950年，境域有诊所3家，医生6名。 1962年，成立卫生院，时有医务工作者16

▲ 刺绣传承基地

名。1968年,公社卫生院有医务人员21名,有大队卫生室18个,大队卫生室有赤脚医生20名。1994年,投资400万元修建乡卫生院,添置10万元医药器材,拥有2个卫生所、40个卫生室,卫生技术人80人。2013年,新建功能完备的卫生院。2014年末,全镇有镇医疗卫生机构1个,门诊部(所)19个;有床位25张,每万人拥有病床10张。专业卫生人员21名,其中执业医师1人,执业助理医师6人,注册护士7人。全年医疗机构(门诊部以上)完成诊疗0.99万人次,18个村村民全部参加新型农村合作医疗。

社会保障

2006年开始,政府对农村五保、农村低保、抚恤优待对象发放补助补贴。2012年,全镇城镇最低生活保障户76户109人,月人均补助202元,农村最低生活保障户459户744人,月人均补助74元;国家抚恤、补助各类优抚对象125人,抚恤事业费支出47.22万元。有1家敬老院,床位50张,收养农村五保人员40人。2013年,新建观音寺镇敬老院。2014年开始,实行农村残疾人护理补贴制度,打卡发放补贴;投入40万元,对29户农村危房进行改造。2015年投入85万元,对83户居民危房进行改造。

五、特色地情

风景名胜

万阳山自然保护区 万阳山自然保护区距县城西60千米左右,最高海拔918.1米,东与东风石灰矿、舒溪村接壤,南至省道227,西与沅陵县七甲坪镇交界,北至后溪沟。2014年3月,省政府批准建立桃源县万阳山省级自然保护区,保护区以原万阳山林场辖区为主,将相邻的舒溪村、杨家溪村、马鬃岭村2万亩林地纳入保护区,总面积为4.1万亩,除10亩左右的耕地外,其余全部划为生态公益林。保护区森林覆盖率在95%以上,山上名贵树木有16种,野生动物40余种,昆虫近百种。保护区内主要景区有笋子溪水库、潘家山观景台、西湾,有锡皮子沟与高家坡、白仙洞与遇仙坡、易家湾与油房塅的百米溪水瀑布，有千米楠木带和亮垭的千亩茶园，有神奇的一碗水、神秘的铁瓦寺、直刀岭，在万阳山主峰上还有抗日战争时期的防空哨遗址。

三仙桥 位于观音寺镇长潭坪居委会南。为石板桥，建于清咸丰十一年(1861 年)，东西走向，桥长 4 米，宽 1.1 米，桥西山顶立建桥碑 1 座，载建桥年月及捐款人姓名。1995 年，被列为县级文物保护单位。

千年银杏 位于观音寺镇中学(原观音寺遗址)后门，树高 37 米，树冠 150 平方米。树身 3 ~ 5 人方能合抱，树干离地面 2 米处开始分枝，共有 20 多个粗枝向上或向四周伸展，最大的树枝直径 40 厘米，长达 15 米。树枝分布均匀，叶形奇特，树冠呈椭圆形。头上顶着一团蓬蓬的绿叶，像一把撑开的雨伞，傲霜斗雪，千年不衰，至今仍枝叶茂盛，年年结果。可谓春夏满株翠绿，入秋一片金黄。该树相传为元末明初曾姓道人所植。1981 年 5 月 25 日，被县人民政府列为县级重点文物保护单位。1996 年，该树自燃，大火持续一天一夜，后被县消防大队扑灭，但该树元气大伤。2007 年，县林业局对该树打箍、牵钢索固定，千年银杏得到保护。

▲ 千年银杏

▲ 千年桂花树

古桂花树 位于观音寺镇长潭坪居委会苏坊溪周家祠堂，树形优美，绿盖如伞，距今有近千年的历史。虽树龄古老但仍生机勃勃，风姿绰约。每逢农历八月，金黄色桂花开满枝头，芳香馥郁，沁人肺腑，香飘十里。湖南省林业厅将其列入“湖南十大树王”候选。

历代名人

燕起烈 1841—1901年，字训卿，一作舜钦，号旸谷，观音寺镇燕家坪人。咸丰十一年(1861)辛酉科拔贡。同治元年(1862)壬戌科廷试考取刑部七品小京官，七月到部，闰八月告假。五年十二月，销假。七年八月丁父忧。服阕后，十一年三月，起复到部。光绪五年(1879)十月，补授刑部提牢。七年三月，补刑部江苏司主事。九年十二月，补刑部河南司员外郎。十一年升刑部江西司郎中，京察一等。十二年三月，保送御史记名。十四年二月二十八日，补陕西道监察御史，奉旨巡视北城。十五年，授甘肃甘州府知府。二十三年，调任西宁府知府，署分巡西宁兵备道。二十七年，卒于任所。著有《旸谷遗书》《燕甘州集》。

燕起烈在刑部任职期间，强调权时、应变、会通，对封建礼法教条常常提出批评意见，如杜存殴伤潘广录身死一案，燕认为满流罪已重，再判离异，“于理诚不可易也，唯于情窃以为未安”“兹事不独于人情不便，而于政体亦大有关”，担心今后办案，援照此例，“必多窒碍之处”，提议斟酌修改。光绪十三年黄河郑州决口，燕起烈任职御史，大胆奏劾李鸿藻、李鹤年、倪文蔚等一干重臣滥发工饷，延误工期。燕起烈平日喜欢戏曲，所撰戏曲楹联“如许神通！忽现出孝子忠臣、騃男黠女、若壮若悲，姑莫问叫甚本头，直可作五千年历史兴亡鉴；是何世界？猛然间金戈铁马、海市蜃楼、绘声绘色，还须要放开眼孔，看破那一群儿登场傀儡人。”一语双关，嘲讽了清末的政治人物，指出戏曲欣赏对社会政治和历史人物的镜鉴功能。

印遇龙 1956年1月出生，中国工程院院士，观音寺镇杨家溪村郑家坪人。1978年毕业于湖南师范学院生物系。1985—1987年、1994—1999年分别在德国国家农科院动物营养所、英国女皇大学、加拿大贵湖大学学习和工作，并获英国女皇大学哲学博士学位。1999年，入选中科院“百人计划”，并回国工作，创建我国第一个畜禽健康养殖研究中心，即“中科院亚热带农业生态所畜禽健康养殖中心”。现任中科院亚热带农业生态研究所首席科学家，动物营养学国家重点实验室、生物饲料安全与污染防控国家工程实验室学术委员会委员，国家生猪产业技术创新战略联盟理事长，中国农学会微量元素与食物链分会名誉理事长，农业部动物营养与饲料学科群重点实验室学术委员会名誉主任，AnimalNutrition 主编。2013年12月19日，当选为中国工程院院士。2015年，获“全国先进工作者”荣誉称号。

印遇龙长期从事“猪氨基酸营养代谢与调控”研究，在国际上较早提出畜禽健康养殖概念。近年来，又先后组建湖南省和国家生猪产业技术创新战略联盟。2010年，先后被国家自然科学基金委员会和财政部科学基金资助与管理绩效国际评估为国家“重大科学突破或重要科学进展”资助成果典型创新案例，和中国科学院生态与环境科技创新基地知识创新工程重大标志性成果；发表第一作者或通讯作者论文200余篇，其中

SCI 论文 85 篇(总影响因子 241),受邀在国内外知名刊物发表综述学术论文 15 余篇,SCI 论文被 SCI 期刊引用 1108 次,国际学术会议 30 篇;主编专著 4 部、参编 3 部(英文),获国家专利 21 项,已有 6 项实施。2014 年,在德国慕尼黑召开的两年一届的百奥明世界营养论坛上,组委会为其颁发 World Nutrition 奖。

(宋娟)

龙潭镇

龙潭镇行政区划图

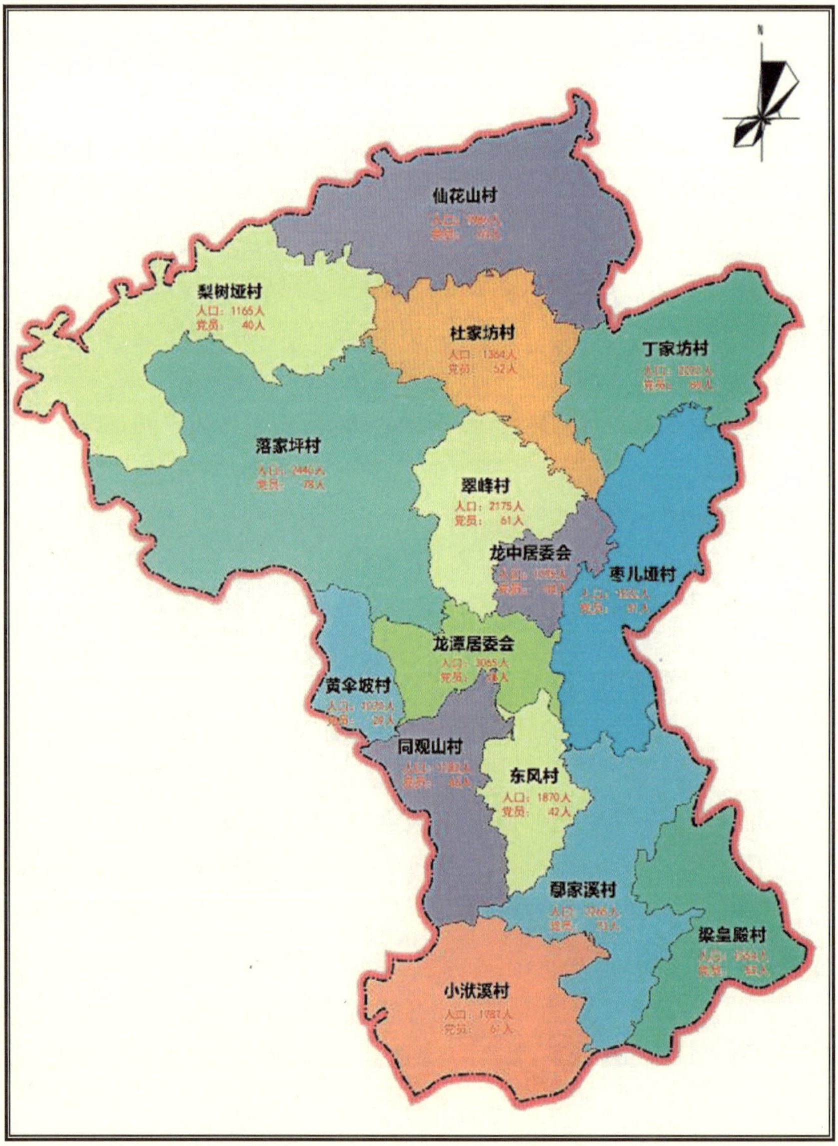

一、区域概况

建置沿革

因境内有一山形似长龙，龙头前临深潭溪（桃花溪），故名为龙潭水，龙潭因此而得名。

南宋《武陵图经》记载，境域分属桃源乡和大延乡。据明《嘉靖常德府志》，属桃源上乡黄沙村和大延上乡高桥村。据清《光绪桃源县志》，属仙瑞乡小洑溪村，设有罗家湾塘，配塘兵四名。1934 年，属龙潭水区保中团、金龙团和竹林团。1935 年 8 月，废乡团，新编为第七区保中乡、竹林乡和斗山乡。1941 年 1 月，撤区并乡，为龙潭乡和金林乡。1947 年 2 月，为纪念晚清拔贡燕起烈（号旸谷），将金林、翠峰、龙潭 3 乡合并，更名为旸谷乡。同年 5 月 25 日，还原建制，属龙潭乡和旸谷乡。1950 年 3 月，旸谷乡更名为金林乡，境域属龙潭乡和金林乡管辖。1952 年 8 月土改复查后，分属龙潭区所辖徐家坪、陈溪坪、枣儿垭、株木山、丁家坊、泥头山、王家溪、红岩障、落家坪、黄伞坡和佘家坪区所辖郭家桥、掩门山、金盆山、梁皇殿以及兴隆区所辖的陡山坪等 15 乡。1956 年，撤区并乡，为龙潭水乡、丁家坊乡和鄢家溪乡。1958 年 9 月人民公社化后，属龙潭公社，辖徐家坪、陈溪坪、落家坪、黄伞坡、湖田界、梨树垭、左家溪、王家溪、丁家坊、株木山、枣儿垭、同观山、金盆山、鄢家溪、梁皇殿、小洑溪、大洑溪、燕家坪、杨家溪、观音寺、曾家河、三望坡、道山头、田坪界 24 个生产大队。1961 年，析置为龙潭、丁家坊、鄢家溪 3 公社。是时，龙潭公社辖龙潭水、徐家坪、楠木湾、花香坪、陈溪坪、落家坪、黄伞坡、同观山、桃花溪、梨树垭、湖田界、剪家界、双堰垭 13 个生产大队；1984 年 2 月，公社改乡；1995 年撤区并乡，原丁家坊、龙潭、鄢家溪三乡合并成龙潭乡，辖丁家坊、杜家坊、枣儿垭、皮家堉、株木山、水碓堉、仙花山、王家溪、郭家界、左家溪、落家坪、黄伞坡、双堰垭、同观山、龙潭水、徐家坪、楠木湾、花香坪、沉溪坪、桃花溪、梨树垭、湖田界、剪家界、鄢家溪、七铃坪、金盆山、仙境垭、小洑溪、罗家湾、仙峰山、仙娘、梁皇殿、郭家界、松山寺 34 个村 341 个村民小组。1996 年，撤龙潭乡建龙潭镇，辖大屋、龙中 2 个居委会和丁家坊、杜家坊、枣儿垭、皮家峪、株木山、水碓峪、仙花山、王家溪、郭家界、左家溪、落家坪、黄伞坡、双堰垭、同观山、徐家坪、楠木湾、花香坪、沉溪坪、桃花溪、湖田界、梨树垭、剪家界、鄢家溪、松山寺、七铃坪、金盆山、仙境垭、小洑溪、罗家湾、仙峰、仙娘、梁皇殿、郭家桥 33 个村。2011 年并村，全镇辖龙潭、龙中 2 个居委会和落家坪、梨树垭、黄伞坡、同观山、小洑溪、梁皇殿、鄢家溪、东风、枣儿垭、丁家坊、仙花山、杜家坊、翠峰 13 个村，135 个村民小组。

位置面积

龙潭镇地处桃源县西北部，东与佘家坪乡、凌津滩镇毗邻；东南隅隔沅水与兴隆街乡相望；西与钟家铺乡、观音寺镇相连；北与理公港镇接壤。镇人民政府驻龙潭镇墟场，

▲ 千山湖

距县城45千米。辖区东西最大距离17千米,南北最大距离15千米,总面积256平方千米,为全县乡镇面积之最。

自然环境

龙潭镇大部分属深丘地貌,最高点丫柱山海拔668.3米,自西南向西北横贯西部边境,翠华山海拔400米左右,与丫柱山西端相连,位于西北部。域内海拔300~700米的地带,在当地称为“界上”,300米以下地带称“界下”,属丘陵地貌。整体地势西高东低,由西北向东南倾斜。蕴藏着丰富的石灰石、铜、铅、锌、磺、磷、重晶石等矿产。域内最大的河流小洑溪属沅水一级支流,发源于郭家界村,始称东、西二溪,流程总长31.8千米。桃花溪为沅水二级支流,发源于梨树垭村,总长12.6千米。镇域属亚热带季风气候,78.6%的降雨集中在4—9月。年平均气温17.2℃,年平均降水量1620毫米。植被茂密,保存着中亚热带较完整的大面积低海拔常绿阔叶原始次森林,森林覆盖率达76%,是湘西北水源涵养区和生态屏障。

人口民族

1995年,全乡有8421户28704人,其中男性15892人、女性12812人。2005年,全镇有9202户28598人,其中男性15554人、女性13044人。2014年年末,全镇有9526户27835人,其中男性14964人、女性12871人。全镇有维吾尔族4人,回族11人,土家族70人,苗族15人,瑶族3人,黎族1人,壮族6人,布依族3人,侗族8人,傈家族1人。

二、经济发展

综述

1995年,全乡农业总产值3660万元,农民年人均纯收入1312元。2002年,全镇实现工业总产值9500万元,农业总产值9132万元,财政收入604万元,农民年人均收入1660元。2013年,全镇实现工农业总产值2.8亿元,其中工业生产总值0.9亿元,农业生产总值1.9亿元,农民年人均纯收入5380元,居民个人存款余额1.1亿元。2014年,全镇实现工农业总产值3.4亿元,其中工业生产总值1.5亿元,农业生产总值1.9亿元,农民年人均纯收入7030元,居民个人存款余额1.5亿元。

农业

▲ 猕猴桃园

种植业 域内种植业以粮食作物为主。20世纪70年代前，乡境粮食单产仅184.3公斤，油菜单产不到40公斤。1983年，乡境大面积推广杂交中稻威优6号，亩产提高到350公斤。之后，不断引进优良品种，推广先进技术，亩产提高到410公斤。1995年，全乡种植水稻43500亩、总产13581吨，大豆5900亩、产量295吨。2005年，全镇种植水稻40455亩、产量17017吨，大豆2010亩、产量201吨。2014年，粮食种植4064公顷，其中优质稻2431公顷，占水稻种植面积的60%，总产24443吨。油料作物是境域第二大种植产业。2005年，全乡种植花生5300亩、产量318吨，油菜28450亩、产量2784吨。2014年，油料作物播种2246公顷，总产4432吨。

养殖业 1995年，全乡出栏生猪27740头、山羊10000只，出笼家禽62万羽，水产品产量1090吨。2005年，全镇出栏生猪36282头、山羊58796只，出笼家禽56万羽，水产品产量1054吨。2014年，全镇养殖生猪6.8万头，其中出栏4.1万头；养牛5306头；养羊10.6万只；饲养家禽136万羽；出售和自宰狗3125只；禽蛋产量3622吨；水产品总产量985吨。全镇有养牛大户6户，养羊大户12户，养猪大户2户。

林业 20世纪70年代后期，开始植树造林，公社在小洑溪建起2000多亩杉林。80年代，各大队办起林场。1990年后，利用世界银行贷款造林，形成高潮，全乡引进资金70多万元，造林6000多亩。至1995年，全乡累计造林5万多亩，封山育林3万多亩，山林总面积27万多亩，活立木蓄积量14万立方米；另有丰产油茶林业44262亩，果园2044亩；10个镇办林场有林地9805亩，21个村办林场经营面积9220亩。2011年，全镇造林5万亩，全镇有用材林15.54亩，经济林8.45亩，楠竹5.37万亩，森林覆盖率达80%；产茶油159.6吨，桐油12.3吨。2014年，全镇造林11370亩，其中油茶新造3000亩，林业示范点6000亩。2015年，完成新造林14500亩，其中油茶新造2000亩，林业示范点5000亩。至2015年，全镇荒山造林6.5万亩，创造产值近3亿元，涌现出5000亩以上的造林大户2户、1000亩以上大户5户、500亩以上大户30户、100亩以上大户近200户、几十亩大户近千户；成立油茶生产合作社。

工业

20世纪60年代，公社创办3家农具厂，固定资产原值9万元，从业人员45人，年产值25万元,利税2.5万元。80年代,先后办起酒厂、砖厂、印刷厂、花炮厂和建筑队,有固定资产369万元,年产值405万元,完成销售收入365万元,利税25.8万元。1995年,全乡有乡办企业11个,村办企业35个,村以下企业1285个,拥有固定资产635万元,年产值10271万元,实现利润625万元。2002年,镇内企业主要有水电站、建筑预制厂、砖厂、酒厂等。2012年,全镇工业生产总值0.8亿元,有工业企业3家,职工120人。2014年,全镇有工业企业7家,产值1.5亿元,利润9000万元,税金710万元,从业者325人。

商贸服务业

域内商业繁荣的集镇市场有龙潭、鄢家溪、丁家坊3处。2011年,全镇有商业网点171个,从业者351人,社会商品零售总额0.22亿元,城乡集贸市场3个,年成交额0.32亿元。2014年,全镇有出租摊位104个,个体工商业者377人,墟场赶集日有近5000人;社会消费品零售总额9760万元。

三、基础设施

交通运输

省道227线和沅水支流小洑溪贯穿全域,龙潭镇是通往常德、张家界、沅陵县的交通枢纽。2002年,全镇通村公路建设完成,总长394.8千米。2003—2009年,硬化龙(潭)鄢(家溪)公路,拓宽龙(潭)梨(树垭)公路,修筑村组公路652千米、桥梁29座,15个村(居)村组道路硬化。2014年,全镇完成公路硬化46千米,完成路面改造40千米,建成柳树港大桥、两河口左家溪大桥。2015年,硬化公路34千米,路面维修40千米。3月,黔张常铁路(龙潭段)正式开工建设,途经镇境内5个村居15个村民小组。

邮政通信

1985—1995年,全乡架设传输杆线110多杆千米,7个村建村级广播室。1991年,建成全县第一个乡级有线电视台。1995年,被省广播电视厅评为广播电视合格乡镇。1992年,开通装机容量为512门的程控电话。2002年,域内建广播电视微波系统和移动通讯基站。2009年,全镇有移动、联通基站9个,2个村通宽带网络,200多农户安装直播卫星,11个村通有线电视。2013年,投入60万元新建移动景观站一座,推动集镇网络发展。

供电饮水

供电 1975年,小洑溪流域建桃花溪小水电站。1993年,建成两河口和七险坪水电站,分别装机320千瓦、250千瓦。2009年,全镇35个村居中有12个村完成电网改造,2个村在实施改造中。

饮水 2002年,镇境建自来水厂。至2009年,全镇有4个村实施安全饮水工程。2014年,全镇有龙潭居委会、龙中居委会、落家坪村等10个村(居)通上自来水,1.5万人安全饮水问题得到解决。

水利建设

1955年,域内第一座水库——贺家湾水库建成。1958年,建成杨溪峪水库。1959年,建成斧头峪水库。1960年,建成黄草湾、四二八水库,黄草湾水库于1987年申请报废。1969年,建成张家峪水库。1970年,建成陈家峪水库。1972年,建成桃花溪、独石岩水库。1975年,建成郭家界、馒头山水库,郭家界水库于1987年申请报废。1981年,建成阙家峪水库。2014年,境内有水库11座,其中中型水库1座,小(一)型水库2座,小(二)型水库8座;骨干塘、小山塘2400多口,灌溉渠道48.5千米,有效灌溉面积3186公顷。2014~2015年,完成干渠清淤74.5千米、支渠49.9千米,河堤整修11千米,新建河坝1处,整修山塘181口,为5座水库除险加固。

四、社会事业

教育

1950年,境域有完全小学1所,初级小学14所。从1951年开始,各村(大队)都办学校,到1968年上半年,境内有小学34所。1958年,辖区内开始办初中,有中学生55名。1969年的1月和8月,又先后建立3所初中,招收新生160余人。之后,社会动荡不安,龙潭的教育也受到了一些冲击,但还是呈现出了一些亮色,特别落家坪完小(附设初中),由于学校体育工作和教学成绩突出,被评为湖南省教育工作先进单位,1977年湖南省教改现场会在该校召开。期间,龙潭区中学从1970年开始招收高中学生,1982年撤掉高中,丁家坊乡中学也于1973年2月和1975年9月分别招收两个高中班。改革开放后,龙潭镇的教育事业发展迅速,到1984年年底,全镇有中学4所,在校学生961人,中心小学3所,村完小1所,初级小学33所,学生3359人,有公办教师129人,民办教师114人;幼儿班21个,在园幼儿381人。2000年,全镇有中学1所,学生852人,有中心小学1所,村完小2所,初级小学3所,教学点21个,学生1915人。2002年,全镇有初级中学1所,小学20所。2009年,小学减少到7所。2012年,全镇有幼儿园4所,小学3所,初中1所。2014年,域内有1所中学、1所中心小学、1所完小、1所村小、1所中心幼儿园,教职工120人,在校中小学生2094人。适龄儿童入学率100%,初中生毕业率100%。

文化体育

龙潭镇汉剧、皮影、龙灯、舞狮、腰鼓、排鼓(打击乐),以及三棒鼓、九子鞭、采莲船、虾灯舞、表演唱、花鼓戏等具有地方特色的传统文化盛行数百年。2011年,镇党委、政府将红色文化和传统文化视为新农村文化建设的一种优势,列入"文化强镇工程"。是年,新建600多平方米的综合文化楼,设有多功能厅、图书阅览室、电脑资源共享室、演艺培训厅、资料档案室、书画创展览走廊等。2012年,组建创建"书画之乡"领导小组。

▲ 书画之乡

2013年,镇综合文化站被省文化厅评为全省先进基层文化站。2014年,龙潭镇申报市级“书画之乡”验收合格,成为桃源县首个创建市级“书画之乡”的乡镇。2015年,全镇有镇文化站1个,有线电视管理站1个,中西乐队20支,广场舞队13支,老干书画协会1个。

医疗卫生

1966年,龙潭区卫生所扩建成龙潭地段医院,有门诊部200平方米、病房1栋230平方米、宿舍1栋215平方米、其他用房200平方米,有医务人员5名和简单的医疗器械。1967年,7名大、中专毕业生分配到该院,共开设病床22张。1969年,龙潭公社卫生院并入龙潭地段医院。1978年,龙潭地段医院将老门诊部翻修成1050平方米的楼房,工作人员增至30名。1987年,龙潭地段医院占地5333.6平方米,建筑面积1860平方米。1996年,龙潭地段医院更名为龙潭镇中心卫生院。同年,镇卫生院被卫生部授予铜牌,获一等甲级医院称号。2002年,镇中心卫生院被评为市级文明医院,镇内有村级医疗卫生保健站32个。2014年,镇内有1个中心卫生院、1个门诊部,有医护人员34人,病床50张;村级卫生室35个。

社会保障

2005年,龙潭镇推行抚恤优待、救灾救济、农村五保、最低生活保障等制度。2011年,全镇有51户65人享受城镇最低生活保障;123人(次)参加医疗救助,民政部门资助参加合作医疗1309人(次);有308户812人享受农村最低生活保障;186人为国家优抚对象;镇敬老院有床位50张,收养农村五保老人50名。2012年,开办城乡居民养老保险,有8035人参保。2013年,有6971人参加城乡居民养老保险。2014年,全镇有43户48人享受城镇最低生活保障,医疗救助189人次,民政部门资助参加合作医疗1568人次;有287户546人享受农村最低生活保障,全年发放低保金66.288万元;重点优抚对象146人;鄢家溪敬老院集中供养五保老人36人,全年发放五保金额15.12万元;338名五保老人分散供养,全年发放五保金81.12万元;优抚对象367人,由县民政局和财政局直接打卡发放;6413人参加城乡居民养老保险。2014年,全镇有25101人参加新型农村合作医疗,参合率91%;对农村残疾人(1~2级重度残疾人)实施补助政策,每人每月补助50元。

五、特色地情

风景名胜

梁皇殿古寺、古树群 位于桃源县龙潭镇梁皇殿村部西面300米处。寺周有枫树、樟树、麻栗、梓树、桂花树多种古树相邻。相传因南北朝时，梁武帝游历到此而得此名。寺建于明代，近代曾修复，如今寺庙上留有"梁帝留芳远，皇图启运长"的书文，寺庙内留有佛像几十尊，该村因此命名为梁皇殿村。该地古树参天，风景秀丽。

▲ 梁皇殿

王家大院 俗称老筒子，位于龙潭镇同观山村掩门山组，始建于清光绪二十六年(1900)。四合院式，青砖外墙，砖木结构，小青瓦屋面，院落长55米，宽52.8米，靠院落东面的大门宽3.3米、高2.8米，建筑群原有房108间，四周高墙紧护，占地3136平方米。大院南面辟三门(中称朝门，现拆除改为通道)，东、西两面又各开一耳门，均以浅红色条石凿成。院前有池塘，砖墙上留有方形或圆形窗户，院内前进与两厢为二层楼房，出外廊，外置木梯，后进为堂屋，梁柱、窗棂的木雕和马头山墙上的彩绘等构思巧妙，制作精美。大屋坐北朝南，背临连绵青山，前是广阔良田，一条清澈小溪绕屋后蜿蜒而过，风景优美，顶部修有约2米高的装饰牌楼，设计奇特，气势非凡。2007年被列为第三批市级文物保护单位。

▲ 王家大院一角

株木山墓窟群 位于龙潭镇丁家坊村，距离省道227线4000米。墓窟群建于明代，其墓窟群呈现在山崖峭壁上，呈长方形，周围草木茂盛，景色秀色可餐。属省级文物保护点。

历代人物

刘定军　1964年10月出生,全国人大代表,中共党员,本科学历,高级工程师,现任中国国电集团湖南分公司总经理,桃源龙潭人。1983年,考入长沙电力学院动力系热动专业就读。1986年7月大学毕业后,分配到湖南省火电建设公司。1986年7月至1996年6月,先后在火电公司湖南耒阳工程处、江西新余工程处、广东湛江分公司、湖南石门分公司等四个工程项目任技术员、专职工程师、技术负责人、经理办主任、总调度等职。1996年6月至2001年4月,在湖南益阳发电有限公司任副总工程师兼工程部主任。2001年4月至2004年1月,在江西九江三期发电有限公司任副总经理,分管基建工作。2004年1月至11月,在国电泰州发电有限公司担任副总经理,分管基建工作。2004年11月至2005年9月,在国电华中电源建设管理分公司担任副总经理及河南濮阳项目部经理。2005年9月,在国电华中电源建设管理分公司担任副总经理兼国电湖南宝庆煤电有限公司总经理。2013年2月27日,当选为第十二届全国人大代表。2016年,担任国电湖南电力有限公司筹备组组长兼国电湖南宝庆煤电有限公司总经理。2017年,担任中国国电集团公司湖南分公司总经理。

1992年,被评为湖南省电力系统先进工作者。2001年,被评为湖南省益阳市劳动模范。2005年,被河南省濮阳市人民政府记二等功。在负责宝庆项目筹建期间,他运筹帷幄,科学决策,使项目在无竞争优势的条件下,从17个同类项目中脱颖而出,获得国家发改委核准。建设期间,严格管控,使工程工期、造价处于国内先进水平,实现即投产、即稳定、即盈利、即创优,被评为"改革开放35年百项经典暨精品工程",创造了湖南火电建设史上第一个鲁班奖。2015年,荣获"湖南省劳动模范""湖南省优秀企业家"称号。在国内学术期刊上发表论文多篇。

（戴小娟　陈靖）

佘家坪乡

佘家坪乡行政区划图

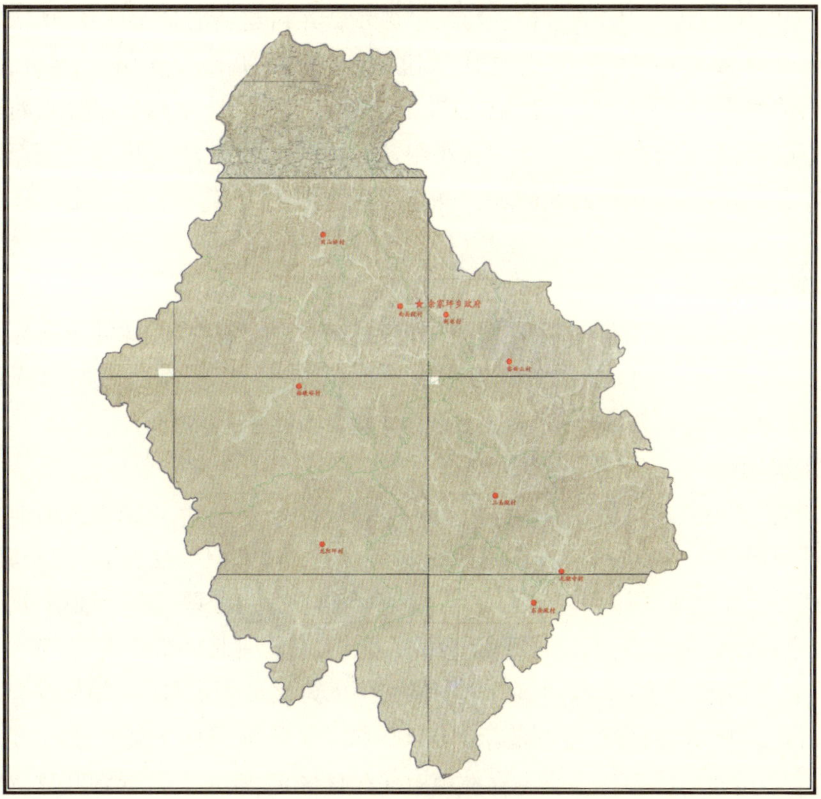

一、区域概况

建置沿革

宋元时期，域内佘姓为望族，故名佘家坪。

按南宋《武陵图经》记载，境域属大延乡。据明《嘉靖常德府志》，属大延上乡高桥村，该区划一直沿用至民国。1934年，属泥窝潭区赫曦团。1935年8月，废乡团，新编为赫曦堉和洞泉乡。1941年1月，撤区并乡，为赫曦堉，下设6个保。1947年2月，三阳、赫曦并为阳曦乡。同年5月25日，恢复原建制为赫曦堉。1952年8月土改复查后，分属佘家坪区所辖佘家坪、赫曦堉、荣丰、云龙山、龙阳坪、盘龙山、前山桥、三旺坪、龙朝寺、雷锋山10乡。1956年，撤区并乡为佘家坪乡和向家桥乡。1958年，两乡合并为佘家坪人民公社，辖南岳殿、新港、前山、赫坪、盘龙山、龙阳、黄荆、三圣殿、龙朝寺、雷峰10个生产大队；1961年，佘家坪人民公社分为佘家坪人民公社和向家桥人民公社，其时佘家坪公社辖三和、梏木岑、前山桥、盘龙山、新港、竹林寺、新儿堉、桥梓峪、金凤、南岳殿、同心、先进、天宝13个生产大队；1981年地名普查后，佘家坪公社辖新港、梏木岭、桥梓堉、三旺坪、赫曦堉、骑龙山、盘龙山、前山桥、南岳殿、金子山、竹林寺、雷锋山、天宝13个生产大队；1984年，撤销公社建制，佘家坪人民公社改称佘家坪乡，辖13个村132个村民小组；1995年，向家桥乡与佘家坪乡合并组建新的佘家坪乡，辖梏木岭、桥梓峪、前山桥、赫曦峪、骑龙山、盘龙山、天宝山、南岳殿、新港、金子山、竹林寺、三旺坪、雷峰山、黄荆峪、东岳殿、六角垭、猫儿岩、龙阳坪、三圣殿、十字路、大里山、简家坝、龙潮寺、方田堉24个村委会，237个村民小组。2011年6月，撤村并组，全乡辖新港、南岳殿、雷峰山、前山桥、赫曦峪、龙阳坪、东岳殿、龙潮寺、三圣殿9个村民委员会，85个村民小组。

位置面积

佘家坪乡地处桃源县中部，东连三阳港镇，南与泥窝潭乡、凌津滩镇毗邻，西及西北抵龙潭镇，北与理公港镇、太平桥乡接壤。地域像一个水壶，东西长约14千米，南北长16.5千米，面积127.4平方千米。乡政府驻地距桃源县城30千米。

自然环境

佘家坪乡为浅丘陵地形，最高海拔342米，最低海拔54米。西面为山地，东、南、北、中部地势略低，山地面积占总面积的51%以上，山岭起伏，层峦叠嶂，土壤类型为酸性红壤，土地肥沃，资源丰富，特别适合栽种水稻、油菜、红薯、花生、油茶、水果等。境内的佘家坪溪为沅江支流，发源于佘家坪乡金子山，呈南北—东西走向，流域面积67平方千米，干流长度16千米，干流坡降19‰，汇入延溪流入沅水。乡境气候温和，四季分明，雨量适中，光热良好，空气清新。多年平均降水量为1319.7毫米，其中4~9月降水量占全年降水量的80%。全乡森林植被保存良好，为亚热带常绿阔叶林、针叶林混交带，森林覆盖率45.7%，林木蓄积量4万立方米；境内沟渠纵横交织，排灌便利。

人口民族

1995年，全乡有6608户22737人，其中男性12181人、女性10556人。2005年，全乡有7112户21286人，其中男性11351人、女性9935人。2014年，全乡有7603户20635人，其中男性10920人、女性9715人。境内人口全部为汉族。

二、经济发展

综述

1995年，全乡农业总产值4188万元，农民人均纯收入1410元。2002年，全乡农业总产值7762万元，工业总产值6145万元，财政收入425万元，农民人均纯收入2278元。2003年，全乡农村经济总收入5326.8万元，农民人均纯收入2761.3元。2005年，全乡农村经济总收入6055万元，农民人均纯收入3138.8元。2009年，农村经济总收入7986万元，农民人均纯收入4139.8元。2012年，全乡农村经济总收入9876万元，农民人均收入5119.5元。2014年，全乡工业总产值1.5亿元，农业总产值1.1亿元，农民人均纯收入6804元，财税收入675.25万元。2015年，全乡工业总产值1.95亿元，农村经济总收入16587万元，农民人均纯收入8598.3元，财政收入1068.24万元。

农业

种植业 全乡有耕地4.4万亩，其中水田3.8万亩，旱地0.6万亩。乡内粮食作物以水稻为主，油茶产业为特色产业。20世纪70年代前，佘家坪的农业生产较为落后，粮食单产仅132公斤，油菜单产仅28公斤。80年代后，大力推广科技兴农，推广农业生产新技术，调整农产品结构；动员农户栽种柑橘，鼓励农户种植沙田柚和蜜柚，至1995年，全乡栽种沙田柚和蜜柚23000亩，其中乡办基地6000亩、村组办基地4000亩、户办庭园13000亩。是年，种植水稻60000亩、总产19063吨，大豆2700亩、产量363吨，红薯3200亩、产量199吨，

▲ 满树沙田柚挂果

花生1740亩、总产156吨，油菜21400亩、总产2028吨，苎麻3100亩、总产155吨。至2002年，佘家坪乡庭园经济形成特色，沙田柚和蜜柚两大优质水果享誉省内外。2005年，全乡种植水稻42116亩、总产17023吨，大豆2988亩、总产538吨，花生1470亩、总产147吨，油菜15390亩、总产1539吨，柑橘4500亩、总产646吨。2007年，农民丰盛试种4亩多美国红提、蓝宝石获得丰收，标志着在桃源县又一优质水果试种成功。2014年，乡财政投入22.5万元，创办10个集中育秧示范点，创建105亩双季稻示范片及两个千亩双季稻示范片，软盘育秧550亩，早稻种植1.4万亩；培育发展300亩以上种粮大户3个，100亩以上大户15个；组建1个农机专业生产合作社和1个水稻专业合作社；积极探索发展订单农业，与酒厂签订合同，种植1500亩酿酒用高粱；采取统一品种、统一育苗、统一旋耕的方式，创办2个高标准千亩油菜示范片，带动全乡种植油菜1.8万亩。是年，全乡种植水稻69439亩、总产26319吨，大豆2788亩、总产349吨，花生1971亩、总产315吨，油菜19025亩、总产2492吨，柑橘6500亩、总产644吨。

养殖业 20世纪70年代以前，境域生猪发展缓慢，人均饲养生猪0.6头。1995年，全乡出栏生猪18100头，年末存栏牛3430头、山羊2300只，出栏山羊821只，家禽存栏40万羽，水产品产量231吨。2005年，全乡出栏生猪26690头，年末存栏牛3346头、山羊9500只，出栏山羊20100只，家禽出笼58万羽，水产品产量1450吨。2012年后，佘家坪乡在抓好猪、鸡、牛、羊传统养殖的同时，以豪猪、山鸡、獭兔、竹鼠等特色养殖为重点，扶持发展规模养殖户和各类合作社组织215户。2014年，全乡出栏生猪30420头，年末存栏牛2735头、山羊8948只，出栏山羊18858只，家禽出笼57万羽，水产品产量550吨；新增各类特色养殖户52个，全乡有规模养殖黄牛50头以上的大户5个，建成纳入“菜篮子工程”标准化养殖场1个，组建成立佘家坪乡黄牛养殖专业合作社。

林业 1995年，全乡有林地87146亩。2007年，积极推进集体林权制度改革，通过大力调处山林纠纷、林木林地确权发证，积极推进林权流转和森林资产抵押贷款，激活林业生产力，林业发展呈现出集体、个人、社会多元化投入局面。全乡插花山流转造林1200亩，造林百亩以上的农户有6户，50亩以上的8户，10亩以上的50户。2014年，新造人工林3500亩，油茶低改800亩，中幼林补植补造4200亩，苗木移植培育2万株。

▲ 怡清源茶场

工业

1995年，全乡有乡办企业11家，年产值过百万元的有杂竹复合板厂、台钳厂等8家。2002年,全乡有机械厂、怡清源茶场等规模较大的民营企业。2015年,该乡民营企业迅速发展,有大米厂3家,建筑材料厂2家,超市5家。全乡工业总产值4000万元,利润700万元,税金300万元。

三、基础设施

交通运输

1995年,公路已通到所有村组。2006—2009年,全乡完成近70千米乡村公路水泥硬化工程,实现村村通水泥路目标。2012年,整修雷峰山村童元岩组道1.5千米,拉通前山桥村金盆寺组的通村公路。2013年,全乡硬化乡道4.4千米、村组道10.2千米,维修改造组道55千米,基本实现全乡乡村干道环形线的连接。2014年,全乡筹集资金520余万元硬化乡村公路8.4千米,改造村组公路38.2千米,全乡乡道基本消灭砂石路,乡村骨干路网全部通了水泥路。2015年,全乡有乡道53千米,客车15部,通往县城及临近乡镇的班车每天72趟。境内有停车场1处,面积150平方米。在建的黔张常铁路过境。

水利建设

20世纪70—80年代,大兴农田水利建设,先后兴建小(一)型水库 3 座、小(二)型水库8座,新建电力排灌机埠15处,开挖人工河3条、修建台渠近300千米,乡境有效灌溉农田面积占水田总面积的87%。2012年,投入10万元疏浚前山桥水库15.3千米左干渠,沿线3个村1000多亩农田受益。同年,佘家坪乡挤入湖南省小农水建设项目笼子。2013年,筹集资金480多万元,清理疏通沟渠72千米,扩挖山塘245口,整修堤坝22处,维修改造涵洞涵管4200余米,整修改造机埠3座。2014年,总投资2500万元,实施小农水项目和田间工程建设项目各1个,建设高产、稳产良田0.738万亩,新建和改造灌溉渠道77.96千米,排水沟13.6千米,防渗衬砌干渠10.6千米,翻修重建渠道隧洞9个297米;自筹资金450余万元,清理疏通沟渠65千米,扩挖山塘242口,维修改造小河坝21座。

邮政通信

1972年,乡域始有电话。1995年,投资110万元,开通250门程控电话。1998年,乡域设邮政代办机构。2000年,移动、联通公司在乡境建基站。2015年,全乡有基站18处,座机用户5000户、手机15000台。

供电饮水

供电 1976年,乡域通电。1988年,乡域农村全部用上电。1995年,全乡有变电站1处,有变压器10台,功率600千瓦,输电线路150千米。1996年,开始进行电网改造。2015年,全乡有变压器87台,输电线路150千米。

饮水 2014年,投资85万余元,对佘家坪和向家桥两个集镇的自来水管网进行升级改造，解决两个集镇及附近村共1.1万人安全饮水问题。全乡有自来水厂两座，金子山水库自来水厂供佘家坪、向家桥两个集镇，前山桥水库自来水厂供前山桥村。自来水管网覆盖面积广，覆盖长度达90千米。

集镇建设

1961年，佘家坪公社所在地集镇面积1000平方米、街道长58米。向家桥公社所在地集镇面积900平方米、街道长20米。1991年，投资20万元铺设集镇街道1千米柏油路。1995年，佘家坪集镇面积1500平方米，街道2条，总长500米；向家桥集镇面积1600平方米、街道长800米。2007—2009年，对佘家坪集镇主街道裁弯改直、拓宽硬化；建设乡农贸市场、农村公交站、停车场等公共基础设施，集镇街道形成“十字街”雏形。2012年，开展环境卫生整治，新建40多个垃圾池，置垃圾桶150余个，购置垃圾清运车1辆。2013年，完成6个村庄规划调整工作，严格整治违规占地行为。投入资金近80万元完成乡集镇富民大道和前山桥居民点下水道管网、向家桥集镇和赫曦堉墟场的供水管网建设及乡集镇电网改造工程。2014年，对佘家坪和向家桥两个集镇的自来水管网进行升级改造，推进富民大道延伸工程，结合南岳殿集中居民点建设，努力扩张集镇，投入资金近40万元完成规划设计、土石方填方、河道整治。开展集镇脏、乱、差的环境卫生整治，增配垃圾桶120个，垃圾围27个，新启用垃圾填埋场1个。启动集镇街道改造工程，前期投入30万元安装路灯65盏。2014年，全乡两个集镇面积10000平方米，街道6条，总长2000米。

四、社会事业

教育

1941年，佘家坪设有学校10所，学生564人，另有张氏家族设有一所小学，学生68人。中华人民共和国成立后，所有小学由政府接管。1950年初，设小学3所。1956年，佘家坪乡设联校，设有佘家坪、向家桥、龙阳坪3所完小。1961年，设佘家坪人民公社联校，设有九年一贯制中学1所，其中分校1所，公办幼儿园1所、民办幼儿园3所。1985—1995年，全乡投资300万元新建中学教学楼和宿舍楼各2栋，建中心小学，在中心小学建2栋教学楼、1栋宿舍楼。2009年，全乡有2所初中、4所小学。2014年，筹资280万，新建佘家坪乡中心幼儿园。2015年年底，全乡有中学2所，小学1所；中小学教职员工99人、中小学生1570人，幼儿教师33人、入园幼儿260人。

文化体育

傩戏 中华人民共和国成立前，佘家坪乡“灯戏王”张树生把傩舞从土地戏、师道戏逐渐发展为傩戏，成立全县第一个傩戏班，其后经其弟子刘善初儿经组建，傩戏这一民间艺术活动在民间广为流传。1990年，县文化馆命名佘家坪乡为“傩戏之乡”。1999年，由刘仁宏组成的佘家坪乡傩戏艺术团赴海南省海口市演出，获三等奖。2000年，国

▲ 布一玄坛正殿

家傩戏会长称赞佘家坪乡艺术团为“中国第一支傩戏团”。2012 年，在常德市举行的“百团大赛”上，傩戏艺术团获优秀奖。该乡傩戏传承和演出活动获得中国傩戏学研究会的高度赞誉。

广电体育

1974 年，佘家坪公社成立文化宣传站，1976 年，改名为文化站。1981 年，乡墟场开通有线电视网。2002 年，乡文化站与广播电视站合并为文化广播电视服务站。2005 年建成光纤传输网。2010 年，乡综合文化中心投资 35 万元修建多功能厅、资源共享室、图书馆。2011 年并入社会事务管理站。

2012 年，有线电视由模拟电视转为数字电视，600 多户群众看到了高清的数字电视。

2013 年，启动“村村响”工程。至 2015 年，全乡 9 个村都有广播站，安装喇叭 250 多个。是时，全乡有村级文化活动中心 9 个，有书刊 28000 余册；有乡级文化广场 1 个，占地 750 平方米，有村文化体育广场 5 个，占地约 1200 平方米。

医疗卫生

中华人民共和国成立前，佘家坪没有专门的卫生机构，都是个人行医设诊。1995 年前，佘家坪与向家桥几经撤销与合并，各自建有卫生院。1995 年并乡后，设佘家坪乡卫生院、向家桥乡卫生所，门诊楼 2 栋，医疗点 24 个，医疗人员 51 名，大小必备医疗器械齐备。1997 年，佘家坪乡卫生院和向家桥乡卫生所合并成立佘家坪乡卫生院。2002 年，全乡有卫生院 2 所，医疗站点 24 个，医疗器械齐全。2009 年，全乡有卫生院 1 所，医疗站点 24 个。2014 年，乡卫生院有医务人员 20 名，有病床 25 张，医疗设备总值 20 万元；有村级卫生室 17 个，新农合参保率达 100%。

社会保障

1984 年，佘家坪乡对五保户实行“定供养标准、定干部包村包组负责、定专人照料、定走访时间、定期身体检查”的“五定”制度，被县民政局在全县推广。同年，佘家坪乡将乡办林场维修改建为乡敬老院，有住房 8 间，床位 13 张，收养五保户老人 11 人。1995 年，佘家坪乡开始对全乡外出务工人员进行服务与管理。2003 年以后建立劳动服务站。2011 年该站并入社会事务管理站。社会事务管理站负责在农村开展居民医疗保险和社会养老保险服务，对外出务工人员跟踪服务管理，负责企事业单位退休人员和60岁以上老年人的养老金发放。至2015年，全乡新农合参合率100%，农村居民养老保险参保率达95%以上。

五、特色地情

名优特产

佘家坪豪猪 20世纪90年代，佘家坪乡赫曦堉村村民周光丰在集市上收购野生豪猪进行驯化养殖，获得成功后，于1998年10月建场进行人工繁殖。通过不断摸索总结经验，野生豪猪饲养逐步做大。至2012年，野生豪猪养殖规模达到1000多头，年创利润100多万元。2012年5月9日，周光丰饲养豪猪的事迹在中央电视台第七套农业频道播出。之后，全国各地购买野生豪猪良种的客户蜂拥而至。在其示范效应下，饲养野生豪猪在佘家坪乡迅速推广，全乡存栏豪猪发展到5000余头、良种豪猪3000余头，年创利润近2000万元。

佘家坪蜜柚 1989年，佘家坪乡退休老干部燕浦江从福建平和县引进琯溪蜜柚。首先在家里试种，当年试种成功，所种蜜柚不仅果大味甜，且结果率也高，周边农户纷纷拜师学艺种植，面积不断扩大，到1998年，其所在村385户农户在房前屋后、自留山、偏坎斜坡上种植蜜柚，面积达到520亩。1999年，周边村的村民也大量种植蜜柚，全乡种植面积达到1800亩，蜜柚产量达550吨，产值达2500万元，全省各地的收购商纷纷到佘家坪乡收购蜜柚。佘家坪也因此成为著名的"蜜柚之乡"。

历代人物

吴景鸿 1876—1939年，字绍先，一作劭先、孝先，笔名无闷，赫曦乡雷峰山吴家老屋(今佘家坪乡雷峰山村)人。自幼刻苦好学，12岁即获补诸生，被乡人誉为"神童"。入桃源漳江书院就读，深得山长黄彝寿器重。1904年，吴景鸿、宋教仁由黄彝寿推荐，入读长沙湖南优级师范，参与华兴会革命活动。长沙起义事泄后，避走日本，先后入东京高级师范和明治大学政治经济系学习，并协助宋教仁编辑《二十世纪之支那》杂志。1905年加入同盟会，未久又脱会，转入政俗调查会。归国后，任学堂教员。1911年7月，同盟会中部总会成立，谋划于长江流域起义时，吴景鸿被邀回国，参与策划。1912年，任湖南省教育司司长，又任国民党湖南支部文事主任。1913年，任第一届国会参议院议员。"宋案"发生后，积极参与反袁活动。1916年，参加护国军起义。1917年，应孙中山之召南下护法，参加非常国会，曾任四川省教育厅长。1921年，回湘参与省宪法起草工作，担任政务厅厅长。1922年，湖南省议会成立后，改任湖南内务司司长。1926年去职，到上海法政学院任教授。1932年以后，历任国民政府立法院秘书长、中央公务员惩戒委员会委员。1937年抗战爆发后，回乡避难，专心于教育事业，编著《伦理学》和《犯罪心理学》等书。1939年，因脑溢血旧病复发，病逝于老家，葬佘家坪乡梏木岭。

张树生 1887.2—1964.8，今佘家坪乡赫曦堉村人。幼时仅读初小，7～10岁学习巫术，11岁改学桃源花鼓戏，14岁起在家乡演唱“傩愿戏”和桃源花鼓戏。17岁后的40多年中，先后在常德、桃源、汉寿、大庸等县的“大洪”“天喜”“荣华”“新舞台”等10个班社演戏，受尽官僚、地方、豪绅和匪首的压迫，四处奔走，难得温饱。

1950年年初，受艺友推举，在新舞台花鼓戏班献艺的张树生，由县内兴隆街乡间赴县城担当组建县花鼓戏剧团的重任。张确定“以团为家，为党宣传，不为个人发展”的建团原则。是年春，县新舞剧团正式成立，张树生任团长。该剧团初设址漆河镇演出，不久即迁县城民众剧院演唱桃源花鼓戏。1953年9月，县新舞剧团与由安乡县应召到桃源落脚的“德记大元班”合并，成立县文新剧团，张树生任团长。该剧团既演常德汉戏（即今武陵戏），又演桃源花鼓戏。1956年6月，县文新剧团分为两团，一演汉戏，一演桃源花鼓戏。8月，两团分别创办小演员训练班，张不辞辛苦，致力培养戏剧人才，使剧团博得“桃源戏窝子”的美名。1959年，两剧团重新合并，定名桃源县汉剧团。之后几年间，县人仍把县汉剧团称为“张树生的班子”。

张树生以其天赋素质加上刻苦钻研练就精湛的演唱技艺，生旦净丑各艺皆能，尤工须生，武场面伴奏也不同凡响，为戏艺全才，为桃源戏剧界一代名伶。张塑造上百个人物形象，继承并整理百余个优秀传统剧目，在湖南省第二届戏剧观摩演出大会演出时获大会授予的演员一等奖。1957年9月常德专区戏剧会演时，张树生获演员一等奖。

张树生是中国戏剧家协会会员，曾任中国人民政治协商会议桃源县委员会第一、二届委员。

（黄国艳）

三阳港镇》

三阳港镇行政区划图

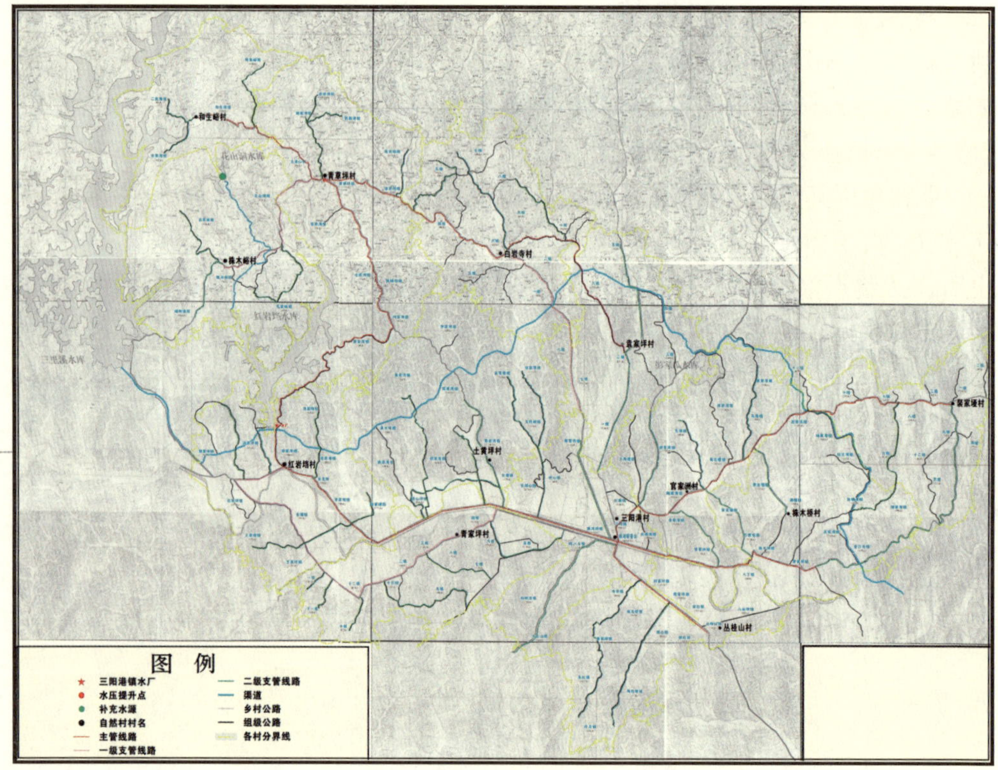

一、区域概况

建置沿革

三阳港因该镇汇三水之流而入港，镇区位于三水之北而得名。

南宋《武陵图经》记载，境域属仙瑞乡桐木村。该区划一直沿用至民国。1934 年，属泥窝潭区三阳团。1935 年 8 月，废乡团，新编为三阳乡和茅叶乡。1941 年 1 月，撤区并乡，为三阳乡。1947 年 2 月，三阳港、赫曦并为阳曦乡。同年 5 月 25 日，恢复原建制，为三阳乡。1952年8月土改复查后，属三阳港区所辖三阳港、石牛山、花山洞、土黄坪、株木桥、茅叶寺、三里溪、明月山8乡。1956年，撤区并乡，为三阳港乡。1958年9月人民公社化后属三阳港公社，辖明月山、沙坡堉、五一、三和、石牛山、袁家坪、土黄坪、花山洞、茅叶寺、永昌桥、三里溪、蓝家桥、青云山、跑马岭、太平桥、红星、向家坪、谭家铺、南阳、老官坪、飞龙山、龙潭桥、华阳23个生产大队。1961年，析出太平桥和龙潭桥公社后，三阳港公社辖胜利、五一、东风、新屋、红岩垱、红旗、永胜、株木桥、黄金、土黄坪、永红、先锋、红星、红卫、双庆15个生产大队。1981年地名普查后，三阳港公社辖三阳港、裴家垭、株木桥、官家洲、丛桂山、土黄坪、袁家坪、白岩寺、花山洞、茅叶寺、红岩垱、青家坪、石牛山、白栗坪、新屋15个生产大队。1983年，在全县第一个恢复乡建制。1984年8月，撤销三阳港乡建三阳港镇，辖新湖、上街2个居委会4个居民小组和裴家垭、株木桥、官家洲、丛桂山、三阳港、土黄坪、袁家坪、白岩坪、青草坪、禾生堉、株木堉、新屋、茅叶寺、红岩垱、青家坪、石牛山、白栗坪17个村189个村民小组。2011年并村后，辖新湖居委会和三阳港、土黄坪、袁家坪、茅叶寺、白栗坪、沙坡堉、花山洞7个村。

位置面积

三阳港镇位于桃源县中部，东及东北与浯溪河乡接壤，东南邻深水港乡，西与佘家坪乡交界，南与泥窝潭乡毗邻，北与太平桥乡相连。辖区东西最大距离16.1千米，南北最大距离12.2千米，全镇总面积94.4平方千米，其中陆地83.43平方千米，占89.9%，水域9.37平方千米，占10.1%。有耕地46485亩。

自然环境

三阳港镇地形属典型的丘陵地形，气候属中亚热带季风气候，冷热四季分明，干湿两季明显。春季低温阴雨，湿度大，云雾多；夏季天气炎热，多暴雨；秋季风和日丽，气候宜人，具有典型山地气候特征；冬季天气冷凉干燥，多大风，偶尔出现霜冻。年平均气温16℃左右，临近雪峰山北端以安化为中心的多雨区，年平均降水1500毫米以上，高于全县年平均降水量。域内森林资源丰富，森林覆盖面积达80%以上，杉木、松树、茶树等林业资源丰富，植被覆盖茂密，拥有保存完好的大片常绿阔叶原始次森林，因地质古老和受第四纪冰川侵袭影响较小，区内物种起源古老，保存了许多孑遗植物和古老植物；同时植物成分复杂，种类繁多。茂密多样的植被营造了众多野生动物的理想庇护所。

人口民族

1995年，全镇总户数7018户，总人口24834人，其中男性12643人、女性12191人。2005年，全镇总户数9451户，总人口25297人，其中男性13233人、女性12064人。2014年，全镇总户数9553户，总人口25204人，其中男性13098人、女性12106人；少数民族有土家族、回族、苗族、维吾尔族、壮族、白族、瑶族、布依族、黎族、傈僳族、蒙古族11个，少数民族人口占总人口的0.6%。

二、经济发展

综述

1995年，全镇工农业总产值1.5亿元，财政收入300万元，农民年人均纯收入1670元。2002年,全镇农业总产值9730万元,工业总产值6119万元,财政收入496万元,农民年人均纯收入2090元。2013年,全镇完成工农业生产总值1.56亿元;农民年人均纯收入6367元;城镇居民年人均可支配收入8505元。

农业

种植业 三阳港镇土地肥沃,盛产稻谷、油菜、果蔬等。1994年,镇农科站被评为全省百强农科站。1995年,官家洲村被定为全县科技种植和生态农业发展示范点,被中国农函大命名为农函大教学示范基地,为该校全国15个教学示范基地之一。是年,全镇种植水稻54200亩、产量17670吨,大豆2000亩、产量200吨,油菜23000亩、产量2486吨,棉花2800亩、产量100吨,蔬菜1848亩、产量3684吨,果园面积4094亩、产量271吨。2005年,全镇种植水稻47443亩、产量18897吨,大豆1300亩、产量137吨,油菜17600亩、产量1878吨,蔬菜4150亩、产量5395吨,果园面积6230亩、产量1717吨。2009年,三阳港镇被列为农业部万亩双季水稻高产示范片,丛桂山等5个村为省农业厅万亩双季稻高产示范基地,三阳港镇被评为全市粮食生产十佳乡镇。2014年,全镇种植水稻34755亩、产量12164吨,大豆2150亩、产量269吨,油菜23005亩、产量3014吨,蔬菜4800亩、产量10468吨,果园面积6438亩、产量2989吨。

养殖业 三阳镇养土鸡历史悠久。体型较大、肉质细嫩的"三阳大种鸡"享誉内外。三阳镇一度成为桃源黑猪及大种鸡的主产区及桃源县最大畜禽肉蛋聚散地,1960年,一只重9.5公斤的"三阳鸡"在世界博览会上展出。1995年,全镇出栏生猪55000头，出栏山羊3000只，年末家禽存笼125万羽，水产品产量1100吨。镇内建万只养鸡场1个，万只养鸭场14个,茅叶寺村成为全镇养殖示范村,全镇养殖业获常德市养殖业发展铜牌奖。2005年,全镇出栏生猪33612头，出栏羊

▲ 桃源大种鸡(公鸡)　　桃源大种鸡(母鸡)

18370只，家禽出笼120万羽，水产品产量1073吨。中、小规模鸡厂有数百家，散养户遍布全镇。镇政府对全镇散养农户实行统一规划、集中管理，实行种植、养殖场、沼气池、蔬菜园同步规划建设，动物粪便通过沼气变成能源、废渣还田，综合利用率达95%以上。2014年，全镇出栏生猪37112头，出栏羊19952只，家禽出笼99.7万羽，禽蛋产量5335吨，水产品产量1324吨。

林业 1995年，全镇造林918亩，封山育林15300亩，抚育幼林3500亩，采伐木材280立方米、竹材8500根，油茶籽产量80吨。2005年，全镇造林866亩，抚育幼林6872亩，采伐木材2016立方米、竹材1.31万根；建成800亩银杏树基地、200亩国营苗圃基地，居民刘大海建成苗圃基地150亩，全镇共育苗木近500万株，完成植树造林5000多亩。2014年，全镇造林1200亩，抚育幼林1600亩，采伐木材194立方米。

工业

20世纪80年代末至20世纪90年代中期，三阳港乡乡镇企业腊味厂生产的广式腊肉和香肠获湖南省芙蓉奖、防腐材料厂研发的防锈油获国家专利产品证书；手套厂生产10万套捷克服装创汇100多万元，水泵厂与台商签订100万元电视壳生产合同，白栗坪村与天津饲料厂联办津源饲料厂，企管站与港商联办钟表厂。1994年，全镇14家镇办企业，工业产值2800万元，全镇企业总产值1.01亿元，获市亿元乡镇银奖。21世纪初，宝欣制衣厂、筷子厂、针纺机械厂、丰悦纺织厂4家外资企业落户三阳港镇。2009年，全镇有防腐材料厂、自来水厂、手套厂、水泵厂、桃源县美丽村姑保健品厂、水泥预制件厂、木器加工厂、轧花厂等企业。2013年，投资150万元的针纺机械厂新厂房建成并投入使用，引资400万元的泰龙液化气站建成并投入运营。2014年，全镇有工业企业5家，其中规模以上工业企业3家，工业总产值8000万元，利润1000万元，税金2000万元。

商贸服务业

清光绪年间（1875—1908），域内开设墟场，有一条长100多米的街道。之后，逐步发展成为县内最繁华的集镇之一。民国32年（1943），墟场房屋大半被入侵日军焚毁，墟场内外数百米被大火烧成一片焦土。其后三年，商人刘福生在下街口开设坦丰隆商行，经营布匹、洗染业，生意兴隆。20世纪50—60年代，桃源县粮食局、桃源县供销社相继在三阳港建起基层机构，商贸业逐渐兴盛起来。改革开放后，三阳港集镇日趋繁荣。20世纪90年代，每个集日赶集者达1.5万人（次），300多个商业网点遍布镇区，年社会商品零售总额2200万元。2009年，全镇有个体工商户428家，年产值约2430万元。2014年，投资1.2亿元，建设集商住、农贸市场为一体的新湖财富广场；全镇有集贸市场2个、大型超市7家、电器超市6家、综合性酒店及宾馆3家，各类商铺、摊位300余个，逢场期人流量上万人，是桃源县中西部地区最大的商贸集散地。2015年，全镇社会商品零售总额2800万元。

三、基础设施

交通运输

1996年，镇区建成面积6670平方米的停车场。2012—2013年，镇村筹资380万元，硬化村组公路9.5千米，新修公路、改造路基11千米。2014—2015年，完成涉及6个村的土地综合整治项目第一期工程，硬化道路22千米，架桥梁63座，建田间道路98千米。

水利建设

1960年4月，三里溪水库建成，库容2900万立方米，全公社农田水利建设全面铺开。1970年，三阳港公社有小型水库30座，引水坝5处、渠道2400千米、电力排灌站28座、骨干塘2083口。2012—2013年，对红岩垱、花山洞、永胜、书房堉四座小型水库进行除险加固，疏通、清淤沟渠70千米，渠道护砌防渗2.5千米，新挖、整治堰塘200多口。2014年，全镇有小(一)型水库5 座、小(二)型水库25座，电力排灌站51座，骨干塘2460口，引水渠2800千米。

邮政通信

邮政 2001年，集镇设邮政所，主要业务是收寄包裹、信函、EMS、邮政储蓄。截至2014年，三阳港镇还有中通、圆通、顺丰快递。

通信 20世纪80年代，境内座机开通。1992年，安装移动通讯基站。1998年，境内开始使用手机。2014年，全镇有程控电话4563部、手机7821部，移动、联通基站8座。电信商业网点4个。

供电饮水

供电 1970年，三阳港镇域内通电。2014年农网改造，土黄坪村新增7台变压器，容量520千伏安，茅叶寺村新增3台变压器，215千伏安，改造1台变压器，50千伏安。发展到2015年，全镇有一号主变8000千伏安，二号主变20000千伏安，变压器数量：公变73台，容量6090千伏安；专变4085千伏安，18台变压器。输电线路里程82.8千米。

饮水 1990年，县水利水电局在三阳港镇建起日供水600吨的三阳供水厂。2014—2015年，建成投资1100万元的三阳自来水厂，解决集镇及7个村1.8万人安全饮水问题。

集镇建设

清光绪年间(1975—1908)，三阳港集镇有一条长百余米的街道。1949年，集镇建成区面积0.12平方千米。20世纪50—60年代，随着一批机关事业单位的迁入，集镇雏形渐成。1990—1996年，铺设下水道2000米，扩建街道1100米，建成区面积扩大到1.5平方千米。对东、西、南3条街用电线路整改增容，扩建农贸市场，兴建停车场和综合服务大楼。2012—2013年，完成集镇段河坡护砌与沟渠疏浚工程。2014年，建成财富广场。

四、社会事业

教育

1984—1993年,全镇教育投入500万元。1993年,成为湖南省100个教育明星乡镇之一,中学和中心小学先后通过省级验收达合格标准。2009年,全镇有初中1所、中心小学1所、村级小学3所,在校学生2528人。县第八中学设三阳港镇。2012—2014年,相继新建中心小学食堂、中心幼儿园、教师公租房、中学教学楼。2014年,全镇有1所市示范性高中、1所中学、2所小学、2所幼儿园;在校学生3145人,其中高中学生1185人、初级中学学生570人、小学生1190人;入园幼儿200人;教师239名,其中中学教师172名,小学教师67名。

文化体育

20世纪80—90年代,三阳港镇投入50万元建成广播站、电视差转站和有线电视台,投入100万元修建影剧院、文化娱乐宫、歌舞厅、灯光球场等。1983年,全国农民体育运动现场会在三阳召开。2011年,全镇有镇文化站、广播电视站各1处,有村级文化活动中心8处,各类图书室12个,文化业余创作队伍15人。2015年,在全县第一届运动会中,三阳港篮球队、广场舞分别获得全县第四名和优胜奖,团体总分第七名。三阳综合大市场休闲广场内,每天有200人以上跳广场舞,花山洞村民集中居住点跳广场舞人员近100人。

医疗卫生

1995年,镇区内建有设备齐全的中心医院、卫生院和防疫站。2009年,全镇建有中心卫生院和22个村级卫生室。2011年,有镇医疗卫生机构1个,门诊部(所)21个,床位48张,专业卫生人员31名,完成诊疗1.13万人次;8个村的村民全部参加新型农村合作医疗。2014年,全镇拥有1所一级甲等医院、5个门诊部、20个村级医疗网点。

社会保障

2011年,全镇有87户98人享受城镇最低生活保障,453户645人享受农村最低生活保障。医疗救助83人(次),民政部门资助参加合作医疗598人(次),国家抚恤、补助各类优抚对象121人。有1家敬老院,床位51张,收养农村五保老人51名。2013年,全镇农村低保人数825人,城镇低保人数95人,发放低保金77.5万元;发放大病医疗款37万元。安居工程完成58户无房户新建和危房改造任务;新农合参合率100%;城镇居民养老保险全面启动。2014年,为114农户改造住房,为500余名优抚对象发放临时救助30余万元。

五、特色地情

民俗风情

花灯 三阳港镇白栗坪村一名姓张的花灯爱好者从“祖祖（太爷爷）”那一辈开始跳花灯，他是第四代传人。他爷爷那一辈各类物资紧缺，花灯就是简单的灯具样式——铜碗+灯芯，想要再好看点就挂两块红布。灯班队员也没有专门服装，腰上随便扎块布料就上阵表演。花灯流传至今，制作材料日趋丰富、精美，样式色彩更加多样华丽，唱词经重新改编后内容丰富，朗朗上口。花灯表演从定型到敷面、从作画到书法、从穿着到打扮，花灯都有严格要求。花灯从形状上分为六方灯和八方灯，从内容上分为植物形状的莲花灯、荷花灯和动物形状的青蛙灯、鱼儿灯等，都用质地良好的皮纸精制。在花灯道具上，一般写有“花灯”“囍”“春、夏、秋、冬”等。

名优特产

三阳大种鸡 桃源大种鸡因主产地在三阳港一带，所以又称三阳大种鸡，是桃源人民经过数百年精心选育的优质地方良种鸡。1960 年在法国巴黎国际博览会上展出，其后又跨出国门，引种到越南。1965 年，中国科学院、农业部和农垦部正式确定桃源鸡为出口良种家禽，并写进与德国签订的科学协议。1982 年，桃源大种鸡正式编入我国地方良种志。1983 年出版的全国高等农业院校试用教材《畜牧学》，确认桃源大种鸡为中国地方良种鸡。2001 年《农民日报》将桃源大种鸡列为中国优良土鸡，并列为第三位。

历代名人

王其梅 1913.12—1967.8，字时英，号魁伯，曾用名时杰、瀚伯，今三阳港镇红岩垱村王家坪人。1931 年，入北平私立弘达学院。1932 年，考入北平大学附属高中。1933 年 1 月，参加中国共产主义青年团。同年 5 月，转入中国共产党。历任共青团支部书记、东城区委组织委员，察哈尔民众抗日同盟军司令部宣传队上尉宣传员、中共支部组织委员、大队党代表。1934 年，失掉党的关系，返回北平寻找党组织，又入中国大学学习，任经济系中共支部书记，后转入民国学院，任共青团支部书记兼北平西城街头支部书记、北平学联交际股股长、党团委员。1935 年，参加“一二·九”运动，因叛徒出卖被捕。1936 年 10 月，经党组织营救出狱，到河南省西华县以普理学校教员身份进行革命工作。后历任中共豫东特委交通站站长，西华中心县委书记，西华抗日自卫团政治部主任，中共豫东特委组织部部长，新四军第六支队营长兼教导员、团政委，水东党政军委员会书记兼独立团政委，桂五旅军政委员会书记兼政委，中共豫西四地委副书记、军分区副政委，中共桐柏地委书记兼军分区政委，中共冀鲁豫六地委书记兼军分区政委，中共豫皖苏边区一、五地委书记兼政委，开封特别市军事管制委员会主任，第二野战军第 18 军 53 师政委、军副政委，西藏军区副政委，西藏工委副书记，西藏自治区党委书记处书记，是第一、二、三届全国人大代表。1955 年，被授予少将军衔。1967 年，因“六十一人案”受迫害致死。1979 年 1 月 25 日中共中央为其平反昭雪，追认为革命烈士。

昌耀 1936—2000 年，本名王昌耀，祖籍桃源县三阳港王家坪（今三阳港镇红岩垱村）。民国 25 年（1936）出生在常德城育婴街。受大伯父王其梅的影响，昌耀少时便立下报国之志。1950 年 4 月，入中国人民解放军第 38 军 114 师，成为一名文艺兵。部队开赴辽东前夕，其母找到昌耀住处，昌耀执意要随部队走而假装“沉睡不醒”。昌耀随军北上，到辽宁铁岭 38 军留守的政文大队学习。1951 年春，随志愿军赴朝作战。其间，他先后两次回国参加文化培训。1952 年在上海《文化学习》发表散文《人桥》。1953 年 6 月，昌耀负重伤回国治疗，愈后入河北荣军学校完成高中学业。1955 年，从部队转业到青海，被安排在省贸易公司任秘书，业余从事诗歌创作。1956 年，调青海省文学艺术界联合会任创作员，参加创办文学杂志《青海湖》，并担任编辑工作。1957 年，在青海贵德乡间体验生活时，为勘探队员创作《林中试笛》短诗二首，被诬“反党毒草”打成“右派分子”，先后在湟源、浅山等地劳动改造，继而因为写下近万字的《辩护书》而被投进西宁监狱。1959 年，被流放到祁连山深处的劳改农场。1979 年，昌耀沉冤得以昭雪，回到《青海湖》编辑部，以一首《致友》重返诗坛：“九死一生黄泉路 / 我来了 / 骨瘦如柴 / 昂起的 / 还是那颗讨厌的头。”之后，先后推出《慈航》《山旅》《划呀，划呀，父亲们》《河床》等诗作，震动文坛。结集出版的著作有《昌耀抒情诗集》《情感历程》《噩的结构》《昌耀的诗》和《昌耀诗文总集》。昌耀的作品有清新鲜活的现实写照，亦有浪漫主义激情奔放的呐喊。但更多如《空城堡》那样，用近乎现实主义手法抒写自己的心灵世界。2000 年 2 月，中国诗歌学会授予昌耀首届“厦新杯”诗人奖。诗人韩作荣著文称昌耀为“诗人中的诗人”。

2000 年 3 月 23 日，昌耀与肺腺癌抗争数月后从青海省人民医院坠楼身亡。昌耀曾于 1980 年春回到老家，尔后创作《伞之忆》表达对故乡的眷恋：“三十年一笑，有微风吹湿的红尘；/ 木屐踏归，/ 像伞向我斜向撑开。/ 梦夏早已几回霜降，而这片荷叶总浮在心潮 / 常葆鲜绿。”昌耀去世后，家人遵照其遗嘱，将其骨灰归葬故里。

（黄婷婷）

太平桥乡》

太平桥乡行政区划图

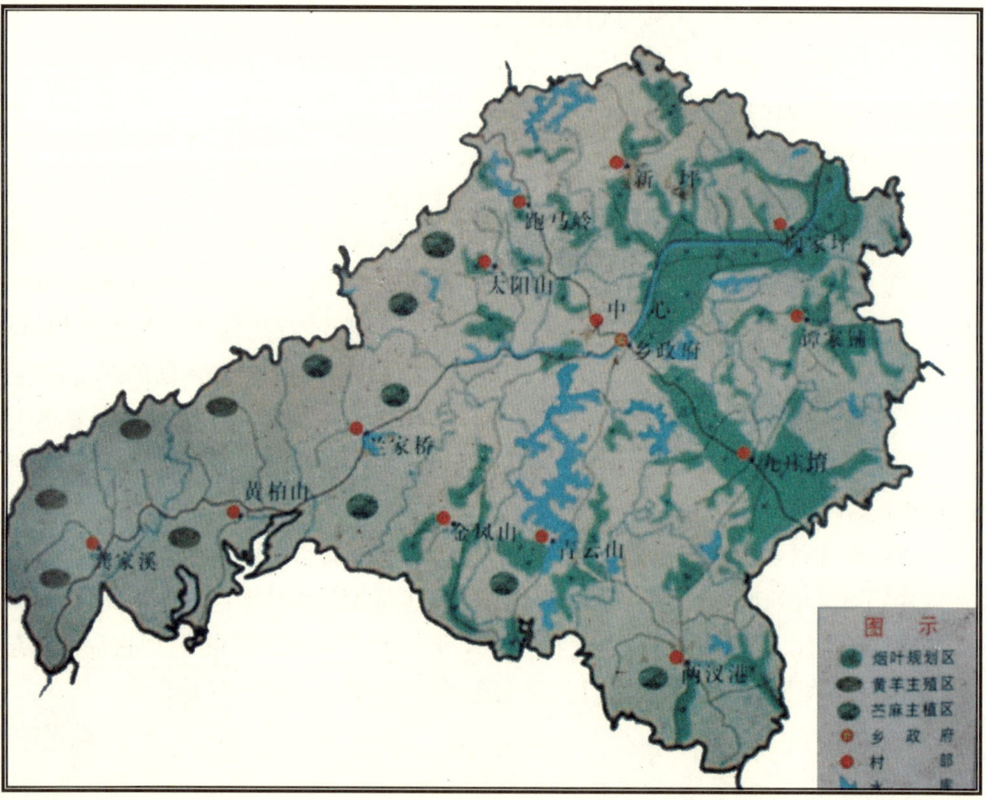

一、区域概况

建置沿革

太平桥乡原名鶬鸠村，因过去常有鶬鸠(即斑鸠)在此地栖息而得名。

明《嘉靖常德府志》记载，境域属新兴乡鶬鸠村。清《道光桃源县志》记载，新兴乡并入善溪乡，属善溪乡鶬鸠村。辛亥革命后，鶬鸠村改为太平乡。1934 年，属漆河区青云团和太平团，1935 年 8 月，废乡团，新编为青云乡和太平乡。1941 年 1 月，撤区并乡，为青云乡和三阳乡。1952年8月土改复查后，分属三阳区所辖太平桥、跑马岭、九庄堉、两汉港、十八磴5乡。1956年，撤区并乡，为太平桥乡，1958年9月人民公社化后属三阳港公社；1961年4月，析置太平桥公社，辖中心、跑马岭、向家坪、九庄堉、青云山、蓝家桥、龚家溪、太阳山、新坪、谭家铺、两汉港、金凤山、黄柏山13个生产

▲ 太平桥乡文化墙

大队。1984年2月，太平桥公社改为太平桥乡，辖中心、跑马岭、向家坪、九庄峪、青云山、蓝家桥、龚家溪、太阳山、新坪、谭家铺、两汉港、金凤山、黄柏山13个村138个村民小组。2011年并村后，全乡辖中心、跑马岭、向家坪、九庄峪、黄柏山5个村、143个村民小组。2015年12月全县乡镇区划调整中，该乡并入三阳港镇。

位置面积

太平桥乡地处桃源县中西部，东接浯溪河乡，南邻佘家坪乡与三阳港镇，西与理公港镇接壤，北邻黄甲铺乡、漆河镇。面积82平方千米，其中耕地28455亩，山林50863亩。

自然环境

太平桥乡为典型的丘陵地形，受太平洋暖湿气流的影响，属典型的亚热带丘陵地区气候，四季更替明显；年平均气温16.5℃，极端最高气温40.6℃，极端最低气温为-5℃，年均日照1531.4小时，年均降水量1447.9毫米，无霜期285天；冷热四季分明，干湿两季明显，春多寒潮阴雨，夏多暴雨高温，伏秋易旱，冬少严寒。域内生物多样，有125种，隶属34科，其中一级保护物种10余种，二级保护物种20余种，在黄柏山境内常见松鼠、猫头鹰等动物活跃于山林间。矿产资源主要为铅矿，地质远景储量丰富，矿石储量113862吨，金属储量2440.31吨，属小型充填脉矿体。主要自然灾害有冰雹、旱涝、风灾、低温、霜冻、雷击等。

人口民族

太平桥乡是汉族聚居区。1995年，全乡总户数4935户，总人口17558人，其中男性9138人、女性8420人。2005年，全乡总户数5264户，总人口16517人，其中男性8745人、女性7772人。2014年，全乡总户数5430户，总人口15757人，其中男性8309人、女性7448人。

二、经济发展

经济综述

1995年,全乡农业总产值780万元,年人均纯收入1502元。2002年,太平桥乡实现农业总产值7502万元,工业总产值8814万元,财政收入405万元,农民年人均纯收入2482元。2002年以后,太平桥乡围绕"工业兴乡,产业富民"大力招商引资,调整农业产业结构,推进各项事业全面发展,逐步形成以烟叶、苎麻、优质稻、养殖为主的四大产业。2012年,全乡完成地区生产总值15281万元,完成财政总收入1200.75万元,农民年人均纯收入6401元。2015年,全乡完成国内生产总值17890万元,其中农业总产值11012万元,工业总产值5978万元;财政总收入860万元。

农业

种植业 1995年,全乡种植水稻37000亩、总产11815吨,大豆1500亩、总产150吨,花生1000亩、总产90吨,油菜16660亩、总产1955吨,油茶籽产量124吨,种植苎麻1000亩、总产100吨。1999—2002年,太平桥乡形成烟叶、苎麻、水稻三大主要种植业,是金健米业集团优质稻种植基地之一,也是常德卷烟厂优质烟叶生产基地之一,龚家溪、向家坪等村生产的苹果瓜全国闻名。2000年引进烤烟,2009年种植2200亩,2010年成立太平桥乡金发烟叶种植专业合作社。

2000—2009年,连续10年种植苎麻10000亩。

太平桥乡是桃源县百合种植发源地,2012年, 成立桃源县首家龙牙百合种植专业合作社,发展会员116名,种植百合860亩。

2013年,全乡种植水稻20000亩,种植烟叶3000亩、每亩产值3000元,苎麻种植4600亩、每亩产值1000元,种植棉花4500亩、每亩产值2500元,种植百合215亩、每亩产值30000元。在黄柏山村建成1000亩油茶基地。2015年,全乡种植百合面积1500亩,建成500亩蔬菜基地,与慈利县恒鑫蔬菜有限公司合作,实行农户+公司的蔬菜产供销一体化农业模式。2015年,全乡种植业产值11012万元。

养殖业 1995年,太平桥乡形成"西南牛羊,东北鸡,利用水源养好鱼"的养殖格局,养殖业年创纯利1440万元,人均850元。全年出栏生猪15118头、山羊800只,牛存栏1155头,山羊存栏2000只,家禽存笼31万羽,水产品产量240吨。2005年,全乡出栏生猪29817头、山羊3150只,牛存栏2229头,山羊存栏2192只,出笼家禽72万羽,水产品产量948吨。2014年,全乡出栏生猪42700头、山羊7600只,牛存栏2345头,山羊存栏7144只,出笼家禽78.7万羽,水产品产量897吨。

工业

1972年,太平桥公社创办茶厂、食品厂、农具厂。1987年,太平桥乡兴建起锌肥厂和酒厂,产值570万元。1993年,全乡工业总产值2477.58万元,利润15.26万元,上缴税金16.08万元。1996年,对骨干企业农具厂、锌肥厂进行扩改,锌肥厂投资50万元新建硫酸铝生产线,农具厂引进、开发以液压瓶口虎钳、地胶闩为主的6种外贸产品。通过上述举措,增强企业的市场竞争力。2002年,太平桥乡桃冠机械厂引进开发新制造技术,生产一批品牌产品。2009年,全乡有中小企业17家,其中规模企业桃冠铸造厂年产值600多万元。2013年,全乡工业以铸造、机械加工、建筑材料为主,拥有工业企业5家,职工305人,工业生产总值1280万元,实现工业增加值512万元。

商贸服务业

1995年,全乡有个体工商户437户,民营企业24家,乡投资100万元建成中心农贸市场一期工程。2002年,全乡有个体工商户537户,民营企业30家。2011年,全乡有商业网点105个,社会商品零售总额900万元;集贸市场1家,年成交额800万元。2013年,全乡有商业网点112个;社会商品零售总额1500万元。

三、基础设施

交通运输

2002年,对太平桥至三阳港12千米公路铺设水泥。至2009年,村级公路硬化率100%,路面良好率100%。2012年,完成1.6千米组级公路硬化、4.2千米组级公路路基改造。2014年,投入59万元完成黄柏山村、跑马岭村两座危桥改造工程。2015年,全乡有公路96.8千米,其中水泥公路54.2公里,砂石公路42.6公里,农村道路硬化率达100%。

水利建设

太平桥乡大型水利建设始于20世纪70年代,中心水库系全县灌溉百万亩工程之一。1993年,全乡建变压器台渠15处,总装机容量278千伏安,修筑防渗渠道2处4.5千米;对8座小(二)型水库、148口骨干塘进行维修,修复堰塘27口。2014年,全乡有小(一)、小(二)型水库17座,其中小(一)型水库3座(中心水库、揭岩水库、千金坪水库)。对15座病险水库加固,对60口骨干塘塘堤硬化,恢复13座机埠灌溉。

饮水

2009年,太平桥水厂网管延伸,供水能力扩大到500吨,设计供水人口5000人。2015年,自来水改造工程启动,新建自来水厂,1万人喝上了“放心水”。

镇村建设

2015年,投入380万元,对集镇街道进行亮化、绿化,对下水道进行改造,解决集镇积水内涝问题。集镇面积8244.65平方米,有街道1条,总长12千米。

四、社会事业

教育

1968 年,太平桥公社有学校 2 所。1995 年,太平桥乡有初中 1 所,学生 230 人,教师 6 名。2001 年,全乡有幼儿园 2 所,入园幼儿 250 人;小学 2 所,在校学生 105 人,初中 1 所,在校学生 634 人。小学适龄儿童入学率、初中适龄人口入学率、小升初升学率、九年义务教育覆盖率均达 100%。2002 年,全乡有初级中学 1 所,学生 230 人,教师 15 名;中心小学及村小学 9 所,在校学生 320 人。2009 年,全乡有初级中学、小学、幼儿园各 1 所,在校中学生 750 人、小学生 160 人,中小学教师 23 名。2012 年,建成全县第一所乡镇规范幼儿园——乡中心幼儿园。2014 年,黄柏山小学校长、高级教师李汉生被人力资源社会保障部、教育部授予"全国模范教师"荣誉称号。2015 年,全乡有幼儿园 1 所,入园幼儿 211 人;小学 1 所,学生 510 人,教师 33 名,学校建筑面积 522 平方米;有中学 1 所,学生 217 人,教师 18 名,学校建筑面积 620 平方米。

文化

2002 年,全乡有线电视用户 1200 多户。2009 年,太平桥乡完成省级示范文化乡镇建设,有农家书屋 3 个、藏书 2 万多册;全乡有 54 户开通有线电视,2568 户安装地面卫星接收器。2012 年开始实施"村村响工程",境内安装 100 多个无线广播。2013 年,全乡有文化站、广播电视站各 1 处,村级文化活动中心 1 处,各类文化专业户 13 户,各类图书室 5 个,藏书 6 万多册。

医疗卫生

1969 年,成立公社卫生院。1993 年,乡卫生院新建面积 280 平方米的门诊大楼。1995 年,添置 20 多万元的医疗用器材。2007 年,建乡卫生院,面积 230 平方米。2009 年,全乡有乡卫生院 1 所,村级卫生室 8 个,药品超市 2 家。2011 年,狠抓农村环境整治工作,新建垃圾填埋处 1 处、垃圾中转站 3 处,农村环境整治工作获得全县第五名。2013 年,全乡有非营利性乡卫生院 1 所,标准化卫生室 7 个,门诊部 1 个,有床位 16 张,固定资产总值 350 万元,专业卫生人员 13 名,乡村医生 7 人。乡卫生院及村卫生室完成诊疗 9600 人(次),收治住院病例 870 人(次),5 个村村民全部参加新型农村合作医疗。

社会保障

2011 年,建乡敬老院,敬老院占地 6670 平方米,建筑面积 300 平方米,有床位 23 张,入住五保老人 3 名。2012 年,全乡落实城乡低保 591 人,五保 163 人,救助资金 26 万元,各类临时救助资金 1.8 万元,农村危房改造 41 座,危改资金 35 万元。多渠道筹集资金 20 多万元,进行敬老院配套设施建设,乡敬老院被评为全市五星级敬老院。

五、特色地情

风景名胜

大樟树 太平桥乡凤凰山顶有一株古樟树，枝繁叶茂，气势非凡。相传500年前由山上寺庙和尚所栽。由于大樟树位于山顶，中国民航组建初期，曾作为湖南飞云贵的重要航标，后大樟树先后遭遇雷击，主干死掉大部分，但主枝至今仍枝繁叶茂。

▲ 凤凰山古樟树

黄家岭 黄家岭位于太平桥乡黄柏山村，属于桃源县中心地带，建有电视发射塔1座，黄家岭电视发射基站是全县唯一一处电视发射基站。该发射基站覆盖全县4400多平方千米的土地。

▲ 黄家岭电视发射塔

历代名人

谢仲甫 1940年8月出生，中共党员，大校军衔，高级工程师，太平桥乡龚家溪村（现已并入黄柏山村）人。1961年，考入中国人民解放军军事工程学院（哈军工），学海军导航专业。导航专业在1964年撤销，因而提前参加工作，在军事工程学院电子工程系政治处任干部干事至1978年。1978年，学校改为中国人民解放军国防科技大学。1981年，任学生队队长、教导员（正营级）。1984年至1990年，任教研室副主任、主任（正团级）。1991年，任系副主任（副师级）。1992年，被授予大校军衔，正师级。工作期间曾立三等功2次。

（黄婷婷）

浯溪河乡

浯溪河乡行政区划略图

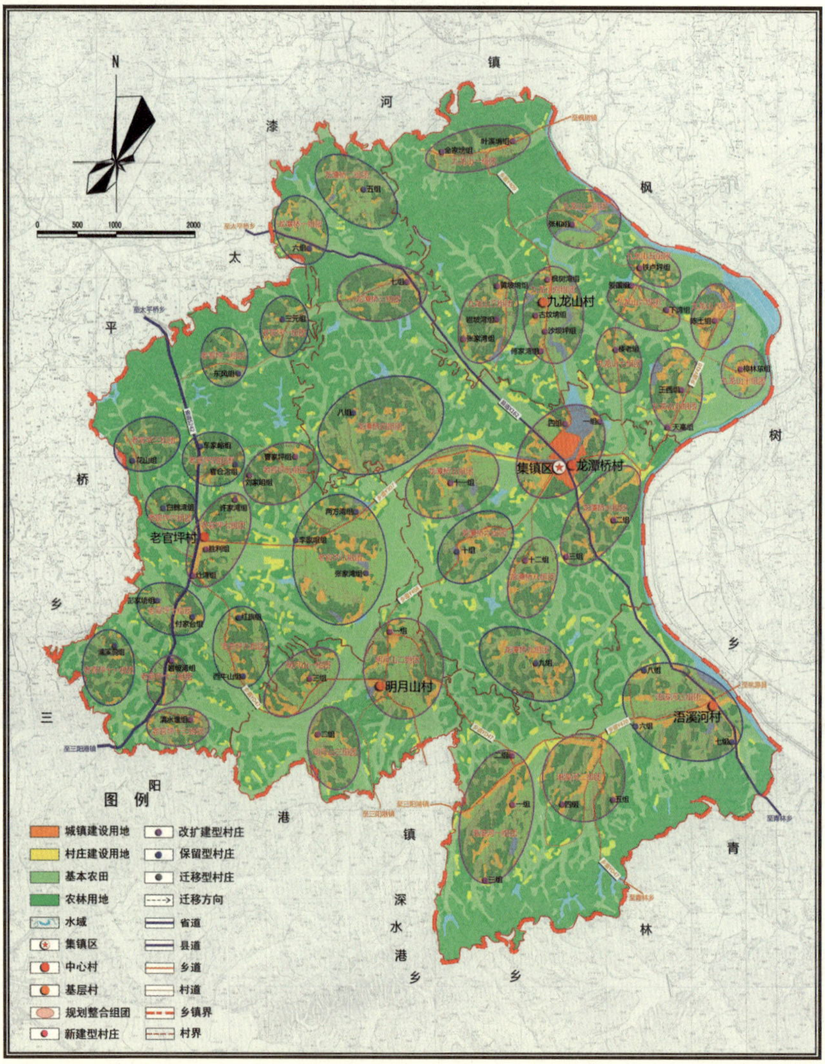

一、区域概况

建置沿革

南宋《武陵图经》记载，境域属大延乡。据明《嘉靖常德府志》记载，属大延上乡上大高村，该区划一直沿用至民国。清《光绪桃源县志》记载已设吴溪市。1934年，属陬溪区浯溪团和漆河区老官团。1935年8月，废乡团，新编为第二区浯溪乡和第八区老官乡。1941年1月撤区并乡后，分属浯溪乡、青云乡管辖。1952年8月土改复查后，分属三阳港区所辖龙潭桥、老官坪、九龙山、明月山和深水港区浯溪河等5乡。1956年，撤区并乡，分属太平桥乡、三阳港乡和东堉乡。1958年9月人民公社化后划入三阳港、城郊公社。1961年9月，析置龙潭桥公社，辖株林桥、杨家港、东方红、老官坪、明月山、双桥、浯溪河、华阳、大塘坪、彭家坪、白沙园、杉园、红星13个生产大队；1981年更名为浯溪河公社，辖株林桥、杨家港、九龙山、飞龙山、大塘坪、老官坪、彭家坪、明月山、白沙园、金牛场、杉园、浯溪河、华阳13个生产大队。1984年2月，废除公社建制，浯溪河公社改称浯溪河乡，全乡辖株林桥、杨家港、九龙山、华阳、大塘坪、老官坪、彭家坪、明月山、白沙园、金牛场、杉园、浯溪河、飞龙山13个村137个村民小组。2011年撤村并组，全乡辖龙潭桥、九龙山、老官坪、浯溪河、明月山5个村、61个村民小组。乡政府驻龙潭桥集镇。“革命老区、道教名观、产业基地、儒商之乡”是浯溪河乡的文化名片。2015年12月全县乡镇区划调整中，该乡并入青林回维乡。

位置面积

浯溪河乡位于县域中部，沅江一级支流白洋河中游西岸，东与枫树维吾尔族回族乡隔河相望，南与三阳港镇、青林回族维吾尔族乡、深水港乡接壤，西与太平桥乡抵界，北与漆河镇相连。土地总面积75065亩，其中耕地24791亩。乡政府驻地距桃源县城17千米。

自然环境

浯溪河乡为剥蚀构造丘陵地貌，丘顶标高一般80～120米，最高290米，相对高差50～150米，丘顶浑圆，山脊宽平，山坡平缓，水田土壤主要是红黄泥、灰黄泥；旱地土壤主要是耕地型第四纪红土土壤。沅水支流白洋河穿境而过。乡域位于中亚热带向北亚热带过渡地段，属亚热带季风性湿润气候；冷热四季分明，干湿两季明显，多年平均气温为16.5℃。域内建有优质稻生产基地、家禽养殖基地、烟叶生产基地、富硒产业基地、油茶种植基地。

人口民族

1995年，全乡有4118户14962人，其中男性8120人，女性6842人。2005年，全乡有4606户13751人，其中男性7192人，女性6559人。2014年，全乡有4587户13840人，其中男性7229人，女性6611人。明月山村有回、维两族聚居，是少数民族村。

二、经济发展

综述

1995年，全乡农业总产值2155万元，工业总产值1021万元，农民年人均纯收入1491元。2002年，全乡农业总产值6517万元，工业总产值9362万元，财政收入362万元，农民年人均纯收入2512元。2012年，全乡国民生产总值2.5亿元，乡可用财力320万元，城乡居民储蓄余额突破1.2亿元，完成固定资产投资1.1亿元，农民年人均纯收入6105元。2013年，全乡国民生产总值3.2亿元，乡可用财力450万元，完成固定资产投资1.1亿元，城乡居民储蓄余额突破1.2亿元，农民年人均纯收入7250元。2014年，第三产业和私营经济发展迅猛，全乡有个体工商户348家，年产值2550万元。

农业

种植业　1995年，全乡种植水稻31400亩、总产8868吨，种植油菜13900亩、总产1612吨，棉花种植1600亩、总产72吨，其他经济作物种植1200亩；果园面积3509亩，产量214吨。2002年，浯溪河乡成为金健米业的优质晚稻种植基地之一；引进沙田柚、桃源大柚、天草蜜柑等水果和皇冠板栗种植。2005年，全乡种植水稻31597亩、总产11379吨，种植油菜14000亩、总产1400吨，种植蔬菜2500亩、总产3583吨，果园面积16070亩、产各种水果781吨。2014年，全乡种植水稻40458亩、总产15075吨，种植油菜14980亩、总产1962吨，种植棉花5600亩、总产532吨，种植蔬菜2500亩、总产5453吨，果园面积8650亩，产各种水果700吨。

养殖业　1995年，全乡养殖业形成一定规模，有养殖大户47户。饲养生猪28747头，出栏21532头；家禽养殖49万羽，出笼45万羽，禽蛋产量61万公斤；水产品产量35万公斤。2002年，浯溪河乡建成家禽养殖基地、三阳大种鸡繁养基地、网箱养鱼基地和南江黄羊繁养基地。2005年，全乡饲养生猪33385头，出栏19150头；羊出栏14025只、存栏15860只；家禽出笼55万羽，水产品产量500吨。2014年，全乡饲养生猪24921头、出栏20496头；羊出栏10582只、存栏4100只；家禽出笼54万羽，禽蛋产量1869吨，水产品产量517吨。

工业

1995年，全乡有乡镇企业8家，职工283人，拥有固定资产280万元，总资产370万元，工业总产值1020.56万元，利润7.89万元，上缴税金26.4万元。1996年，筹资50万元创办新型装饰材料厂（石涂壁厂）。1999年，对印刷厂、机械厂、建筑公司进行股份制改造。2002年，又对乡机械厂实行租赁承包。2011年，全乡基本形成以农业机械厂、花艺工艺制品厂、德强花炮厂、习军大米厂为龙头的工业企业，其产品远销全国各地及东南亚地区。2014年，全乡有工业企业7家，年产值2150万元。

商贸服务业

浯溪河乡农贸市场位于浯溪河乡集镇墟场中心，修建于2014年，占地2400平方米，建筑面积2900平方米，其中农贸区面积1200平方米，共有摊位140个。辐射范围54平方千米，人口8000人，年交易量800吨，年交易额2000万元。

三、基础设施

交通运输

1985年，投资150万元修建长7千米的龙潭桥至青林的公路。1992年，投资70万元对全乡45千米村道进行整修，1994年，投资30万元建成长1.5千米的水泥街道。2003年，投资600万修建三浯公路，全长10千米。2011年，投资450万对长5千米的青浯公路进行路基改造及硬化。至2009年，全乡村村通水泥公路，青浯公路贯穿南北，三浯公路直抵县城。2013年，硬化改造村组公路53.5千米。2014年，全乡有乡道22.12千米、村道67.8千米；有客车7辆，每天从乡集镇发往邻近各乡和县城的客班车15趟，日客运量400人(次)。

邮政通信

1996年，投资200多万元开通256门程控电话。2014年，新建邮政服务所；全乡固定电话用户1845户，电话普及率41%，全乡每个家庭有一部手机。

供电饮水

供电 1972年，浯溪河乡通电。2000年，进行电网改造。2014年，全乡有51台变压器，输电线路长416千米，80%的村完成农网改造。

饮水 2010年6月建成乡自来水厂，日供水能力100吨。2013年，自来水厂投入资金210万元，完成安全饮水管网铺设5200米，新增安全饮水用户1200户。2014年底，全乡5000余人喝上安全放心的自来水。

水利建设

浯溪河乡有三座小(二)型水库，分别是长堉水库、杨家洞水库、羊耳堉水库。长堉水库位于老官坪村，竣工日期为1960年3月，属沅水一级支流白洋河，水库集水面积0.36平方千米，水库总库容30.9万立方米，实际灌溉面积1500亩。杨家洞水库位于浯溪河村，竣工日期为1975年5月，属沅水一级支流白洋河，水库集水面积0.1平方千米，水库总库容11万立方米，实际灌溉面积500亩。羊耳堉水库位于龙潭桥村，竣工日期为1992年4月，属沅水一级支流白洋河，水库集水面积0.1平方千米，水库总库容11万立方米，实际灌溉面积300亩。

1995年，浯溪河乡建成22000米白沙园支渠和彭家坪支渠，可灌溉农田8000亩；修建栗林坝水轮泵站，年发电量160万～200万千瓦时，可灌溉农田3000多亩，并用混凝土修砌渠道1500米。2013年，衬砌渠道17条21.6千米，完成低压管道输水灌溉工程1100亩,高标准护砌集镇河道170米。2014年,全乡有小(二)型水库3座,山塘837口,水轮泵站1座,引水渠道170千米。

集镇建设

1961年,龙潭桥公社所在地建成区有街道1条、长300米,人口100人。1981年,龙潭桥集镇建成区1500平方米;浯溪河集镇建成区街道长200米。1994年,浯溪河集镇建成长1500米、宽8米的水泥街道;龙潭桥集镇建成区有街道4条、长800千米,人口400人。2009年,小城镇建设以乡政府驻地龙潭桥集镇为中心,辐射老官坪、浯溪河集市。2013年,构建以龙潭桥集镇为中心,浯溪河、老官坪为重点的小城镇体系,完成龙潭桥集镇亮化工程,扩建街道,龙潭桥集镇成功入选湖南省最具民生幸福感乡镇,被授予省级生态文明乡镇。2015年,投资150万元,对浯溪河乡红军烈士纪念碑进行升级改造,完成了浯溪河战役旧址瞻仰台、牌楼等配套设施的建设;投资41万元,在青浯公路浯溪河村至九龙山村路段沿线,打造以樱花为特色的"十里樱花大道",投资63万元,在浯溪河村集镇新建儿童游乐场。启动文化广场、河边风光带、露营烧烤基地建设。"瞻烈士墓、唱红色歌、走长征路、吃忆苦餐、干农家活、当红军兵"为主题的红色体验游,被湖南卫视新闻联播专题报道。一条集旅游、观光、体验为一体的特色产业带初步形成,被列为"常德人游新常德"精品旅游路线。2015年,龙潭桥集镇建成区3000平方米,街道4条、长1400千米,人口1400人。

▲ 新农村建设示范户

四、社会事业

教育

1961年，龙潭桥公社有学校2所。1968年，始办初中。1981年，浯溪河乡有中学2所，学生530人，教师38名。有小学13所，学生1260人，教师78名。1992年投资100多万元改扩建乡中学、中心小学。1994～1996年，投资180万元新建2所完小、3所村小，完成学校布局调整，调整后，全乡有中学1所，小学5所。2002年，全乡有乡中学和中心小学各1所，村小5所。2009年，有初级中学1所，中心小学1所，村级完小2所，在校学生886人，幼儿园3所，入园幼儿215人。2011年，在校学生778人，在园儿童220人。2012年，新修浯溪河中学教学大楼，维修老官坪完小，修建中心幼儿园食堂和厕所。2014年，全乡有九年一贯制学校1所，村级完小2所，幼儿园3所，在校学生695人，教师62名，入园儿童220人。

文化

浯溪河乡是红色文化旅游之乡和道教文化传播之乡。1934年，贺龙、萧克率工农红军在此打响著名的浯溪河战役。2008年，在浯溪河村修建浯溪河战斗红军烈士纪念碑。

域内道教圣地九龙观建于公元780年，九龙观包括真武殿、九龙壁、玉皇楼、观音殿、钟鼓楼等特色建筑。

1995年乡广播站改造后达省级验收标准，乡有线电视站建成。1996年，投资200多万元开通256门程控电话。2002年，全乡有线电视用户850户。2012年，新建乡综合文化站、文化广场，有线电视覆盖全乡，启动村村响工程。

医疗卫生

1961年，在龙潭桥设公社卫生院，在老官坪和浯溪河设卫生所，共有医务人员12人。1981年，境域有浯溪河乡卫生院和13个村卫生室，有病床8张、医务人员38人，其中乡村医生26人。1993年，新建乡卫生院门诊大楼，新增心电图、多功能诊疗仪等器材。2009年，全乡有卫生院1家，村级卫生室10个。2014年，全乡有卫生院1家，村卫生室10个，医务人员13人，病床14张，医疗设备有B超机、X光机、心电图、多功能生化分析仪、血细胞计数仪等。

社会保障

2009年，乡敬老院入住五保老人60人。2012年，全乡新农合参保率100%，农村五保、农村低保、城镇低保实现动态管理下的“应保尽保，应退尽退”，全年发放低保和各类帮扶资金85万元，发放各种惠农补贴357万元。

抚恤优待、救灾救济、农村五保、最低生活保障自2005年开始，农村残疾人补助（1～2级重度残疾人）自2014年开始，每人每月补助50元。

五、特色地情

历史遗址

浯溪河战斗遗址 1934年12月，贺龙、萧克领导的红二、红六军团在桃源县域内浯溪河歼灭敌军罗启疆独立三十四旅大部，即为著名的浯溪河战斗。12月16日，红二、红六军团主力进入佘家坪、三阳港等地，17日清晨，红军先头部队红十二团向浯溪河守敌发起进攻，贺龙亲率四个团攻下六斗坪、界山湾与边庙山，追敌东逃。红军两路追击，一路进攻桃源县城，一路直取陬市、常德，歼敌两个团，击溃一个团，占领浯溪河、陬市、漆家河和桃源县城。浯溪河战斗的胜利，拖住了湘敌、鄂敌，减轻了中央红军的压力，配合了中央红军的战略行动，在中国革命历史上立下了不可磨灭的功勋，在红军战史上永远闪耀着光辉。

▲ 红军烈士纪念碑

▲ 道观名观—九龙观

红军烈士纪念碑 2009年2月，为了纪念革命征途中那一段荡气回肠的历史，在省财政革命老区专项资金扶持下，浯溪河乡投入60万元修建红军烈士纪念碑。浯溪河乡红军烈士纪念碑坐落在浯溪河村铁牛组，主体高12.8米，宽2.4米，敬仰坪500平方米，2012年9月完工。被列为第四批市级文物保护单位。

九龙山道观 九龙山道观位于九龙山村。据传，唐德宗年间（779—805），九龙山就建有祖师殿、王母殿、五百灵宫殿、玉帝殿、观音殿等5座建筑，宋、元、明、清时代，因火患曾屡毁屡建。“文革”期间，庙宇全毁。1987年，由李嘉志主持重建九龙山道观。九龙山道观占地4500平方米，雄伟壮观的大型宫殿建筑12座，观内山林、茶园面积1200多亩。1992年10月，报请省宗教局批准同意，全面开放九龙山道观，九龙山道观已成为远近闻名的道教圣地，每年接待香客万人之上。

历代名人

许殿爵 清同治七年(1868)生，陆军少将，桃源浯溪河人。性讷寡言，面黑有光，多膂力。幼时父母双亡，跟随伯父生活，放牧打柴非常勤快，但遭伯母嫌弃，愤而出走，以当佣工谋生，几经辗转到汉口，后又在绿营入伍当兵年余，入读湖南陆军学堂，复转至江宁一带。由于坎坷不遇知音，流落沪宁铁路段捶石头度日。领班工头见许殿爵朴实、勤快，让他当了一个小班头，常住幕府山下。后与同乡宋教仁结识建立私交，密谋夺取幕府山上的清军炮台。1911年9月15日夜间，许约定同党偷袭炮台，不料被清军提督张勋所败，许殿爵等应急跳城才得以脱险。武昌起义爆发后，覃振积极向宋教仁推荐桃源赫曦乡(今属佘家坪)人罗寿亭潜入南京，联络许殿爵配合起义大军，秘密组织了13位勇士为“敢死队员”，夺取天保城炮台，并率领平素有联络的幕府山炮台官兵一千余人，一举攻克南京。1912年1月20日，被任命为宁防新练军兼镇军侦探营统带，同年1月26日，被任命为南京陆军第七旅旅长(一说十七旅旅长)。同年10月18日，北洋政府授予陆军少将军衔，随后因病辞职，到上海居住。孙中山去世后，许殿爵写下了“感知遇，曾叨非分之荣，嗣以戎马珠江，愧未能鞭蹬追随，回忆当年犹有憾；仰政策，欲臻平民之治，深痛骑鲸玉阙，愿同志典型恪守，毋忘来日冀成城”的挽联，后郁郁而终。

张华立 1964年12月出生，大学文化，中共党员，现任湖南广播电视台党委委员、副台长、总编辑、湖南广播影视集团有限公司总经理、湖南卫视频道总监，桃源浯溪河人。先后就读于桃源八中、桃源九中。1982年，以高考作文满分的成绩考入复旦大学中文系。1986年大学毕业后，进入湖南电视台新闻部，在《湖南新闻联播》担任记者、编辑。1989年至1993年，在新闻专栏《焦点》任记者。随后，任《晚间新闻》栏目制片人。1995年，任《新闻观察》总制片人、新闻中心副主任。曾获得过数十种业务奖励。1998年，通过公开竞聘担任湖南电视台文体频道(3年后更名为湖南娱乐频道)总监，提出新娱乐经济理论，相继创办上海天娱传媒有限公司、湖南天娱广告有限公司和湖南艺术玩家艺术品有限公司。2004年，推出“超级女声”。2006年，担任湖南广播影视集团副总经理，并兼任改革办主任。2008年8月，兼任湖南电视台卫星频道总编辑、第一副台长，主持湖南电视台卫星频道日常工作。2010年1月，任湖南广播电视台副台长、总编辑。12月，兼任湖南广播电视台卫视频道总监，分管湖南广播电视台宣传工作，主持湖南广播电视台卫视频道工作。

(翦琴华)

深水港乡

深水港乡行政区划略图

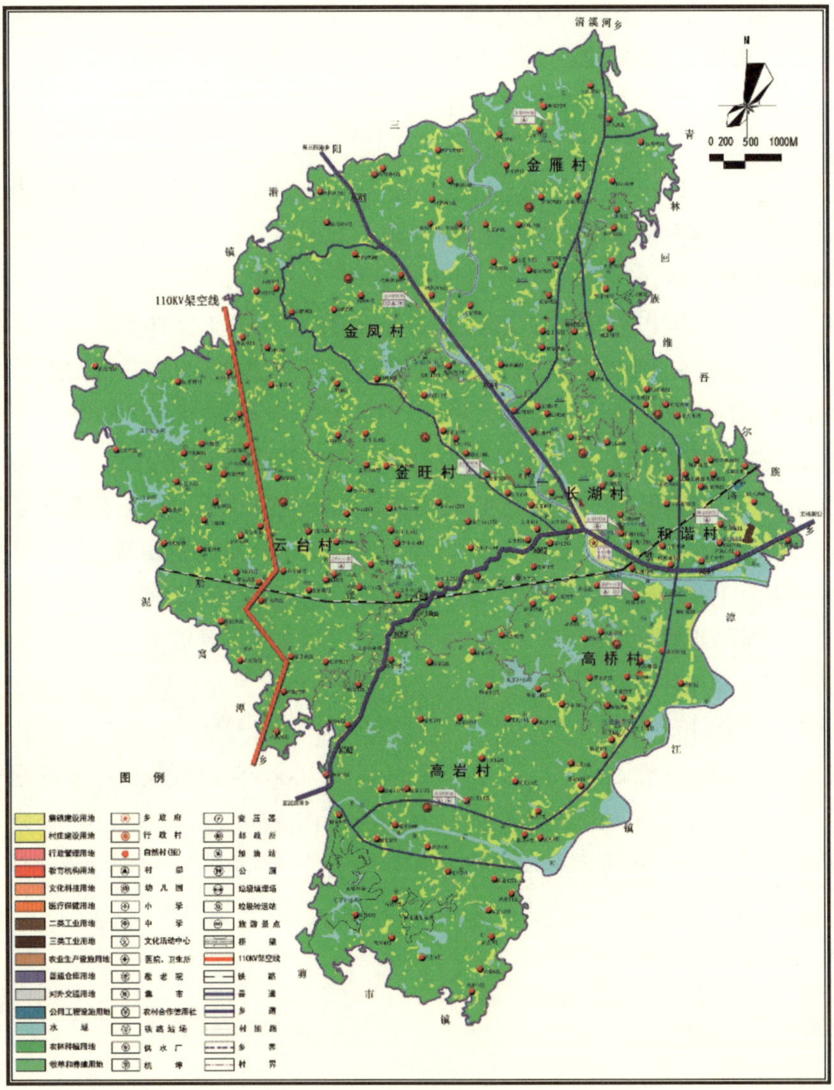

一、区域概况

建置沿革

南宋《武陵图经》记载，境域属仙瑞乡桐木村，该区划一直沿用至民国。明《万历桃源县志》记载设有桐木市。1934年，属桐木团和云霞团。1935年，废乡团，新编为第一区桐木乡和云霞乡。1941年1月，撤区并乡，为云岳乡。1952年8月土改复查后，分属深水港区所辖深水港、高岩、铁灵、发旺、鸦鹊潭、岩头山6乡。1956年撤区并乡后，分属深水港乡和东堉乡。1958年9月人民公社化后属城郊人民公社。1961年4月，析置深水港人民公社，辖子贤、红坪、长湖、金岩、梅家、和平、高岩坪、木公桥、八斗岭、红伟、发旺、白鹤山、白羊岗、高桥、苏金、铁灵16个生产大队。1984年2月，改为深水港乡，全乡辖子贤、长湖、八斗岭、发旺、雁落坪、金岩、鸦鹊潭、白鹤山、白羊岗、苏金、金牛山、木公桥、高桥、铁灵、高岩坪、梅家16个村207个村民小组。2011年并村后，全乡辖长湖、高桥、高岩、和谐、金雁、金凤、云台、金旺8个村民委员会208个村民小组，乡政府驻桐木港。2015年12月全县乡镇区划调整中，该乡并入漳江镇。

位置面积

深水港乡地处桃源县东部，东临漳江镇和青林回族维吾尔族乡，南临剪市镇，西与三阳港镇、泥窝潭乡相接，北连浯溪河乡。辖区东西最大距离11千米，南北最大距离13千米，总面积70.3平方千米，其中陆地65.6平方千米，水域4.7平方千米。

自然环境

乡域地处湘西山地向洞庭湖平原过渡的滨湖地带，大部为平原，少部为浅丘地带，地面高程一般为海拔100～300米。域内属沅江水系，有沅江一级支流延溪流经境内，过境长18千米，流域面积42平方千米。另有高岩河、划港河二条河流。域内年平均气温16.5℃，极端最高气温38℃，一般出现在7月；极端最低气温-2℃，一般出现在1月；年平均降水量1359毫米。域内土地肥沃，盛产水稻、油菜籽、水果、木材等，主要矿藏有黄金、金刚石等。

人口民族

1995年，全乡辖6304户21540人，其中男性10945人，女性10595人。2012年末，辖区总人口21224人，其中男性10884人，女性10340人。2014年年末，辖区总人口20955人，其中男性10778人，女性10177人。2015年，全乡总人口20786，其中男性10739人，女性10047人；总人口中，汉族20058人，少数民族728人，少数民族中回族391人、土家族273人、其他少数民族64人。人口出生率2.3‰，死亡率3.1‰，人口自然增长率1.8‰。

二、经济发展

综述

1995 年，全乡农业总产值 6640 万元，企业总产值 9000 万元，农民年人均纯收入 1658 元。2002 年，全乡农业总产值 7850 万元，工业总产值 6858 万元，财政收入 428 万元，农民年人均纯收入 2439 元。2012 年，全乡农业总产值 4000 万元，工业生产总值 9000 万元，财政收入 400 万元，境内金融机构各类存款余额 11027 万元，社会商品零售总额 800 万元。2014 年，全乡形成优质水稻、蛋鸡养殖、花卉苗木、无公害蔬菜四大产业，所出产的鲜鸡蛋在怀化、株洲、长沙、贵州、广州、深圳、上海、浙江、香港等地建有固定销售网点。2015 年，全乡国民生产总值 2.3 亿元，城镇居民人均纯收入 24026 元，农村居民年人均纯收入 10124 元，全年上缴财税 2000 余万元。

农业

种植业 20 世纪 70 年代以前，深水港乡农业一直采用传统耕作方法，粮、棉、油品种单一，产量低。70 年代后，大力推广科学技术，更新品种、调整结构，产量大幅提升。至 80 年代，深水港乡成为桃源县 6 大产粮大乡之一。80 年代以后，全乡水稻种植面积在 27500 亩左右，油菜种植面积达 21000 亩，水果种植面积 1200 亩，其他经济作物 3500 亩。1995 年，全乡种植水稻 53500 亩，总产 14159 吨，油菜 15500 亩、总产 1472 吨，花生 1128 亩、总产 90 吨，棉花 1400 亩、总产 72 吨，蔬菜 4182 亩、总产 6273 吨，水果 3712 亩、总产 154 吨。2005 年，全乡种植水稻 58828 亩、总产 21595 吨，油菜 16550 亩、总产 1655 吨，花生 550 亩、总产 33 吨，棉花 50 亩、总产 5 吨，蔬菜 4000 亩、总产 4800 吨，水果 2250 亩、总产 972 吨。2014 年，全乡种植水稻 66366 亩、总产 24677 吨，油菜 20044 亩、总产 2626 吨，棉花 3500 亩、总产 333 吨，蔬菜 4650 亩、总产 10142 吨，水果 1670 亩、总产 932 吨。

▲ 蛋鸡养殖现场

养殖业 20 世纪 70 年代以前，深水港乡养殖业处于自养自食自用状态。1995 年，全乡饲养生猪 29091 头，出栏 17000 头，饲养耕牛 1163 头、出栏 100 头，饲养家禽 10.7 万羽、出笼 8.8 万羽，水产品产量 77 吨。2005 年，全乡饲养生猪 62225 头、出栏 45665 头，饲养耕牛 2474 头、出栏 993 头，羊出栏13100只,家禽出笼60万羽;水产品产量525吨。2014年,全乡饲养生猪59397头、出栏44027头,饲养耕牛2480头、出栏588头,羊出栏10582只,家禽出笼54万羽,禽蛋产量1869吨,水产品产量517吨。

工业

1973年,公社社办企业仅有建筑队、农具厂。1975年,社办企业发展到4家。1980年组建乡预制件厂。1984年后,先后兴办砖厂、钢球厂、烧碱厂等企业,乡办企业基本形成建筑、建材、化工、机械4大支柱行业。1995年,工业产值2700万元,利税800万元。2002年,全乡有4个建筑公司在省内外从事建筑业务,从业人数4000余人,年产值3000万元以上。有年产红砖1000万块的机砖厂1个,预制件厂8个,其中乡预制件厂生产的预制板属县建设质检站免检产品。2011年,全乡工业以建筑建材为主,拥有工业企业33家,职工810人,生产总值9000万元,实现工业增加值4000万元。

三、基础设施

交通运输

20世纪80年代,全乡共建乡村大道27条,总长92千米。1990~2010年,深水港乡投资400万元加快集镇道路建设,投入300万元新修通村、组公路。2014年,乡域有县道2条,长20千米,可至三阳港镇、泥窝潭乡;乡道3条,总长20千米;村道12条,总长55千米,一般宽度5米,全部水泥硬化;全乡有8个行政村通客运班车,日客运量3000人次。在建的黔张常铁路过境并在高桥村设县站——桃花源站。

▲ 黔张常铁路(桃源深水港段)施工现场

邮政通信

1996年,深水港乡投资20万元开通200门程控电话。2012年,全乡有邮政代办所1处,电信企业3家,服务网点3个,固定电话用户1830户,移动电话用户1100户,互联网用户400户。全年电信业务收入80万元。2015年,顺丰、申通、圆通、韵达、中通等快递公司在深水港乡设有营业网点,邮政、移动、联通、电信、有线电视等公司在深水港集镇各设营业厅1处。

供电饮水

供电 1977年，深水港乡集镇开始用电。1980年，深水港农村用上电。1996年，投资20万元进行电力改网，小水电改并国家电网。2010年，进行电网改造。2014年，全乡有变电所1处，有变压器8台。

饮水 1996年，在乡政府驻地建自来水厂。2007年，新建深水港水厂，日供水能力200吨。2014年，投资800万元，建设安全饮水工程，8个村的2万村民饮用上安全的自来水。

水利建设

1970年，修建小(一)型水库，蓄水量15万立方米。1975至1995年，全乡共建变压器台渠31处、总装机容量2030千瓦，机埠27处、装机容量789千瓦；防渗渠道17处22千米，新建小(二)型水库2座、骨干塘3口，新增蓄水量77万立方米。2002年，整治7座病险水库，其经验推广到全省。至2009年，全乡有小(一)、小(二)型水库9座，骨干塘27座，堰塘1723口，小型拦河坝4座，总引水量1250万立方米，总库容950万立方米。

集镇建设

1960年，深水港集镇有街道1条，长735米，建成区面积897平方米。1982年，集镇有街道2条，长2435米，建成区面积3374平方米。2014年，筹资150万元在桐木港路安装路灯200余盏。至此，桐木港路全部安装路灯，实现全线亮化，集镇有街道3条，长4896米，建成区面积8754平方米。

四、社会事业

教育

1950年，境域有云岳中心小学、木公桥初小、金牛山初小、鸦鹊潭初小等新旧初小14所，约有学生800人、教员21人。1963年，深水港公社有小学11所、60个教学班，共有学生1960人、教师68人。1970年，以深水港完小为基础，创办深水港中学，招收初中5个班，1972年至1978年间还每年招收1至2个高中班。1984年，深水港乡有小学1所，学生231人；有中学1所，学生295人。1990—1996年，投资276万元对中、小学进行扩建改造，全乡14所学校实验室、仪器室、图书室和阅览室基本达标。2002年，全乡有初中1所、完全小学及村小8所，其中苏金希望小学为香港企业家捐建。2009年，全乡有初中1所，小学3所，学前班4所。2012年，全乡有幼儿园3所，在园幼儿255人，教师15人；小学2所，在校学生656人，教师48人；初中1所，在校学生202人，教师44人。小学适龄儿童入学率、初中适龄人口入学率、小升初升学率、九年义务教育覆盖率均达100%。财政预算内教育经费450万元，占财政总支出比例达30%。2013年，投资600万元完成中学校舍改造。2014年，全乡有初级中学1所，学生359

人、教师 21 人；小学 2 所，学生 480 人、教师 38 名；幼儿园 2 所，入园幼儿 170 人。

文化

域内有鲇鱼垢遗址，属新石器时期石家河文化遗址。1994 年，建成深水港乡有线电视站。2011 年，有乡文化站、广播电视站 1 处，各类图书室 9 个，藏书 1 万余册，艺术团 1 个，从业人员 11 人。2014 年，乡政府图书室和文化活动中心建成并对外开放，群众参与广场舞等业余文化活动热情高涨。

医疗卫生

1961 年，深水港乡有卫生医疗机构 1 个，医务人员 4 名。1991—1995 年，深水港乡新建门诊大楼、住院部，添置医疗器材 17 件，医务人员增加到 18 人。2009 年，乡卫生院有医务人员 16 人，床位 17 张，还有 15 个村卫生所，每个村卫生所配备医务人员 4 名。2011 年，全乡有乡级医疗卫生机构 1 个，门诊部(所)19 个，有床位 20 张，专业卫生人员 21 名，完成诊疗 3 万人次，8 个村村民全部参加新型农村合作医疗。2014 年，乡卫生院有医务人员 16 名、床位 25 张，7 个村设有卫生所，每个卫生室配有医务人员 4 名。2015 年，全乡有农村卫生室 15 个，有医生和妇幼保健员 23 人；全乡有从医人员 10 人，个体药店 4 个；对深水港乡卫生院综合大楼进行扩建，配置医疗器械，改善医疗设备和条件，村民“小病不出乡”。

社会保障

1987 年，深水港筹资兴办乡敬老院。2004 年，对乡敬老院进行改建。2009 年，乡敬老院集中供养五保老人 53 人。2012 年，全乡城镇居民有 20 户、25 人享受城镇最低生活保障；医疗救助 125 人次，民政部门资助参加合作医疗 85 人次。农村有 313 户 614 人享受最低生活保障，支出最低生活保障金 64.11 万元；有国家抚恤、补助各类优抚对象 85 人，抚恤事业费支出 37 万元。乡敬老院收养农村五保人员 43 人。2013 年，投资 85 万元对乡敬老院进行扩建。至 2014 年，乡敬老院集中供养五保老人 51 人。2015 年，全乡纳入社会养老保险体系的老年人 644 名，发放养老金 17.22 万元。为 40 人发放大病救助资金 3.2 万元。

五、特色地情

名优特产

“木公桥”牌鲜土鸡蛋 2004 年开始，深水港乡大力发展禽蛋养殖业。至 2009 年，深水港乡蛋鸡养殖产业形成规模，“木公桥”牌鲜土鸡蛋在怀化、株洲、长沙、广州、深圳、上海等城市及浙江、贵州、香港等地都建有固定销售网点。2011 年，全乡出产鸡蛋 30000 吨，2012 年出产 35000 吨。2015 年，该乡建成 3 个蛋鸡养殖带，规模蛋鸡养殖户达 235 户，养殖规模突破 110 万羽，年产蛋品超过 90 万箱，禽蛋养殖总收入达 1.3 亿元，成为桃源县规模蛋鸡养殖第一大乡，影响辐射周边乡镇。

历代名人

黄登 1907年生,卒年不详。字次高,国大代表,今深水港乡长湖村人。清光绪三十三年(1907)生,中央军事政治学校及庐山军官训练团毕业。曾任湖南省盐务局局长,1946年,长沙市市长汪浩(澧县人)筹设长沙市银行,报经国民政府财政部核准,于同年11月25日开业,黄登任长沙市银行常务董事兼经理。1947年3月,黄登在中山西路设立城北办事处,任命其内弟郭占鳌为主任,职员全是黄的亲朋好友。黄登利用职权将私人竞选国大代表等政治活动的交际费用列入银行开支,还开立虚假存款账户,经营高利贷,同时,趁法币、金圆券恶性贬值之机,投机牟利。1947年10月25日,成功当选为长沙市国大代表。1949年4月,黄登辞去长沙市银行经理职务,回到桃源老家。同年,创办长湖坪完小(今深水港中心小学前身)。中华人民共和国成立前夕,与素有交往的地下党员罗上炎(同为深水港人)联络,接受罗的规劝,愿意做进步的民主人士,资助地下党的活动。

罗上立 1932年2月出生,大校,深水港乡金牛山村人,中国人民解放军38郡112师原政委。1949年8月桃源解放时从县城参军,后参加衡宝战役、湘西剿匪和抗美援朝等。从战士到任师政委,一直都在112师。1969年至1974年秋,在军政治部组织处任处长。1974年至1977年,任平江起义红军团(即334团)政委。1978年1月至1984年12月,先后任112师政治部副主任、副政委、政委。戎马生涯35年,在朝鲜战场英勇战斗,立大功3次;在抗美援朝凯旋回国后的战斗和工作中,立三等功3次。1976年唐山发生大地震后,率领334团参加抗震救灾,中央军委为红军团记集体二等功。1984年,响应中央军委号召,主动要求并被批准从师政委岗位上离休。

(阙少文)

泥窝潭乡》

泥窝潭乡行政区划图

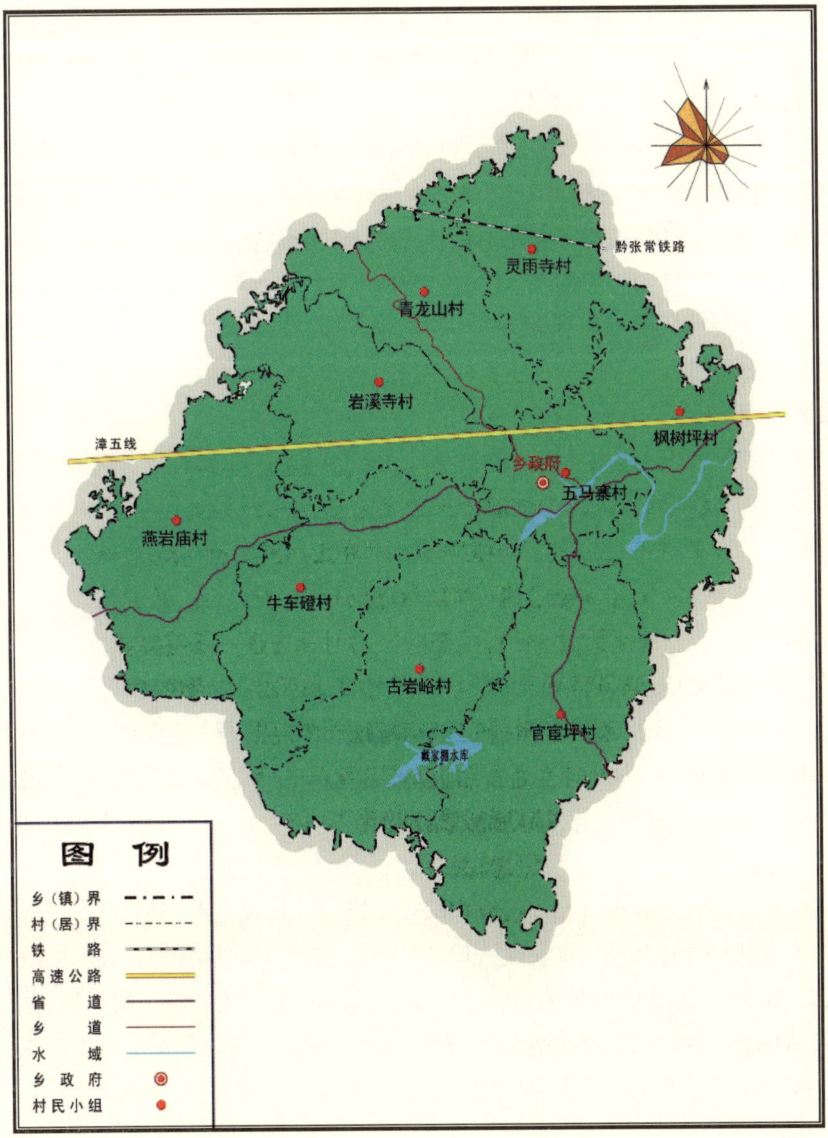

一、区域概况

建置沿革

南宋《武陵图经》记载，境域属仙瑞乡东柱村。明《嘉靖常德府志》载，东柱村析置为土东柱村和西东柱村，境域属仙瑞乡土东柱村，后简称土东村。1934 年属泥窝潭区土东团。1935 年 8 月，废乡团，新编为第六区土东乡和泥窝乡。1941 年 1 月撤区并乡，为土东乡，下辖 9 个保。1952 年 8 月土改复查后，分属剪市区所辖泥窝潭、古岩堉、岩溪寺、花轿坪、回龙山、牛车磴、燕岩庙 7 乡。1956 年撤区并乡，为泥窝潭乡。1958 年 9 月人民公社化后，属剪市公社。1961 年 4 月，析置泥窝潭公社，辖红岩、胜利、东风、双跃、联合、火箭、光辉、齐心、红心、双桥、建国、红旗、山泉、湖堰、五一、民主 16 个生产大队。1981 年地名普查后，泥窝潭公社辖岩溪寺、青龙山、花轿坪、燕岩庙、仙人岩、官宦坪、茶驿坪、牛车磴、古岩堉、五马寨、燕子岩、集财坡、座河堰、湖堰、龙门垭、灵雨寺 16 个生产大队。1984 年 2 月，撤泥窝潭公社，改设泥窝潭乡，乡政府驻泥窝潭集镇，辖五马寨、燕子岩、湖堰、灵雨寺、仙人岩、青龙山、岩溪寺、集财坡、座河堰、咸泉寺、牛车磴、燕岩庙、茶驿坪、龙门垭、古岩堉、花轿坪、官宦坪 17 个行政村和戴家棚林场。2011 年并村之后，泥窝潭乡辖五马寨、枫树坪、灵雨寺、青龙山、岩溪寺、燕岩庙、牛车磴、古岩堉、官宦坪 9 个行政村。

位置面积

泥窝潭乡地处桃源县中部，距桃源县城 18 千米。东与深水港乡接壤，南与凌津滩镇、剪市镇为邻，西靠佘家坪乡，北接三阳港镇。辖区东西最大距离 11.8 千米，南北最大距离 14 千米，面积 91.83 平方千米。其中陆地 85.8 平方千米，占 93.43%；水域 6.03 平方千米，占 6.57%。

自然环境

泥窝潭乡是中亚热带向北亚热带过渡的地区，属亚热带季风性气候，冷热四季分明，干湿两季明显，春多寒潮阴雨，夏多暴雨高温，伏秋易旱，冬少严寒。平均日照为 1500 小时 ~ 1700 小时，年平均气温为 17.0℃ ~ 19.0℃之间。年平均降水量 1250 毫米，最大积雪厚度为 42 厘米。

人口民族

1995 年，全乡有 5166 户，其中农业户 4615 户、非农业户 551 户，总人口 17673 人，其中农业人口 15538 人、非农业人口 2135 人，农村劳动力 10316 人。2015 年末，辖区总人口 18496 人，其中城镇常住人口 921 人，城镇化率 4.98%。另有流动人口 375 人；总人口中，男性 9783 人、女性 8713 人。人口出生率 10.24‰，死亡率 1.63‰，人口自然增长率 8.61‰。域内人口全为汉族。

二、经济发展

经济综述

泥窝潭乡盛产水稻、油菜、水果、药材、楠竹、桃源鸡、禽蛋等，是典型的鱼米之乡，1996 年，被列为省优质烤烟基地。2002 年，全乡农业总产值 5968 万元，工业总产值 7800 万元，财政收入 373 万元，农民年人均纯收入 2268 元。2015 年，财政总收入 340 万元，其中地方财政收入 165 万元；完成营业税 7 万元，增值税 12 万元，企业所得税 6 万元；域内金融机构各类存款余额 1.6 亿元；各项贷款余额 0.3 亿元；全乡农民年人均纯收入 10213 元。

农业

种植业

粮食　1995 年，全乡粮食作物播种 53960 亩，总产 14256 吨，其中水稻 51210 亩，总产 13940 吨。2015 年，全乡规范流转水田 13600 亩，扶植发展泥丰、易禾、瑞丰 3 家千亩以上粮食生产合作社。泥丰粮食生产专业合作社种植双季稻 1100 多亩，拥有各类农机具价值超过 500 万，实现引种—育苗—移栽—培管—收割—烘干全程专业化作业。发展农机服务专业合作社 2 家、家庭农场 3 户，50 亩以上种粮大户 67 户。泥窝潭乡承担全省唯一的湘米工程——中稻优质稻品种展示。全乡水稻种植 5.8519 万亩，总产 24606 吨；种植油菜 1.62 万亩，总产 2152 吨。

烟叶　20 世纪 70 年代境内开始种植烤烟，1996 年，泥窝潭乡被列为省优质烤烟基地，烟叶成为泥窝潭乡的支柱产业。2012 年，成立泥窝潭乡金泥烟叶种植专业合作社。2015 年，全乡种植烟叶 2400 余亩。

水果　1995 年，全乡有果园 1410 亩，产水果 175 吨。2005 年 5 月，泥窝潭乡金橙果业协会成立，协会有生产基地 1000 亩。2009 年，金橙果业协会更名为桃源县金橙果业专业合作社，果品注册“灵雨”商标，为县内第一个有自己品牌商标的专业合作社，特色水果产品富硒纽荷尔脐橙，远销上海、广东等地。2015 年，全乡水果种植 1000 亩、总产 600 吨。

养殖业　泥窝潭乡传统畜牧业以养殖猪、家禽为主。1995 年，全乡出栏生猪 17500 头；饲养牛 1650 头，出栏 110 头；出笼家禽 80000 多羽、禽蛋 341 吨；水产品养殖水面 3180 亩，出产水产品 260 吨，其中鱼类 250 吨。20 世纪末，开始养殖珍稀动物。2003 年以前，养殖果子狸、孔雀、金头龟、娃娃鱼等，2003 年以后养殖豪猪。2015 年年底，曾立波豪猪养殖场存栏 500 头，年销量 300 头，年产值 30 万元；冯飞池豪猪养殖场存栏 800 头，年销量 700 头，年产值 50 万元。其成功模式和养殖经验先后被中央电视台、湖南卫视及各个地方台报道。2015 年始，养殖大户纷纷采取有效措施，减少污染物排放；全乡存栏生猪 7540 头、家禽 412000 羽、耕牛 820 头；2 个特种养殖场年销售额 80 万元。

林业 1995年，全乡林业实有面积6万多亩，森林覆盖率72%，其中人工林7500亩，可采伐林面积2000亩。2005年，全乡抚育幼林1799亩，采伐木材5066立方米、竹材1.8万根。2011年，执行森林限额采伐，森林管护面积2万亩，2015年，全乡有林地6.9万亩，森林覆盖率51%，公益林增加到15366亩。

工业

泥窝潭乡工业以农产品加工业为主，主要是水稻、烤烟、木材等原材料的加工。1995年，全乡有乡办企业 8 家，村办企业44家，其中五马机械厂生产的烟丝刀销往全国 6 个省(市)，特种灯泡厂生产的微型灯珠远销东南亚；全乡工业总产值3455.07万元。1996年，乡政府投资160万元，兴办竹艺厂、复合肥厂。2015年，全乡有工业企业76家，从业人员524人，工业生产总值1.1亿元，实现工业同比增加值0.44亿元。

商贸服务业

2015年末，全乡有商业网点85个，从业人员210人；社会商品零售总额0.45亿元；城乡集贸市场3个，年成交额0.2亿元。

三、基础设施

交通运输

1994—1995年，投资200万元，新修和整修从泥窝潭乡至剪市镇十字路村、佘家坪乡、向家桥乡，经徐家坳至深水港乡长30千米乡级公路，全乡公路相互交错呈网络状。2011—2015年，自筹资金500多万元，对12.4千米村、组道路进行硬化，16千米组级便道铺设碎石。2015年，泥窝潭乡有乡道5.4千米、村道48.6千米。在建的黔张常铁路过境。

邮政通信

1995年，泥窝潭乡投资60万元安装256门程控电话。至2002年，全乡安装程控电话2500门，移动电话用户达3000户。2015年，泥窝潭乡有邮政储蓄所1处，代办所2处。移动、联通营业厅各一家。电信企业1家，服务网点3个，电话交换机总容量1.6万门，固定电话用户0.18万户，手机1236台，移动基站8座。

供电饮水

供电 1966年，合香坪机埠通电，泥窝潭乡迎来电灯时代。2015年，进行农网改造，投资1300万的30千伏变电站落户官宦坪村。是时，全乡有变压器70台，功率4100千瓦；输电线路364千米。

饮水 1992年，泥窝潭乡建成第一家自来水厂——戴家棚水厂。至2015年，有7村完成自来水管网建设；争取上级补贴资金310万元新建水厂过滤池、清水池等配套设施，在灵雨寺、青龙山等4个村建自来水管网，引导五马寨、古岩堉等4个村进行户表改造。2015年，全乡有自来水管网124.5千米；16000人饮用自来水。

水利建设

中华人民共和国成立后，域内大兴水利建设，1958—1979 年，域内修建小(二)水库 9 座、小(一)型水库 6 座。期间，于 1958 年，建成麦湾水库，库容 26.18 万立方米；1960 年，建成湖堰、铜钱坳和曾棚湾水库，库容分别为 9.65 万立方米、10.92 万立方米和 33.06 万立方米；1963—1964 年，建成龙门垭和徐家冲水库，库容分别为 16.69 万立方米和 13 万立方米。1966 年建成邵家冲和四水冲水库，库容分别为 12.56 万立方米和 13.6 万立方米；1972 年，建成山谷水库，库容 33.7 万立方米；

1970—1971 年，建成马湾水库，库容 130 万立方米；1974—1975 年，修建戴家棚、占水洞、石门峪、托木冲水库，库容分别为 449 万立方米、101 万立方米、102 万立方米、88 万立方米；1979 年，建成龟山水库，库容 94 万立方米。

2015 年，争取中央水利建设资金 1410 万元，对石门峪、占水洞、托木冲 3 座小(一)型水库进行除险加固改造，对戴家棚水库 12 千米左右干渠进行砼护砌，对乡内 94 千米干渠清淤除杂、0.7 千米支干渠砼护砌，对 280 口山塘清淤，整修河坝 3 处，新建堰塘 15 口；开挖骨干塘 9 口、高标准整修山塘 31 口，全乡灌溉水利用系数达到 86%。2015 年，全乡有水库 15 座，骨干塘 38 口，河坝 45 座，主干渠 94 千米、支干渠 184 千米。

乡镇建设

1949 年，泥窝潭集镇建成区面积 3700 平方米，街道长 120 米。1956 年，泥窝潭集镇建成区面积 13000 平方米，街道长 800 米。1984 年，泥窝潭集镇建成区面积 73300 平方米，街道 3 条、长 1100 米。2015 年，进行街道建设，铺设街道下水道管网，管网长 300 米；泥窝潭集镇建成区扩展到 125323 平方米，街道 8 条长 4500 米。

▲ 戴家棚美景

四、社会事业

教育

1995年，全乡有中学1所，小学11所，在校学生1400人，教师131人。2002年，对学校布局进行调整，调整后，全乡有中学1所、小学2所、中心幼儿园1所。2005年，学校危房改造基本完成，共改造危房1100平方米，又投资16万元改造中学食堂。2015年，全乡有幼儿园4所，在园幼儿350人，专任教师15人；小学2所，在校学生850人，专任教师44人，小学适龄儿童入学率100%；初中1所，初中在校学生373人，专任教师32人。

文化体育

1995年，泥窝潭乡投资40万元新建乡有线电视站和调频广播发射站，乡集镇有线电视入户600多户。2002年，有线电视用户达1000多户。2011年年末，泥窝潭有乡文化站、广播电视站各1处，村级活动文化中心9处，各类图书室17个，藏书4.8万余册；各类艺术团队8个，演艺人员135人。2012年，泥窝潭乡拨付1.8万元给乡综合文化站，由其组建宣传队；宣传队的戏剧类节目《明月》获得桃源县首届民间文艺会演一等奖，戏剧类节目《良心账》获得常德市百团大赛经典奖。2015年，成功举办“七一”系列活动，开展拔河、篮球等体育比赛，举办文艺会演，发动群众参与十个“十佳”评选活动；每个村有2支广场舞队，村村有活动场地。

医疗卫生

1995年，乡卫生院有医务人员17名，床位20张，17个村设有医疗站。2008年，泥窝潭乡被常德市委、市政府评为计划生育工作红旗单位。2009年，全乡有卫生院1个，村级卫生室18个。2015年，全乡有医务人员42名，病床50张，医疗设备价值200万元；全乡建立健康档案132132份；计生办完成2456名在家已婚育龄妇女“三查一治”（查孕情、环情、病情，治疗妇科疾病）工作，免费为182对生育一、二孩夫妇提供优生优育检测，为计生困难家庭发放救助金20000余元。

社会保障

2005年，建乡敬老院，占地10000平方米，可入住五保对象50人。2009年，入住45人。2011年，入住五保人员48人。2012年起，全乡参加城乡居民养老保险7287人，年缴费80余万元，3800余名老年人月基础养老金从55元增长到80元；为210名民政抚恤对象发放优抚金52万元。2015年，全乡民政救灾救济额度达110万元，全乡有388户600人享受农村最低生活保障；全乡城镇新增就业98人，下岗失业人员再就业25人，农村劳动力转移就业910人，组织147名劳动力参加重点企业春季专场招聘会，城乡居民保险费征缴完成任务目标的108%。

五、特色地情

名优特产

富硒纽荷尔脐橙　2005年，桃源县金橙果业合作社从中国农业科学院柑橘研究所引进最优质的纽荷尔2号脐橙品种，种植面积近万亩，是湖南省境内最具规模的富硒纽荷尔脐橙生产基地。该产品荣获农业部第二届农博会金奖。2009年，桃源县富硒产品开发办、县富硒产品研究所与金橙果业合作社研发的富硒纽荷尔脐橙，色、香、味俱佳，且具有保健功能，硒含量达国家标准，具有抗病、美容养颜之效。因品质优良而驰名中外，是脐橙中的佼佼者，被称为“柑橘皇后”。

青龙豪猪　2003年，桃源青龙养殖场开始养殖豪猪。豪猪肉质鲜美，以瘦肉为多，是可口的野味；豪猪有较强的药用价值；豪猪的箭刺除药用外，还是制作浮标和装饰品的高级原料。是年，该养殖场养殖豪猪的成功模式和养殖经验被中央电视台、湖南卫视及多个地方台报道。

民俗风情

捉龟舞　泥窝潭乡群众表演的捉龟舞历史悠久。追溯源头，可以从汉朝盛行的“百戏”中寻觅到捉龟舞的踪迹。其时，称这种模仿动物的舞蹈为“鱼龙曼衍”。人们在表演舞蹈前，要先做好道具。《楚风》“竹马灯”对捉龟舞道具的制作过程做了详细的记述：先用竹篾作架，扎成大乌龟状，再在竹制乌龟外表裱糊多层纸张，最后用各种色彩的涂料着色，装饰成乌龟形状。民间艺人利用这种象形道具进行模仿乌龟的表演，舞蹈生动活泼，充满生活情趣。舞者手执双镲，有连声碎击、翻镲、洗镲、抹镲、摆镲等，并随擦声起舞，动作有盘腿、吸腿跳、弓步、蹲转等步法，表现了找龟、捉龟、看龟、挂龟等过程，整套模拟捉龟的动作，使人看到了沅水沿岸先民的诙谐幽默。捉龟队伍的队形变化多样，时而交叉，时而走龟花，时而龙摆尾，舞者个个精神饱满，情趣盎然。

1954年，民间舞蹈《捉龟》代表桃源县参加湖南省首届民间艺术会演，荣获二等演出奖。1984年8月，该舞蹈被编入《中国民族民间舞蹈集成》和《湖南省民族民间舞蹈集成》。2015年，泥窝潭乡群众自编自导的捉龟舞成功申报为市级非物质文化遗产。

历代名人

阙士琦　字褐公，生卒年不详，泥窝潭官宦坪人。明崇祯七年(1634)进士。曾做过南安知县，上任不足半年，辞官归乡，杜门著书，拒绝朝廷调其为翰林院编修。家乡古庙有其亲题对联“石壁自天成，传一幅牟尼真影；溪流为佛设，涌几层南海清波。”横批“见身”。有《蟛蜞馆文集》《桃源索隐》《秦月楼诗》等诗文著作。

罗其鼎　字耳臣，号月江，生卒年不详，泥窝潭人。明崇祯庚辰科(1640)进士，授行人司行人。清军进关后，其鼎挺身而出，募集义军，以光复自任。南明亡后，救国之志，毫不动摇。他历尽艰险，亲至长沙与何腾蛟共筹国事。他建议说：“当前金瓯虽已残破，偏

▲ 明末进士阙士琦曾读过书的石洞

安仍有可图。西南地域辽阔，人民不甘亡国，义旗一举，四方响应，仍大有可为。请纠合沅澧诸堡，作大军犄角，互为声援。”腾蛟听了，精神振奋，欣然表示同意。其鼎回县后，积极募义军，筹军饷，制器械，夜以继日，心力俱瘁，军威因之复振。一夕，忽梦大星坠怀中，已而病发，每日仍力疾视事。腾蛟不知其患病，写信和他磋商攻守事宜。其鼎得到书信，拔剑斫几，恨恨连声，嘱其子人琮说：“我们的主要任务是固守常、澧一带，保持与云贵畅通无阻，为长沙的声援，所以这里万不可失。”说罢，他又伏在枕上口授，叫人琮代书，寄各镇、道和各团、堡，共数十封。逝后，门人私谥为“贞易先生”。著有《月江集》《草行藏稿》《仙掌草》等书。康熙辛酉年(1681)，入祀乡贤。

罗人琮 1616—1704年，字宗玉，号紫萝，泥窝潭人。父其鼎，南明福王行人司行人。清顺治四年(1647)，清军入常德、澧州，桃源陷落，人琮所率团练亦遣散。南明亡，因人告密，罗人琮被捕入狱，后被释放。顺治十八年(1661)进士及第，任宁波推官，又改陕西朝邑知县。康熙七年(1668)，升四川道监察御史。奏请整顿吏治，选拔遗才，禁止摊派火耗，并请蠲免湖南钱粮等，均获嘉许。十八年(1679)，京师地震，诏求直言极谏。罗人琮乃奏劾江南臬司崔维雅贪污残暴，崔维雅被革职拿问。但罗人琮却又受反诬，也被革职回家。著有《最古园集》53卷、《芮政节录》11卷。

(赵显萍)

剪市镇

剪市镇行政区划图

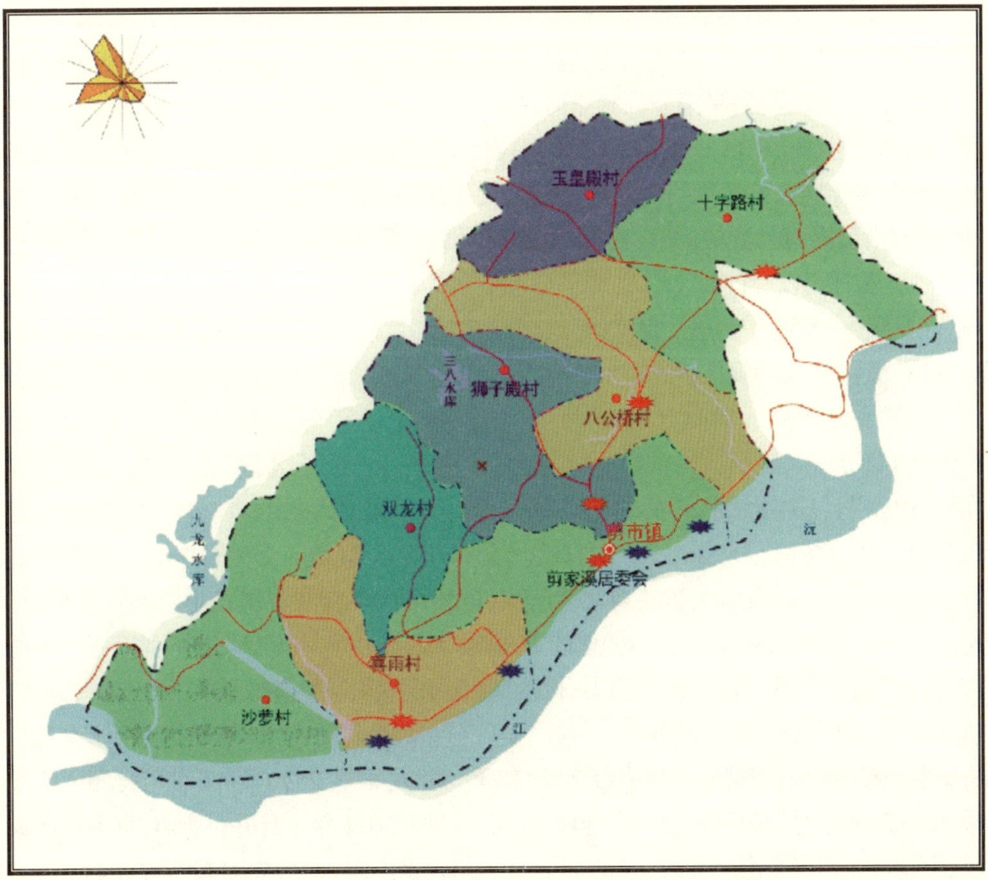

一、区域概况

建置沿革

明《万历桃源县志》李徵撰写的《邑侯天台高公遗爱碑》一文中出现“剪溪”，即今剪市，这是剪市地名第一次见诸史籍。

据南宋《武陵图经》记载，境域属仙瑞乡东柱村。明《嘉靖常德府志》记载，分属仙瑞乡西东柱村、桃源上乡故驿村和沙萝村，后故驿村并入大安村，该一区划一直沿用至民国。元《六条政类》记载，元朝开始设立故乡站（今狮子殿村岩板滩组芦茅冲），为桃源三个水驿之一。明洪武二年（1369）裁撤，明《万历桃源县志》记载设有故乡市。清朝时设有故乡塘，配塘兵四名，嘉庆六年（1801）由常德营改归常德协管理，清末废。1934 年，属泥窝潭区七峰团和西东团。1935 年 8 月，废乡团，新编为七峰乡和西东乡。1941 年 1 月，撤区并乡为沅上乡。1952 年 8 月土改复查后，属剪市区所辖骑龙、八公桥、白麟、新铺岗、南岳、喜雨、沙萝、五峰 8 乡。1953 年 3 月，置剪市镇。1955 年 6 月，撤销。1956 年撤区并乡，为剪家溪乡。1958 年 9 月公社化后改为剪市公社，辖岩子岗、青龙、红旗、岩溪、喜雨、南岳、泥窝、燕岩、广福、火箭、和平、板桥、沙萝、牛车、卫星、剪市、先锋 17 个生产大队。1961 年 9 月，撤销剪市公社，设和平公社、喜雨公社，归剪市区管辖。是时，剪市区驻剪市董家桥，喜雨公社驻庙河，辖剪市、喜雨、红卫、湖堤、先锋、跃进、红星、东风、新胜、沙萝、红旗 11 个生产大队，和平公社驻八公桥，辖和平、星星、向阳、光辉、胜利、永胜、青年、红旗、东风、新建、金星、红岩、飞跃、先锋、跃进 15 个生产大队。1981 年地名普查后，喜雨公社辖喜雨、剪市、湖堤、沙萝、旺家庄、九龙、骑龙、姚公坪、发轫、龟山、岩嘴、梅子冲 12 个生产大队，和平公社更名为八公桥公社，辖八公桥、天台山、岩板滩、九龙殿、白麟洲、广福殿、张家湾、老铺岗、鹅公井、岩子岗、八头山、走马坪、玉皇殿、五峰山、板桥湾、狮子殿、新铺岗 17 个生产大队。1983 年，八公桥公社、喜雨公社更名为八公桥乡、喜雨乡。1995 年，八公桥乡、喜雨乡合并为剪市乡，辖喜雨、剪市、湖堤、姚公坪、骑龙、发轫、龟山、岩嘴、梅子冲、九龙、旺家庄、沙萝、八公桥、岩板滩、天台山、九龙殿、白麟洲、广福殿、张家湾、老铺岗、鹅公井、岩子岗、新铺岗、走马坪、玉皇殿、五峰山、八头山、板桥湾、狮子殿 29 个村民委员会和九龙水库，297 个村民小组。1996 年 11 月，撤剪市乡建剪市镇，全镇辖剪家溪、中巷口 2 个居委会 9 个居民小组和八公桥、岩板滩、天台山、九龙殿、狮子殿、白麟洲、广福殿、张家湾、老铺岗、鹅公井、岩子岗、新铺岗、走马坪、玉皇殿、五峰山、八头山、板桥湾、喜雨、湖堤、姚公坪、骑龙、发轫、龟山、岩嘴、梅子冲、九龙、旺家庄、沙萝 28 个村民委员会 286 个村民小组，其中中巷口居委会虽有编制，实无机构，与剪家溪居委会"两块牌子一套人马"。2010 年 11 月，白麟洲、广福殿、张家湾 3 个村划归桃花源旅游管理区（筹）管理。2011 年 8 月并村合组，全镇辖剪家溪、中巷口 2 个居委会和喜雨、双龙、八公桥、沙萝、狮子殿、玉皇殿、十字路 7 个村。

位置面积

剪市镇位于桃源中南部，距桃源县城 7 千米，东邻漳江镇，西接凌津滩镇，北抵泥窝潭乡、深水港乡，南与寺坪乡、郑家驿乡、桃花源镇隔河相望。2014 年，全镇总面积 98 平方千米，其中耕地 44119 亩。

自然环境

剪市位于湘西山地向洞庭平区的过渡地带，是典型的丘陵区，土地肥沃，丘岗山地面积大，且资源丰富。盛产稻谷、水果、木材、蚕桑。域内自北向南，有一条不足10公里的剪家溪，此溪汇入沅江，形成江溪合流、江滩开阔的地理环境，致使一方面因沅水黄金水道而兴，另一方面也因沅水泛滥而遭灾。境内白麟洲村周家岗遗址，属新石器时期大溪文化遗址。

人口民族

1995年，全镇总户数6997户，总人口26479人，其中非农业人口2395人。2011年，7348户，总人口26479人，其中非农业人口2795人。2014年，全镇总户数7541户，总人口21779人，其中男性11293人，女性10486人。全为汉族。

二、经济发展

综述

1995年，剪市乡工农业总产值12505万元，其中农业总产值4023万元，工业总产值8482万元，农民人均纯收入1150元。2002年，全镇农业总产值7101万元，工业总产值14986万元，财政收入392万元，农民人均纯收入2030元。2010～2015年，全镇完成财政收入6140万元，完成企业增加值1亿元，招商引资总额近6亿元，固定资产投资5亿元，农村贫困人口大幅度减少。2015年，农村人均纯收入7804元，引进常德“平安宴”有机农场、“九龙”旅游贸易开发公司、“沅上源”农业开发公司等一批投资上亿元的开发项目，提供就业岗位500余个。是年，全镇工农业总产值45422万元，其中工业总产值29155万元，农业总产值16267万元。一、二、三产业比为6∶3∶1。

农业

种植业

水稻　1995年，全乡种植水稻59270亩，产量14036吨。2005年，全镇种植水稻61641亩，产量19757吨。2014年粮食播种59640亩，总产16916吨，其中优质稻14872亩，总产5200吨。

水果　1995年，全乡果园面积2649亩，产量421吨。喜雨园艺场的“喜雨蜜橘”荣获“省优”产品称号，闻名全国，为柑橘行业的抢手货。2005年，全镇有果园6128亩，产量1838吨。2009年，老铺岗、新铺岗、八公桥等村以柑橘为主要品种的水果面积达8600亩，产量7000吨。2014年，全镇有果园6215亩，产量8710吨。2015年，全镇以油桃、优质橘、橙类为主的水果基地达8000亩。

养殖业　1995年，全镇养殖生猪28900头，出栏15600头，饲养家禽20多万羽，出笼11.7万羽。2003年，全镇发展生猪30900头，出栏28578头，发展家禽50多万羽，出栏41.16万羽，水产品产量373吨。2010年，新成立井均黄牛养殖合作社，其因经营好、效益高，带动周边群众发展黄牛养殖。2015年，全镇养殖黄牛708头，新增养殖户14家。平安宴有机农场基地扩建达到1500亩，土鸡养殖初具规模，土鸡等农产品在长沙、常德上市。

林业 蚕桑基地在20世纪80年代形成规模，时年产茧1600担，后逐渐萎缩。90年代，张家湾林场有林面积近7000亩，以张家湾、九龙、分水垴、发轫等林场为中心形成连片的林木资源，林木积蓄量达120万立方米，木材和木制品畅销长江中下游各省。2005年，全镇新造林1168亩，抚育幼林7654亩，采伐木材3701立方米、竹材4600根。2014年，全镇新造林1600亩，抚育幼林2000亩，采伐木材726立方米、竹材10000根。2015年，全镇有林木面积6万多亩，林木积蓄量110万立方米。

工业

1956年，创建剪市印刷厂。1985年，年产红砖1000万块的喜雨机砖厂建立。1990年，刘福军创办"军云印刷厂"，有固定资产40万元，年创产值70万元，利税6万元。1991年，十字路大米加工厂和油脂厂合并组建成十字路粮油综合加工厂，该厂集粮油加工、销售和木器加工于一体，年创产值3万元。1995年，剪市印刷厂有干部职工120人，固定资产170万元，年创产值680余万元，创利税20多万元。是年，全镇有个体、私营企业800多家，较大的企业有军云印刷厂、明海大米加工厂、天台山李祖文丝棉被厂；全镇年工业总产值80万元，利润2万元，上缴税金8万元。1996年，成立黄泥岗工业小区，工业小区占地60亩，吸引外资60余万元。2002年，剪市印刷厂获全市"百强"乡镇企业称号。2013年，在剪市镇建成集工贸、房地产开发于一体的工贸小区。

旅游业

2013—2015年，常德沅上源生态农业科技开发有限公司在剪市镇双龙村投入资金2000万元，建成1000亩湘莲套养鱼基地和500亩丘岗晚梨基地，使基地成了"千亩

▲ 双龙村千亩荷塘

荷塘，十里飘香”的旅游胜地，每年 7、8、9 月，到双龙村参观游览的人群络绎不绝，县电视台曾进行专题报道。

商贸服务业

明朝时期，湘西以及云贵等地大量木材扎排顺沅江而下销往武汉、南京等地，木排经过上游近千千米急流险滩冲撞后停泊在剪市加固绑扎，逐渐形成木材集市，纤夫、排客、商贾云集。

1995 年，全镇有个体、私营企业 800 多户。天台村李祖文丝棉被厂生产的高级丝棉被远销广州、深圳、珠海等沿海大中城市。2009 年，全镇有个体经营户近 500 户，私营企业近 50 家。

三、基础设施

交通运输

桃（源）凌（津滩）公路贯穿剪市镇全域，沅水贴境而过，域内剪市码头为天然良港，剪市镇水陆交通发达。2002 年，域内有县道 058 和 059 共 2 条，村道 30 条80 千米。2008 年，投资 700 万元完成县城至剪市 16.2 千米的公路硬化工程。2012—2014 年，镇政府投资 70 万元对中巷口、剪市、塘河 3 个渡口进行硬化和改造，投资 200 万元对集镇董家桥至中巷口街道进行升级改造。2015 年，全镇硬化 39 千米乡村公路，对剪天路进行美化改造；镇境 30 条村道延伸至 383.1 千米；有私人轿车 108 辆、中巴客运车 15 辆、货车 187 辆、手扶拖拉机 58 辆，渡船 18 只，年运输收入 1679 万元。

▲ 剪家溪码头

邮政通信

1993 年，域内开通程控电话。1996 年，增装扩容，程控电话用户达 1600 户。2005 年，全镇有手机用户 3280 户。2012 年，有邮政局 1 处，代办所 5 处，邮政业务总量 230 万元，报纸、杂志累计期发行 1.3 万份；电信企业 2 家，服务网点 13 个，固定电话用户 2200 户；移动用户 13000 户，互联网用户 1100 户。

供电饮水

供电 1964 年，域内通电。1979 年，剪市变电站、供电站建成。1997 年，筹资 20 万元，拉通凌（津滩）剪（市）一级供电线路。2001～2003年，全镇26个村（居）进行电网改造。2014年，全镇有变压器118台，功率12000，输电线路64千米。

饮水 1991年，县水利水电局在剪市集镇建起日供水300立方米的剪市供水厂。2010年，建自来水厂，可供10000人用水。2012年，争取资金300万元，解决玉皇殿村2500人安全饮水问题。2015年，九龙水库改水全面完成，全镇家家户户吃上了干净的自来水。

水利建设

2002年，域内有中型水库1座、小型水库10座、骨干堰塘3049处、小型拦水坝11处、提水机埠32处、干支渠道204千米，防洪大堤2处1.74千米。2007年，剪市镇获全市水利工程建设十强乡镇称号。2014年，镇域提水机埠的37台提水电机有1759.5千瓦，总蓄引提水量2505.24万立方米，其中有效水量2453.5万立方米，规划设计有效灌溉面积46565亩。2015年，全镇有效灌溉面积不足3.5万亩。

城镇建设

2012年，多方筹资实施集镇改造，完善下水道、环卫等设施，动工兴建九龙商贸城、影剧院、农贸市场、仿古码头、仿古一条街，启动投资50万元的亮化工程建设，告别马路市场。2015年年末，全镇有街道6条、总长6000米，下水道5800米，公厕1座，环卫机构1个、环卫工人4个、专业机动车辆1台，建成区绿地3350平方米。镇区道路砼化率达85%；新修建的城镇街道纵横交错，有工业区、政府办公区和学校教育区。

四、社会事业

教育

1950年，境域有学校1所。1995年，全乡有2所中学，2所中心小学，5所完小及村小，教职员工230人。1996年，政府投（集）资450万元修建剪市镇中学。2002年，镇域学校调整为中学1所、中心小学1所、完全小学4所、村级小学3所。2014年，政府投资200多万元对各校区进行改造升级。2015年，全镇有中学和中心小学各1所、完小2所、村小3所，教职员工158人，在校中小学生1920人；有幼儿班14个、入园幼儿706人。

文化体育

文物 域内白麟洲村周家岗遗址，经考证，属新石器时期大溪文化遗址，1995年被列为第一批县级文物保护单位；2012年，列入第四批市级文物保护单位。

广播电视 1993年，境内拉通有线电视网；2003年，有线电视网络覆盖26个村（居），电视节目35套；2015年，全镇有电视机5800多台，4000多用户接通有线电视。

群众文体 2012年，全镇有镇文化站、广播电视站各1处，有村级文化活动中心8处，各类文化专业户12户，各类图书室13个，藏书6万余册。音乐、美术、书法、摄影及文学业余创作队伍达33人。2015年，投资30万元完成综合文化站建设，站内设有电子阅览室、图书室、乐器室、多媒体电教室、体育活动室；完成村级文化活动室、农民体育健身工程和农家书屋建设。2015 年,全镇有群众表演队 5 个,群众文化活动广场 3 座。

医疗卫生

1977 年,建剪市中心卫生院。1995 年,投资 500 万元翻修剪市中心卫生院,修建八公桥卫生所。2002 年,镇中心卫生院设 3 个门诊部,11 个村级医疗网点。2009 年,增设 1 个住院部。2012 年,全镇 7 个村及两个居委会的村(居)民全部参加新型农村合作医疗和城镇居民医疗保险,参保率 100%。2015 年,全镇有 1 个中心卫生院、3 个门诊部、11 个村级医疗网点;有医护人员 57 人,病床 30 张。

社会保障

2004 年,建镇敬老院。2010—2015 年,下拨"一事一议"资金 311 万元,发放粮食直补和农资综合补贴资金 1798 万元,为 762 户农户发放退耕还林补贴 120 万元,为困难群众发放救助生活品等物资折合资金 30 万元,发放重大疾病救助金 30 万元,近 500 户 900 人纳入低保范围,发放低保金 500 多万元,180 户住房纳入危房改造项目,发放项目资金 150 万元。2015 年,投资 100 多万元对敬老院进行改造升级,有 50 人入住。

五、特色地情

风景名胜

白鳞洲 白鳞洲村距县城 15 千米,与桃源水府阁隔河相望。白鳞洲四面环水,俨然一颗翡翠明珠镶嵌沅水之中。潇湘八景之"渔村夕照"即指此处。昔人曾用"日有千人拱手,夜有万灯照明"描绘白鳞洲渔民捕鱼景象。周家岗遗址坐落在白鳞洲周家岗台地上,1985 年全国第二次文物普查发现, 属新石器时代大溪文化遗址, 距今 6000 年左右,为市级文物保护单位。遗址表土为耕作层,文化层呈灰褐色黏土,采集标本有磨制石锛、石斧、石球、陶网坠、陶罐等。陶系以红衣灰陶为主,兼有白陶。陶器上饰以水波纹、人字形纹、条带纹、印纹等作装饰,纹饰图案充满生活气息。反映了古代先民"依水而居,逐鱼而生"的生活环境。

剪家溪 不足 10 千米由北向南自境内流过。该溪汇入沅江,形成江溪合流、江滩开阔的地理环境。相传明洪武二年(1369),从外地迁来一剪姓人家,因无田土,只好居住在江边,以打鱼为生。是时,湘西以及云贵等地大量木材扎排顺沅江而下,销往武汉、南京等地,木排经过上游近数千米急流险滩冲撞,有些几近散箍,木排便停泊在此加固绑扎,逐渐形成木材集市,一时纤夫、排客、商贾云集。剪氏夫妇从中看到了商机,便利用剪家溪骑龙山下的一眼泉水制作豆腐。剪氏制作出的豆腐晶莹有如白玉,绵软可口,又嫩又滑,深受来往客商青睐,声名远播。沅水流域有民谣曰:"桃源的酒,陬市的糖,剪家溪的豆腐像城墙"。当地百姓为纪念以制作豆腐富甲一方并从而因豆腐立市的剪氏夫妇,遂将此地地名冠以"剪"字,将骑龙山下的溪流更名为"剪家溪"。明嘉靖二年(1523),剪家溪首见县志。至清康熙年间(1662—1772),因水运便捷、商贾云集,木材、大米、家禽贸易盛况空前，“剪市”之名“上播辰、黔，下传鼎、湖”。清乾隆二十六年（1761），“剪家溪”名列《水道提纲》，首载国家文献。

沅水古纤道 又名倒水岩古纤道，属水上交通遗迹，位于剪市镇旺家庄村龙过溪，居沅水北岸。为沅水逆水行舟时纤夫所走石道。始建年代无考，长约40米，主道宽0.9米~1.2米，开凿于海拔39米的陡峭石壁间，距沅水水面约5米。其间有石阶12级和护栏柱洞、缆绳鼻形石窝、撑篙石窝等遗迹。2012年，被列入第四批市级文物保护单位。

董家桥 位于董家坪北侧，故名。即今剪市镇政府前面大街北60米处，跨越剪家溪，呈南北向架设，直通镇中心路。该桥建于清同治四至八年（1865—1869）。之前为小木桥，常被洪水冲走，给路人带来不便。时有剪市乡绅姚登美，字文锦，年72岁，首倡建桥义举，并且自出重资，又募商贾米贩捐助，得以桥成。桥长25米，面宽6.4米，孔径8.2米，高11.5米，为料石拱桥，用料石3000余块。原桥北之东立有石碑3方，高约2米，宽0.7米，碑记其建桥始末及捐赠名录，1956年以后碑毁。1963年起作为公路桥，一直完好，是县内公路桥中最古老的一座。

姊妹桥 位于剪市镇狮子殿村六组，相传始建于明洪武年间。民国以前此地称萧家铺，有商铺和榨油作坊，故对面又名萧家油坊。由于地处泥窝潭和剪市来往的交通要道，旅客商贾必经之地，为方便过客，建有两座石拱桥，传称姊妹二人各建一座，故称姊妹桥。两桥上下相距60米，当地民谚有“三个田垱，两座拱桥”，都是东西向跨岩板滩溪流，是剪家溪主要支流岩板滩的发源地，距剪市集镇约4公里。上面的一座桥，是原装，桥长5米，宽1.8米，跨径2.7米，高2.4米，串岩19块的半圆形料石拱桥，最后合拢的串梁，还保存着凸刻的太极图案。桥面连接的小路，至今还有当时修建石路的錾凿痕迹，路和桥今已无人行经。下面的一座桥，因农田建设需要改建，移前8米，现已成为村级公路桥。历史上该桥地理位置十分重要，是泥窝潭的农副产品运往剪市销售的首要通道，运输工具采用鸡公车（即独轮车），每车可运150~200公斤。1959年冬开始修建泥窝潭至剪市的公路，逐渐取代此路。

历代名人

郭世嵚 1822—1894年，字兰荪，晚号蒻舫老人，桃源县桃源上乡沙萝村鸿山冲（今剪市镇双龙村红山冲）人。咸丰七年丁巳科（1857）举人，乡试亚元。同治元年（1862），举孝廉方正。与湘潭王闿运、安福（今临澧）黄道让有“湖南三才子”之称。赋性恬澹，隐居不止。左宗棠规划新疆时，寓书征聘，不就。与龙阳（今汉寿县）易佩绅、沅陵吴大廷为莫逆交。易任四川藩台，吴任台湾兵备道时，均至其舍促之出山，一以不堪重任为辞。后因易留龙阳主讲龙池书院三年。回籍后，讲学于漳江书院十余年，远近从学者以千计，沅澧间士风为之一变。光绪十九年（1894）卒，门人私谥为“贞定先生”。石门阎镇珩悼以挽联云：“先生有道不忧贫，年年讲账春风，曳杖来桃花古洞；耆旧于今无几辈，渺渺临沅秋水，悲君随落叶流波。”著有《鸿旅山庄集》，现藏常德市图书馆。

刘运乾 1891—1947年，字子健，国民革命军高级将领，今剪市镇十字路村觐甫湾人。湖南陆军小学堂、武昌陆军第三中学毕业。1912 年秋，考入保定陆军军官学校第一期工兵科第一连。1914 年 11 月毕业后，分发湖南陆军服务，历任湖南陆军第 2 师司令部见习、副官、参谋等职。1917 年 1 月，考入北京陆军大学第五期学习。1919 年 12 月毕业，后入法国陆军海岸炮兵专科学校学习。曾任湖南陆军第 3 师随营学校工兵教官、学兵连连长。1922 年秋，任湖南陆军第 1 师司令部参谋、第 2 旅 3 团 1 营营长、团附等职。1926 年 6 月，参加北伐，任国民革命军第 8 军 5 师 3 团团长。1927 年 4 月，任第 4 集团军 35 军 1 师 2 旅副旅长、旅长等职。1928 年 5 月，所部为桂系收编，任第 4 集团军 52 师司令部参谋长、副师长。同年 6 月，鲁涤平兼任湖南教育团团长，刘运乾任教育团训育干事。1932 年，任湖南常澧警备司令。1933 年，任鄂湘边区“剿共”总司令部湘军第 1 支队司令。1936 年 5 月，任国民政府参谋本部高级参谋。1937 年 2 月 22 日，授陆军少将衔。抗日战争全面爆发后，刘运乾任军事委员会军事训练部第七新兵补充训练处主任、军事委员会后方勤务部第二兵站分监部司令。1938 年，任军令部高级参谋。不久，调任陆军大学及兵学研究院教官。1944 年 4 月 5 日，任国民政府军事委员会军事参议院参议。1946 年 7 月 31 日，刘运乾晋任陆军中将，同时退为备役。1947 年逝世，归葬老家。著有《中国兵役史要》等。

（王皓琼）

凌津滩镇

凌津滩镇行政区划图

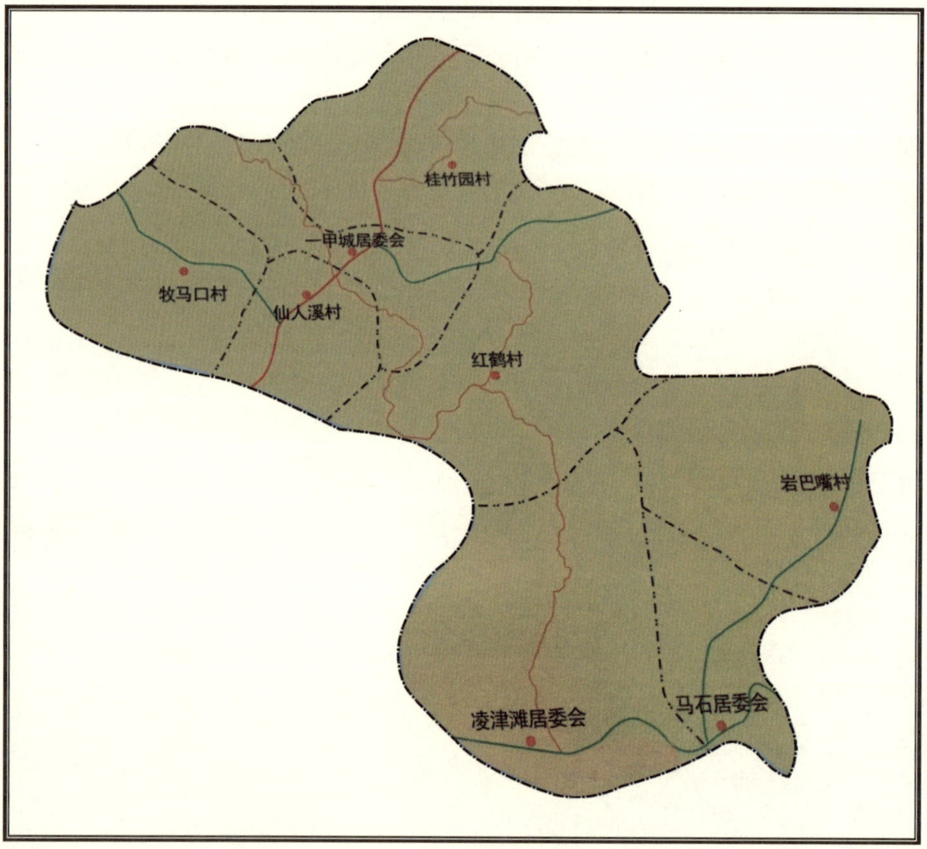

一、区域概况

建置沿革

沅江流到此处便江面开阔，流速放缓，被称为舲经滩，语出屈原《涉江》："乘舲船余上沅兮，齐吴榜以击汰。船容与而不进兮，淹回水而凝滞。"后讹为凌津滩。

南宋《武陵图经》记载，境域属桃源乡。明《嘉靖常德府志》记载，属桃源上乡沙罗村。清《光绪桃源县志》记载，属仙瑞乡清湘溪村、仙人溪村和桃源上乡沙罗村。1934年，属泥窝潭区新湘团和仙人团。1935年8月，废乡团，新编为仙人乡和余仙乡。1941年1月，撤区并乡，为碧云乡。1947年2月，碧云乡与沅上乡合并为碧沅乡。同年5月25日，恢复原建制，为碧云乡。1952年土改复查后，属兴隆区所辖新湘溪、安溪、马石、一甲城、仙人、穿石及佘家坪区的璩家溶7乡。1956年，撤区并乡，为新湘溪乡。1958年人民公社化后，属兴隆街公社。1961年4月，析置新湘溪公社。同年9月，新湘溪公社分设为一甲城公社、马石公社，马石公社辖青龙、朝阳、凌津、三印、石洞、安溪、穿石、纪公、向阳、窄溶10个生产大队，一甲城公社辖狮宝、金星、一甲城、红合、高峰、双红、五星、桃花、黄龙、鲜花、金龙11个生产大队。1984年，公社改为乡建制，马石乡辖青龙、纪公、安溪、三印、马石、堡子堆、凌津、石洞、窄溶10个村77个村民小组；一甲城乡辖一甲城、新湘溪、红鹤、金龙、黄龙、璩家溶、狮宝、高峰、鲜花井、牧马口、仙人溪11个村121个村民小组；1995年，马石、一甲城2乡合并，因国家投资亿元的重点水电工程凌津滩水电站在此，故合并后的乡称凌津滩乡，辖一甲城、新湘溪、红鹤、金龙、黄龙、璩家溶、狮宝、高峰、鲜花井、牧马口、仙人溪、青龙、纪公、安溪、三印、马石、堡子堆、穿石、凌津、石洞、窄溶21个行政村201个村民小组。2002年，撤乡建镇，辖凌津、窄溶2个居委会12个居民小组和一甲城、新湘溪、红鹤、金龙、黄龙、璩家溶、狮宝、高峰、鲜花井、牧马口、仙人溪、青龙、纪公、安溪、三印、马石、堡子堆、石洞、穿石19个村189个村民小组。2005年9月，增设五一社区居民委员会。2011年，凌津滩镇并村，全镇辖马石、凌津滩、一甲城3个居民委员会和岩巴嘴、红鹤、桂竹园、牧马口、仙人溪5个行政村，156个村(居)民小组。2015年12月全县乡镇区划调整中，该镇与兴隆街乡合并改称夷望溪镇。

位置面积

凌津滩镇位于桃源县西南部，距县城35千米，濒临沅水，东临剪市镇，西与兴隆街乡隔江相望，北靠龙潭镇、佘家坪乡和泥窝潭乡，南经国家重点水电工程——凌津滩水电站与寺坪乡相连。镇人民政府驻凌津滩居委会。全镇总面积148.27平方千米，耕地2.94万亩，其中水田2.76万亩；山地13.46万亩，森林覆盖率为95.3%。辖区东西最大距离18.76千米，南北最大距离15.39千米。

自然环境

镇内地貌为山区地形，地层为新生界白垩纪，是湘赣丘陵的一部分，地势为北面较高，东、西、南面山峦起伏，地面高程一般为海拔140米～250米，最高点为马石居委会的马鞍山，海拔382米，最低点为马石集镇燕家湾山地，海拔51.8米。镇域受太平洋暖湿气流影响，属典型的季风气候区，年平均气温16.5℃，极端最高气温40℃，极端最低气温-1℃，年平均降水量1310毫米，主要风向为西北，年均日照1530小时，无霜期286天，年平均降水量1935毫米。具有春多寒潮阴雨、夏多暴雨高温、伏秋易旱、冬少严寒的特点。为亚热带湘鄂川山地植被区，土壤类型为酸性红紫色土壤，盛产水稻、豆类、红薯、油菜、蔬菜。山上有楠竹、油茶树、茶叶树、杉树。沅江自西向东流经镇境21.5千米，水域面积31.68公顷。

人口民族

1995年，全镇有5276户17848人，其中农业人口16671人，劳动力9579人。2014年，全镇有5626户、18244人，其中农业人口17464人，全为汉族。

二、经济发展

综述

20世纪70年代以前，凌津滩乡经济以农业为主70年代中期，开始发展第二产业，兴办陶瓷厂、茶叶加工厂，年产值超过200余万元。1985年兴办第一化工厂，主要生产肌醇医药用品，年产值1000万元。1993年，又兴办织袜公司、竹木加工厂、建筑材料加工厂等。茶叶加工业发展迅速，生产企业达13家。1995年，农业产值2322.48万元，农民人均纯收入1361元；全乡有企业293家，从业人员940人，年产值8365.25万元，利税629.7万元。2015年，全镇经济总收入为16474万元，其中村组集体经营收入263万元，农民家庭经营收入14866万元，农民专业合作社经营收入45万元，其他经营收入为1300万元。按行业划分：农业收入5788万元，林业收入3266万元，渔业收入472万元，工业收入808万元，建筑业收入682万元，运输业收入1176万元，餐饮业收入763万元，服务业收入594万元，其他行业收入2925万元。

农业

种植业　凌津滩镇历来是稻谷主产区。自20世纪60年代中期开始，对水稻品种进行改良，高秆改矮秆，一季改双季。1978年以后，常规品种逐步被淘汰，由杂交品种取代。1995年，全乡种植粮食作物49345亩。2000年后，双季稻逐渐改为单季稻。2013年，又开始双季稻生产。是年，全县第一家农业统防统治服务中心——年丰公司在凌津滩镇成立，并建成1100亩统防统治示范基地。2014年，全镇种植水稻45781亩，总产17376吨，其中早稻18137亩，产量6348吨；中稻及一季稻6018亩，产量2594吨；晚稻21626亩，产量8434吨。种植玉米2369亩，产量725吨；豆类2500亩,产量322吨。是年秋，种植油菜23540亩。

养殖业　中华人民共和国成立前后，境域农民养殖业以饲养猪、牛、鸡、鸭为主。20世纪60年代以后以养猪为主。1995年，全乡养殖生猪22504头，出栏肉猪11870头；养殖肉牛221头，出栏肉牛92头；养殖家禽13.1万羽，出笼7.5万羽。2009年，养蛋鸡规模达30万羽以上。为解决环境污染问题，从2013年开始，对蛋鸡养殖进行规范化管理，全镇蛋鸡下降到3万羽以下。2015年，全镇出栏肉猪1.7万头，年末存栏1.31万头；饲养耕牛3877头，年末存栏2910头；出笼家禽23.9万羽，产禽蛋33.8吨。仙人溪村养鱼大户王秀英，承包沅江内河水面 2100 亩，出售鲜鱼 48 吨，占全镇鲜鱼出售量的五分之四。

林业 域内有山地 13.46 万亩。20 世纪 50 年代至 80 年代初，全乡有毛竹 1.7 万亩、用材林 2.36 万亩。2002—2008 年，退耕还林和荒山造林 5708 亩，长江防护林 68000 亩。2015 年末，全镇有林地 11.38 万亩，其中毛竹 4.7 万亩，杉树用材林 1.69 万亩；经济林以油茶为主，面积 2.3 万亩，森林覆盖率为 77.93%，活立木蓄积量 15.34 万立方米。全镇有生态公益林 6.8 万亩，国家补贴资金亩均 14.5 元，发放给林农的资金 98.6 万元。

工业

1988 年，马石乡创办群山茶厂，主要生产绿茶。1991 年，由生产粗制茶转为精致绿茶。1995 年，全乡有纪公、安溪、马石“群山”、黑潭沟 4 家茶叶加工厂，年产茶 3000 担、产值 180 万元、利润 5 万元。

1995 年，全乡有企业 293 家，从业人员 940 人，年产值 8365 万元，利税 630 万元。乡办化工厂生产的肌醇远销欧美 30 多个国家和地区，出口创汇 50 万美元；织袜厂生产的系列丝袜销售国内 16 个大中城市；马石茶厂生产的精制茶叶川凌银毫享有盛名。之外，还有手工大宝纸、竹器制作、根雕家具、精制薯粉、传统剪纸等手工技艺产品。

2002 年，域内茶叶加工厂发展到 5 家，年生产茶叶 400 吨，年产值 400 万元，利润 12 万元。2012 年，岩巴嘴村民邓兴文兴办易道茶业，以加工黑茶为主。

2012 年，桃凌木业入驻镇境，实现镇规模工业零的突破；茶叶加工企业进一步做大做强，涌现出马石茶厂、雁群茶厂、安溪茶厂、纪公茶厂等一批特色茶叶加工企业；投资 500 万元的仙人溪砂石厂开始运营。2015 年，全镇有茶叶加工企业 11 家，从业人员 237 人，年创产值 0.6 亿元；建材企业 5 家，有员工 91 人，年创产值 0.5 亿元，占国民生产总值的 32%，实现工业增加值 0.25 亿元。

商贸服务业

民国时期，域内商业繁荣的集镇市场为一甲城墟场和马石墟场，经营商品有杂货肉食、百货布匹、粮油食品、手工业品、农具、家具、生产生活资料等，从业人员近千人。中华人民共和国成立后，乡（公社）驻地建供销社、粮油店、肉食店，成为农村经济中心市场，各村（大队）均开设商业零售店或代购代销店。中共十一届三中全会后，个体商贸服务业蓬勃发展，农村市场日益活跃。1995 年，全乡有民营经济户 1867 户，从业人员 3535 人，年产值 5800 万元。并建成农业专业村 6 个，农业专业户 858 户，专业村人均生产加工纯收入 1600 元。2015 年，全镇有登记注册个体工商户 579 户，从业人员 1139 人，年产值 1.13 亿元。

三、基础设施

交通运输

20世纪60年代，镇境内有县道桃仙线(桃源—仙人溪)，长38千米。1970年，桃凌线(一)(桃源—剪市—凌津滩)建成通车，长35千米。1973年，桃凌线(二)(桃源—泥窝潭—凌津滩)，长36千米。2005—2008年，县、镇、村、组四级共同投资，硬化道路88千米。2006年，投资30多万元在集镇修建农村客运车站，每天有11班(次)客车开往桃源县城，日客运量800多人(次)；沅水两岸有马石渡口、穿石渡口、仙人溪渡口、窄溶渡口4个码头。2015年，全镇156个村民小组全部通水泥路。

邮政通信

2002年，镇内程控电话及移动电话开通。2015年，全镇有邮政局1处，代办所3处，邮政业务总量210万元；有电信企业3家，服务网店5个，电话交换机总容量2300门，固定电话用户1323户，电话普及率57%，移动电话用户6873户，互联网用户463户，全年电信业务收入78万元。

供电饮水

供电　1982年，域内通电。1994年上半年建供电所。2002年，凌津滩水电站总装机27万千瓦的8台机组全部发电。

饮水　1995年，投资15万元兴建凌津滩集镇自来水厂，日供水能力500立方米。2010年，马石集镇建自来水厂。2011年，凌津滩集镇兴建自来水厂。2014年，一甲城集镇新建自来水厂，水厂能够供应全镇居民饮水。

▲ 凌津滩水电站

水利建设

1969年,建龙洞坝水库,蓄水144万立方米、灌溉农田3913亩,开挖渠道13.17千米。1971年,建张家冲水库,蓄水103万立方米、灌溉农田1500亩,开挖渠道7.13千米。1972年,公社大兴水利,全年兴建金龙、岩堉、黑潭沟3座水库,3座水库可蓄水520万立方米、灌溉农田4630亩,同时开挖渠道24.96千米、架设提灌设施3处。1973年,建聂家冲水库,蓄水105万立方米、灌溉农田2100亩,开挖渠道8.31千米。1975年,建雷打岩水库,蓄水100万立方米,灌溉农田1800亩,开挖渠道11.87千米。2012—2014年,国家投资357万元,对龙洞坝、张家冲、金龙、岩堉、黑潭沟水库、聂家冲和雷打岩7座水库进行除险加固。

四、社会事业

教育

1945—1950年间,左为善在一甲城乡仙人溪办私塾,招收弟子7~8人。1952年,一甲城乡和马石乡都办起小学。1964年,两乡分别兴办一甲城完小和马石完小,就读学生均超过150人。1970年,两个完小都办起初中部。1995年,建凌津滩镇中学。2002年,全镇有初级中学1所,中心小学1所,村级小学12所。2011年,全镇有幼儿园9所,小学4所,初中1所,在园幼儿354人、在校小学生812人、初中生548人,幼儿教师15人、小学教师41人、初中教师38人。2013年冬,投资200多万元的中心幼儿园和岩巴嘴幼儿园正式开园。2015年,全镇有幼儿园6所,在园幼儿426人,专任教师25人;小学4所,在校学生867人,专任教师59人,小学适龄儿童入学率100%;初中1所,初中在校学生513人,专任教师36人。

文化体育

1974年,一甲城公社、马石公社分别成立文化宣传站,1976年,改为公社文化站。1992—1993年,马石乡、一甲城乡70%以上的农户开通有线电视。2002年,镇文化站与广播电视站合并为文化广播电视服务站。2010年,赛龙舟纳入桃源县第二批非物质文化遗产保护名录。2011年底镇文化广播电视服务站并入社会事务管理站。2013年,启动“村村响”工程。至2015年,全镇有村级文化活动中心8个,配有图书室、图书阅览室、棋牌活动室,有书刊12000余册;有镇级文化广场一处,占地800多平方米,有村、居级文化体育广场6个,占地约1000平方米。全镇8个村、居都建有村、居广播站,安装喇叭180多个;全镇有线电视用户开通率达83.5%。每年端午节前后,由政府组织或由群众自发开展的龙舟赛热闹非凡。

医疗卫生

1971年马石乡、一甲城乡各建有1所卫生院,共有医护人员13人,床位27个,总资产约50余万元。1995年撤区并乡后,一甲城卫生院保留,马石卫生院迁往凌津滩,重新修建门诊楼、住院部、宿舍楼。2015 年，镇卫生院有固定资产 500 余万元，医护人员 31 名，医疗保健用地 0.51 公顷；医疗机构（门诊部以上）完成诊疗 31000 人次。有卫生室 6 处，8 个村（居）委会村民全部参加新型农村合作医疗，参保率 100%。

社会保障

2006 年 12 月，凌津滩镇建敬老院，床位 80 张。2015 年集中供养五保老人 44 人。2015 年，全镇有城镇最低生活保障户 50 户 83 人，支出最低生活保障金 21.35 万元，民政部门资助各类优抚对象 183 人，抚恤事业费支出 21.5 万元。

五、特色地情

风景名胜

沅水风光带自然风景区 凌津滩镇区域范围大部分为风景秀丽的沅水风光带自然风景区。风景区中有牧马口村古战场、桃花洞，仙人溪村脚板岩、牛鼻山，一甲城居委会铜柱山、程家寨，桂竹园雨阳山，红鹤村观音岩、观音洞、狮象山，凌津滩居委会挂榜山、穿石洞、伏波宫、月亮湖，马石居委会马援石室、龙膺故居、龙膺归隐地——明朝皇帝封赐的钦山十二峰及七星洞等。

新湘溪 泛指沅水纳新湘溪（又称清湘溪）处上下游水域。位于凌津滩镇燕家湾至兴隆街乡兴隆街之间，呈反“S”形，面积约 6 平方千米。湾状半月，聚青澄波，为沅水风光带最秀雅的一段。明袁宏道《游桃源记》中赞称：“众山束水，如不欲去，山容殊娴雅，无刻露态。水至此亦敛怒，波澄黛蓄，递相亲媚，似与游人娱。大约山势回合，类新安江，而澹冶寻相得，略如西子湖。”人称“新湘凝黛”，为桃源旧十二景之一。1996 年，凌津滩水电站在窄溶实现大江截流，形成上下两段静态水景。舟行其间，不知江水何来，不见江岸何去，峰凝千重黛，江湾九曲明。境内主要景点有营盘洲、钦山、七星岩崖墓群、马援石室、穿石山、电站大坝、脚板岩、狮山、象山、麻蟒山等，沅水国家湿地公园位于此处。

钦山 又名倒水岩。位于凌津滩镇三印村，居马石溪燕家湾，为丹霞地貌景观。山势蜿蜒北来，龟山、赤霞嶂、铁壁岩、仙蜕岩、龙池峰、凤翥峰、虎拜石等十二峰参差鼎立，状如屏壁。群峰齐列马石溪左，峥嵘突兀于沅水北岸，青瑶翠珉，丹霞苍霭，似一团火焰辉映在江水之上，雅称“武陵丹霞”。相传武陵渔人居此避世修行，羽化登仙，后人在渔仙洞前建有渔仙寺。明末诗人、剧作家龙膺曾买山隐居，室名“纶屿”，人称“纶灊先生”。燕家湾东有倒水岩古纤道，西有七星岩、仙蛙岩、龙膺读书台、马石，北有伏波洞、渔仙寺、圣珠洞（雪花洞）等。濒江石壁上镌有“钦山”两个大字。隔水相望处为营盘洲，面积 1.03 平方千米。洲立江中，水势急湍，形势险要。传东汉建武二十四年（48），伏波将军马援受命征武陵“五溪蛮”，途中曾在此安营扎寨。

七星岩崖墓群 位于凌津滩镇三印村，居沅水北岸。旧称仙蜕岩。临水崖壁上有石窦7处，形似七星闪烁。山右虎拜石三峰一体，峰腰峭壁上存有6窟，右下有2窟，俗称棺材岩。峰麓水田边卧石长达百尺，状如神马踏江而来，人称马石。洞穴均为穹隆顶，凿痕清晰。其中一窟顶高1.9米，宽2.18米，深0.8米，洞口作门框形，洞底四周有排水沟。其他洞穴大体相似，尚有一墓遗棺可鉴。传说东汉伏波将军马援设帐营盘洲，曾于黑夜在七星洞内点灯以迷惑“五溪蛮”。又传葬者为马援军中死于瘟病的将士。据考证崖墓下葬年代为明、清时期，墓主应是当地以渔业为生的“五溪蛮”后裔。2011年，被列为湖南省第九批省级文物保护单位。

马援石室 又名伏波洞。位于凌津滩镇三印村，南距沅水约1公里。清《光绪桃源县志》载：“伏波石室在县南六十里，伏波洞即马援凿以避暑处。”有石室2处，均凿于岩壁上，相距10余米。一室高2.85米，宽3.1米，深4米。洞口作门框形，上凿有人字形导水沟，右壁上镌“千佛图”等字样。室内如殿堂，仿硬山顶，上雕饰卷草纹、云雷纹。后壁正中有龛，左右壁上凿石柱、石枋。另一室高2.1米，宽2.34米，深2.96米。洞口凿成三重门状，左壁上凿有一龛。室内为穹隆顶。附近有钦山洞（渔仙洞）、渔仙寺。“虎溪石室”为桃源旧十二景之一。

▲ 马援石室

穿石山 位于凌津滩镇穿石村，居沅水北岸，古名松梁山。《后汉书·郡国志第二十二》载：“马援军渡处。”《明一统志》云：“汉马援尝穿石窍以避暑。今可通水，春秋泛溢，则江水自中过。”民间传说唐仙人张果老撑铁船过此石时一篙点穿，遂留此遗迹。石分双峰，三面垂江，突兀峥嵘，高出诸峰之上。岩腰南北洞穿，高宽各约30余米，深150米，如天阙门，半含天日。阙处如以鼻柱吻，临江吸水，形似桂林象鼻山。下有深水潭，波水旋转。自石洞中望去，“山水如在镜面，缭青萦白，千里一规。真花源中一尤物也！”（明袁宏道语）舟行峰下，势欲倾轧，山上有清歇亭，亭后伏波宫内供马援、杨泗将军等神像，1992年重修。门联题：“声腾东汉冠三辅；暑避南天第一峰。”“穿石缭青”为桃源旧十二景之一。在穿石、水心寨一带的涓涓小溪中留存着“斧头捕鱼”的奇特捕鱼方法，十分有趣。

历代名人

张唯一 1891—1955年，原名锦荣，又作锦云，字震道，号唯一，曾化名元清。桃源县仙人乡占口丘（今属夷望溪镇一甲城居委会）人。幼时读过私塾和小学，先后毕业于常德西路官立中学、湖南省优级师范学校，后在湖南省中等工业学校任教。1915年，被选入湖南省教育会，任该会主任。

“五四运动”后，张唯一参加毛泽东领导的驱逐张敬尧的斗争。1920 年，结识从美国归来的同乡董维键博士，由董介绍，张先后在湖南省公署、湖南省教育厅任职。1926 年初，张唯一加入三民主义学会，参加反对湖南督军赵恒惕的活动，并加入中国国民党，任长沙市党部常务委员。北伐军攻占长沙后，张在新成立的湖南省政府教育厅任科长、秘书等职，并经常为外出的董维键代理厅长职务。

“马日事变”后，张唯一随董维键潜赴武汉，同时由郭亮介绍加入中国共产党，在中共武汉市委做内部技术工作。1928 年初，张唯一随熊瑾玎、董维键等离武汉潜赴上海，在中共中央秘书处任文书科长。中共中央转入江西苏区后，张仍留上海中共中央局文书科，负责保管中央机关文件、用品，秘写中央文件分发各省。文书科改为技术部时，张任该部部长。

1934 年冬，由于叛徒告密，中共上海中央局代理书记黄文杰被迫隐蔽在张唯一住处。次年 2 月中旬，黄文杰、张唯一同时被捕，在被审讯时，张愤怒斥责，力辩自己无罪，对敌人的威胁利诱毫不动摇，被敌人打聋右耳，后被判刑 12 年，关押在上海市南看守所，旋被转押到苏州陆军军人监狱。“七七”事变后，蒋介石被迫释放政治犯。张获释后，即赴武汉找到八路军办事处，在周恩来、董必武、李克农的直接领导下从事情报工作。1938 年 12 月赴香港，在廖承志领导下负责无线电台和机要部门工作。1940 年，张唯一在刘少文的情报机关办事，兼为潘汉年做内部联系工作。翌年夏，赴上海正式进入潘汉年情报系统；潘不在沪时，全盘负责对敌占区的工作。1946 年 10 月，张随潘赴香港，助潘负责内部无线电台联系工作。1949 年 5 月，潘赴沪任上海市副市长职，留下许多联络工作交张处理，他因而格外辛劳。

1949 年 9 月，张唯一奉召离香港赴北京，参加第一届全国政治协商会议。由于长期在国民党统治区从事紧张而危险的情报工作，患上肺心病，后加患哮喘病，但仍任许多要职。1950 年 1 月，任中央人民政府情报总署副署长，9 月改任政务院副秘书长兼周恩来总理办公室主任。1955 年 1 月，任中国人民政治协商会议第二届全国委员会委员兼副秘书长。

1955 年 4 月，潘汉年被诬以内奸罪遭错误逮捕，张受到株连。幸赖周恩来总理保护，才免被关押。之后，张即写抄“交代材料”，饱受呵斥，身心受到严重损害，病情恶化，几度脑缺氧病危。弥留之际，周恩来、李克农赶到其病榻前说：“组织了解你，你是好同志!”同年 12 月 24 日，因气喘性支气管炎急性发作，在北京医院逝世，享年 64 岁。

孟鼎鉴 1895 年生，字天章，桃源县仙人乡璩家溶（今属夷望溪镇桂竹园村）人。三岁时父母双亡，由其祖父抚养成人。

1907 年，入桃源高等小学堂读书。1908 年，桃源师范学堂肄业。又先后考入湖南农业学堂林科、北京农林部农政专门学校学习，并分别于 1911 年和 1914 年毕业。

1912 年，在北京加入中国同盟会，后转入中国国民党，直接受宋教仁的领导。1913

年，宋被袁世凯派人刺杀后，他决心不问政治，专心从事农业技术。1914年下半年，就任农林部驻湘观测所主任。1915年，先后在农林部山东第二林场、北京天坛第一林场当技师。1917年8月，到湖南芷江，任省立第二甲种农校校长兼农场场长。1925年下半年起兼任湖南省议会议员。

1926年，任湖南大学农科事务主任。1927年上半年，任湖南高等农业学校校长。当时，全国革命浪潮风起云涌，学校举行反帝反封建的游行活动，校内有共产党支部，中共负责人夏曦、张唯一曾到校演讲。上述活动都得到了孟鼎鉴的支持。长沙“马日事变”发生，学校被许克祥的军队捣毁，孟因此也被解职。

1927年下半年，孟去贵州，听说原在芷江农校的同事周西城担任了贵州省政府主席，于是写信求职，被周聘为省府顾问。1929年，在长沙加入中国青年党。

1933年春，回到湖南，任靖县县长一年，任内创办中学、农场各一所。1934年3月，任广州西南政务委员。1936年4月，任沅陵农政所技师，主管开垦荒地，种植桐树的工作。

1938年4月，病退归乡，创办碧云乡中心学校并任校长。1940年1月，被推选为桃源县碧云乡中兴合作社常委。1946年4月，任湖南耒阳专署第一科科长，主管教育工作。1946年10月，任湖南新田县县长。1947年4月，离职回到桃源县碧云乡开荒植桐。

1950年2月，经中南军政委员会农林部部长陈铭枢介绍，加入中国国民党革命委员会，并随民革北京分部参加土地改革学习。1950年底，赴湖北浠水县参加土改工作。1951年4月，调北京华北革命大学政治研究院学习。同年，任河南省农林厅农技干部、河南省人民政府参事室参事。1952年11月13日，经中共中央中南局统一战线部介绍，由河南省人民政府参事室调湖南省人民政府参事室。11月28日，任湖南省人民政府参事室参事。以后经历及卒年不详。

孟少农　1915—1988年，原名庆基，仙人乡黄龙村胡家冲（今属夷望溪镇桂竹园村）人。其父孟夔寅在北洋政府农商部任主事，孟少农于1915年12月出生于北京。1928年，北洋政府人员被裁撤，孟夔寅失业，举家迁回桃源县。1935年，孟少农考入清华大学机械系。1937年卢沟桥事变后，转入长沙临时大学。1940年，西南联大招考一批留美公费生，孟少农以出色的成绩被录取。1941年，赴美留学，进入麻省理工学院机械系。1943年，获麻省理工学院汽车专业硕士学位，先后在美国福特汽车厂、司蒂贝克汽车厂实习和工作。1946年，孟少农回国，在清华大学任副教授、教授。不久，在清华大学地下党组织安排下，到华北人民政府所在地泊镇（今河北省泊头市）投奔共产党，受北京市委书记刘仁欢迎。1947年，孟少农加入中国共产党。北平解放后，孟少农先后任华北人民政府企业部工程师，中央重工业部技术室主任。不久，调任重工业部汽车筹备组副主任。以后，孟少农一直从事汽车制造，成为中国汽车工业先驱。

1950年，毛泽东访问苏联后，中央决定，由孟少农、李刚、潘永烈和陈祖涛组成工作组，到苏联参加协建中国第一汽车制造厂的谈判，并指定孟少农为中方全权代表常驻莫斯科，担负协调组织工作。1952年，孟少农被任命为一汽副厂长、总工程师，参与一汽创建。他不仅精心指导工厂基建、设备安装、零部件调试等主要环节,还亲自遴选包括管理干部、工程技术人员300多人到苏联实习,为中国汽车制造工业培养了一支骨干力量。1958年,在孟少农主持下,试制出中国第一辆东风牌轿车。在中共八届二中全会期间,毛泽东乘坐时高兴地说:“我坐上了我们自己制造的轿车。”接着,孟少农又承担生产高级轿车,向国庆10周年献礼任务。他与设计人员攻破了一道道技术、质量难关,仅两个月时间便拿出“红旗”牌轿车方案,并抢在1959年国庆节前投入小批量生产。

“文化大革命”时期,孟少农下放到江西田间劳动。当时正在兴建的陕西汽车制造厂,没有主持产品设计的人才,该厂主要负责人陈子良向上级报告,于1971年5月调孟少农到厂工作,任革委会副主任,负责技术。陕汽坐落陕西岐山的五丈原,是个偏僻贫穷的山区。孟少农满怀发展祖国汽车工业的激情,毅然把全家老小迁到了山沟里。他大胆启用在基建一线劳动的大学生和技术人员,充实技术岗位,狠抓质量难关。经过孟少农主持改进的SXX 250汽车,不仅按期投入生产而且质量优良,以后很长一段时期都是国产军用车的佼佼者。

1977年12月,孟少农调第二汽车制造厂任副厂长,当时该厂因受“左”的干扰和破坏,举步维艰。开始,他受任产品改进会战总指挥,带领全厂技术人员攻克当时该厂生产的两种汽车86项技术难关,一度因产品质量而停顿下来的生产又得以恢复。他主持设计的“东风”牌汽车正式投产,该车马力大、速度快、耗油低,并且轻便灵活,驰名全国。孟少农在二汽历任总工程师、东风汽车工业联营公司副董事长、二汽车询委员会主任。1980年11月,当选为中国科学院学部委员。孟少农通晓英语、俄语、德语,63岁时又开始学日语,随着汽车设计严格要求数学化、微观化,他又刻苦钻研概率论和线性代数等现代数学。1982年,他率领中国汽车工业代表团应邀出席在夏威夷召开的太平洋国际汽车年会,破天荒头一次宣读关于中国汽车工业的学术论文,博得40多个国家代表的交口盛赞。1988年1月15日,孟少农逝世于北京,享年73岁。

为缅怀这位我国著名的汽车专家,二汽遵照国家科委提议,为孟少农塑造半身铜像2座,一座安放于十堰市的湖北汽车工业学院,一座安放于武汉工学院即今天的武汉理工大学。

(郭一民)

兴隆街乡

兴隆街乡行政区划图

一、区域概况

建置沿革

兴隆街乡古称壶胆溪，东汉时属临乡。按南宋《武陵图经》记载，境域属桃源乡管辖。据明《嘉靖常德府志》记载，属桃源上乡上白石村。该区划一直沿用至民国。清《光绪桃源县志》记载已设兴隆市和夷望市。1934 年，属新店驿区夷望团。1935 年 8 月，废乡团，新编为第五区夷望乡和竹庵乡。1941 年 1 月，撤区并乡，为隆平乡。1947 年 2 月，隆平、郑河并为兴河乡。同年 5 月 25 日，恢复原建制，为隆平乡。1952 年 8 月土改复查，属兴隆区所辖兴隆街、蕉林坪、夷望溪、楠木山、松林、大同 6 乡。1956 年，撤区并乡，为兴隆街乡。1958年9月人民公社化后，属兴隆街人民公社，辖洪兴、松林、大同、蕉林坪、夷望、桃花、仙人、一甲、五星、金星、穿石、马石、安溪、红旗14个生产大队。1961年4月，析出新湘溪公社后，兴隆街公社辖竹林、松林、沙湾、胜利、立新、红卫、桃江、大同、兴隆、黄沙、夷望、蕉林坪、竹园13个生产大队。1984年2月，撤兴隆街公社，建兴隆街乡，辖沙湾、兴隆、松林、竹林、龙潭溪、大同、竹园、蕉林、简家溪、夷望溪、陈家滩、黄沙、桃江13个行政村124个村民小组。2011年并村，辖兴隆、竹园、夷望溪、大同、大樟树、松林、龙潭溪、简家溪8个村，124个村民小组。2015年12月全县乡镇区划调整中，该乡与凌津滩镇合并改称夷望溪镇。

位置面积

兴隆街乡地处桃源县西南边陲，东靠凌津滩镇，南通茶庵铺镇、寺坪乡，西接怀化市沅陵县五强溪镇，北与龙潭镇、观音寺镇隔河相望。全乡总面积147.49平方千米，辖区东西最大距离14.5千米，南北最大距离14.9千米，有耕地1.48万亩，其中水田1.16万亩；山地14.16万亩，其中楠竹林8.2万亩。乡政府驻兴隆村，距县城50千米。

自然环境

域内为山区地形，地层为新生界白垩纪，是湘赣丘陵一部分，北面较低，东、西、南三面为高山，地面高程一般为海拔150～260米，最高点紫云山海拔478.1米，最低点兴隆街集镇海拔60.2米。乡域受太平洋暖湿气流影响，属于典型的季风气候区，全乡年平均气温15.5℃，极端最高气温为38℃，极端最低气温为-2℃，年平均降水量1250毫米；主要风向为西北，年均日照1529.7小时，无霜期为285天，具有春多寒潮阴雨，夏多暴雨高温，伏秋易旱，冬少严寒的特点。土壤类型为酸性红岩（土），土壤肥沃，盛产水稻、楠竹、油菜、油茶、蔬菜、药材、茶叶、林木。沅江流经乡境，水域面积27.07公顷。

人口民族

1995年，全乡有3327户12173人，其中农业人口11633人，非农业人口540人。2015年总人口12196人，其中农业人口11574人，城镇常住人口622人，城镇化率5%；有流动人口85人；总人口中，男性6346人、女性5850人。全为汉族。

二、经济发展

综述

20世纪70年代前，兴隆街乡经济以农业为主。70年代初，开始发展第二产业。1995年，全乡国民生产总值5924.46万元，其中工业产值3617.9万元，农业产值1025万元，农民人均纯收入1534元。2008年，兴隆街乡作为全县旅游之乡被列入大桃花源旅游开发景区之一。2015年，兴隆街乡完成国内生产总值22786万元，其中工业总产值9000万元，农业总产值4786万元，第三产业产值9000万元；财政收入2210万元，农民人均纯收入10216元。乡内有化工厂、竹器厂、翻砂厂、木材加工厂、纸厂、竹园电站、新林电站等多家企业；有个体工商户 328 户，旅游管理服务公司和旅游船运公司各 1 家，年接待游客 5 万人(次)以上。

农业

种植业 乡境有耕地 1.48 万亩。粮食作物以水稻、玉米为主，主要经济作物有油菜、蔬菜。中华人民共和国成立前至 1965 年，籼稻品种有高秆青壳粘、油粘、红米东粘、红米西粘，糯谷品种有泗水糯、响水糯，全部都是一季中稻。1965—1978 年，高秆改矮秆，单季改双季。1978 年以后，常规品种改杂交品种。2000 年后，双季稻逐渐改为单季稻。2014 年，开始双季稻试种。2015 年，生产粮食 7477 吨，其中玉米 921 吨；种植油菜 0.92 万亩，产量1163 吨；种植蔬菜 0.03 万亩，产量 4908 吨。

养殖业 中华人民共和国成立以前，乡域养殖业以养羊、养牛等草食动物为主。20 世纪 60 年代以后，以养猪为主。生猪饲养量在 90 年代达到顶峰，是时，全乡存栏生猪 6000~8000 头。2008 年，乡域农民开始办养鸡场，养蛋鸡 35 万羽左右。后由于环境保护，于 2014 年淘汰。2015 年，全乡出栏肉猪 0.9 万头，年末存栏 0.4 万头；饲养肉牛 720 头，年末存栏 720 头；出栏家禽 22.1 万羽，产禽蛋 14 吨。

林业 兴隆街乡群山环绕，森林资源丰富。中华人民共和国成立初至 20 世纪 80 年代初，全乡有毛竹 28000 亩，杉树等用材林 1000 亩。2002—2008 年，退耕还林 5433.6 亩，长江防护林 800 亩。2015 年，全乡有山地 13.69 万亩，有林地 11.7 万亩，毛

▲ 千年古樟

竹 56037 亩，杉树用材林 28000 亩，森林覆盖率 63.39 %，活立木蓄积量 6.75 万立方米。全乡生态公益林 64641 亩，补贴资金 93.73 万元。

工业

20 世纪 70 年代，兴隆街公社办起红砖厂、养蜂场、冰棒厂、农具厂，年产值 70 多万元。1983 年，建起竹木加工厂、卫生筷厂和凉席厂。1987 年，兴建白板纸厂，年产值 1700 多万元。2002 年，兴隆街乡民营企业有兴隆街造纸厂、桃花源铸造厂、竹园化工厂等。2014 年，兴隆街乡工业有化工、食品、手袋制作、木材加工、造船、造纸、铸造、饲料等行业，工业产品 60 多种，规模以上企业 4 家，分别为竹园电站、竹园化工厂、桃花源铸造厂、恒通造纸厂。2014 年，工业生产总值 0.9 亿元，占国内生产总值的 41%，实现工业增加值 0.3 亿元，利润 4500 万元，上缴税金 370 万元。

商贸服务业

民国时期，兴隆街墟场商业繁荣，经营商品有杂货肉食、百货布匹、粮油食品、手工业品、农具、家具、生产生活资料等。中华人民共和国成立后，在乡（公社）驻地建供销社、粮油店、肉食店等，成为农村经济中心市场，各村开有集体商业零售店或代销店。2015 年，全乡有大型超市 4 家，有登记注册个体工商户 328 多户，从业人员 938 人，社会商品零售总额 2 亿元。年产值近 0.9 亿元。

三、基础设施

交通运输

沅江流经乡域 30 千米，沿沅水航运，可上溯沅陵至贵州，下通洞庭连长江，乡内有 4 个码头，水运交通较为便利。20 世纪 90 年代，每天有近万根楠竹经兴隆街码头销往外地。

20 世纪 70 年代，开始建村级公路，建成常德地区跨孔最大的竹园公路大桥。90 年代，扩建集镇沅江码头，修建夷望溪大桥，并开始建通组公路。1995 年，投资 110 万元修建至凌津滩电站、五强溪电站公路。2004 年投资 500 多万元建成兴隆乡至凌津滩水泥路，投资 30 多万元在集镇修建农村客运车站，每天有 8 个班次的客车从兴隆街乡集镇、竹园、夷望、简家溪 4 地开往桃源，日客运量 500 多人（次）；新修通组公路 48 千米。乡集镇水泥路直通国道 319 及 56 杭瑞高速公路，境内有县道 062 黄（甲铺）茶（庵铺）线，长 16 千米；乡级公路 68.7 千米。至 2015 年，全乡 124 个村民小组基本都通公路。

邮政通信

邮政　2015 年，县邮政局在兴隆乡设有邮政所和 8 处代办所，邮政业务总量 130 万元，其中纯收入 90.8 万元；报纸、杂志累计期发行 0.3 万份。

通信　1995 年，兴隆街投资 45 万元开通 250 门程控电话，1999 年开通移动通讯。2015 年，乡境有电信企业 1 家，服务网点 3 个，电话交换机总容量 1500 门，固定电话用户 1080 户；移动电话用户 4317 户，互联网用户 280 户；电信业务收入 50 万元。

供电饮水

供电 1989 年，建成供电所和竹园、新林 2 座电站，年发电 8000 千瓦时。2004 年，新林电站卖给个人经营。2006 年 1 月 24 日，竹园电站整体转让给湖南省水利电力公司经营。

饮水 1993 年建成自来水厂，年供水 3 万立方米。2013 年，投入 310 万元进行乡自来水厂建设项目。2014 年，全面完成集镇周边 4 个村自来水管网铺设，全乡超 5000 群众饮上自来水。

水利建设

1966 年，修建程家堉水库和朱斗冲水库，2 座水库灌溉面积 1030 亩。1971 年，修建大冲水库和黄柱溪水库，2 座水库灌溉面积 1390 亩。1968 年，建龙潭溪水库，库容 205立方米，可灌溉耕地 1800 亩。1973—1975 年，修建青松水库、大溶水库、滚丘溶水库，3 座水库可灌溉农田 1510 亩。1976—1981 年，建竹园水库，库容 14010 万立方米。2007—2014 年，对乡域水库、山塘进行整修、除险加固。2015 年，全乡有大型水库 1 座（竹园），小（一）型水库 1 座（龙潭），小（二）型水库 7 座；骨干塘 33 口、小山塘 438 口。

四、社会事业

教育

1927—1939 年，乡域有私塾 1 所，学生多为家庭富裕子弟。1939 年，私塾改办西式学校，定名为隆平乡国民中心小学，学生近百人。中华人民共和国成立后，域内学校规模迅速扩大，学生人数增至近两百人，隆平乡国民中心小学改为隆平乡中心小学。1958 年，该校又改名为兴隆街完全小学。1961 年，学校增设初中班，并更名为兴隆街完小暨附中。1962 年，县里将该校初中班迁往向家桥公社，校名因此改为兴隆街完小。1964 年，初中班迁回，校名恢复为兴隆街完小暨附中。1965 年，学校增招一个初中班；1966 年，又增招两个初中班，学生人数达 300 多人。1969 年，该校又办起高中，中小学分家。1979 年，高中班撤销，高中学生迁至剪市中学，留下 6 个初中班。1981 年，剪市区教育办在中学增设一个高中复读班。1982 年，区教育办在该校举办一个师训班。

1984 年，兴隆街乡有中学 1 所，学生 420 人，教师 37 名；有小学 20 所，学生 1030 人，教师 73 名；幼儿园 6 所，入园幼儿 80 人，幼师 6 名。2013 年，启动九年一贯制学校建设，兴隆乡建成 1 所现代化九年一贯制学校、1 所中心幼儿园，总投资约 1100 万元。2015 年，兴隆街乡教育机构用地 1.98 公顷。全乡有中学 1 所，在校学生 209 人，专职教师 34 人；小学 4 所，在校学生 580 人，专职教师 31 人；幼儿园 5 所，在园幼儿 165 人，专职教师 9 人。初中适龄人口入学率、小升初升学率、九年义务教育覆盖率均达100%。

文化体育

1974年，成立兴隆街人民公社文化宣传站。1976年，改为兴隆街公社文化站。1984年，更名为兴隆街乡文化站。1992年开通有线电视，当年开通100余户。2002年，文化站与广播电视站合并为文化广播电视服务站。2010年5月，文化站争取国投项目资金24万元，建成两层楼功能齐全的兴隆街乡综合文化站，面积325平方米。2011年年底，实行机构改革，该站并入社会事务管理站。《兴隆诗草》自2007年出版第一辑后，至2014年出版七辑。2012年，兴隆街乡诗词楹联协会成立，有会员74人。2015年，全乡有线电视用户800多户。有村级文化活动中心8处，图书室1个，藏书8000余册，农家书屋11个，有书刊20000余册。有铜管、军鼓、腰鼓、秧歌等民间艺术团5个，演艺人员约50人。全乡8个村建有村级广播站，安装126只喇叭。有乡级文化体育广场1个，占地1000余平方米；有竹园、龙潭溪、大同3个村级文化体育广场，占地约500平方米。沅水扎排号子、赛龙舟2项文化遗产纳入桃源县非物质文化遗产保护名录。

医疗卫生

兴隆街卫生院成立于1959年，1970年从原供销社迁至兴隆村二组，时有砖木结构房屋2栋、木房2栋，有医护人员10名，床位16张，卫生院总资产约30万元。2006年，建宿舍8套。2009年，投入资金110万元，建住院楼，有床位40张。2010年，投入18万元建门诊楼。2013年，投入资金190万元，建20套公租房。2015年，乡卫生院有床位28张，固定资产总值300万元，专业卫生人员26名，医疗机构(门诊部以上)完成诊疗2万人次。有村卫生室8个，8个村村民全部参加新型农村合作医疗。

社会保障

2010年12月，建乡敬老院，集中供养五保老人35人。2015年，全乡有城镇最低生活保障户44户45人，支付城镇最低生活保障金13.5万元；农村最低生活保障户162户360人，支出农村最低生活保障金46.7万元。医疗救助55人次，民政部门资助参加合作医疗594人次，支出4.25万元。国家抚恤、补助各类优抚对象154人，抚恤事业费支出14.6万元；集中供养农村五保人员32人。

五、特色地情

风景名胜

夷望溪风景区 兴隆街乡乡域范围大部分为风景秀丽的沅水风光带自然风景区，旅游资源十分丰富，拥有水心寨、钟鼓岩、千年古樟、象山、杨幺衣冠冢等景点，素有"山水怡人小桂林"之称。从1993年起，桃源县先后组织专家对其进行考察论证，专家一致认为"夷望溪风景区融山水林于一体，并有人文景观相映衬，是一风格独特、综合配套，具有旅游、科考、避暑及休闲度假等多种功能的旅游度假点"。2008年，中央电视台第三套的欢乐中国行之《魅力常德》外景在这里拍摄，湖南卫视、常德电视台、《常德日报》等

▲ 夷望溪风光

多家媒体数次到夷望溪进行采访拍摄。2012 年 6 月，兴隆街乡夷望溪村成功申报为湖南省旅游名村。2014 年 9 月兴隆街乡被湖南省旅游局授予“湖南美丽乡镇”称号。

竹园电站 竹园电站为夷望溪上游的一个大型水电站。工程总投资 2.8 亿元，1979 年动工，1984 年正式投产，是一座集发电、生态旅游、灌溉、综合利用为一体的水电站，总装机量 1.6 万千瓦，水库容 1.6 亿立方米，集雨面积 720 平方千米，水库周边环境优美，楠竹成片，有“万亩竹海”之称，适宜旅游观光休闲度假。

关帝宫 兴隆街关帝宫坐落在兴隆街街尾汪家山，具有 570 年历史，现修缮一新。该地古樟参天，松、杉挺拔，环境极其优美、恬静。据《百神图》记载，民间相信关帝具有司命禄、佑科举、治病除灾、驱邪避恶、巡察冥司，乃至招财进宝、庇护商贾多种法力。所以，妇孺长幼对“万能神”关帝圣君顶礼膜拜，桃源南路仅此一座。

历代名人

李开辉 1949 年 6 月出生，空军大校，兴隆街乡兴隆村人。1964 年 6 月，被选为湖南省衡阳滑翔学校学员。1965 年 7 月，从长沙入伍，选为空军飞行学员。1966 年 5 月，加入中国共产党。历任战士、飞行学员、飞行员、飞行中队长、副大队长、大队长、副团长、团长、副师长。1982 年 6 月，任空军航空兵第 39 师师长，为当时全军最年轻的师长。1993 年 1 月，调任空军大连基地副司令员。参加中越边境自卫还击作战，曾立二等功 1 次，三等功 3 次。1985 年，中央军委授予其“特级飞行员”称号。1988 年，授空军上校军衔。1993 年，晋升空军大校。

（余文）

茶庵铺镇

茶庵铺镇行政区划图

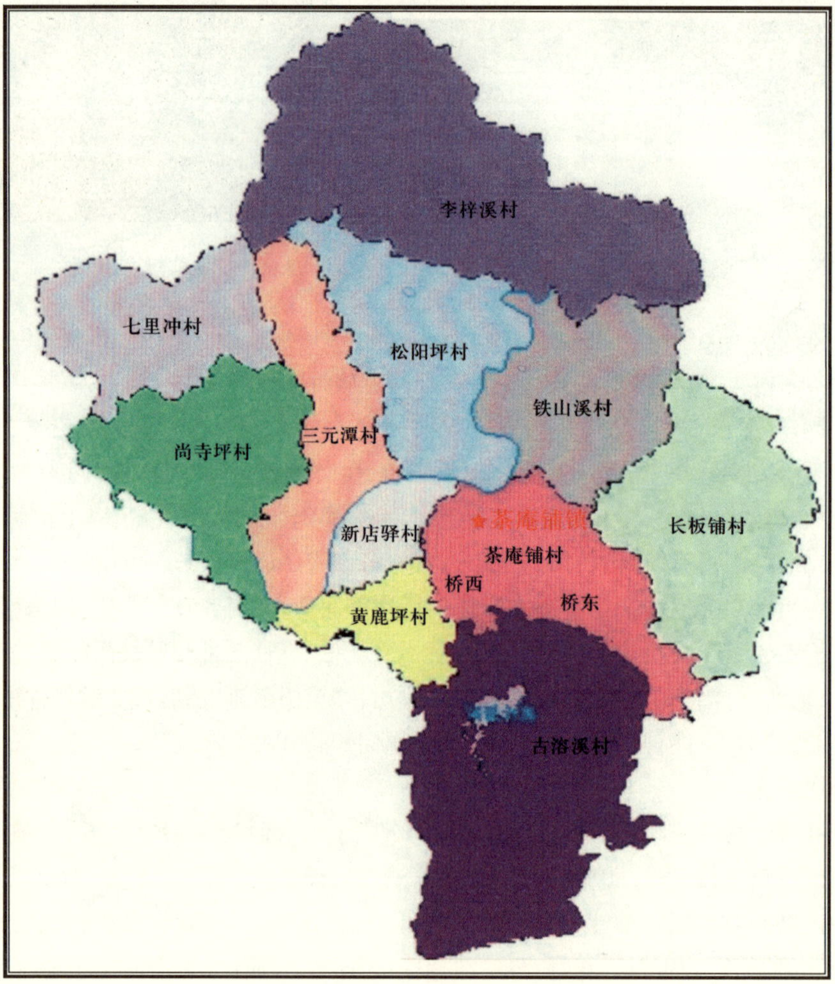

地域名片 国家级环境优美乡镇、全国大叶茶之乡、湖南省茶叶十强乡镇、湖南省特色旅游名镇、常德市新农村建设示范点

一、区域概况

建置沿革

东汉时称临乡，属沅南县管辖。按南宋《武陵图经》记载，属桃源乡白石村。据明《嘉靖常德府志》记载，属桃源上乡下白石村。该区划沿用至民国。民国23年(1934)，茶庵铺属崇平团和古溶团。1935年8月，废乡团，新编为新驿乡和松阳乡。1941年1月，撤区并乡，为新平乡。1952年土改复查后，属茶庵铺区所辖新店驿、黄鹿坪、古溶溪、松阳坪、长板铺、龙渡古、李梓溪、三元潭、八斗溪、复旦10乡。1956年，撤区并乡，为茶庵铺乡和三元潭乡。1958年，成立茶庵铺人民公社，辖长板铺、龙渡古、苏家桥、黄鹿坪、茶庵铺、新店驿、李梓溪、松阳坪、三元潭、尚寺坪、八斗溪、磨子坪、大池塘、岔溪、东安、西安、大水田、桥塘、成功坪、珠洞、六家冲、湖塘、太平铺23个生产大队。1961年，析出太平铺、大水田、三元潭公社后，茶庵铺公社辖毛家溪、上高坪、黄鹿坪、新店驿、下高坪、铁山溪、堰塘湾、贺家垭、杨家溪、古溶溪、江岩、陈家溪、西溪、茶安铺、长板铺15个生产大队。1984年，茶庵铺公社恢复为茶庵铺乡，辖江岩、铁山溪、堰塘湾、茶庵铺、下高坪、新店驿、毛家溪、黄鹿坪、上高坪、古溶溪、西溪、陈家溪、玉印山、长板铺、贺家垭15个村162个村民小组。1995年，三元潭乡并入茶庵铺乡，辖七里冲、卢家冲、八斗溪、尚寺坪、长岗、三元潭、松杨坪、云台、木石溪、向荣、李梓溪、下南溪、双岔溪、正溪、江岩、铁山溪、堰塘湾、茶庵铺、下高坪、新店驿、毛家溪、黄鹿坪、上高坪、古溶溪、西溪、陈家溪、玉印山、长板铺、贺朱垭29个村300个村民小组。1996年，茶庵铺撤乡建镇，辖桥东、桥西2个居委会和江岩、铁山溪、堰塘湾、茶庵铺、下高坪、新店驿、毛家溪、黄鹿坪、上高坪、古溶溪、西溪、陈家溪、玉印山、长板铺、贺家垭、七里冲、卢家冲、八斗溪、尚寺坪、长岗、三元潭、松阳坪、云台、木石溪、向荣、李梓溪、下南溪、双岔溪、正溪29个行政村。2011年并村，茶庵铺镇辖桥东、桥西2个居委会和铁山溪、茶庵铺、新店驿、古溶溪、黄鹿坪、长板铺、尚寺坪、七里冲、三元潭、松阳坪、李梓溪11个村。

位置面积

茶庵铺镇地处桃源县西南部，位于桃花源国家重点风景名胜区与乌云界自然保护区之间、雪峰山余脉，是进出云贵地区的必经之路，常德市西南重镇。东临杨溪桥乡，南接牯牛山乡，西南接太平铺乡，西与沅陵县五强溪镇、官庄镇交界，北与兴隆街乡、寺坪乡接壤，面积210平方千米。

自然环境

域内大部为山地，地势北面较低，东、西、南三面高山，域南是东西走向的雪峰山脉，北挨沅水，西北是夷望溪河谷地带，中有河流冲击小平原，属西南北三面环山并向东敞开的山、丘、坪都有的低山盆地区。最高点楚家山海拔 1050.6 米，平均海拔 127 米。为中亚热带向北亚热带过渡地段，属中亚热带季风湿润气候；冷热四季分明，干湿两季明显，春多寒潮阴雨，夏多暴雨高温，伏秋易旱，冬少严寒。多年平均气温 16.5℃，无霜期 285 天，年均日照 1530 小时，年平均降水量 1937 毫米。域内有沅江主要支流——夷望溪，有发源于乌云界的西溪、东溪。域内矿产资源主要为黄金，集中分布在西南山区谷口，其他伴生矿产有辉绿石、铅、煤矸石、石灰石等。主要自然灾害有山洪、干旱、风灾、低温、霜冻等，山洪灾害时有发生。

人口民族

1995 年，茶庵铺乡有 7604 户 25429 人，其中男性 13398 人、女性 12031 人。2005 年，茶庵铺镇有 8467 户 26031 人，其中男性 13780 人、女性 12251 人。2015 年，辖区总人口 28548 人，其中城镇常住人口 15489 人，城镇化率 54%；总人口中，男性 14851 人，女性 13697 人；汉族 28519 人，瑶族、回族、维吾尔族、土家族 4 个少数民族 29 人。

二、经济发展

经济综述

1995 年，茶庵铺乡农业总收入 2384 万元，农民年人均纯收入 1204 元，乡镇企业总收入 1179 万元，上缴税金 45 万元。2002 年，全镇农业总产值 6303 万元，工业总产值 8073 万元，财政收入 553 万元，农民年人均纯收入 1558 元。2010 年，全镇农业总产值 1.5 亿元，工业总产值 1.1 亿元，农民年人均纯收入 4936 元。2015 年，全镇农民年人均纯收入 10310 元，财政总收入 1054 万元，域内金融机构各类存款余额 3 亿多元，城乡居民年人均纯收入超 8000 元。经济收入以种植业、养殖业、旅游服务、劳务输出、商贸业等为主。茶叶产业是支柱产业，年产值过亿元，是湖南省 71

▲ 生态茶园

个重点扶持的茶叶专业乡镇之一。

农业

种植业 1956年以前,当地水稻种植品种单一。1956年,出现一季早稻。1957年,开始双季稻种植模式。1975年以后,杂交稻种开始出现和大面积推广,稻谷产量大幅提高。茶庵铺乡1956年水稻亩产138公斤、总产2899吨。1978年,亩产350公斤、总产达到6965吨。1995年,全乡种植水稻54060亩、产量16008吨,玉米2150亩、总产290吨,大豆1300亩、总产178吨,薯类2200亩、总产202吨,花生3000亩、总产350吨,油菜19000亩、总产1804吨,茶叶4731亩、总产65吨。进入21世纪后,水稻单产每亩更是达到500公斤左右,但种植面积随结构调整和各种建设而大幅减少。2005年,全镇种植水稻41112亩、总产16021吨,大豆1520亩、总产129吨,花生1369亩、总产237吨,油菜13250亩、总产1325吨,茶叶10772亩、产量561吨。2015年,全镇水稻总产22512吨、玉米978吨,花生、油菜籽产量分别为426吨、1956吨,茶园发展到4万多亩。

养殖业 1995年,茶庵铺乡出栏肉猪14500头、山羊2150只,出笼家禽51200羽,水产品产量55吨。2005年,全镇出栏肉猪28650头、山羊25600只,出笼家禽55万羽,水产品产量837吨。2007年,龙济庆在尚寺坪村创办济庆农牧业发展有限公司。2010年,该公司饲养良种母猪300头、公猪6头,年出栏乳猪6000头、肉猪2000头,养鱼60亩、造林321亩、种茶300亩,成为全县养殖业龙头,其形成的农业循环经济模式,受到国家农业部肯定。后因盲目扩张,致资金短缺,于2012年破产。

2015年,全镇生猪饲养量25613头,羊饲养量24109只,家禽年饲养量37万羽,水产品总产量85吨。

林业 全镇有山地21万亩,占到地域总面积的72.86%。1980年之前,全境人工造林仅4000亩。1980年以后,将山林作为产业经营,林业发展突飞猛进。1995年,茶庵铺乡造林3545亩,封山育林50750亩,抚育幼林14475亩,采伐木材130立方米、楠竹27万根,油茶4178亩、产油茶籽65吨。2002年开始,国家政策推动退耕还林、鼓励荒山造林和划定生态公益林,全镇出现造林育林热潮,涌现出一批个体造林大户。2005年,全镇人工造林面积达到16923亩。2015年,造林5500亩,森林覆盖率68%,活立木蓄积量28万立方米。

工业

中华人民共和国成立前后一段时间,茶庵铺只有从事碾米、榨油、揉茶、打铁、铸造、造纸、缝纫、木竹器加工的小作坊。1955年,太平铺乡木旺溪私营纸坊改建成茶庵铺纸厂。次年,八斗溪石灰场改建成三元潭建材厂。

20世纪90年代,国营茶庵铺森林工作站改制为大华木材加工厂。1994年,钟登球创办实木家具厂。2000年后,木材加工业在镇区形成上高坪地段和茶三路地段2个集中区。2009年,刘震创办新明阳电子厂,为镇内第一家电子工业企业。是年,王峰森创办美瑞电子厂；投资570万元、用工规模50人、年产值2000万元的忠友竹艺竹木加工企业落户镇境。2015年，全镇竹木加工企业和个体户达到310家，原材加工能力达到80%，全镇林木产业收入达到3200万元，占全年各业总收入的26%。是年，全镇工业形成以茶叶和木材加工为主、机械工业和电子工业并举局面，登记注册的工业企业105家，职工3206人，工业生产总值12168万元，占全镇国内生产总值的57%。

茶产业 1970年以前，境域茶叶种植分散、规模小。1971年以后，公社和各生产大队皆开辟社队集体茶场。1990年，从太平铺乡引进优良品种——桃源大叶茶苗。1992年，吉光腾、钟开琼夫妇，从太平铺乡茶厂辞职来到茶庵铺推广桃源大叶茶；松阳坪村开始引进并大面积种植桃源大叶茶，茶园面积发展到2100亩，并且形成“沼－茶－鸡”的生态农业模式，成为全市“生态文明示范村”和全国闻名的茶叶专业村。2005年，全镇茶叶面积10500亩，产量225吨。2008年秋，松阳坪村受到《人民日报》《光明日报》等国家级媒体报道。至2012年，堰塘湾、茶庵铺、陈家溪、上高坪、尚寺坪、长岗头等村相继成为全县茶叶专业村。2015年，全镇茶园面积达24800亩，占耕地总面积的62%，占全县茶叶总面积的63%。全镇有茶叶专业村7个，专业组近百个，茶叶种植农户近5000户，人均种植茶叶达1亩以上，亩均纯收入近6000元。全镇年产值过2000万元的茶叶规模企业达4家，年产茶250吨以上的企业6家，年产茶100吨以上的企业31家，茶叶加工作坊100余家，全镇茶叶产业总产值超过2亿元。开发出桃源野茶王、崖边野茶等系列产品，创立了“腾琼”“紫艺”和“百尼茶庵”等全国知名品牌。本土茶叶企业在北、上、广等一线城市设立旗舰店、形象店20多家，产品远销欧美、西亚、港澳等国家和地区，年营销额过亿元。

商贸服务业

中华人民共和国成立初期，茶庵铺街面上有杂货铺、印染铺、客栈、布庄、钱庄等6家店铺，主要村庄也有小卖铺。当地所产茶叶，多靠人力贩运至安化县和本县沙坪出售；出产的竹木，多靠扎制排筏并用缆索系连成长龙，从夷望溪人工漂放至桃源尧河码头和陬市码头交售。1952年冬到1953年春，茶庵铺建立供销合作社，吸收社员股金，集中开展面向农村的购销经营。1955年，全域实行工商业的公私合营，成立合作商店，用社会主义集体商业取代私店小贩。后从1966年至改革开放之初，以茶庵铺公社供销社、三元潭公社供销社为主体，各生产大队（村）都普遍开办集体所属代购代销的“双代店”。农村实行联产承包责任制后，集市贸易逐渐兴起，以自产自销农副产品和贩卖日常用品的摊贩开始出现。1983年后，每月逢1日、逢6日的集贸场期自发形成。1985年，茶庵铺区供销社在茶三路口建成，占地9.2亩；沿国道形成49860平方米的商贸区。1993年，建成桃南农贸市场，占地7.87亩，设门面80个、摊位120个。1996年以后，供销社改制撤销，原有资产分割处理，分解为若干个私人门店。2002年，在桃南农贸市场旁建成工贸市场，设固定摊位108个。2004年，建成官桥综合市场，占地15亩，设门面69个、摊位80个。2006年，区供销社门面改建成商住大楼，格美电器超市入

▲ 乌云界生态峡谷漂流

驻。2009 年，大华木材加工厂被改建成商住大楼，金果超市入驻。2014 年，全镇有个体商户 680 户，年社会商品零售总额达 3680 万元。2015 年，具有城市现代化风格的龙信超市在茶庵铺落地筹建，茶庵铺迎来新的商贸浪潮。

旅游业 茶庵铺镇依托乌云界自然保护区、夷望溪山水风光和千年茶乡美誉，围绕“山水”“茶”做文章，推出生态茶园体验游，自然风情休闲游等一系列旅游产品。2012 年，茶庵铺镇荣获“湖南省特色旅游名镇”称号。2015 年，全镇有 20 多家宾馆、农家乐，接待游客 10 万余人次，综合收益达 2000 万元。

三、基础设施

交通运输

20 世纪 70—80 年代，修建长 5.5 千米的茶庵铺至西溪水库乡村公路，建成三元潭大桥，将国道 319 茶庵铺路段的沙石路铺成柏油路并扩宽 2 米。1997 年，建成皮匠沟铁桥。2003 年，建茶庵铺汽车站。2009 年，建成横跨竹园水库的下兰溪大桥，对三元潭桥头至尚寺坪村乡村公路进行砼化。

2011—2012 年，修建大马溪钢混平梁桥，皮匠沟铁桥改建为钢混平梁桥，通村公路全部砼化。2013—2014 年，硬化通组公路 22 千米。2014 年，新修林区道路和通组公路 68 千米。2015 年，拆除三元潭大桥旧桥建新桥，尚寺坪渡口和李梓溪渡口建成标准型人渡码头。

2015 年，全镇公路达 238 千米，其中国道 319 线 11 千米、国道 56 杭瑞高速公路 12 千米、县道 11 千米、乡村道路 204 千米；有跨省豪客 3 台、通市中巴 6 台、通县中巴 11 台、通村中巴 16 台、跨乡面的 48 台、出租的士 10 台。

邮政通信

1992 年，茶庵铺乡开通程控电话。2002 年，程控电话入户率 42%。2005 年，以七里冲、下南溪、正溪、双岔溪和西溪架通电信光纤线路为标志，实现全镇村村通电话。2015 年，全镇有邮政代办所 1 处，电信服务网点 2 个，电话交换机总容量 3056 门，固定电话用户 1478 户，互联网用户 3897 户，手机用户 21000 户。

2011 年，吕双喜引进上海圆通速递。2015 年，镇域有以圆通、中通、申通、汇通、国通和顺丰冠名的 6 家快递网点，有将近 20 个快递品牌进入镇境快递行列。

供电饮水

供电 1974 年，西溪水库电站建成运行，开创现代电力在茶庵铺的历史。2006 年，修建东溪电站，全镇实现全面通电。2013 年，镇内地方电网全面移交国家电网，电力条件全面改善。2015 年，启动变电站升级改造工程，装机容量从 8000 千伏安升为 24000 千伏安，并启动新一轮农村电网改造工程。

饮水 1996 年，建茶庵铺镇自来水厂，年供水 20 万立方米，镇区主要道路两侧铺设排水管道 2000 米。2004 年新增 1 座 800立方米容量自来水调节池，并且装配成套净化设备，年供水20 万立方米。2015 年底，自来水管线全面升级，供水主管改成 310 毫米规格，供水范围扩大到松阳坪、新店驿、黄鹿坪等农村区域。

2012 年，开始实施农村安全饮水工程，以三元潭、尚寺坪、李梓溪等村为重点，采用分散和集中的不同方式，基本解决全镇农村居民安全饮水问题。

水利建设

1958 年，开始修建公共水利工程。至 1975 年，共建起小型水库 6 座，中型水库 1 座。1979 年，建成长板铺青湾水库。从 2008 年始,国家投入近 3 千万元资金，对所有水库逐批进行除险加固。

2012 年，完成投资 2000 万元土地平整项目，将国道 319 沿线 4 个村近万亩耕地的水、土、田、路进行综合治理。水利冬修完成渠道清淤 35 千米、清淤堰塘 100 余口，解决丁浦溪、牛拉两座小(二)型水库渗水问题，整修河渠 10 多处，整治山塘 20 口，新建机埠两座。

集镇建设

1985 年，茶庵铺工商工行管理所在桥西杨家溶地段建成，占地 4.26 亩。2003 年，征地 50 亩，建成可用 50 年的大型垃圾填埋场。2005 年，以国道 319 线改造工程为契机，将集镇中心街道从 7.8 米扩宽到 12 米，建成双向四车道油砂硬化街面。集镇建成区从 1995 年的 0.8 平方千米扩展到 1.5 平方千米。2008 年，结合新农村建设，实施镇村同治，对供电所至派出所 1800 米街道进行整治，沿线铺设街沿石和人行道板，栽种大叶樟600株，安装路灯120盏，设置垃圾箱120个，兴建花坛5个。2011年，对茶三路进行升级改造，全面拆除违章建筑，沿线铺设下水道，将行车道从5.5米拓宽至8米。在城区主要路口安装6个摄像头，实行治安监控。2015年，对派出所至高路连接线路口的主街段面进行全面整治，街道两边铺设街沿石和彩色人行道板，安装路灯60盏，栽种绿化树60棵，将路边盖板排水沟改为排水管道。建成区面积达到2.15平方千米，城区常住人口达到8800人。

▲ 生态茶园

四、社会事业

教育

1956年，境域内仅有1所新平中心小学。1957年，境域创办中学。1960年，中学被命名为桃源县第七中学。1995年，茶庵铺乡有初中2所，中心小学1所，片完小1所，村级小学16所，教学点7个，在校学生2584人，教师177人。2001年，由于生源减少和优化教学资源，桃源县七中停止高中招生，专司初中教学。2002年，全镇有县属初级中学1所，中心小学1所，完全小学3所，村级教学点6个。2009年，全镇有初级中学1所，小学2所。2015年，全镇有幼儿园3所，在园幼儿712人，教师28人；小学3所，学生1421人，教师96人；初中1所，学生1021人，教师42人。

医疗卫生

1958年人民公社化后，通过公社办卫生院、大队办医疗点，中草药并举、中西医结合，实行民办公助合作医疗，逐渐解决群众防疫、保健、治病、救人的问题。1995年，茶庵铺乡有中心卫生院1所，乡卫生院2所，29家村级卫生服务所，有卫生技术人员54人。2002年，全镇有中心卫生院1所，村级卫生室14家。2015年，全镇有医疗卫生机构1个，门诊部1个；有床位110张，每万人拥有病床28.6张；固定资产总值612万元。有专业卫生人员58名。医疗机构（门诊部以上）完成诊疗9万人次，11个村村民全部参加新型农村合作医疗。

文化体育

广播电视 20世纪60年代,域内仅有高音喇叭20只。1970年开始,公社建广播站,广播向各村延伸。至20世纪80年代初期,全镇各大队(村)部均开通有线广播,安装高音喇叭35只,入户低音喇叭2300只。2014年,实施广播“村村响”工程,在城区和农村安装无线高音喇叭120只、无线音柱74个。

1976年,域内可以收看黑白电视。1983年,可以收看彩色电视,但均要架设户外天线。1993年,可以收看卫星转发的彩色电视节目。1995年,镇上建起自办的有线电视台,闭路电视在集镇入户,可收看10个电视频道的节目。2005年,湖南有线电视网络进入茶庵铺,在城区开通有线电视,用户可以收看到50多个电视频道节目。2015年,全镇有线电视6500户,入户率78%;加上卫星电视“村村通”工程的补充,全镇99%的住户可以收看电视。

群众文体 茶庵铺具有茶乡文化特色,茶歌、茶诗、茶联、茶故事,流传久远。“走东家,串西家,喝擂茶,扯白话,讲笑谈,打哈哈”成为民俗。史有茶马古道,设立新店驿站,人与茶为缘,相传有联:“东不管,西不管,茶馆;来也罢,去也罢,喝吧。”地方花鼓戏、民间小调、莲花闹、九子鞭、舞狮子、耍龙灯等民间文艺形式,广泛存在,现在仍有传承。2008年,境内居民兴起跳广场舞。2010年,农家书屋在各村建起。2012年,成立书画协会,连续三年举办全镇书画作品展。篮球、乒乓球和拔河运动,是茶庵铺群众热衷的体育项目,建有7个篮球场和11个乒乓球室。2015年,参加首届县运会并取得较好成绩。

社会保障

五保供养 1956年,在农业高级合作社内部开始“对于社内缺乏劳动力、生活没有依靠的鳏寡孤独的社员,应当统一筹划……在生活上给予适当照顾,做到保吃、保穿、保烧(燃料)、保教(儿童和少年)、保葬,使他们生养死葬都有指靠”的农村“五保”政策。在2002年前,对“五保”户的供养是每人每年150~300公斤稻谷,先由社队提供后由乡镇统筹。2002年起,由国家财政转移支付拨款承担“五保”。2004年,镇敬老院在原三元潭乡政府旧址建成,集中供养孤寡五保老人。2015年,全镇有五保户428人,其中分散供养331人、集中供养97人;集中供养和分散供养的标准分别为4200元/年和3080元/年。

最低生活保障 2006年,启动农村居民最低生活保障工作。2015年,全镇有637户1172人享受农村低保,110户124人享受城镇低保,基本实现应保尽保;农村低保对象分为3个档次,补助标准为每人每月85元、115元和135元,城镇对象每人每月补助250元。

新型农村养老保险 2013年,全镇启动农村养老保险,有7560人缴费参加农村养老保险,参保率69.35%。2014年,9550人缴费参加农村养老保险,参保率87.61%。2015年,全镇10900人缴纳农村养老保险,参保率100%。

新型农村合作医疗 2008年,全镇启动农村合作医疗,至2009年时18600人缴费参加农村合作医疗,参合率83.03%。2014年,21300人缴费参加农村合作医疗,参合率95.08%。2015年,22400人缴费参加农村合作医疗保险,参合率100%。

城乡大病医疗救助 全镇从2009年开始对重点优抚对象、农村五保对象、农村低保对象、城市低保对象和县人民政府确定的有其他特殊困难的贫困对象中患重病者实施救助。2014年到2015年期间,全镇救助46名大病对象,救助金额31.2万元。

优抚安置 2015年,全镇对33名老复员军人、19名退伍残疾军人、35名带病退伍军人、3名烈属和47名参战退役军人,作为重点对象落实优抚待遇;对297名60岁以上退伍军人给予定额补助;对3名六级残疾军人医疗费全额报销;将"三属"、在乡老复员军人、残疾军人等优抚对象中的困难户纳入农村低保,实行生活救助;全镇所有重点优抚对象免费加入农村新型合作医疗,并列入优抚对象医疗保障系统予以门诊和住院医疗补助。

再就业援助 从2004年开始,对年满40~50岁以下就业困难人员、"零就业家庭"、特困失业人员、低保家庭以及有就业能力和就业愿望的刑释解教人员等实施就业援助,是年帮助150名退役人员、下岗失业人员、返乡农民工就业。2009年,推荐就业180名,2014年推荐就业人数达到210名。

扶老帮残 2015年,对全镇35名90岁以上老年人,按每人每月100元标准发放老年补助。对全镇280名重度残疾人每人每月发放50元的护理补贴。

五、特色地情

名优特产

桃源野茶王 茶庵铺茶叶种植历史悠久,是全国大叶茶之乡,茶叶产业为该镇主导产业。2003年,省人民政府确定该镇为"五个一批"(打造一批龙头企业,形成一批龙头企业集群,建设一批生产基地,培育一批知名品牌,构建一批优势产业体系)茶叶专业乡镇。2005年11月,以茶庵铺与太平铺为原产地,桃源大叶茶"桃源野茶王"获批国家地理标志保护产品。2011年,该镇被授予"湖南省茶叶十强乡镇"称号,松阳坪大叶茶生产基地被选定为世界茶叶博览会现场参观点。

历代名人

瞿彪 1900年出生,字子颖,一作子银、子荣,桃源茶庵铺人,少将。湘军讲武堂毕业。抗日战争期间,曾任第六十二师第一八六旅副旅长。1938年10月24日,授陆军步兵上校。1947年4月7日,授少将衔,同年退役。

刘更另 1929.1—2010.6,原名赓麟,号德淼,中国工程院院士,桃源茶庵铺人。1948年8月,考入国立武汉大学,参加进步"读书会"。1949年3月,加入中国共产党,并积极参加"反饥饿、争温饱"学生运动以及武汉大学的"保校保产"运动,直至武汉解放。1952年,从武汉大学农业化学系毕业,任河南省农业试验场农业化学组组长、技术室副主任。1955 年，被派往苏联留学，于 1959 年在莫斯科季米利亚捷夫农学院研究生毕业，获副博士学位(后确认为博士)。之后到中国农业科学院土壤肥料研究所工作。先后任中国农业科学院土壤肥料研究所研究员、所长，中国农业科学院副院长，国家自然科学基金委员会评委，国务院学位委员会第二届、三届学科评审组成员，中国植物营养与肥料学会名誉理事长。1994 年，当选为中国工程院院士。

刘更另是著名土壤肥料与植物营养专家。20 世纪 60 年代首次解决水稻“坐秋”问题，揭示了磷肥防治“坐秋”的机理。70 年代，提出施用钾肥，实行氮磷钾养分平衡原理，提高绿肥田稻谷产量。80 年代，研究出硫酸锌防治水稻“僵苗”，揭示亚砷酸根在土壤中的化学行为，为改良“砷毒田”提供理论与方法。90 年代，解决红壤地区旱坡地季节性干旱缺水问题。从 1986 年起，在刘更另倡导和主持下，全国建立 9 个土壤肥力和肥料效应长期监测实验基地，对我国农业生产、农业科学和土壤肥料科学有很重要的意义。

刘更另先后为国家培养了 3 名博士后、15 名博士、11 名硕士，培训农民、农业技术员数千人次；5 次获得国家级奖励，8 次获省部级奖励。从 1959 年到 2009 年的 50 年间，先后发表科学论文、研究报告共 188 篇，出版专著 5 部，翻译了李比希名著《化学在农业和生理上的应用》，主编《中国农业科学》7 年，主编《中国有机肥料》，审校了《农业化学与生物图》，撰写了《鸭屎泥改良》《硝酸磷肥应用》等科普读物。

（吕双喜）

太平铺乡

太平铺乡行政区划略图

一、区域概况

建置沿革

东汉时称临乡。按南宋《武陵图经》,境域属桃源乡白石村。据明《嘉靖常德府志》记载,属桃源上乡上白石村,并已设太平铺和苏坊铺(今苏黄溪村)。该区划一直沿用至民国。1934年,属新店驿区崇平团。1935年8月,废乡团,新编为第五区成公乡和苏黄乡。1941年1月,撤区并乡,为安平乡。1949年8月,属桃源县第七区(驻沙坪)管辖,下设太平铺、成功坪、六家冲、珠洞4个农会。1952年8月土改复查,分成太平铺、成功坪、六家冲、珠洞4个小乡,属茶庵铺区(第十四区)所辖。1956年,撤销第十四区,设立桃源县委茶庵铺工作委员会,将原4个小乡合并,成立太平铺乡,乡下成立28个初级农业合作社。1957年,乡域未变,初级社合并组成10个高级农业合作社。1958年9月人民公社化后,属茶庵铺公社。1961年4月,析置太平铺人民公社,下设太平铺、成功坪、六家冲、珠洞4个生产大队。1964年,对生产大队进行调整,调整后,太平铺公社辖13个大队。1968年,公社生产大队缩编为双溪、木旺溪、洞溪、太平铺、连龙、湖塘、成功坪、三元桥、李龙、野毛坪、六家冲、小桃源12个。1984年4月,撤销太平铺公社,恢复太平铺乡建制,原12个大队更迭为12个行政村(其中原三元桥大队改名苏黄溪村)。2011年并村后,太平铺乡辖太平铺、木旺溪、湖塘、六家冲、小桃源、成功坪6个村,136个村民小组。乡政府驻太平铺集镇碗柜冲。2015年12月全县乡镇区划调整中,该乡并入茶庵铺镇。

位置面积

太平铺乡地处桃源县西南,东连牯牛山乡,北抵茶庵铺镇,南抵西安镇,西与怀化市沅陵县官庄镇接壤,是常德市的南大门。太平铺集镇距桃源县城68千米,距常德市90千米。太平铺乡东西长40千米,南北宽7千米,面积142平方千米;耕地16141亩,其中水田10979亩,旱地5162亩,山林167000亩。

自然环境

太平铺乡地貌呈“六山二水一分田,外加道路和庄园”格局,最高处六峰界海拔1020.8米。地势北面较低,东、西、南三面高山,盛产竹木;西南山区谷口是蕴藏黄金的宝地,北面茶叶树漫山遍岭,是出产茶叶、粮食的富饶山区。乡域为中亚热带向北亚热带过渡地段,属中亚热带季风湿润气候;冷热四季分明,干湿两季明显,春多寒潮阴雨,夏多暴雨高温,伏秋易旱,冬少严寒。多年平均气温16.3℃,无霜期295天,年均日照1560小时,年平均降水量1940毫米。境内春夏花香鸟语,秋冬风霜雪月,四季分明。由于地处山区,逢春夏汛期,易暴发山洪,崩坎、垮堤、毁田等灾害现象。

人口民族

1995年,全乡有2715户10478人。2005年,全乡总人口10840人,其中男性5745

人，女性5095人。2014年，全乡有2790户10874人，其中男性5724人、女性5150人；有少数民族11人，少数民族中苗族8人、土家族2人、壮族1人。

二、经济发展

综述

1995年，太平铺乡实现工业总产值4885万元，其中农业总产值2171万元，工业总产值2714万元，农民年人均收入1201元。近年来，太平铺乡在传统种植业基础上建立以茶叶、林业为支柱产业，养殖业为主导产业，农业加工业为依托的产业格局。2014年，全乡工农业总产值1.5亿元，农民年人均纯收入4668元。

农业

种植业 太平铺乡水稻种植以一季中稻为主、双季稻种植面积较小。旱粮作物以玉米、大豆、红薯为主，经济作物以茶叶、花生、油菜为主。1995年，全乡种植早稻2500亩、中稻8091亩、晚稻3000亩，玉米2500亩，大豆1500亩，红薯2000亩，粮食总产4923吨；种植茶叶3516亩；种植花生4000亩；油菜4000亩，油料总产680吨。2014年，全乡播种早稻1640亩、中稻9363亩、晚稻1880亩，大豆1760亩，粮食总产6836吨；种植茶叶10600亩，花生1985亩；油菜9878亩，油料总产1614吨。

太平铺乡是优良茶叶品种桃源大叶茶发源地。1994年，生产的“古洞春”大叶茶获首届湘茶杯金奖。“古洞春”野茶王于2005年被国家质量技术监督总局批准为地理标志产品，“古洞春”茶叶品牌于2012年被授予全国驰名商标。

林业 1995年，全乡造林2469亩，封山育林15000亩，幼林抚育7000亩，采伐木材3650立方米、楠竹90000根。1996年，全乡开发种植板栗，面积达2872亩，栽种板栗树20万珠。1999—2013年，太平铺乡退耕还林，开垦宜林荒山造林，保护植被，封山育林，发展林木产业，引进社会资金4000多万元，完成规模造林20000多亩，成立金山林业专业合作社和永富林业专业合作社。2014年，太平铺被评为全县造林绿化红旗单位。2015年，全乡有林地17.6万亩，其中用材林12.2万亩，森林蓄积量36.5万立方米；楠竹1.25万亩，立竹量877.9万根。

工业

1983年开始，在太平铺乡小桃源村，有区、公社采金和村组采金、部门采金、群众采金、外地人采金以及干部入股采金等多种形式的采金联合体，从事黄金开采及冶炼。1995年，太平铺乡共有制茶、木材加工、采矿等企业289个，企业总产值4436万元。2009年，古洞春茶叶有限责任公司获“农业产业化省级龙头企业”称号，入选中国茶业100强，帮带发展10多家中小型茶叶加工厂。全乡木材加工企业有鑫盛木业有限公司以及30多家木材加工厂。

2014年，古洞春茶叶有限公司拥有茶园基地11000亩，固定资产5500万元，厂房

▲ 古洞春茶业有限公司茶叶基地

面积 11000 平方米，制茶机具 310 台(套)，3 条生产线，分别生产名优绿茶、红茶、黑茶、特种茶，自主研发上市以野茶王(翠剑)为旗舰产品的 130 多个系列产品，年产量 3000 多吨，产值 8684 万元，利税 2752 万元。年产值近千万的县级规模企业鑫盛木业带动全乡发展 40 多家木材加工厂，年产值近亿元。

商贸服务业

2002 年，乡政府投资 50 万元新建一座占地 18000 平方米，可容纳固定摊位 300 个、临时摊位 100 个的边贸市场，建三缝两间的门面 30 余套。2009 年，对太平铺乡边贸市场进行提质改造，改造下水道 700 米，修建公厕，安装路灯，绿化道路，吸纳民间资本百万元，建成 3442 平方米商业区，摆摊设点面积 2029 平方米，年交易额达 8500 万元。2015 年，以边贸市场为基地的集镇个体、餐饮、加工、建筑、服务业主有 293 家，全乡社会商品零售总额突破 6000 万元。

三、基础设施

交通运输

1973 年，建长 1.5 千米的连湖(连龙村—湖塘村)公路。1975—1981 年，修建全长 18.9 千米的太双公路，途经太平铺村、木旺溪村至双溪村，与西安镇桃安村、牯牛山乡仓湾村相连。1978—1982 年，修建全长 8.6 千米的太成公路，途经太平铺村、苏黄溪村至成功坪村，与茶庵铺镇尚寺坪村相连。1987—1996 年，修建全长 9 千米的苏李(苏黄溪村—李龙村)公路。1987 年，修建全长 5 千米的太洞(太平铺村—洞溪村)公路。1989—1991 年，修建全长 18.7 千米的苏小公路，途经苏黄溪村、野毛坪村、六家冲村至小桃源村，与沅陵县官庄镇辰州坪村相连；为方便百姓出行，在成功坪设 1 个渡口、义渡轮船 2 艘。国道 319 线在乡境穿越 6 千米，连通连龙村、太平铺村。2008 年 12 月，G56 杭瑞高速公路常吉段建成通车，穿行境内 10 千米。

2012 年，太平铺乡有乡村公路 61.7 千米，村组公路 146.2 千米；2013 年，投资 300 多万元的苏黄溪大桥建成通车。2014 年，连接西安镇桃安村的太西公路建成通车。

2015 年，全乡有通村公路 195 千米，桥梁 9 座。

水利建设

1977 年，建安塘坪水电站。1978 年，建成功坪水电站。2 座小水电站年发电量 68 万千瓦时。2012 年，完成湖塘水库、古塆骨干塘的整修。2015 年，乡境内有小型水库 1 座，拦河坝两座，山塘、溪坝 840 处。

邮政通信

1993 年，太平铺乡开通通信网络。1997 年，开通程控电话。至 2015 年，全乡有程控电话用户 1500 余户。

2001 年，开通移动通信。2003 年，联通在乡域建基站 1 座。是年，开通宽带网业务。2005 年，6 个村开通远程教育。2008 年，6 个村装配电脑，有视听设备及上网信息设备 28 台。至 2009 年，移动公司在乡内建移动基站 5 座。2015 年，全乡有移动用户 2100 户；全乡有联通用户 1000 余户。有两间网吧，设备 100 台左右，个人网上用户 30 户左右。

集镇建设

1956 年，太平铺乡集镇建成区面积为 0.4 平方千米，街道 2 条，长 200 米。1995 年，太平铺乡集镇建成区面积 0.8 平方千米，街道 2 条、长 1000 米。2002 年，乡政府投资修建边贸市场，为配套市场建设和繁荣市场，在其两旁还规划新建农民两条街。2011 年，太平铺乡创建省级环境优美乡镇成功。2014 年，创建国家级生态乡镇。2014 年，太平铺乡集镇建成区面积 1.2 平方千米，街道 3 条，长 1.4 千米。

四、社会事业

教育

中华人民共和国成立前，太平铺有 1 所中心国民学校，8 所小学。中华人民共和国成立后，人民政府接管学校，领导人民积极办学。1985 年，全乡有小学 19 所，学生 1362 人；中学 1 所，学生 230 人。2014 年，全乡集中办学，学校规模缩编为 1 所九年一贯制学校——太平铺中学，在校学生 758 人。是年，投资 100 多万元的第一所公立幼儿园完工，有 153 名孩子入园就读；小学部教学楼竣工投入使用，教师公租房项目全面竣工。学生入学率和巩固率分别达到 100%和 99.7%。

文化体育

1974 年，太平铺乡文化站成立。渔鼓、三棒鼓、皮影戏、木偶戏、傩戏、汉戏、龙灯、舞狮等传统文艺得到部分传承，舞蹈、情景剧、快板、双簧和三句半等现代文艺得以传播，对联、诗歌、书法、绘画得到发掘。体操、田径、球类体育活动，长盛不衰。1995 年，集镇兴建有线电视网络。2007 年 10 月，集镇接通有线电视光纤传输的宽带网络信号，光纤网络电视开通，入户近 300 户。2009 年，国家“村村通”工程免费为因困难未能收看电视节目的农户配送100套广播电视卫星接收设备。国家配送书柜、书架和图书、光碟、报刊，在全乡6个村普及农家书屋。2015年，全乡有广播电视卫星接收设备2396台，普及率达80%；民间器乐队3个。

医疗卫生

中华人民共和国成立前，太平铺只有大德生1家药铺。1954年，设立太平铺卫生诊所。1957年，建立太平铺人民医院（后改为公社卫生院、乡卫生院）。1991年，乡卫生院搬迁至国道319线旁，占地400平方米，设有防保、门诊、住院部、医技等科室，住院部有病床10张，8名医务人员。6个村有卫生室，均持有《医疗机构执业许可证》。国家实行农村合作医疗后，全乡参合率100%。2014年，乡内有500人（次）享受农合医疗保险，农合医疗保险支出45万元左右。

社会保障

五保供养 1956年以后，全乡各项社会保障工作逐年启动和全面实施。"五保"政策从1956年农业高级合作社时开始。2002年前，对"五保"户的供养是每人每年150～300公斤稻谷，先由社队提供，后由乡镇统筹。从2002年始，由国家财政转移支付拨款承担"五保"供养。2006年，乡敬老院在原太平铺公社茶厂旧址建成，开始集中供养孤寡五保老人。2015年，集中供养五保老人35名，集中和分散供养的五保对象供养标准分别达到4200元/年和3080元/年。

社会救助 2004年，开始对年满40～50岁就业困难人员、"零就业家庭"、特困失业人员、低保家庭以及有就业能力和有就业愿望的刑释解教人员等实施就业援助。至2015年，帮助60名退役人员、下岗失业人员、返乡农民工就业。

优抚安置 多年以来，全乡按政策对重点对象落实优抚待遇，至2015年，对近百名60岁以上退伍军人给予定额补助，对六级以上残疾军人医疗费全额报销，对"三属"、在乡老复员军人、残疾军人等优抚对象中的困难户纳入农村低保，所有重点优抚对象免费加入农村新型合作医疗，并列入优抚对象医疗保障系统予以门诊和住院医疗补助。

最低生活保障 2006年，启动低保工作。至2015年，共确定低保对象730人，全乡基本实现低保对象应保尽保，保障水平农村对象为每人每月85元、115元、135元3个档次，城镇对象每人每月250元以上。

新型农村合作医疗 2008年，启动新型农村合作医疗。2009年，全乡新型农村合作医疗参合率达100%。是年，对重点优抚对象、农村五保对象、农村低保对象、城市低保对象和县人民政府确定的有其他特殊困难的贫困对象中患有重病者实行城乡大病医疗救助，至2015年，全乡有31名大病对象获得救助。

五、特色地情

名优特产

野茶王 “南方有嘉木，其叶有真香”。诗中南方指的就是桃源、安化、沅陵三县交界，沅、资二水近乎交臂的雪峰山地。1969 年，湖南茶校毕业生、太平铺乡人卢万俊与品茶师廖玉兆在太平铺乡陆家冲野生茶树群体中发现两株罕见的大叶茶树。为了挽救该濒临绝迹的树种，桃源县政府在太平铺乡卢家湾建立大叶茶良种繁育科研所。1994 年，太平铺茶叶专家吉光腾、钟开琼用清明前后一星期内的灵芽(鲜嫩芽头)，精制成“条索紧结、扁直嫩绿、油润光滑、翩若竹影、香浓味醇、余味悠长”的绿茶极品。中外茶叶专家称其“形赛龙井、香高碧螺、味斗毛峰”，取名为“野茶王”。2005 年，桃源县政府向国家申报野茶王为国家原产地域地理标志产品保护，是年 12 月获批。

风景名胜

太平古槠 老太平铺有一棵古老的槠树。古槠树高 18.75 米，胸径 2.06 米，围径 9.4 米，是名副其实的“巨无霸”。它主干中空，但外形完好。在树干 10 米处，分叉出 3 个巨大的粗枝，如虬枝盘龙，直窜苍穹。古槠在很长一段时期被称为槠榆棕。原因是在绿荫中嬉戏的小鸟，将榆树和棕树的种子撒落在树干上。种子在树干上发芽，竟然长成大树，形成树上长树的奇观。据清光绪十四年(1888 年)八月所立碑刻记载，此树名曰槠榆棕，已有 1000 多年历史。

据传北宋诗人苏东坡曾邀黄山谷游此赏树，并留有“远观沅陵三渡水，近看太平一棵槠”的吟唱。在诗人眼中，桃源太平铺古槠的静逸之美，与沅陵三渡水三水汇聚的动态之美，同样瑰丽壮观，是一道永恒的风景。诗因树而咏，树因人而彰，古槠承载着深厚的文化积淀。曾有人赠树一联：老树长何年，问水求山，均不为人道也；太平留古迹，叹前感后，悉难俾我知之。

▲ 苏黄溪风光

如今，从古槠母体上长出的榆树、棕树，早已死去。但树上重新长出了杉、桑等树，都有拳头一般粗。

苏黄溪 传说宋朝诗人苏东坡、黄山谷曾到太平铺游览，为纪念他们，将此地一溪水命名为苏黄溪。20 世纪 80 年代初，在苏黄溪上建起一座拱桥，一大拱上面八小拱，是为太平铺乡第一座长拱大桥。曾有人写诗云：若过苏黄水一条，隔溪遥望浪滔滔。往来自古行人苦，今有飞空九孔桥。

历代名人

卢万俊 1940年出生，太平铺乡太平铺村人，出生于茶叶世家。清道光十九年（1839），卢全武在茶庵铺创立“卢氏茶行”。1957年，第五代传人卢万俊高中毕业，怀着“继承祖业，光复茶业”的梦想，来到湖南省茶叶研究所茶叶技术学校（今湖南农业大学前身）学习。1959年，毕业回到家乡，被分配到茶厂工作。1969年秋天，卢万俊在太平铺乡陆家冲野生茶树群体中发现两株罕见的大叶茶树，其叶长21厘米，宽15厘米，世间少有。之后，他步入对野生茶树漫长的研究、繁育之旅。1982年，卢万俊创立桃源县茶树良种站。1996年11月11日，由桃源县茶树良种站整体改制成立桃源县古洞春茶业有限责任公司，卢万俊任董事长、总经理。1989年，桃源野生大叶茶繁育技术通过湖南省科技成果鉴定。1992年，桃源野生大叶茶通过湖南省农作物品种审定委员会审定，定名为“桃源大叶”，填补湖南省大叶茶空白，改写了中国茶史。卢万俊因此被誉为“潇湘茶仙”“湖南大叶茶之父”。先后当选为常德市第二届党代表，桃源县政协第六、七、八、九、十届政协委员，全国茶叶学会会员。

（吕双喜）

西安镇》

西安镇行政区划略图

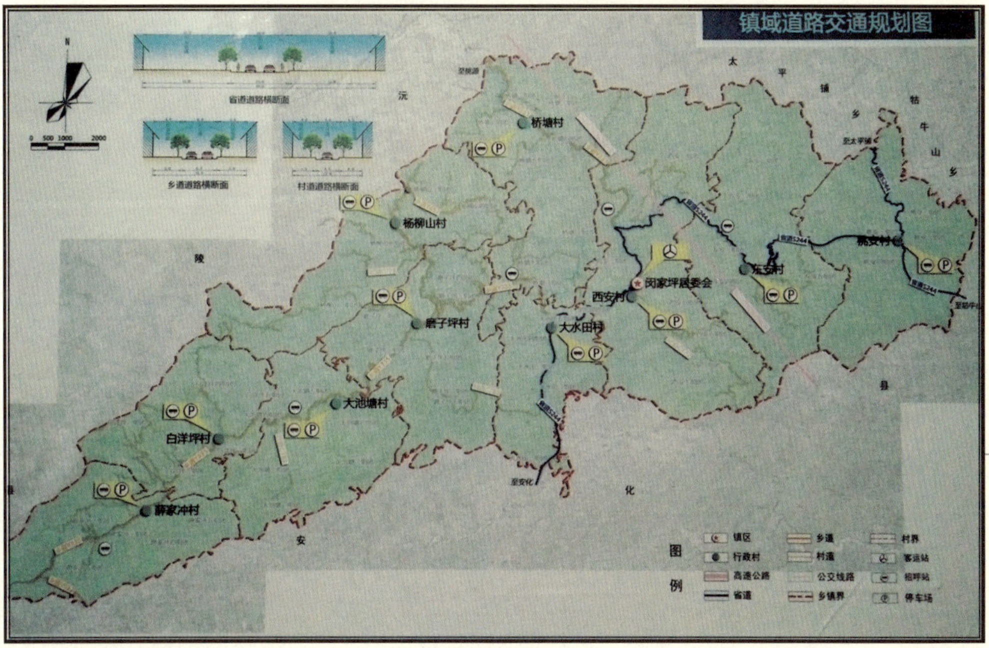

一、区域概况

建置沿革

东汉时属临乡。按南宋《武陵图经》记载，境域属桃源乡白石村。据明《嘉靖常德府志》记载，属桃源上乡上白石村。该区划沿用至民国。1934 年，属新店驿区崇平团和古溶团。1935 年 8 月，废乡团，新编为第五区两安乡。1941 年 1 月，撤区并乡，为安平乡。1952 年 8 月土改复查，为茶庵铺区所辖西安、东安、磨子坪、岔溪 4 乡。1956 年，撤区并乡，为大水田乡。1958 年 9 月，大水田乡划归茶庵铺人民公社。1961 年 9 月，大水田从茶庵铺析出，成立大水田人民公社，辖薛家冲、白羊坪、湖南坪、大池塘、石板溪、磨子坪、明溪、杨柳山、文明、和平溪、山洞溪、桥塘、千斤园、西安、土洞溪、东安、桃安、大水田18个生产大队和天台山林场。1984年2月,恢复乡建制,大水田公社改称大水田乡。同年8月,建西安镇,辖上街、下街、郭家冲、红岩溶4个居委会和西安村12个村民小组,大水田乡辖薛家冲、白羊坪、湖南坪、大池塘、石板溪、磨子坪、明溪、杨柳山、文明、和平溪、大水田、山洞溪、桥塘、千斤园、土洞溪、东安、桃安17个村174个村民小组。1987年1月,大水田乡并入西安镇,辖闵家坪居委会和桃安、文明、东安、桥塘、千斤园、土洞溪、杨柳山、明溪、磨子坪、石板溪、大池塘、湖南坪、白洋坪、薛家冲、大水田、和平溪、山洞溪、西安18个村187个村民小组。2011年5月并村后,西安镇辖闵家坪居委会和桃安、东安、桥塘、西安、大水田、杨柳山、磨子坪、大池塘、白洋坪、薛家冲10个村委会,97个村(居)民小组。

位置面积

西安镇位于桃源县西南部,地处常德、怀化、益阳3市交界处,北与太平铺乡、牯牛山乡毗邻,西和沅陵县官庄镇、杜家坪乡接壤,南与安化县马路镇、东坪镇交界,镇政府驻地东距桃源县城94.6千米,西距沅陵县城93千米,南距安化县城80千米。全镇总面积191.9平方千米。

自然环境

西安镇平均海拔560米,800米以上山峰13座,老虎尖海拔1129.6米,为全县海拔最高处。植被覆盖率95%,黑色的地表土壤,非常肥沃,属高寒湿润气候。

人口民族

1995年,西安镇有3628户14595人。2002年,全镇有4106户1.53万人。2015年末,辖区有4551户1.56万人,城镇常住人口746人。绝大多数为汉族,有土家、苗等少数民族。

二、经济发展

综述

2002年,全镇农业总产值4884万元,工业总产值5163万元,财政收入293万元。2013年,全镇实现社会国内生产总值5223万元,固定资产投资1500万元,存款突破亿元大关,非公有制经济增加值2200万元;农民年人均纯收入3743元。2015年,全镇国内生产总值8000万元,农业生产总值6000万元,工业生产总值2000万元,财政收入50万元,农民年人均纯收入5000元。

农业

养殖业 20世纪90年代以前,西安镇农民长期过着"养猪过年,养鸡买盐"的自给自足生活。1995年开始,引导农民利用山区丰富草场资源发展养殖业。2005年,全镇养羊20000只、牛6000头、猪16000头、家禽60000羽。2009年,全镇养殖生猪21000头,山羊存栏23000头,家禽存笼70000多羽。2015年,全镇饲养生猪2000头,养羊

50000只,养牛20000头,饲养家禽150000万羽。

林业 20世纪60年代以前,西安镇每年向国家出售的木材超过8万立方米,木炭数千吨。由于过度砍伐,植被破坏严重,生态环境越来越脆弱。20世纪70年代,境域不断发生洪涝灾害,损失惨重。80年代初,西安镇借助丘陵地区人工造林经验,在云台山营造杉树林1800亩。1988年,在九岭山营造人工林8000亩。1991年,镇党委、政府做出禁止烧炭毁林,溪河两侧300米以内和公路上下100米以内的树木禁止采伐的决定。1992年,西安镇成功实施第一期世界银行贷款造林项目,造林2万亩。1997年,镇政府出资30万元,在薛家冲村建立一个3800亩的厚朴示范生产基地。之后,桥塘、和平溪等7个村建起100亩到1000亩不等的7个中小型林药场。2001至2005年,退耕还林1.5万亩,每年创收130万元,全镇建生态公益林6.8万亩,销售木材8000立方米,楠竹50000根,创收500多万元。2015年,全镇有林地24.5万亩。

▲ 大池塘村竹林

工业

1986年以前,西安镇乡镇工业是一片空白。1987年,创建桃源县工业硅厂。1990年建成投产,拥有固定资产585万元,职工106人,生产设备60台,年产金属硅1200吨,产值1200万元。1995年,被省人民政府授予“经济效益百强企业”称号,常德市人民政府同时授予乡镇企业出口创汇“十佳企业”称号。1996年,创办卫生筷厂、联宜选矿厂等企业。2003年,引进外资1000多万元,创办龙安、安安竹木加工厂,同兴、利民、红旗、宏达等采矿企业。2005年,全镇企业发展至18家,从业人员515人,年产值4000多万元。2015年,全镇有工业企业4家,其中规模以上工业企业2家,工业总产值2000万元,利润1500万元,税金100万元。

商贸服务业

中共十一届三中全会以后,西安镇民营经济迅速发展。1995年,投资100万元,建成占地600多平方米的西安农贸市场,农贸市场有门面100多个,私营工商业者300人,日营业额10万元。2005年,全镇有注册个体经营户295户,年营业收入900万元。2013—2015年,兴建西安镇农贸市场,农贸市场占地3175平方米,有摊位80个,门面40个。2015年,全镇有个体工商业者100人,社会商品零售总额1000万元。

▲ 西安漂流

旅游业

山洞溪原生态漂流位于桃源县西安镇山洞溪、桥塘村，2008年5月对外开放，属桃源县、安化县、沅陵县3县接壤处。地处湘西山地向洞庭湖平源过渡地带，雪峰山余脉，山洞溪为夷望溪上游的一条支流。境内冷峰尖海拔1080米，群山连绵，风光旖旎，无霜期280天左右。

山洞溪原生态漂流最大限度地保持漂流河道区域内的自然生态原貌。漂流河道全长7200米，由近30个险滩和26个弯道组成，整段峡谷落差138米，漂流时间需2.5小时。漂流区内资源丰富，动植物种类繁多，植被覆盖率和空气负离子含量极高，空气质量等级为一级，是名副其实的天然氧吧。漂流艇为双人双桨，无船工。配以救生衣，胶鞋，沿途主要景点有竹海、石屋、水帘洞、金门、银门、金鸭池、山泉水等。

山洞溪原生态漂流惊险刺激之处比比皆是。行驶中时而跌进深谷，犹如鱼翔浅底；时而偶遇倾盆大雨如浪遏飞舟、水浪扑面、沐浴全身。让人惊叹不已！漂流时如遇风浪平静之处，小憩一会在阳光下静观小溪似玉带蜿蜒伸向远方，峡谷中雾气氤氲，五光十色。空中白云飘飘、小鸟飞翔、两岸野花盛开、蝴蝶翩翩、绿树成荫、知了歌唱，恍如人随画一块漂向远方……

2015年，山洞溪流生态漂流接待游客近5万人，带动餐饮、住宿、交通运输等行业发展。

三、基础设施

交通运输

2002年，全镇有集镇至安化县马路镇和平溪村长8千米的镇级公路、长84.5千米的村级主干道。2009年，全镇有通村客运班车7辆；对沅陵县三渡水至西安集镇、西安集镇至安化县和平溪23.5千米公路进行硬化。2010年，西安镇人民政府投资重建西安桥、龙垇桥，分别于2014年、2015年建成通车。2013年3月，投资250万元，启动太千公路硬化工程。2014年，山洞溪漂流景区最后3千米土路、石板溪3.5千米公路全面硬化通车。2015年5月，完成太千公路路基改造任务。是年，全镇有乡村公路200千米。

供电饮水

供电 20世纪60年代，境域小水电非常发达，有“万盏明灯照山乡”的美称。1977年，因遭山洪灾害，小水电站几乎全部冲毁，灾后重建镇级电站2座、村办电站2座，总装机容量460千瓦。1994年电网整改，接入国网电力。2010—2012年，对西安村、桥塘、东安、大水田4个村农村电网进行改造。2014—2015年，对桃安、杨柳山、磨子坪、大池塘、白洋坪、薛家冲6个村电网进行整改，至此，全镇农网整改率达100%。

饮水 2009年，建可供5000多群众饮用水的镇自来水厂。2014年投资10万元建自来水厂。2015年，对3500多米自来水管道进行维修改造。

四、社会事业

教育

中华人民共和国成立前，西安镇有小学1所。1964年，兴办农业中学和西安完小。1968年，停办农业中学，创办大水田中学和大水田中心小学。1986年，大水田中学更名为西安镇中学，大水田中心小学更名西安镇中心小学。1997年，西安镇中学从大水田搬迁至西安，新区占地13000平方米。2003年，西安镇中心小学从大水田整体搬迁至西安完小，合并为西安镇中心小学，占地8000平方米。2005年，全镇有初级中学1所，小学12所，在校中、小学生1700余人，幼儿园1所，入园幼儿200人。2011年，全镇有初中1所，在校学生226人，教师33人；小学6所，在校学生559人，教师32人；幼儿园3所，在园幼儿170人，教师6人。2013年，完成投资60万元的公立幼儿园建设项目。2014年，完成投资480万元的中学小学部教学楼及48套教师安置房建设项目。

医疗卫生

中华人民共和国成立初期，西安有中药铺2家。1958年，成立中心联合诊所，后名称几经变更。1986年，改为西安镇卫生院。1995年，投资30万元，修建门诊大楼和职工宿舍，建筑面积2000平方米。是年，全镇有18个村卫生室，医护保健人员34人，病床18张。2011年，镇内有各级医疗卫生机构19个，床位25张，完成诊疗2万人(次)，村民参加新型农村合作医疗率99.9%。2013年，新建镇卫生院门诊综合大楼。2015年，全镇有卫生院1家，医护人员12名，病床40张，医疗设备价值50万元。

五、特色地情

名优特产

药材 西安镇具有非常适合药材生长的独特天然条件。生长有400多种野生中草药，其中常见常用且数量较多的有石菖蒲、水菖蒲、牛膝、威灵仙、商陆、海风藤、桑皮、何首乌、草乌、玉竹、大伸筋、首乌藤、竹叶、麦冬、前胡、苍耳子、木通、金银花、败酱草、花血藤、石韦、益母草、泽兰、虎杖、玄参、沙参、黄精、泽泻、紫苏叶、紫草、栀子、鱼腥草、鸭跖草、野菊花、续断、小茴香、夏枯草、细辛、乌药、天南星、通草、天麻、山药、肉桂、茜草、七叶一枝花、木贼、黄连、马鞭草、金樱子、锦灯笼、荆芥、花椒、谷精草、贯众、葛根、钩藤、小花五味子藤、车前草、薄荷、半边莲、半夏、板蓝根、白芍、艾叶、白术、百合等。2001 年在薛家冲村建起 4000 亩厚朴药材基地。2002 年，在天台山林场建立首个天麻示范基地培育“0”代和“1”代良种向全镇推广。

历史遗址

月形山古墓群 位于桃源县西南 91 公里的西安镇大水田村同心组月形山海拔 432 米的山冈。在面积约 100 平方米的范围内分布大小古墓几十座。皆为陈氏家族墓地。部分墓葬立桃源石石碑，雕刻精湛，工艺考究。其中“清例赠修职郎”陈今奇夫妻合葬墓规模宏大，墓碑为四封三间式，四周由一块块青石雕刻合围砌成墓园，石板浅浮雕龙、凤凰、麒麟、鹿等图案。虽年长日久，雕刻栩栩如生，墓碑立于清光绪七年(1881)。是研究当地陈氏家族史的实物资料。2012 年，被列为第四批市级文物保护单位。

红军长征大水田纪念地 为了更好地开展爱国主义教育，桃源县于 2008 年 10 月对大水田红军长征纪念地纪念碑进行保护性修复，2009 年底完工。红军长征大水田纪念地纪念碑位于桃源县西安镇大水田村，占地面积 3330 平方米，碑体高 9.7 米，投资 50 多万元。1935 年 11 月 22 日，贺龙领导的红二、红六军团途经大水田村，当地群众对途经的红军给予了物质上的支持，红军也把革命的理想和信念播种到这里，不少青年走上了革命道路。

▲ 红军长征大水田纪念地

历代名人

邱锦荣 字子山，生卒年不详，今西安镇磨子坪村石板溪人。清同治十三年(1874)甲戌科武进士。蓝翎侍卫，任四川都阃。

吉为 1957年出生,桃源县西安镇人,威胜集团董事会主席兼创办人。1979年毕业于湖南省对外经济贸易学校(今湖南外贸职业学院)国际贸易专业。1980—1985年,任湖南省五金矿产进出口公司业务经理。1985—1989年,担任湖南省国际经济开发(集团)公司的进出口经理。“威胜”创建于1993年,是中国领先的能源计量设备、系统和服务供应商,产品覆盖电、水、气、热计量产品、电气设备以及系统解决方案。2005年12月在香港主板成功上市,股票代码为HK03393,是中国仪表行业和湖南省第一家在境外主板上市的公司。威胜科技园位于麓谷国家高新技术开发区内,占地30.6万平方米,建筑面积15万平方米,2015年有员工近3000人,工业总产值达50.2亿,是时下中国最大、最先进的能源计量与能效管理产品研发制造基地之一。吉为是湖南省政协委员,先后被授予“中国最具社会责任企业家”“最关注员工发展企业家”及“长沙高新区优秀企业家”等荣誉称号。

(宋莲洲)

牯牛山乡

牯牛山乡行政区划略图

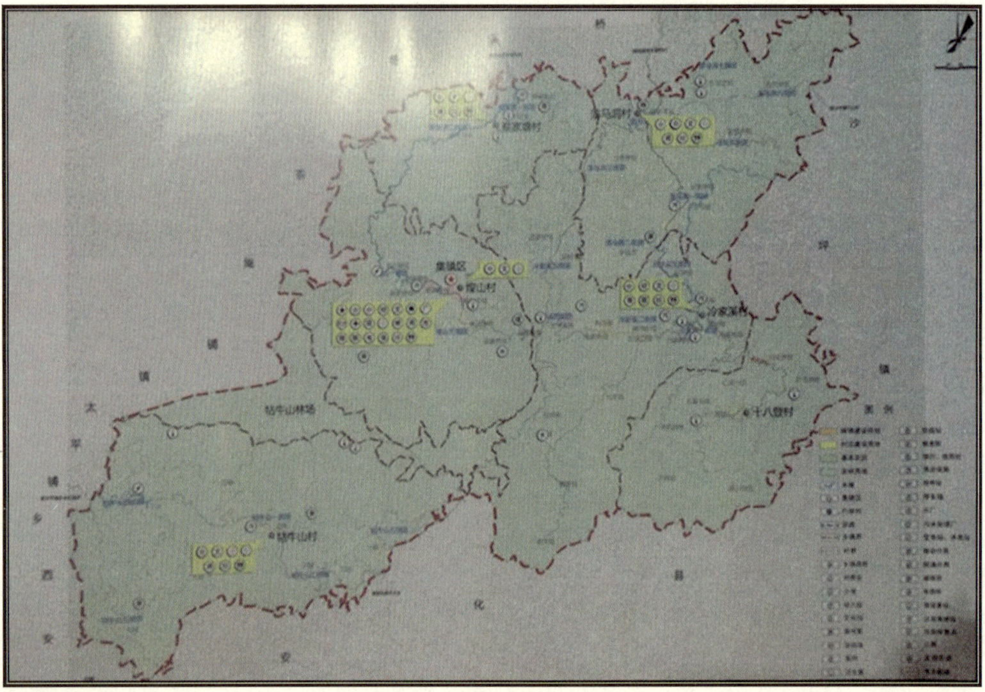

一、区域概况

建置沿革

南宋《武陵图经》记载，境域属桃源乡白石村。据明《嘉靖常德府志》记载，属桃源上乡上白石村。该区划一直沿用至民国。1934 年境域属新店驿区古溶团。1941 年 1 月，撤区并乡后，分属新平乡、安平乡、沙坪乡、杨溪乡。1952 年 8 月土改复查后，属沙坪区所辖的冷家溪、管水、爱民和茶庵铺区的珠洞 4 乡。1956 年撤区并乡后，属杨溪桥乡和沙坪乡。1958 年 9 月人民公社化后，属沙坪公社。1961 年 9 月，从沙坪公社析出，因境内有牯牛山，新组建的公社被命名为牯牛山公社，辖冷家溪、落马洞、金塆、胜利、西坪、管水、黄山溪、爱国、梁山、仓湾10个生产大队。1984年2月，改为牯牛山乡，辖冷家溪、落马洞、金坛、十八蹬、西坪、管水、煌山溪、蔡家塘、凉山坳、仓湾10个村民委员会，88个村民小组。2011年并村后，辖冷家溪、十八磴、落马洞、蔡家塘、煌山、牯牛山6个村民委员会，45个村民小组。2015年12月全县乡镇区划调整中，该乡并入杨溪桥乡。

位置面积

牯牛山乡位于桃源县南部，距县城53千米，东与沙坪镇接壤，西与西安镇交界，北邻杨溪桥乡、茶庵铺镇，南抵安化县东坪镇，面积112平方千米，其中山林16万亩，耕地6087亩。

自然环境

牯牛山乡属典型的山地地形，为雪峰山余脉，最高峰牯牛山海拔1104.2米，为全县最高山峰之一。气候属中亚热季风气候，四季分明，干湿两季明显。春季低温阴雨，湿度大，云雾多；夏季天气炎热，多暴雨；秋季风和日丽，气候宜人，具有典型山地气候特征；冬季天气冷凉干燥，多大风，霜冻频繁。受山区特殊地形影响，年平均气温16℃以下，低于全县平均气温，临近雪峰山北端以安化为中心的多雨区，年平均降水1500毫米以上，高于全县年平均降水量。全乡水系分三支流入沅江，水量充足，落差大，水能蕴藏量丰富。域内黄金资源探明有75条含金石英脉，长10余千米，主要分布在冷家溪、煌山、十八蹬村。西侧冷家溪为中元古界冷家溪群（Pt_2ln）命名地，地质学家王晓青、刘祖彝等1936年根据安化至桃源一线剖面定名，是湖南省内出露的最古老地层，厚度大于2.5万米，分五岩组，相互整合，以浅灰及浅灰绿色浅变质细碎屑岩、泥质岩及含凝灰质细碎屑岩为主，底部夹白云岩、灰岩和钙质团块，顶部以砂岩为主。森林覆盖面积95%以上，杉木、楠竹等林业资源丰富，植被覆盖茂密，拥有保存完好的大片常绿阔叶原始次森林，因地质古老和受第四纪冰川侵袭影响较小，区内物种起源古老，保存了许多孑遗植物和古老植物；同时植物成分复杂，种类繁多。茂密多样的植被营造了众多野生动物的理想庇护所。2006年，牯牛山乡全境被纳入乌云界国家自然保护区管理，成为湘西北重要的水源涵养区和生态屏障。

人口民族

1995年，全乡总人口5602人，其中男性3013人、女性2589人。2005年，全乡总人口5828人，其中男性3061人、女性2767人。2014年年末，牯牛山乡有2007户5967人，其中非农人口249人，人口自然增长率为11‰。总人口中，有少数民族29人，其中回族2人、苗族8人、壮族5人、侗族2人、瑶族1人、土家族9人、水族2人。

二、经济发展

综述

牯牛山乡有“金窝林海茶乡”美誉，地下有黄金，地上有三蔸（茶蔸、竹蔸、杉蔸），是对牯牛山乡采矿业、茶叶产业、林业三大经济支柱的概括。随着自然保护区的成立，传统产业受到挑战，形成新的林下产业。2002 年，全乡农业总产值 1884 万元，工业总产值 3020 万元，财政收入 142 万元，农民年人均纯收入 1565 元。2014 年，全乡工业总值 8000 万元，工业增加值 2000 万元以上；引进矿山企业梅子溪金矿，投入资金 2000 多万元。有林地 15.2 万亩，其中用材林 7 万亩，经济林 0.5 万亩，楠竹 5 万亩，森林覆盖率 95%以上，活立木蓄积量 26 万立方米。拥有高山富硒无公害茶园 5000 亩，年产干茶 8000 担。

采矿业

牯牛山乡采金历史可追溯至明洪武年间（1368—1398）。中华人民共和国成立前，大资本家杨佑之成立"长江公司"组织开采。中华人民共和国成立后，收归国有，由湘西金矿（辰州矿业）成立湘西金矿冷家溪坑口。20 世纪 70 年代转交地方开采，自湘西金矿闭坑移交地方后，个体矿硐、联合小金矿成为黄金开采主要形式，采金业成为全乡主导产业，辖区内有两个采金村 3000 余金农。

1971—1996 年，矿山开采基本处于无序状态，采选金方式原始、粗放，采金矿组多达 160 余个，金硐近 1000 个。乱采滥挖、河道堵塞、打架斗殴、赌博吸毒现象严重。1997—2002 年，为污染、安全高危期。采金者完成资金原始积累，采选金规模扩大，机械化程度日益提高，氰化选金成主流，全乡撤并整合成 86 个采金矿组。2003—2012 年，对采金业进行全面整治。采金实施安全评估，加强环保监测与三废治理，打击氰化选金，关停采金作业组 72 个，逐步整合成鼎盛矿业、北竹湾金矿、管水金矿 3 个采金企业。2013—2015 年，对采金业进行集中整治。企业安全生产与环保措施严格达标。鼎盛矿业有资产 7150 万元，股民 2000 人，下属 6 个坑口；北竹湾金矿有固定资产 4600 万元，股民 1500 人，采矿范围 0.44 平方千米，探矿范围 3.91平方千米；管水金矿有固定资产 2400万元，股民 900 人，下辖鑫源坑口。3 家金矿都取得省国土资源厅颁发的采矿许可证书和省安全生产监督管理局颁发的安全生产许可证，年产黄金 300 公斤左右。

农业

茶产业 20 世纪 70 年代，牯牛山公社每年向国家上交茶叶 150 吨。在退耕还林政策鼓励下，人们开发荒山造林，茶树损失不少，保存下来的老茶园主要分布在牯牛山村、煌山村、十八蹬村。2001 年至 2002 年间，全乡茶叶面积由 4629 亩减少到 1200 亩。之后，大力发展茶产业。2007 年，全乡茶叶面积增加到 5300 亩。2008 年，引进紫艺茶叶公司建立茶厂，同时村民自办茶厂，对茶叶进行初加工。2015 年，引进上海创图科技，对牯牛山的红茶进行策划包装；全乡的茶叶面积稳定在 5500 亩左右，产量约 110 吨。

林业 1959 年，成立牯牛山林场。20 世纪 60 年代，造林近 3 万亩。70 年代，牯牛山公社每年向国家交售木材 3000 立方米、楠竹 30 万根、茶叶 150 吨，县里每年给公社 37 万公斤统销粮指标。改革开放后，山林田土分到农户，林业站有计划地组织造林，主要栽杉树和楠竹。1986~2003年，全乡设立木材检查站4个，乡林业站每年征收育林基金80多万元。2006年，乌云界国家级自然保护区成立，山林全面禁伐，牯牛山的林业由开发造林转为全面保护。2015年，全乡有林地15万多亩，其中用材林7万多亩，经济林近1万亩，竹林5万多亩。

林下产业

乡域被划入乌云界自然保护区以后，积极发展林下产业，先后种植金银花、玉竹、百合等药材。2015年，开始种植猕猴桃、养殖岩蛙，基本确定"1+4"（打造1个农耕文化产业园+发展猕猴桃种植、石蛙养殖、小叶红茶、竹器加工4个产业）的林下产业发展思路。先后成立4个专业合作社，引进猕猴桃种植和岩蛙养殖技术，垦复荒山老茶园，开发野生小叶红茶品牌，新建茶厂，建立竹器加工厂。

商贸服务业

历史上商贸服务业欠发达，没有商贸集市。20世纪90年代，采金高峰期带来商贸业服务业的一时兴盛，有大小商铺餐馆几十家，供应品种齐全。随着农村常住人口的锐减，商铺逐年萎缩，至2015年已不超过20家。

三、基础设施

交通运输

1976—1995年，全乡投资747万元，建成乡级公路10条、长144千米。1989年，投资13万元，建成长1000米、宽7米的水泥街道。20世纪90年代，实现村村通公路。2006—2015年，完成冷家溪、蔡家塘、煌山、十八磴等村村道硬化和杨溪桥至牯牛山县道硬化，总里程137千米。2010—2014年，完成落马至管水公路、西坪公路、管冷公路硬化，总里程22千米。2015年，启动管仓线24千米公路硬化，管仓线覆盖牯牛山村，连接太平铺乡与安化县东坪镇。

邮政通信

1994年，投资81万元开通258门程控电话，为桃源县首个开通程控电话的乡镇。2000年，实现程控电话全覆盖。2015年，全乡实现通信信号全覆盖，有移动基站3个，电信基站2个，联通基站3个，其中一个移动基站建在牯牛山顶峰，为桃源海拔最高的基站；全乡有邮政代办点1个，电信代办3个，移动代办点1个，联通代办点1个，有线电视服务站1家。

供电饮水

供电　1975年，牯牛山公社通电。1978年，在煌山村建欣欣电站，装机容量600千瓦。1998年，凉山村通电到户，全乡实现村村通电。2000年，各村进行电网改造。2005年，在牯牛山村建仓湾电站，装机容量250千瓦。

饮水　牯牛山乡群众饮水引自山涧清泉，以前用竹片引水，后来采用皮管引水。

2009年,实施农村安全饮水工程,建设第一自来水工程,集中解决管水村、冷家溪村村民安全引水问题。2013年,特大山洪将冷家溪村自来水管全部冲毁,县水利局主持重建冷家溪村自来水管道。2014年,牯牛山村实施农村分散供水工程。2015年,落马洞、十八磴、蔡家塘、冷家溪4个村近千户实现分散供水。

▲ 西坪电站

水利建设

牯牛山境内没有水库。20世纪60~70年代修建河坝,后随着采矿业的兴起和农业的没落,水利建设基本停滞,农作物主要依赖天然灌溉。山洪、泥石流为主要地质灾害,2010年,特大山洪致冷家溪街道在短短两个小时内积水1米多深,是近年来牯牛山遭受的破坏性最大的一次山洪地质灾害。

四、社会事业

教育

1990年,投资16万元完成中心小学搬迁。1995年,投资15万元扩建乡中学。2000年,在冷家溪村设中心小学、办初中班。2000年以后,村小陆续撤销,初中也被撤销,全乡仅留乡政府所在地的一所学校,作为杨溪桥乡中学的一个教学点。2010—2014年,投资100万元对学校进行维修、扩建。

2013年,乡党委、政府以会议纪要的形式明确了两项尊师重教的规定:成立教育专项基金奖励牯牛山籍优秀学子、每年对师生进行节日慰问。是年,任教34年的校长陈龙珍2013年当选常德市道德模范,被评选为2013年感动桃源十大人物。2015年,学校有6名教师,20多名学生。

文化体育

1974年,成立牯牛山乡文化站。1986年,牯牛山文化乐园建成,设有影剧院、图书室、乒乓球室、桌球室等。1990年,全县第一个村级有线电视台——牯牛山冷家溪村电视台建成。2002年,乡镇机构改革,成立文化广播电视站。2005年,在冷家溪、落马、煌山、蔡家塘、管水等5个村建成有线电视网,并建成光纤传输网。2010年,有线电视网实现模转数的平移,乡村群众看到了清晰的电视节目。是年,乡镇机构再次进行改革,文化广播电视服务站、民政所、经管站、劳管站、安监站合并成立社会事务管理站(加挂综合文化站牌子)。

2009—2012年,全乡6个行政村建起农家书屋。2011年,投资28万元建综合文化大楼。2014年,建成第一个灯光篮球场,在冷家溪、牯牛山、煌山、蔡家塘4个村建起篮球场。是年,启动农村广播村村响工程,至2015年,有5个村安装无线广播。2015年,组建桔子街广场舞队,组织30多人的运动员队伍参加桃源县首届运动会,乒乓球队获团体第六名。

医疗卫生

牯牛山乡卫生院前身为沙坪乡牯牛山林场卫生所。1962年,改建成立牯牛山公社卫生院。1978年,公社卫生院搬迁至湘西金矿搬迁后遗留下的几栋旧房,1986年卫生院在原址上新建门诊综合楼,1990年又修建了一栋120多平方米的砖木结构平房,医院基本上初具规模。2007年,山洪暴发,将卫生院门诊综合楼一层全部淹没。2008年,搬迁新建门诊大楼。2012年,建住院大楼和职工宿舍。2015年,医院有职工7名,各村设卫生室;全面实现新型农村合作医疗,全乡有5718人参加新型农村合作医疗,参合率达100%。

社会保障

2011年11月,投入20万元建成敬老院,有床位40个,入住五保户30人。2014年,再投入20万元完善敬老院设施。2015年,全乡有116户五保户和贫困老年人享受城乡最低生活保障,全年收缴养老保险金34.2万元,发放60岁以上老人养老保险金85.6万元,发放城乡低保资金49.5万元。

牯牛山乡有牯牛山、蔡家塘、落马洞、十八磴4个村列入省级贫困村。2013年,县委派驻工作队进驻牯牛山村,开展扶贫工作。2015年,县委再派驻三个工作队分别进驻蔡家塘、落马洞、十八磴村,投入帮扶资金近100多万元。

五、特色地情

长寿之乡

2014年,牯牛山乡成功创建常德市“长寿之乡”。2015年,全乡有百岁老人3位,90岁以上老人17位,80岁以上老人130位。

风景名胜

牯牛山永慈庵遗址 位于牯牛山顶,海拔1104.2米。始建于明代,清代重修,由青石砌成,工匠手艺精湛,用青石雕刻的菩萨、龙、虎栩栩如生。“文化大革命”时期被损毁,石雕散落各处,由于未加保护,逐渐遗失,现仅剩院门围墙,门联“古帝威严千载,牛星普照万年”仍清晰可见。

西坪瀑布群 牯牛山山涧溪沟遍布,落差几米、几十米不等,雨水季节,溪沟里的

▲ 牯牛山庵堂遗址

溪水自上而下倾泻溢出，或纤细，或粗犷，形成一组组壮美的瀑布群。

历代名人

苏大宝 1981年8月出生，原名苏飞，牯牛山乡仓湾村（今属牯牛山村）人。中国著名沙画家，当代最具影响力的沙画艺术家，中国沙画的开创者与引领者。2004年，苏大宝将沙画艺术引入中国，潜心研究，不断地进行沙画艺术实践，致力于将中国画元素引入到沙画当中，把传统绘画与新型创作形式相融合，并首次提出"中国沙画"概念，形成最具中国特色的沙画表现风格，积极推动中国沙画艺术事业的发展。2006年，中国沙画开始被媒体关注。从此，一把沙子让他风靡全国，成为所有媒体追逐的焦点。2009年，被评为中国年度艺术人物。曾接受过中央电视台、凤凰卫视、北京卫视、湖南卫视、东方卫视等多家主流媒体专访，为世界及国内顶级企业量身打造过上百场主题沙画表演。并多次在人民大会堂、全国政协礼堂、钓鱼台、鸟巢为国家领导及外国友人做精彩的表演，并受到亲切接见和鼓励。其主要作品有《古韵千秋》《渔舟唱晚》《虎虎生威》《生命的列车》奥运沙画《One world One dream》《彩云之南》《建国大业》等。

（袁风祥）

杨溪桥乡》

杨溪桥乡行政区划略图

TAO YUAN XIAN XIANG ZHEN JIAN ZHI

一、区域概况

建置沿革

按南宋《武陵图经》记载，境域属桃源乡白石村。据明《嘉靖常德府志》记载，属桃源上乡上白石村，设有吉阳铺（今羯羊铺村）、燕庄铺（今杨溪桥村烟庄铺组）。该建置一直沿用至民国。明《万历桃源县志》载："嘉靖三十五年（1556），分守赵公议，欲移郑家驿于西南三十里燕庄铺，上至界亭驿，下至本县，皆九十里。裁革新店驿，以原编马驴等银分协郑家、桃源二驿。"清康熙二年（1663）复置新店驿。1934 年，属新店驿区扶善团。1935 年 8 月，废乡团，新编为扶善乡。1941 年 1 月，撤区并乡，为杨溪乡。1952 年 8 月土改复查，为沙坪区所辖杨溪桥、沙堤、铁山溪、黄泥田 4 乡。1956 年，撤区并乡，为杨溪桥乡。1958 年 9 月，杨溪桥乡并入沙坪人民公社。1961 年 4 月，从沙坪公社析出，成立杨溪桥人民公社，辖朝阳庵、杨溪桥、和平、岩吾溪、稻锣坪、黄泥田、羯羊铺、铁山、芦家坪、沙堤、虎形、中洲 12 个生产大队。1984 年，撤销公社建制，杨溪桥公社更名为杨溪桥乡，辖杨溪桥、朝阳庵、檀木溪、岩吾溪、黄泥田、稻锣坪、羯羊铺、铁山溪、芦家坪、沙堤、中洲、江里溪 12 个村和江里溪江口林场，138 个村民小组。1990 年，檀木溪村析出和平村。2011 年，撤村并组，杨溪桥乡辖杨溪桥、朝阳庵、羯羊铺、黄泥田、岩吾溪、江里溪、铁山溪、沙堤 8 个村民委员会 60 个村民小组。乡政府驻杨溪桥集镇。

位置面积

杨溪桥乡位于桃源县西南部，北抵寺坪乡，东邻沙坪镇，西连茶庵铺镇，南与牯牛山乡毗邻，国道 319 线穿境而过，面积 78 平方千米，有山林 80500 亩、耕地 14032 亩。

自然环境

杨溪桥乡位于中亚热带向北亚热带过渡地段，属中亚热带季风气候，冷热四季分明，年平均气温 15.5℃，极端最高气温为 38℃，极端最低气温为 -2℃，平均降水量 19000 毫米以上，年均日照 1529.7 小时，无霜期 285 天，具有春多寒潮阴雨，夏多暴雨高温，伏秋易旱，冬少严寒的特点。该乡地处雪峰山余脉，地理环境比较特殊，森林植被覆盖率 64.88%，是常德地区重要的水源涵养区和生态屏障。境内保存着中亚热带较完整的大面积低海拔常绿阔叶原始次生林，生物多样性丰富、珍稀度高。地势东北面较低，西、南两面高山；乡内伴生矿产有煤矸石、石灰石等，主要分布在黄泥田村。沅江支流大杨溪流经乡境；乡内小溪流、沟港水系众多。以大杨溪为界，东北、西南两侧各有四村：东北为羯羊铺、铁山溪、沙堤、江里溪。西南为杨溪桥、朝阳庵、黄泥田、岩吾溪。西南系雪峰山余脉，东北系沅江地域。

人口民族

1995 年，全乡有 3046 户 11116 人，其中男性 5834 人、女性 5282 人。2005 年，乡总人口 11267 人，其中男性 5828 人、女性 5439 人。2014 年末，全乡有 3400 户 11166 人，

其中男性5742人，女性5424人，人口自然增长率为6.3‰；少数民族49人，其中回族7人、维吾尔族1人、苗族7人、壮族2人、朝鲜族1人、侗族2人、瑶族1人、土家族26人、畲族1人、仫佬族1人。

二、经济发展

综述

1995年，全乡农业总产值1027.46万元，农民年人均纯收入1350元。2002年，全乡农业总产值1708万元，工业总值275万元，财政收入323万元。2014年，杨溪桥乡全年农林牧渔业总产值13462万元，工业产值5638万元；全社会固定资产投资14000万元；农民年人均纯收入3000多元。

农业

种植业

粮食作物　杨溪桥乡粮食作物主要有水稻、玉米、豆类等。1986年后，大力推广杂交水稻，种植面积达到5147亩，亩产超过400公斤。1995年，全乡粮食播种24380亩、总产6000吨。2014年，农作物播种26894亩。其中谷物类20801亩，平均亩产376公斤。

在整个粮食作物中比重较大的依次是玉米、红薯和大豆。玉米年种植1039亩左右，亩产接近300公斤。红薯在本地栽培历史长，面积大，但随着玉米的引进种植逐渐萎缩，年种植面积在800亩左右。大豆播种面积290亩，亩产125公斤左右。

经济作物　主要有油菜籽、花生、茶叶。油菜籽是传统种植项目，1995年播种2195亩，产量191吨。2005年播种1500亩，产量150吨。2014年播种2530亩，产量332吨。

20世纪90年代，引进花生种植。1995年种植800亩，产量48吨。2005年种植面积520亩，产量52吨。2014年种植1220亩，产量195吨。

▲ 大叶生态有机茶基地

茶叶栽培历史在杨溪桥十分久远，其手工炒制焙烘工艺源自明清时期，品种以绿茶、红茶为主。20世纪70年代，杨溪桥公社成立红碎茶厂。20世纪80

年代,全乡有6家村办茶厂。1995年,杨溪桥乡红碎茶厂年加工量超万担。1998年全国茶叶市场回落,1999年,乡村茶厂先后停产或转包给个人经营。2000年,全乡有私人茶厂7家。2003年,杨溪桥乡茶厂破产改制。2008年,杨溪桥乡野猫溪生源茶叶合作社成立。2014年,该社投入资金2350万元,新建5栋厂房、2栋办公楼,有茶叶基地1000多亩,年产值接近8000万元。2014年,全乡有茶园5000余亩,茶叶年产2000余担。

养殖业 杨溪桥乡养殖业初具规模的主要有牲畜、家禽和水产。1995年,全乡发展生猪8593头,出栏4793头,出栏山羊945只,出笼家禽8.4万羽,水产品产量30吨。2005年,全乡发展生猪15210头,出栏11900头,出栏牛814头,出栏羊17000只,出笼家禽35.6万羽,水产品产量53吨。2014年,全乡发展生猪16821头,出栏13459头,出栏牛449头,出栏羊16442只,出笼家禽14万羽,禽蛋产量785吨,水产品产量5吨。

林业 杨溪桥乡有林地80500亩,其中楠竹37800亩,年产楠竹上百万根,林业收入占农民总收入的三分之一以上。以杨溪桥为中心,包括太平铺乡、兴隆街乡、沙坪乡在内组成的竹林圈是湖南省仅次于益阳桃江的第二大竹林带。20世纪80年代,小型楠竹加工户在杨溪桥出现。1988年,杨溪桥乡建福利竹艺厂,主要吸收残疾人就业。1995年,全乡活立木蓄积量39150立方米,楠竹蓄积量38.6万根,林业总产值883.5万元,全乡人均林业纯收入800余元。各级林业基地发展迅速,乡办林场有林业基地6200亩,村级林业基地15000亩。1995年,竹木加工户发展至197家。1998年,由杨溪桥乡林业站牵头组织21个加工户组建桃源县楠竹协会。2001年,全乡竹木加工户增至875家。2003年底,桃源县楠竹协会会员达300多户,成为覆盖周边11个乡镇的新型农村合作组织,年产值近3000万元。2014年至2015年间,杨溪桥乡引进跃宇竹业,投资100万元,在江里溪村创办500亩楠竹低改省级示范基地。

工业

杨溪桥乡乡村企业以楠竹加工和茶叶加工两大系列为主。1995年,全乡有乡村企业197家,从业人员2800人,企业产值4104.8万元。2012年,投资近3000万元的科辉墙材第四分厂竣工投产,年产值达2000多万元,职工85人。2014年,全乡工业总产值5638万元,规模以下工业企业12家,桃源县杨溪桥乡环保砖厂等8家个体户转为企业经营。2015年,引进科辉墙材四分厂保温砖生产线,总投资500万元;引进湖南华是电子商务有限公司,总投资500万元;工业门类有食品、建材、饲料等,从业人员50多人。

商贸服务业

1995年,乡政府投资150万元新建一座占地7亩,可容纳固定摊位300个、临时摊位100个的农贸市场,后因年久失修逐渐弃用。2014年,投入60万启动标准化农贸市场建设工程,新建经营摊位108个,2015年3月份正式开市经营,结束杨溪桥乡长达数年的"马路市场"。2015年,全乡有登记注册个体工商户113多户,从业人员214余人,社会商品零售总额500万元。

三、基础设施

交通运输

国道319穿境而过，过境长13千米。

2006年，修杨溪桥至牯牛山公路，县道杨牯公路境内长13.5千米。2006～2011年，修杨鲜线、沙江线、寺沙线、杨朝线、黄岩线、岩沙线、羯沙线等7条乡道，全长64千米。

2008年12月，国道56杭瑞高速公路常吉段建成通车，过境14千米。

2012—2013年，由乡村组共同投资320万元，新修公路43千米。至2012年底，全乡所有村民小组都通公路。2013—2014年，投入资金190余万元，修建林道38千米，1200户农民受益。2014年，重建双溪大桥、檀木溪大桥，两桥均为钢筋混凝土结构，长30米、宽6米。2015年新建朝阳庵大桥，大桥为钢筋混凝土结构，长32米、宽6米。

邮政通信

1969年，杨溪桥乡设邮政所。1996年，省、市投资300多万元，在杨溪乡建1座高75米的电视差转、通信网络铁塔。1997—2004年，电信、邮政、广电、移动、联通在杨溪桥乡设分局(公司)。2013年，全乡开通程控电话，建无线移动通讯站6个，手机网络覆盖全乡，实现村村通电话。2014—2015年，全乡8个村全部安装“村村响”广播。

供电饮水

供电 乡域有中洲、青年、双溪和桃溪4处电站，户户通电。2015年7月，杨溪桥乡启动农网改造项目，投入100万元配备80千伏变压器5台，改造高压线路2000多米、低压线路4000多米，整改农户240户，化解农村供电不足矛盾。

饮水 1987—2000年，杨溪桥乡提倡打水井，共打压泵水井120多口。1997年，兴建乡自来水厂，铺设自来水管道8千米。2003年，招商引资1000万元，对大杨溪进行水电梯级开发，解决用水、发电两大难题。2015年，乡域有自来水厂2处，一处为杨溪桥水库，一处为中洲水厂，可集中为全乡11370人供水。

水利建设

1958—1975年，杨溪桥乡先后修建小(二)型水库6座，总蓄水量72.7万立方米。1979年修建小(一)型水库1座，库容116万立方米。1993—1995年，新建河坝3座，机埠2处。2014年，对74口山平塘清淤扩容改造，对33千米渠道进行清淤梳洗，对1台电力排灌设施进行整修。2015年“6·2”洪灾损毁渠道32条15.8千米，损毁河坝15处，山塘51口，随后开始整修。2015年，杨溪桥乡有小型水库7座，拦河坝4座；山塘、溪坝840处，渠道总长35千米，蓄引提水量240多万立方米。

▲ 野猫溪水库

四、社会事业

教育

1996 年，全乡有 1 所中学，11 所小学，在校学生 1214 人，教职员工 104 人。2009 年，全乡有初中 1 所，小学 4 所。2014 年，杨溪桥乡教育机构主要有杨溪桥中学、杨溪桥小学、杨溪桥幼儿园、沙堤村小学、沙堤村幼儿园。小学在校学生 415 人，教师 40 名；中学在校学生 180 人，教师 30 名；入园幼儿 135 人。

2010—2015 年，杨溪桥乡中学餐饮设备全部更新，改扩建微机室、多媒体教室、图书室、阅览室、生化实验室；添置图书 5 万册(本)；新建一栋教职工廉租房。

文化体育

1975 年，杨溪桥设乡文化站。2000 年，乡文化站被评为国家级一类文化站。2007 年，全乡有农家书屋 10 个，藏书 4 万余册，农民群众可以全天自由借阅；有远程教育阵地 8 个。2015 年，通过远程教育发展茶叶电商 8 户，培训计划骨干 80 余人。

2015 年，杨溪桥乡有篮球队、乒乓球队、羽毛球队、拔河队、广场舞队等多个民间体育代表队。是年，各代表队在 2015 年桃源县第一届体育运动会上均取得优异成绩。

医疗卫生

1995 年，杨溪桥乡卫生院有医护人员 13 人，医疗设备较齐全，村村建有医疗站。2011 年，全乡有卫生机构 1 个，门诊部 1 个，床位 28 张，专业卫生人员 14 名，完成诊疗1.29万人次,村民全部参加新型农村合作医疗。2014年,杨溪桥乡卫生院投资130余万元,改造房间27套;设有住院部、门诊部、中西药房、配置妇幼保健、卫生防疫、流行病防控等多个卫生功能机构;全院有23名医护人员,床位20张,医疗设备价值90万元。全乡各村均设有村卫生室,每个卫生室均配有乡村医生,能保证村民小病不出村。乡村医生负责当地的卫生宣传、卫生防疫、流行病防治、疫苗接种等多项医卫工作。2015年全乡参加新型农村合作医疗10321人,参合率92.4%。

社会保障

2011年6月,建杨溪桥敬老院。是年,全乡有13户21人享受城镇最低生活保障;城市医疗救助2人(次),民政部门资助参加农村合作医疗650人(次);有380户550人享受农村最低生活保障;农村五保户集中供养41人,分散供养38人。国家抚恤、补助各类优抚对象48人。

2015年,收缴养老保险金49.39万元,录入系统49.39万元,录入人数4329人;10398人参加新农合;为60岁以上老人发放养老保险金159.97万元;全面完成农村低保年审工作,发放城乡低保资金48.62万元。2015年,杨溪桥敬老院集中供养老人45名。

五、特色地情

名优特产

桃花山泉 坐落在杨溪桥乡铁山溪村的湖南桃花山泉饮品有限公司是湖南省规模较大的天然弱碱型山泉水生产与销售专业公司,公司占地13334平方米,建有3200平方米标准化钢架厂房。拥有全自动生产流水线和两套先进的水处理系统,生产350毫升、550毫升瓶装和5加仑桶装高品质天然弱碱性健康饮用水系列产品。年产量15万~20万吨,年产值过亿元。公司生产的桃花山泉含有多种微量元素和矿物质。桃花山泉取自铁山溪,铁山溪土壤中砾石和沙质土体含量高,渗水性好,地下水、地表水通过红土壤时对人体有益的多种微量元素被溶解,经过层层渗透和过滤形成天然无毒的清澈泉水。

历代名人

李世崧 字光国,生卒年不详,寨瑶生,今杨溪桥乡铁山溪人。清乾隆七年(1742)壬戌科一甲第二名武进士(榜眼)。授一等花翎侍卫,出为陕西渔渡路游击,升江西宁都营参将。辖区多水灾,为民贷官谷,并设粥赈济,士民感其德,修祠祀之。

(汤雅莉)

寺坪乡》

寺坪乡行政区划略图

一、区域概况

建置沿革

相传清嘉庆年间有名燕灵峰者，在今寺坪建修一寺，名曰“灵峰寺”，因名其地为“寺坪”，沿呼至今。

按南宋《武陵图经》记载，境域属桃源乡白石村。据明《嘉靖常德府志》记载，属桃源

TAO YUAN XIAN XIANG ZHEN JIAN ZHI

上乡白石村。据清《光绪桃源县志》载,属桃源上乡下白石村,设有白石铺塘。1934年,属郑家驿区(第四区)郑家河团。1935年,废乡团,新编为寺坪、郑河等乡。1941年1月撤区并乡后,属杨溪乡。1947年2月,沙坪、杨溪、澄溪乡的上四保并为沙坪乡,隆平、郑河并为兴河乡,同年5月25日,恢复原建制。1952年8月土改复查时,属沙坪区所辖郑家河、洞溪、新石、铁路、寺坪、龙凤6乡。1956年,6个小乡并为寺坪乡。1958年人民公社化后,属沙坪公社。1961年4月,析置寺坪公社。1977年5月,属桃花源区寺坪公社,辖中寺、和平、粟家桥、梨子岗、营盘、小杨溪、洞溪、同兴、金灵、杨家桥、新石、叶家冲、郑家河、青铜溪、鲜花15个生产大队。1984年春,寺坪公社改为寺坪乡,辖中寺、金灵、七凤山、杨家桥、粟家桥、白石铺、叶家冲、营盘、郑家河、小杨溪、青铜溪、大杨溪、鲜花、游鹿溪、梨子岗15个村172个村民小组。2011年,寺坪乡并村,辖常吉、寺坪、新石、郑家河、游鹿溪、梨子岗、鲜花、青铜溪8个村,乡政府驻寺坪村。2015年12月,全县乡镇区划调整,该乡并入郑家驿乡。

位置面积

寺坪乡位于桃源县境南部,东连郑家驿乡,西及西南邻兴隆街乡、茶庵铺镇,南及东南靠杨溪桥乡、沙坪镇,北与凌津滩镇、剪市镇隔沅江相望。全乡总面积87平方千米,其中耕地23980亩。

自然环境

寺坪乡是“六山一水两分田,一分道路和庄园”。乡境内资源丰富,有藏量丰富的金刚石、沙金、脉金资源。域内大部分为丘陵平原,地面海拔高度一般在40~229米。属中亚热带季风气候,其特点是四季分明,干湿两季明显,光照充足,无霜期长。春季潮湿多雨,夏季雨量集中,秋季温和凉爽,冬季寒冷少雪。常年平均气温16.8℃,1月平均气温4.8℃,7月平均气温28.3℃,平均气温年较差23.5℃,生长期年平均206天,无霜期年平均是照时数1410.9小时。0℃以上持续期352天。年平均降水量1453.1毫米。

人口民族

1995年,全乡有3861户13624人,其中男性7297人、女性6327人。2005年,全乡有4110户13476人,其中男性7068人、女性6408人;2014年,全乡有4289户13659人,其中男性7072人、女性6587人。全部为汉族。

二、经济发展

综述

2002年,寺坪乡农业总产值4267万元,工业总产值4859万元,财政收入271万元,农民人均实际所得1944元。2011年,全乡生产粮食1.08万吨,主要经济作物为玉米、花生等,畜牧业以猪、家禽养殖为主,工业以粮食加工、竹木加工为主,生产总值0.89亿元;财政总收入1294万元。2014年,全乡生产总值28300万元,其中农业生产总值 8514 万元、工业生产总值 3530 万元，农民人均纯收入 8550 元。

农业

种植业 1995 年，全乡种植水稻 28830 亩、总产 8649 吨，种植大豆 2500 亩、总产 433 吨，种植红薯 3145 亩、总产 151 吨，种植油菜 7800 亩、总产 702 吨，种植花生 750 亩、总产 49 吨，种植蔬菜 1850 亩、总产 3750 吨。2005 年，全乡种植水稻 21372 亩、总产 8966 吨，种植大豆 800 亩、总产 120 吨，种植油菜 8500 亩、总产 638 吨，种植花生 500 亩、总产 40 吨，种植蔬菜 3400 亩、总产 3400 吨。2014 年，全乡种植水稻 33074 亩、总产 12464 吨，种植大豆 900 亩、总产 113 吨，种植油菜 10025 亩、总产 1313 吨，种植花生 600 亩、总产 96 吨，种植棉花 1250 亩、总产 119 吨，种植蔬菜 3300 亩、总产 7198 吨。

养殖业 1995 年，全乡发展生猪 20090 头，耕牛存栏 1134 头，山羊出栏 4580 只、存栏 2020 只，家禽存笼 33910 羽，水产品产量 107 吨。2005 年，全乡发展生猪 22854 头，耕牛存栏 2656 头，山羊出栏 18566 只、存栏 7579 只，出笼家禽 51 万羽，水产品产量 770 吨。2011 年，全乡饲养生猪 0.8 万头、家禽 12 万羽。2014 年，全乡发展生猪 14354 头，耕牛存栏 2705 头，山羊出栏 14100 只、存栏 7500 只，出笼家禽 79 万羽，禽蛋 1800 吨，水产品产量 980 吨。

林业 20 世纪 90 年代初，寺坪乡根据全乡山林面积比重大、开发前景广的实际，鼓励群众充分利用山地优势，建设高效林业，努力提高林业效益。在开发过程中，努力摸索符合实际又行之有效的适合于全乡推广的经营管理模式，促进全乡丘岗开发，走出一条颇具特色丘岗开发之路。1995 年，全乡林地发展到 7 万多亩，其中竹林 2.8 万亩，油茶林 3 万亩，人工林 1.2 万亩。全国政协副主席杨汝岱、省委书记王茂林等领导多次到寺坪乡考察。1995 年，寺坪乡被选为江泽民总书记考察湖南丘岗开发的两个考察点之一。2009 年，全乡种植茶叶 1960 亩，有楠竹林 38000 亩、经济林 4200 亩，楠竹年产量提高到 40 万根。2014 年，全乡种植茶叶 3000 亩，有楠竹林 38000 亩、经济林 50000 亩，楠竹年产量 50 万根；楠竹收入成为山区群众主要收入来源。

工业

20 世纪 90 年代，寺坪乡开始兴办茶厂、竹木制品厂、加油站等企业，又借助凌津滩水电站的开工，兴建砖厂、预制件厂、砂石厂、建筑队、运输搬运队等企业。1995 年，全乡企业产值 1800 多万元。2009 年，寺坪乡主要企业有桃源锦绣农牧发展有限责任公司和常德威名竹木家具公司，并筹建鞋带厂、生物质能源厂。2012 年，在外创业人员谢刘亮返乡办厂，投资 2000 万元兴建服饰品加工企业。2013 年，全乡有大小企业 20 多家，其中投资过千万元的 4 家，有规模以上企业 1 家、产品出口英国的竹制品加工企业 1 家，有高标准驾驶员培训学校 1 家。2014 年，引进迪竹工艺品厂，日消耗楠竹 40 吨。是年，总投资 12.8 亿元的长笛龙吟企业落户寺坪乡；全乡有工业企业 5 家，其中规模以上工业企业 1 家，全乡工业总产值 18443 万元，利润 1395 万元，税金 164 万元，从业人员 228 人。

商贸服务业

20世纪80年代，在寺坪、郑河、青铜溪修建农贸市场。寺坪农贸市场占地7.5亩、设摊位90个；郑河农贸市场占地3.7亩、设摊位58个；青铜溪农贸市场占地2.8亩、设摊位48个。1995年，全乡有个体工商户660户，创产值3000多万元。2014年，全乡有个体工商户610户，从业人员1900余名；有农贸市场3个，摊位196个、门面135个；集镇有超市11家，年销售额1600万元；全乡社会零售商品总额16825万元。

三、基础设施

交通运输

国道319线、县道164线杨凌公路等公路干线穿境而过。2008年12月，国道56杭瑞高速公路常吉段通车，过境4.2千米，在常吉村处设有国道56杭瑞高速公路乌云界出口。2003—2009年，全乡硬化通乡公路41千米。2013年，梨子岗村完成近10千米村道硬化，寺坪村投入20多万元硬化公路。2014年，全乡有国道3.5千米，县道21.4千米，乡道10.9千米，村道140.2千米。全乡有客车10辆，客运线路2条，每天由乡集镇发往邻近乡镇和桃源县城的客班车16趟，客运量150人(次)。

邮政通信

邮政 2004年，乡域设邮政机构。1998年，乡邮政电信分家，乡域设邮政机构1家。2014年，全乡有邮政机构1家，5家快递公司在乡域设分支机构。

通信 1999年，电信在乡域单设营业点；乡域开通程控电话。2006年，移动公司在乡域建基站。2008年，联通公司在乡域建基站。2014年，全乡有座机460部，手机9850部。

供电饮水

供电 1982年，乡境通电。1985年，全乡所有农户家庭用上电。2000年，建供电所。是年，对农村电网进行改造，改造完成后，全乡有变压器16台。2014年，全乡有供电所1处，变压器75台，总功率6000千伏安；输电线路48千米。

饮水 1984年建乡时，农民饮水主要饮用地表水。2005年10月，建自来水厂或引水库水。2014年，新建寺坪自来水厂，全乡1.1万多人饮上清洁自来水。

水利建设

2002年，全乡有小型水库8座，库容量510万立方米，干支渠道46千米；山塘580座、骨干塘17座，电力排灌机埠29处。2007~2012年，解决七凤山、中寺、梨子岗等村6000亩农田灌溉问题，对占家冲水库进行除险加固，七凤山、中寺、梨子岗等村农田灌溉工程，被评为省级样板工程。2013年，4座小型水库争取除险加固国投项目资金1200多万元，争取安全饮水工程资金600多万元，小型水利建设资金600多万元。新石村投入10万元整治山塘，寺坪村硬化主渠道9千米。2014年，全乡有小型水库8座，总库容510万立方米；山塘580座，库容110万立方米，干渠2.7千米、支渠7.4千米;电力排灌机埠29座,装机容量548千瓦。

集镇建设

20世纪70年代,寺坪集镇仅有1条长200米街道,建成区面积6000平方米;郑河也仅有1条长700米的街道。80年代,在寺坪、郑河、青铜溪建农贸市场,对寺坪、郑河、青铜溪小城镇进行扩建。扩建后,寺坪集镇街道扩至长2000米,建成区面积14万平方米。2009年,乡集镇实现"路面硬化、路边美化、路旁绿化、晚上亮化",被列为市级样板工程。2014年,修建政府政务大厅,投资60万元建设集镇农贸市场;对政府政务大厅进行提质改造,完善其功能。乡集镇建成区街道发展到2条2.3千米,面积14.6万平方米。街道两旁主要建筑物有乡卫生院,农村信用社,超市等。

四、社会事业

教育

1956年,寺坪乡有小学7所,学生670人。1968年,乡境始建中学,时有中学生216人。1984年,寺坪乡有幼儿园1所,入园幼儿56人;有小学10所,学生1100人,教师106名;有中学1所,学生480人,教师35名。1989—1990年,投资200多万元改建乡中学、中心小学教学楼、教工宿舍、学生宿舍。2002年,全乡有初级中学及小学10所。2009年,全乡有中小学校3所。2011年,全乡有幼儿园5所,教师18人,入园幼儿562人;小学3所,教师32人,学生506人;初中1所,教师46人,学生658人。小学适龄儿童入学率、初中适龄人口入学率、小升初升学率、九年义务教育覆盖率均达100%。2013年,全乡有教学点、幼儿园4所,师生共1300多人。2014年,获得410万元教育资助,用于中学科教楼和德成希望小学的教工宿舍楼建设。是年,全乡有幼儿园5所、入园幼儿310人;有小学3所,学生650人,教师40名,学校建筑面积5100平方米;有中学1所,学生180人,教师25名,学校建筑面积3000平方米。

文化体育

1974年,寺坪乡文化站成立,设文化辅导员一名。2002年,乡镇机构改革,乡文化站与广播电视站合并,成立文化广播电视服务站,全乡有线电视入户率67%。2011年,乡文化广播电视服务站更名为乡综合文化站,挂靠于社会事务管理站。乡综合文化站建设纳入国投项目计划,政府院内一栋办公楼改造为综合文化站,建筑面积422平方米,综合文化站建有多功能活动厅、信息资源共享室、书刊阅览室、文化培训室以及办公用房。2014年,全乡有村级文化活动中心3处,各类文化专业户5户,各类图书室8个、藏书10多万册,音乐、美术、书法、摄影及文化业余创作队伍42人。2014年,成功举办乡农民运动会,得到广大群众一致好评。

白石铺村人黄飞跃1991年开始发表作品,作品先后收入《中国青年诗选》《中国华语诗坛50家》《中国短诗金典》等。2014年,出版第一部诗集《泥土边沿的风声》,被常德市诗协推崇为诗坛之星，与诗友创办《桃源诗刊》。2015 年，加入湖南省诗歌学会。

医疗卫生

1956 年，寺坪乡成立联合卫生所，在郑家河村成立村卫生所，两所有医务人员 11 名。1984 年，全乡有卫生室 14 个，医务人员 35 名。1992 年，投资 30 多万元修建乡卫生院门诊大楼，购置 X 光机、B 超机、心电图机等医疗设备。2011 年，全乡有乡级医疗卫生机构 1 个，门诊部(所)15 个，床位 23 张，专业卫生人员 19 名，8 个村村民全部参加新型农村合作医疗。2013 年，全乡形成较完整的卫生医疗防疫网络，有医护工作人员 23 名，病床 34 张。

社会保障

2011 年，全乡农村最低生活保障人数 450 人，城镇最低生活保障人数 35 人，国家抚恤、补助各类优抚对象 248 人。敬老院有床位 50 张，收养农村五保老人 40 人。

五、特色地情

风景名胜

营盘洲　营盘洲是寺坪乡的一个自然村，位于沅水中下游凌津滩水电站以下，距桃花源国家重点风景名胜区 26 千米，距 G56 杭瑞高速公路乌云界出口 8 千米。营盘洲总面积约 10 平方千米。自然景色优美，四面环水，清丽如带，树木葱郁，两岸群山矗立，错落有致，有如画屏。历史文化底蕴深厚，不仅有张果老穿石下凡的传说，更有伏波将军马援征五溪蛮的遗迹，还有屈原、龙膺、沈从文、“三袁”(袁宗道、袁宏道、袁中道)等历代贤士文人驻留、描绘、吟咏的景观。

历代名人

李卫国　1965 年出生，企业家，寺坪乡青铜溪村人。桃源一中高中毕业，大学毕业于湖南农业大学畜牧水产系，现任北京东方雨虹防水技术股份有限公司董事长、北京高能时代环境技术股份有限公司董事长、北京德长固废料科技产业有限公司董事长、北京江南广德矿业投资有限公司董事长。1985 年，不满 20 岁的他借借款在老家桃源办起养殖场，攫得人生第一桶金。1989 年，先后任教于长沙县职业中专、湖南省经济管理干部学院，后任职于湖南省统计局。1995 年，他抛掉省政府科级干部的“铁饭碗”，下海，创办湖南长虹建筑防水工程有限公司，公司当年成为湖南防水行业龙头企业。1997 年，他带领 30 多人进京创业，到 2006 年短短 9 年间，李卫国和他创立的东方雨虹防水技术有限公司，在中国建筑防水领域。书写出令人惊叹业绩。2008 年 9 月 10 日，东方雨虹在深交所上市，2014 年 12 月 29 日，创办的高能环境在上交所上市。李卫国现为北京市政协委员、北京市顺义区政协常委、全国青联委员、中国建筑防水材料工业协会理事会主席，曾获第三届北京质量管理优秀企业家、北京市“科技之光”优秀企业家、北京第四届十佳进京创业青年、北京市劳动模范、第六届北京质量管理优秀企业家、第二十届北京市“五四奖章”等荣誉称号。先后为母校桃源一中捐款 300 多万元。

(何光辉)

郑家驿乡》

郑家驿乡行政区划略图

一、区域概况

建置沿革

按南宋《武陵图经》记载，境域属桃源乡白石村。据明《嘉靖常德府志》记载，属桃源上乡白石村。据清《光绪桃源县志》载，属桃源上乡下白石村。据元《经世大典·站赤》和《析津志·天下站名》记载，元朝开始设郑家市站，为桃源三个马驿之一。据《清高宗实录》卷998记载，乾隆四十年十二月（1775年12月），改郑家店驿为郑家店巡检，宣统元年（1909）裁撤。1934年，属郑家驿区郑家驿团。1935年8月，废乡团，新编为郑驿乡。1941年撤区并乡后，属澄溪乡。1947年2月，分属沙坪乡和两仪乡，同年5月25日，恢复原建制属澄溪乡。1948年，为纪念抗日将领刘戡（字麟书），澄溪乡更名为麟书乡。1949年，中华人民共和国成立后复名澄溪乡。1952年8月土改复查时，属桃花源区所辖郑驿、荣路、麦市、环洲4乡；1956年撤区并乡，并入桃花源乡。1958年9月，属桃花源人民公社的郑家驿、三阳、澄溪3个大队。1961年9月，建郑家驿人民公社，辖郑家驿、东方红、三阳、岩门、澄溪、塘河、五里、四台、板石、新桥、麦市11个生产大队。1984年2月，改为郑家驿乡，辖郑家驿、五里、高岩、四台、三阳、板石、岩门、荫树冲、澄溪、麦市、塘河11个行政村151个村民小组。2011年并村后，全乡辖郑家驿、五里、高岩、三阳桥、澄溪桥、麦家河6个行政村151个村民小组，乡政府驻郑家驿村。

位置面积

郑家驿乡地处桃源县南部，东与桃花源镇接壤，东南与芦花潭乡相连，南与沙坪镇毗邻，西连寺坪乡，北与剪市镇隔沅江相望。辖区东西最大距离8.9千米，南北最大距离11.5千米，总面积65.26平方千米。其中陆地62.32平方千米，水域2.94平方千米。乡集镇距桃源县城30千米。

自然环境

郑家驿乡境内山丘与山间盆地交错，处于洞庭湖平原向湘西北山丘地带过渡的地形带，资源丰富，气候温和，年平均气温17.1℃，极端最高气温41℃，一般出现在8月；极端最低气温-4℃，一般出现在1月；雨量充沛，年平均降水量1450毫米；土地肥沃，适应多种农作物生长。

▲ 丰隆山上丰隆寺

乡域以丰隆山为主体的丘陵山地属典型褶皱地形，有多种矿藏资源如石英砂、高岭土等。域内地势西南高东北低，地面高程一般为海拔 42～160.8 米之间。境内属沅江水系，一级支流澄溪由南向北注入沅江，流经境内 12.55 千米。

人口民族

1995 年，全乡有 4085 户 13149 人，其中男性 7010 人、女性 6139 人；2005 年，全乡有 4253 户 13012 人，其中男性 6809 人、女性 6203 人；2015 年，辖区总人口 13287 人，其中男性 6820 人、女性 6467 人；无少数民族；人口出生率 10.76‰、死亡率 11.85‰，人口密度约每平方千米 204 人。

二、经济发展

综述

1995 年，郑家驿乡实现农业总产值 1800 万元，农民年人均纯收入 1588 元。20 世纪 90 年代，丘陵地开发突出，省委书记王茂林、副省长庞道沐、市委书记吴定宪等先后到郑家驿乡视察，给予高度评价。2005 年，全乡农业总产值 6217 万元，农民年人均纯收入 2377 元。2015 年，全乡农业总产值 9227 万元、工业总产值 6500 万元、财政总收入 763 万元，其中地方财政收入 215 万元；农民年人均纯收入 7023 元；社会商品零售总额 943 万元，境内金融机构各种类存款余额 1.6 亿元。

农业

种植业 郑家驿乡粮食作物生产以种植水稻为主，经济作物以种植油菜、蔬菜、茶叶为主。1995 年，全乡种植水稻 26830 亩、总产 8649 吨，种植大豆 1320 亩、总产 140 吨，播种油菜 11430 亩、总产 1058 吨，栽种茶叶 3046 亩、总产 75 吨，有果园 486 亩、产水果 171 吨。2005 年，全乡种植水稻 34152 亩、总产 12499 吨，种植大豆 800 亩、总产 80 吨，播种油菜 7468 亩、总产 560 吨，种植茶叶 3450 亩、总产 105 吨，有果园 2082 亩、产水果 165 吨。2013 年，全乡有水稻种植专业大户 173 户，合同流转土地 4000 多亩，规模经营种植面积占全乡水稻种植面积 30%以上；有丰隆水稻专业合作社、大粮农水稻专业种植合作社、雨晴家庭农场、福庆山家庭农场、双峰水稻专业合作社 5 个专业合作组织；郑家驿乡获全县粮食生产先进乡镇称号，澄溪桥村荣获全县粮食生产先进村称号。2014 年，全乡种植水稻 43668 亩、总产 16329 吨，种植大豆 720 亩、总产 90 吨，种植油菜 11980 亩、总产 1569 吨，种植茶叶 3250 亩、总产 90 吨，有果园 1500 亩、产水果 81 吨。

养殖业 1995 年，郑家驿乡出栏生猪 10876 头，牛存栏 828 头，山羊出栏 1230 只，家禽存笼 4 万羽，水产品产量 106 吨。2005 年，全乡出栏生猪 13500 头，牛存栏 1895 头，山羊出栏 7553 只，家禽出笼 44 万羽，水产品产量 150 吨。2014 年，全乡出栏生猪 8025 头，牛存栏 1340 头，山羊出栏 5129 只，家禽出笼 21 万羽，禽蛋产量 484 吨，水产品产量183吨。

林业 20世纪90年代，全乡人工造林2.6万亩，其中成林1.6万亩，木材蓄积量4.5万立方米，林业产值2200万元。2005年，新造林2492亩，抚育幼林8326亩，采伐木材2690立方米、楠竹2.15万根。2014年，新造林2400亩，抚育幼林1600亩，采伐木材1431立方米、楠竹3万根。2002年，桃花源跃宇竹业有限公司和桃花源洞天竹木有限公司落户郑家驿乡，两公司以楠竹为原材料生产加工的竹地板和竹胶板畅销国内各大中城市，竹菜板、竹包装盒、竹刨花板、竹工艺品等系列产品出口到欧、美等地和澳大利亚等国家。

工业

1995年，全乡共发展乡办企业14家、村办企业11家，个体私营企业6家，年产值5000多万元。2002年，引进桃花源跃宇竹业有限公司，公司生产的竹凉席、竹地板、竹胶合板在国内享有盛誉，产品远销欧美及东南亚；郑家驿乡女青年文桂兰创办桃花源洞天竹木制品厂，生产的竹胶合板畅销国内各大中城市。2012年，乡境内工业企业有桃花源跃宇竹业有限公司、桃花源洞天竹木有限责任公司、雪峰胶板厂、郑驿花炮厂、塘河砖厂等，可供1000多人就业，年产值7000多万元。

▲ 传统竹雕

三、基础设施

交通运输

1950年以前，麦家河至两溪口35千米河段曾通行5～10吨木帆船，后因航道逐渐淤塞，1961年后无船通行。1960年，王家湾水库建成后，库内从大坝到赛阳7千米航道可常年通行10吨左右船舶。

乡域内驿道始于唐宋，盛于元、明、清，更替于民国时期。明万历年间（1573—1620），郑驿老街上新安桥建成并保存至今。1935年竣工通车的湘黔公路常沅段途经乡境。民国34年（1945），县政府遵照陆军十八军团司令部命令，组织沙坪、澄溪等乡民夫兴建麦家河航空机场。1945年，修建澄溪桥经麦家河至塘河公路。

2013年，新修整修林道23千米；2014年，完成三阳大桥改造工程，对塘河、澄溪两个客运渡口进行改造，对国道319线至丰隆山2千米公路和麦市堤垸1.6千米道路进行硬化。国道319线纵贯乡境9.8千米，国道56杭瑞高速公路横跨境内9.3千米，设有乌云界高速出入口。村村通公路，通村通组公路53千米；村级公路全部硬化，部分组级公路硬化，全乡到村到组公路硬化里程达40千米，占通路里程的75%。

沅江黄金水道流经塘河村，设有客货运码头。

邮政通信

元朝，始设有桃源、新店（后称新店驿）、郑家店（后称郑家驿）三个邮驿站，里程260千米，有排夫150人、马90匹，主要传递官方邸报。明嘉靖年间（1522—1566），驿站之处则设急递铺。民国18—36年（1929—1947），县电信组架设郑家驿至沙坪等7条单线电话线路，桃源邮局安排2名邮差和8名临时工在郑家驿清运每日邮件，在郑家驿设三等邮局，架设郑家驿至龚公庙、郑家驿至郑家河单线线路。

1995年，投资30万元开通200门程控电话。2002年，全乡居民装有程控电话1600门。2009年，移动、联通无线信号覆盖全乡，电信用户突破2000户，村村开通互联网，有线电视光纤信号达大部分村。2014年，广播“村村响”、有线电视光纤信号到达全乡各村。2015年，全乡有邮政代办所1处，电信服务网点1个。

供电饮水

1974年，建成牛皮洞小水电，装机125千瓦。1986年，建成郑家驿供电所。1995年，完成集镇公用电改造，解决集镇居民用电问题。2009年，建成郑家驿乡自来水厂，年供水11万立方米。

水利建设

1958年11月，郑家驿开工修建长湾水库和郭化冲水库，库容分别为26万立方米和25.5万立方米；1959年，修建荫树冲水库，库容301万立方米；1967年，修建丰隆山水库，库容25万立方米；1970年，修建青山湾水库，库容19.8万立方米；1972年，修建牛场水库，库容13.3万立方米。1974年，建成从郑家驿村桂花园至塘河村老煤栈码头长6.05千米防洪大堤。2013年，郑家驿乡完成郭华冲、青山湾水库整治项目和8千米渠道硬化工程。

2014年，全乡有小型水库6座，山塘839口，干渠3条28.39千米、支渠66条97千米，有麦市垸、桃花垸澄溪段2条堤垸12.1千米，电力排灌机埠16处总装机容量351千瓦，水轮泵15台，农田水利设施完备。

四、社会事业

教育

民国37年（1948），境内有桃源县立第四高等小学堂及公立小学14所，私立小学

2 所，私立初级中学 1 所。

1969 年，县立第四高级小学附设初中班，1971 年小学部分出，中学部改为郑家驿乡中学。1981 年，设郑家驿乡中心小学。

1995 年，全乡有中学 1 所，中心小学 1 所，村办小学 11 所，教师 108 人，学生 1300 人。2002 年，全乡有初级中学及小学 9 所。2015 年，全乡有幼儿园 3 所，在园幼儿 168 人；九年一贯制学校 1 所，在校学生 688 人，其中小学生 463 人，初中学生 225 人。小学适龄儿童入学率、初中适龄人口入学率、小升初升学率、九年义务教育覆盖率均达 100%。

文化体育

1974 年，成立文化站，设 1 名辅导员。2002 年机构改革，文化站、广播电视站合并，成立文化广播电视站。2011 年机构改革，文广站合并到社会事务管理站，广播电视站改为综合文化站。2012 至 2014 年间，郑家驿乡组建驿地民俗乐团、欣怡广场舞队、郑驿九子鞭歌舞队等文艺团体，投资 150 万元建设文体活动广场，举办"明辉刺绣杯"广场舞比赛，组织群众参加全市百团大赛并获得第二名。2015 年，乡设有乡文化站、广播电视站，有图书室 9 个、藏书 2.7 余万册，有音乐、摄影及文学业余创作人员 120 人。有学校体育场 1 个、文化体育活动中心 1 个，经常参加体育活动的人员占常住人口的 18.9%。

医疗卫生

1961 年，郑家驿公社设卫生院。1984 年，郑家驿乡设乡卫生院，设 11 个村卫生室。1995 年，全乡设有卫生院和 15 个农村医疗站，全乡有医务人员 26 名，基本做到小病不出村、大病不出乡。2013 年，全乡设有中心卫生院、15 个农村医疗站、10 个村卫生室，医务人员 31 名，具备初级医疗卫生保健条件。2015 年，全乡有乡医疗卫生机构 1 个，门诊部(所)9 个，有医务人员 22 名；有床位 21 张，固定资产总值 211.68 万元；6 个村村民全部参加新型农村合作医疗。

社会保障

2015 年，全乡有 25 户 28 人享受城镇最低生活保障，支出城镇最低生活保障金 11.76 万元；有 243 户 412 人享受农村最低生活保障，支出农村最低生活保障金 54.39 万元；国家抚恤、补助各类优抚对象 87 人，抚恤事业费支出 29.8 万元；敬老院 1 家，床位 50 张，收养农村五保人员 50 名。

五、特色地情

民俗风情

桃源刺绣传承培训基地 历史悠久的桃源刺绣被誉为湘绣中的一朵奇葩。桃源刺绣以单面绣为主，绣品有方巾、帐沿、门帘、靠垫等，其题材包括人物、山水、花草、虫鱼，刺绣构图优美、刻画细腻、色彩艳丽、气韵生动。单面绣又分平绣、锁绣、拉绣、盘绣、堆绣、折叠绣等，施针严谨、针脚整齐、掺色柔和、虚实得体，绣品能达到平、光、亮、齐、密、净、活、凸的艺术效果。2013 年，桃源县明辉文化艺术传播公司开始发展桃源刺绣产业，为加大对桃源刺绣的传承保护力度和发展桃源特色文化产业，公司将郑家驿乡作为桃源刺绣的传承培训基地，以免费方式连续举办 3 期传统刺绣培训班。学员学成后，由明辉文化艺术传播公司提供原材料订单式生产，把郑家驿乡打造成桃源刺绣产业之乡。

历代名人

胡瑛 1884—1933 年，原名祖懋，字敬吾，后改名瑛，字经武，号宗琬，别号萱庵。祖籍浙江绍兴，清光绪十年三月初二(1884 年 3 月 28 日)生于桃源县桃源上乡下白石村(今郑家驿乡)小吏之家。1903 年入长沙经正学堂读书，在黄兴影响下倾向革命，后赴武昌，入湖北新军第八镇工程营当兵。1904 年 2 月加入华兴会，与吕大森等发起组织科学补习所，并任总干事。同年因该所被封，赴日留学，考入早稻田大学政治经济系，被选为中国留学生学会会长。次年加入同盟会，任评议部评议员，曾与杨笃生等研制炸弹，进行暗杀活动。1906 年冬，萍浏醴起义爆发时，被派往湖北，联络日知会举义响应，未成，被捕入狱，被判终身监禁，在狱中参与筹划武昌起义。1911 年 10 月，武昌起义爆发，获救出狱后即被推为中华民国军政府外交部长，是民国历史上第一任外交部部长，也是中国外交史上担任“外交部长”职务第一人。南北议和时，被推为议和代表。1912 年 1 月 20 日，由南京临时政府任命为山东军政府都督，驻节烟台，两个月后辞职。后改任新疆青海屯垦使。1913 年，当选为参议院议员。二次革命时，正在日本考察农政，遂滞留日本以静观事态之变化。1915 年 8 月，与杨度等人在京组织筹安会，搜集民意，为袁世凯复辟帝制效劳，被称为“筹安会六君子”之一。1916 年袁世凯死后，被列为惩治对象，遂避居桃源。1917 年，被推为护法军湘西招抚使。1918 年，任靖国军第三军军长，在桃源与北军冯玉祥形成拉锯。1920 年，参与湘军驱逐张敬尧之役，后任湖南水口山矿务局协理。1928 年后活动于沪宁间，为阎锡山驻南京代表。1933 年 9 月 14 日，病逝于南京中央医院，终年 49 岁。身后囊空如洗，赖同乡人覃振代为治丧，方得成殓。遗著有《胡都督选集》。

(何光辉)

沙 坪 镇 》

沙坪镇行政区划图

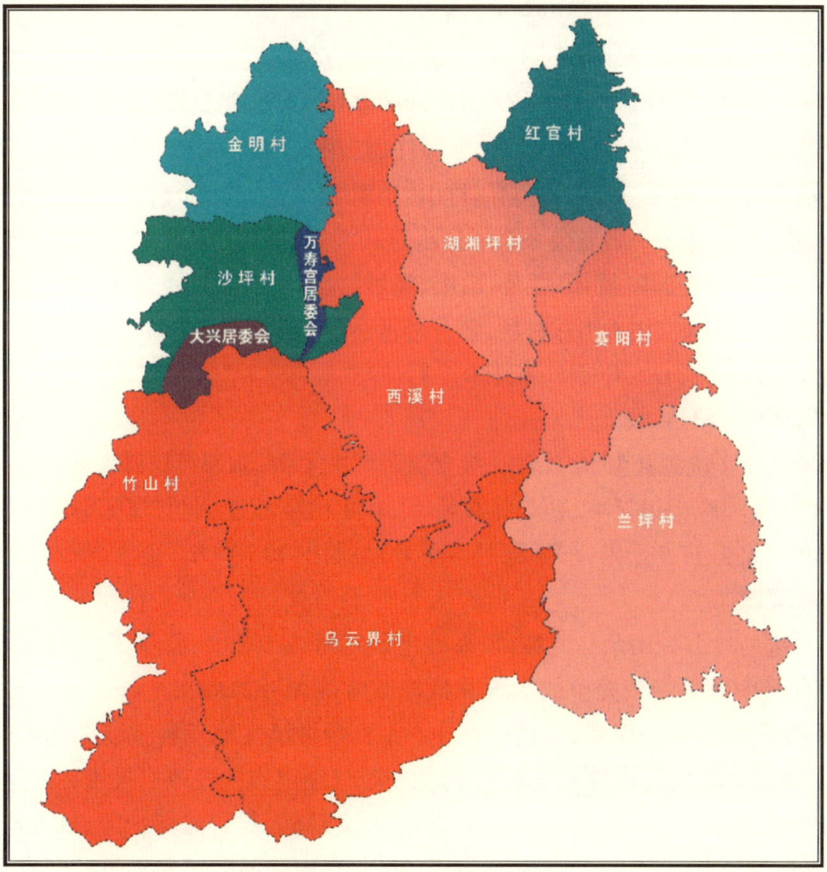

一、区域概况

建置沿革

按南宋《武陵图经》记载，境域属桃源乡大安村和白石村管辖。据明《嘉靖常德府志》记载，属桃源上乡大安村和下白石村，此区划一直沿用至民国。清《光绪桃源县志》

记载设有沙坪市。1934年,属郑家驿区沙坪团。1935年8月,废乡团,新编为第四区沙坪乡。1943年常德会战期间,县政府一度迁至沙坪。1951年1月设沙坪镇,为县属五个建制镇之一。1952年8月土改复查时,属沙坪区所辖沙坪镇和官店坪、大约坪、金溪、西溪、大观等1镇5乡。1956年,撤沙坪镇,其地城划入沙坪乡。1958年9月,成立沙坪公社,辖鲜花、金圬、金陵、西溪、郑河、跃进、国兴、寺坪、和平、官坪、超美、芦坪、黄善、洞溪、东风、卫星、赛阳、钢铁、火箭19个生产大队。1961年,析出杨溪桥、寺坪、牯牛山3个公社后,沙坪公社辖爱民、湖坪、永红、赛阳、竹山、沙坪、杉木、胜利、红土坳、联合、大约坪、蓝坪、东方红、油溪、红花、官店坪、金明17个生产大队。1963年10月,恢复沙坪镇。1968年,再度撤销。1981年8月地名普查后,又再复设沙坪镇,辖大桥、万寿宫居委会和大桥生产大队。同时,沙坪公社辖沙坪、岩门界、湖坪、后溪、赛阳、竹山、纱帽庄、湖湘坪、红土坳、晚溪、大约坪、蓝坪、小溪、油溪、金明、红花、官店坪17个生产大队。1984年,公社改为乡建制。1987年1月,沙坪乡并入沙坪镇,辖万寿宫、大桥2个居委会8个居民小组和沙坪、油溪、金明、纱帽庄、红花、湖湘坪、官店坪、红土坳、赛阳、蓝坪、后溪、湖坪、大约坪、晚溪、岩门界、竹山、小溪17个村225个村民小组。2002年,辖大兴、大桥、万寿宫3个居委会8个居民小组和沙坪、油溪、金明、纱帽庄、小溪、红花、湖湘坪、官店坪、红土坳、赛阳、兰坪、后溪、湖坪、大约坪、晚溪、岩门界、竹山17个行政村224个村民小组。2011年并村后,辖万寿宫、大兴2个居委会和沙坪、金明、西溪、红官、兰坪、乌云界、竹山、湖湘坪、赛阳9个行政村。

位置面积

沙坪镇位于桃源县南部,沅江一级支流澄溪中上游,东邻芦花潭乡,南与安化县东坪镇、龙塘乡和冷市镇接壤,西与杨溪桥乡、牯牛山乡相连,北与郑家驿乡、寺坪乡抵界。镇域南北长17.5千米,东西宽15.6千米,总面积195平方千米。

自然环境

沙坪镇地处雪峰山余脉北坡,最高处乌云界海拔1028.1米,地理环境比较特殊,区内保存着中亚热带较完整的大面积低海拔常绿阔叶原始次生林,生物多样性丰富、珍稀度高。1998年以来,大批国内外专家到沙坪镇实地考察,发现生物物种2454种,是一座巨大的生物物种天然基因库。2000年,湖南省人民政府批准在此建立省级黑山自然保护区。2006年,国务院批准建立国家级乌云界自然保护区。域内地势南高北低,地貌类型山地为主、丘陵为辅、平原极少,属山区林业镇。地下矿产有石灰石、石煤、黄金等。多年平均降水量为1327.6毫米,其中4—9月降水量占全年降水量的78%。域内有王家湾水库和陈家冲水库2座水库,山塘789口,沅江支流澄溪流经11个村。

人口民族

1995年,沙坪镇有4637户18135人,其中男性9787人、女性8348人。2005年,全镇有6783户18760人,其中男性9939人、女性8821人。2014年,全镇有6343户

▲ 王家湾水库

18026人,其中男性9415人、女性8611人。人口以汉族为主,少数民族主要有壮族和苗族,是广西、张家界等地嫁入人口,有10人左右。

二、经济发展

综述

1995年,沙坪镇工农业总产值1.03亿元,农民年人均纯收入1450元。2002年,全镇农业总产值6352万元,工业总产值5892万元,财政收入316万元,农民年人均纯收入1688元。2006年以来,沙坪镇坚持"生态美镇、历史名镇、旅游重镇、人居福镇"指导方针,实现经济发展强势突围,2009年被评为省级环境优美乡镇,2011年被评为国家级生态乡镇。2013年,全镇国民生产总值2.4亿元,农民年人均纯收入6203元,居民年末存款余额突破1.8亿元。

农业

种植业 1995年,沙坪镇产稻谷8210吨、玉米2500吨、高粱1000吨、大豆2000吨、绿豆500吨、红薯300吨、花生1500吨、油菜籽100吨、茶叶150吨;种植药材500亩,创产值38万元。2005年,全镇产稻谷5764吨、大豆82吨、花生48吨、油菜籽912吨、茶叶570吨。2014年,全镇产稻谷8626吨、大豆274吨、花生272吨、油菜籽1343吨、茶叶681吨,种植业产值3695万元。

养殖业 1995年，沙坪镇出栏生猪18302头、牛612头、山羊4587只，出笼家禽13万多羽，水产品产量112吨。2005年，全镇出栏生猪18804头、牛1244头、山羊27700只，出笼家禽65万羽，水产品产量797吨。2014年，全镇出栏生猪11345头、牛534头、山羊27775只，出笼家禽65.1万羽，水产品产量825吨。引导赛阳村成立渔业协会、黑鸡协会，在保护区溪沟生态放养鳜鱼、石斑鱼等珍稀鱼种，放养生态黑鸡。

林业 1995年，全镇木材蓄积量18万立方米，竹木、茶叶、油茶、桐油是该镇主要林产品；是年，新造林8157亩，开发丘岗地5000亩，采伐木材1050立方米、楠竹30万根。2005年，新造林2058亩，幼林抚育11201亩，采伐木材7662立方米、楠竹48万根。2008年，引进紫艺茶业公司，在赛阳村及周边村发展高山生态茶，开辟高山茶基地600亩。2014年，新造林1500亩，幼林抚育1500亩，采伐木材42立方米、楠竹47万根。2015年，全镇森林覆盖率85.09%，活立木总蓄积达75.01万立方米。

工业

1951—1956年，沙坪镇政府利用当地资源优势，办起纸浆厂、皮纸厂、木器生产合作社、服装生产合作社等9家集体企业。桃源茶厂于1955年建成投产。1995年，沙坪镇有镇办企业17家，涵盖茶叶加工、造纸、建材、竹木加工、冶炼、印刷、商业、食品加工、采矿等行业，有年产值80万元以上私营企业13家、10万元以上企业5家。特产有蕨菜、香菇、竹笋、擂茶等，其中竹笋罐头远销日本、马来西亚、中国台湾地区。2002年，有工业企业15家；个体工商户175家，其中楠竹加工户58家。2014年，引进2家竹木加工厂，以生产竹筷、竹席和各种竹类工艺品为主，解决40余人就业问题。2014年，全镇有工业企业5家，其中规模以上工业企业1家，工业总产值1025万元，利润665万元，上缴税金112万元。

商贸服务业

沙坪盛产茶叶、竹木，古镇从清咸丰七年（1857）起就非常热闹。街上有大小茶行20多家，主要有大生、同德堂、元和昌、广和春、湘源益、蒋家、唐家、周家等茶行，大小商铺几十家，比较有名的有甘炳记、裕丰祥、裕元祥、丁吉盛、德福常等。还有药铺7家，如延寿堂、同体堂、雪和生等。民国10年（1921）后，由于茶叶生意行销，上海、湖北、江西、福建、广东、山西及邻县安化的客商涌进做生意，是为沙坪商贸服务业繁荣时期。沙坪的经济也有很大的发展，到沙坪找副业人员及小手工业者川流不息、热闹非凡，“小南京”之称由此得名。1995年，全镇个体工商户发展到810家，从业人员3000多人，发展速度居全县乡镇之首。1999年，修建沙坪镇大型农贸市场，市场占地5800平方米，有摊位89个、门面11个，年成交额1500万元；沙坪镇集镇以十字街口为中心，周围分布有30多家店铺。2014年，全镇有大型超市1家、大型农贸市场1个，个体工商户135个，年社会商品零售总额2350万元。

三、基础设施

交通运输

沙坪镇区位优越、交通便利。距长沙150分钟车程，距常德市区50分钟车程，距桃源县城30分钟车程，距桃花源机场40分钟车程，距桃花源景区22千米，距G56杭瑞高速公路乌云界出口2千米。20世纪90年代，沙坪镇修建国道319线到镇区内柏油马路。至2009年，全镇修通山区村组公路35千米，水泥硬化村道20多千米，硬化县道4.3千米，建成农村客运车站。2010年至2012年硬化公路26.24千米，完成三座危桥改造。2013年，投入资金1340万元硬化沙大线公路6.5千米，拓宽竹山村柏家坡至岩门界公路、乌云界公路、西溪村公路、赛阳至爻河公路，修建红官村跨乡公路。

邮政通信

20世纪90年代，沙坪镇新修邮电大楼，开通程控电话。2002年，全镇程控电话装机2500门。2015年，全镇有座机1532部。

1998年建移动通信基站，2005年建联通通信基站。2009年，开通官坪、湖坪、竹山三个移动联通站点，基本实现全镇网络全覆盖。2015年，全镇有通信基站6座，移动通信营业网点5处，手机2.65万部。

2014年，快递公司韵达快递进驻沙坪镇。2015年，全镇有韵达、申通和顺丰3家快递点。

供电饮水

供电　1996—2000年，沙坪镇投资200万元，解决8个村无电问题，实现村村通电。2000年，新建35千伏安变电站。2001—2003年，对全镇17个村进行农网改造，使全镇实现同网同价。2010—2013年，完成镇区电力杆线升级改造，为油溪村增加一台变压器。2015年，全镇有变电所1处，变压器52台，输电线路695千米。

饮水　沙坪镇群众饮用水历史上主要靠接山泉水及从堰塘、水库取水。进入21世纪后，沙坪镇多方争取项目资金解决群众安全饮水问题，在赛阳、湖湘坪、西溪、兰坪、竹山等村实施饮水安全项目。2011年，筹资330万元建成沙坪镇水厂，解决镇区及周边村7000人饮水问题。2013年，投入100万元完成镇区水力、水管道升级改造。2014年，解决乌云界村和竹山村2个村供水问题，人口密集地集中建池子供水，分散居住农户由村里出资买管子，农户自己接水。2015年，解决湖湘坪4个组、西溪村山区、赛阳村部分组、蓝坪村4个组、沙坪村1个组村民饮水问题。集中供水项目由长青水厂负责，2014～2015年所有集中供水主管全部铺设到组。

水利建设

1958年9月动工修建王家湾中型水库，1964年4月竣工。水库主坝高120米，总库容3000万立方米，有效灌溉面积5万多亩，是集防洪、灌溉、发电为一体的综合性水库。2002年,镇区内水利设施有王家湾水库及其干渠16千米、支渠27千米,陈家溪小型水库1座,骨干塘345口,大部分水田能自流灌溉。2013年,对7.8千米沙干渠进行硬化、对13.6千米支渠清淤割杂,整修山塘12口。2013—2015年,为解决"灌溉难",及时修复水毁工程,对渠道和骨干塘进行整修。

镇村建设

20世纪90年代,沙坪镇新修邮电大楼、建有线电视台、扩建水泥街道、兴建民营经济小区、工贸市场。2002年,集镇建成区面积1.41平方千米,街道长4.34千米。2009年,完成镇区中远期(2008—2025)规划修编。2012—2015年,完成政务中心大楼、廉政食堂、机关院子改造;对农贸市场进行集中整治,完成下水道改造以及中学公路硬化工程;建成金明、红官村部,打造含便民服务中心、村卫生所、农家书屋、活动广场等为一体的村级组织活动场所,启动湖湘坪、沙坪村部建设。2015年,集镇建成区面积扩大至1.59平方千米,街道上无高层建筑物。

四、社会事业

教育

1957年,建沙坪镇中学,时有中学生900名。1958年,沙坪公社有小学3所,学生250人。1980年秋,沙坪镇中学撤销高中部,专办初中。1985年,创办镇中心小学。1987年,沙坪镇有中学1所,学生712人,教师113名;有小学36所,学生3200人,教师135名。1995年,沙坪镇投资550万元办教育,全镇义务教育普及率达99%。1997年,对全镇小学布局进行重大调整,将原来6所完小合并为2所完小,20个村小合并为6个村小,并举全镇之力投资近300万元新建中学、中心小学教学楼、运动场和综合楼,维修湖湘坪及官坪等6所小学校舍,全镇办学条件得到改善,顺利完成普九任务。2002年,全镇有初级中学1所,建有多媒体等现代化教育设施,小学有8所。2009年,全镇中小学校调整减少到5所,在校学生656人,教师73名。2011年,新建成九年一贯制中学宿舍楼、科教楼。2012年,完成中心小学整体搬迁,启动中心幼儿园建设。2015年,全镇有中学1所,学生825人,教师68名;有幼儿园2所,入园幼儿353名,幼师22名。

文化

沙坪镇文化底蕴深厚,历史上有"采茶歌""拣茶歌",民歌"十想""十写""十劝"。正月十五闹元宵、点花灯、送年很有特色。20世纪80年代起,在沙坪取景拍摄《竹山青青》《铁牛镇》《葫芦晃悠悠》《西去百丈峡》《笑破情网》《女儿船》《刘海砍樵》共7部影视作品。2015年,全镇有镇文化站1个,有线电视管理站1个,民间艺术团体1个,女子管乐队7个;文学艺术创作活跃,演出活动经常,群众文化生活丰富多彩;有线电视入户700多户;农家书屋16个,藏书(刊)10万多册。

医疗卫生

1994 年,镇卫生院新建宿舍楼 1000 平方米。1996 年,新建药库 300 平方米。1999 年,新建卫生院综合楼 1200 平方米。2002 年,新建门诊楼 760 平方米,床位 20 个。2011 年,沙坪镇有执业医生 12 人,有村级医疗站点 25 个,村级医务人员 25 人,病床 19 张。2015 年,全镇有卫生院 1 个,有医护人员 13 人,病床 54 张,医疗设备 200 万元;有村卫生站点 13 个,村卫生站点有医务人员 13 名。

社会保障

2011 年, 全镇有 257 户 354 人享受城镇最低生活保障,313 户 471 人享受农村最低生活保障。医疗救助 756 人(次),民政部门资助参加合作医疗 878 人(次),国家抚恤、补助各类优抚对象 55 人。2013 年,全镇农村低保人数 317 户 482 人,城镇低保人数 256 户 355 人,发放低保金 164.7 万元;发放大病医疗款 10.38 万元。新农合参合率 100%; 城镇居民养老保险全面启动。2014 年, 为 203 余名优抚对象发放临时救助 15.43 万元

五、特色地情

风景名胜

乌云界自然保护区 乌云界国家级自然保护区位于桃源县南部, 地处雪峰山脉东麓、沅水南岸,地理位置为北纬 28° 30′ 40″ ~ 28° 39′ 47″ 之间,东经 111° 07′ 20″ ~ 111° 29′ 20″ 。保护区东西长 36.0 千米,南北宽 16.5 千米,东与常德市鼎城区相连,南与益阳市安化县接壤,西邻桃源县太平铺乡,北与桃花源风景名胜区相望。

1998 年,桃源县成立黑山县级自然保护区(包括牯牛山国有林场)。2000 年 10 月,湖南省人民政府批准建立黑山省级自然保护区。鉴于保护区要保护的大型猫科动物是以保护区内的乌云界为栖息活动中心并向四周辐射,2003 年,经省政府批准,保护区更名为乌云界自然保护区。2006 年 2 月,经国务院批准,建立湖南乌云界国家级自然保护区,总面积 33818 平方千米,其中核心区 16385 平方千米、缓冲区 7655 平方千米、实验区 9778 平方千米。2015 年 11 月,经国务院批准,对湖南乌云界国家级自然保护区范围和功能区进行调整, 调整后保护区总面积为 33339.62 平方千米, 其中核心区 16093.72 平方千米、缓冲区 6500.97 平方千米、实验区 10744.93 平方千米。

湖南乌云界国家级自然保护区为“自然生态系统”类别中“森林生态系统”类型国家级自然保护区,其主要保护对象一是保护中国中亚热带低海拔地区最具典型、保存面积最大、保存较完好的森林生态系统,二是保护大型猫科动物及其生存环境。保护区有华中低海拔地区现存面积最大、保存较完整的中亚热带森林生态系统,森林覆盖率为 92.5%,是沅江流域重要水源涵养地。区内有亚热带低海拔常绿阔叶原始次生林,有

▲ 乌云界国家级自然保护区

种子植物1860种，隶属168科、768属，其中裸子植物7科17属29种，被子植物161科751属1831种，包括国家一级保护植物银杏、红豆杉、南方红豆杉和伯乐树、金钱松等，国家二级保护植物篦子三尖杉、榧树、鹅掌楸等。区内共发现野生脊椎动物201种（隶属28目71科），其中国家一级保护动物有金钱豹、云豹、白颈长尾雉和林麝等，国家二级保护动物有大鲵、虎纹蛙、地龟、黑耳鸢等。被列入《世界自然保护联盟》(IUCN)2012年濒危物种红色名录和中国国家林业局《国家重点保护野生动物名录》的中华虎凤蝶也在保护区大量栖息，其栖息地之广、种群数量之大实属罕见。

沙坪古镇 清嘉庆年间(1796—1820)，沙坪古镇基本形成街市。古镇老街路面都是用青石板铺设而成，街宽约3米，长约1千米。古街中间有一水沟，沿街而过，水清澈见底，沟里有丝草、鱼儿，居民可在沟里清洗衣服。街上建筑都是木结构，老街街头吊脚楼沿河而建。沙坪水陆交通方便，陆路有一条茶马古道，从澄溪入口麦家河起经粑粑铺、郑家驿、丰乡坪、藕坑、红山冲、叫花子坳到沙坪(全长约40千米)。水路可行桅杆船，由沙坪起经四台山、丰乡坪、官僚阁、十沙洞、麦家河入沅江。清末，在沙坪上街口澄溪上，建有一座风雨桥，取名大桥，桥长70米，宽3米，桥面有长廊式桥亭，金碧辉煌，用青石做桥墩，巨木做桥梁。1943年在沙坪入口处又建一风雨桥，取名小桥，桥长50米，宽3米。二桥相距约300～400米，两座风雨桥于20世纪70年代被拆除。

▲ 蒋家茶行旧址的四合院的天井

距沙坪镇老街约250米的十字水沟堤上，生长着一根千年古樟树(20世纪70年代被砍)，该树约合12人牵手围之大，枝桠覆盖面积约1335平方米之宽,非常壮观。

沙坪古街中段,建有一万寿宫,其建筑古色古香,一进四层,二个开井,青石岩做拱形门框,青石板做阶梯,非常雄伟。由一棵千年古樟树、两座风雨桥、一条青石桥台路、一条茶马古道和清澈的澄溪水,形成风景秀丽的沙坪古镇。1960年代末,镇上居民下放农村,部分房屋被拆。1979年下放居民陆续回镇,1980年恢复沙坪镇,至2015年有林源路、关山路、万寿宫东西街、明镜路、老街、大坝街6条街道。老街保存有部分较为完整的古建筑木屋,特别是大坝街还有一栋200年的老宅子,为朱家花朝门和四合院,保存较完整的古典式建筑是蒋家茶行旧址的四合院。

两溪桥 位于沙坪镇西南4.5公里的竹山村两溪口,居冷家溪、板溪汇合处。始建于民国二年(1913),为乡绅周敦悟(号两溪)筹款兴建,保靖县杨姓石匠主建,动工不久即停工。民国八年,杨姓石匠之侄杨连清续建,前后历时11年,耗光洋21000多元,于民国十三年竣工。两溪桥为一座纯青石结构单拱桥,桥长19米,宽6.2米,高10.7米,单拱净跨18.7米,东西走向,桥岸墩及拱均用青条石砌筑。桥面有"鱼化龙"雕刻图案,桥南拱正中镶一太极图,其左右各雕一条蜈蚣,下刻"天地同春"4字;桥北拱中镶吕洞宾与铁拐李图,图下刻"两溪桥"3字,东桥头两侧刻楷书对联一副,上联为"两岸人得渡",并附题"民国甲子年十二月桥功告成纪念",下联为"溪边鸟自闲"。桥的四角分别置麒麟、狮、象、鹿石雕四尊,其中石鹿于民国三十二年国民党某部队士兵当靶射击时打掉一边,后被推入溪河。1995年被定为县级文物保护单位。

▲ 两溪桥

杨嗣昌墓 位于沙坪镇红花村七星洞组杨阁湾天鹅山。杨嗣昌，字文弱，湖广武陵(今常德)人。明万历三十八年(1610)进士，累官至兵部尚书、礼部尚书兼东阁大学士。崇祯十四年(1641)因镇压农民起义兵败自尽，年54，邑人习称“杨阁老”。文稿辑为《杨文弱先生集》。初葬龙阳兔子哨(今沅江市新湾镇杨阁老村月形组)，崇祯十六年，墓被明末农民起义军张献忠部焚掘，遗骸改葬现址。墓坐西朝东，占地面积约6平方米。2004年重立墓碑，碑正中镌“故高祖考杨公嗣昌大人墓”，额题“万古流芳”，旁联：“青山有幸埋忠骨，白铁无辜铸佞臣”。2012年，列入常德市第四批市级文物保护单位。

乌云界风雨桥 又名坪溪风雨桥，位于沙坪镇乌云界村坪溪。地处板溪与霍家溪交汇处下方300米，东西向横跨板溪，桥面长18米，高5.5米，宽4.2米，两端各有石墩1个，是集桥、廊、亭三者为一体的桥梁建筑，有木桥亭7间。1945年乡绅刘观澜捐资修建，1951年建成，掌墨木匠为戴仕勉(桃源龙虎人)，是桃源南路上保存至今唯一完好的木构风雨廊桥。风雨桥自动工修建，到桥竣工建成，越五载寒暑，经历民国和新中国两个时代。此桥结构仿效沙坪老大桥，桥岸墩为纯一色青条石垒砌而成，两墩上部各雕蜈蚣图案，蜈蚣头朝来水方向。沿溪流方向左侧桥墩原镶有“昭湘桥”石碑一块，解放初期被取出砸碎于溪沟中。石墩之上为巨大鹊木横卧，鹊木上纵放枕木8条用以固定亭柱和铺设桥板。桥面上是八扇七间木屋互连而成的主体廊桥。小青瓦屋面，与护栏平至枕木斜置小青瓦复檐，两层檐之间原有可斜顶开启的木板用于遮风挡雨。桥建成后历经两次维修，1982年坪溪村民鉴于鹊木下垂，捐资在鹊木下安置天平架，将鹊木中间承重通过斜撑原木引向两侧桥墩防止鹊木断裂；2006年桃源县交通局出材料，当地村民出义务工对该桥进行维修，撤掉风雨板，廊柱刷漆成红色，小青瓦更换成红色水泥大瓦。2012年，被列为第四批市级文物保护单位。

▲ 坪溪风雨桥

民俗风情

采茶习俗 自清同治年间(1862—1875)起到中华人民共和国成立初期，每逢谷雨时，沙坪山区的茶叶开始采摘，桃源三阳港、剪市、郑驿及安化县等地的妇女纷纷到沙坪山区摘茶，有论斤领工资，也有包园领工资的。摘茶期间流行采茶歌、拣茶歌，边采茶边唱山歌成为沙坪一大特色。

历代名人

文骏 1877—1956年，字榆荫，桃源沙坪人。生于清光绪三年(1877)农历二月二十二日。少年丧父，与弟愈琏，均赖母朱氏教养。幼从胞伯文兰亭及县名塾师魏镜泉学，颇得根底。1896 年入学漳江书院，常与宋教仁等同学倾心事之。1902 年，以县案首参加府试，翌年院考，补博士弟子员。1907 年，保送经正学堂师范班学习。民国南京临时政府成立时，组织县议会，并当选为县议员。1915 年，创办“桃源三育乙种农业学校”，兼县教育会文牍员。1919 年，经多方求得宋教仁遗稿《我之历史》，集资首次刊行。终生著述甚多，1946 年参与《民国桃源县志稿》编纂，其中《氏族志》为其主笔。

（聂伶珍）

芦花潭乡》

芦花潭乡行政区划图

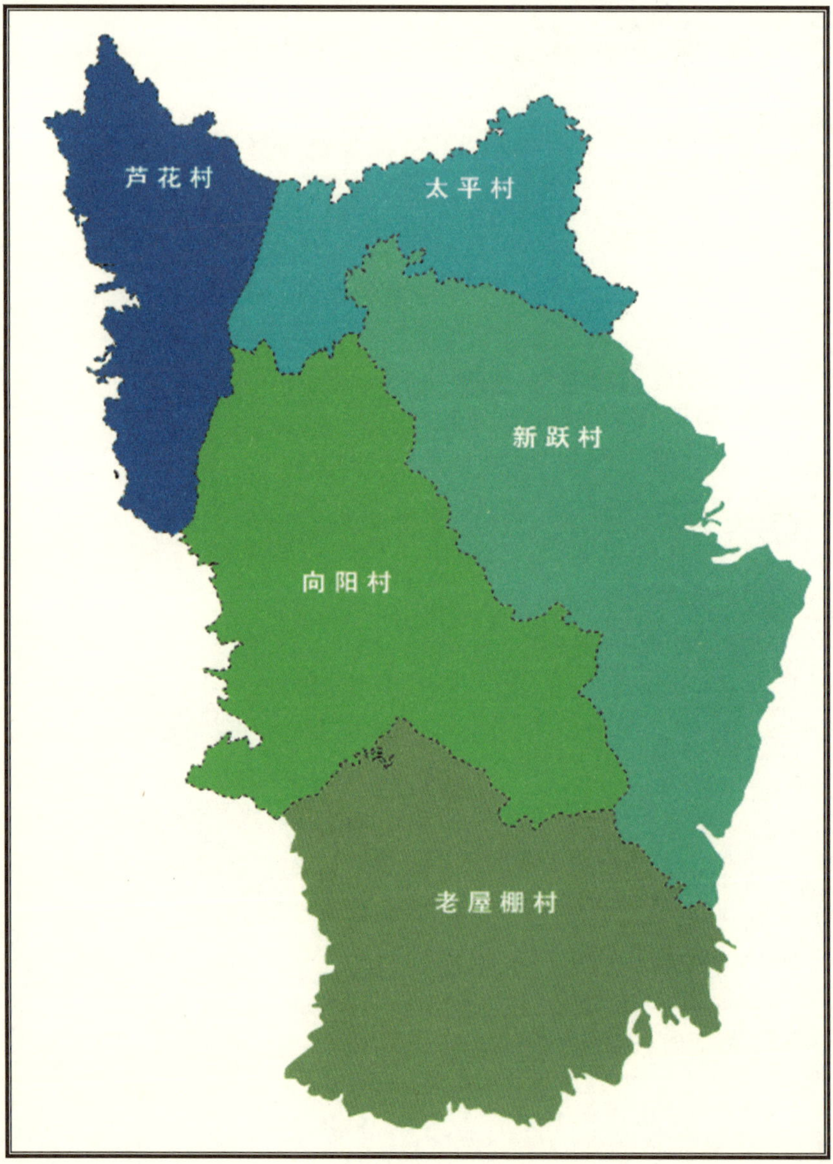

一、区域概况

建置沿革

域内有水溪源出插角殿北麓，径行高山峡谷之中，至此冲汇成潭，潭两旁芦苇丛生，芦苇花开时与碧水相映，妙趣横生，此潭便被人们称为芦花潭。

据南宋《武陵图经》记载，境域属桃源县桃源乡大安村。据明《嘉靖常德府志》记载，属桃源上乡大安村，此区划一直沿用至民国。1934 年，分属郑家驿区（第四区）沙坪团、朝阳团和郑家驿团管辖。1935 年 8 月，废乡团，新编为芦花乡和杏花乡。1941 年 1 月撤区并乡，境域分属崇义乡、沙坪乡、澄溪乡管辖。1947 年 2 月，崇义、澄溪乡的下四保并为两仪乡，同年 5 月 25 日，恢复原建制。1952 年 8 月土改复查时，属桃花源区（第十六区）的芦花、杏花、合溪、马湾、龙凤山 5 乡。1956 年撤区并乡，为芦花潭乡。1958 年人民公社化时，属桃花源公社所辖芦花、袁家、义里、合溪、杏花 5 个大队。1961 年缩小公社规模，建芦花潭人民公社，辖青山、芦花、杏花、齐心、高山、向阳、立新、和平、太平、兴隆岗、新跃、马玉溪、玉坪、竹园 14 个生产大队。1984 年，撤芦花潭公社，改设芦花潭乡，辖芦花、何坪、青狮口、太平、杏花、兴隆岗、观音岩、新跃、高山、马王溪、向阳、玉坪、老屋棚、黄石溪 14 个村民委员会。2011 年并村后，辖芦花、太平、新跃、向阳、老屋棚 5 个村民委员会。2015 年 12 月，全县乡镇区划调整，该乡并入沙坪镇。

位置面积

芦花潭乡地处桃源县东南部，东接常德市鼎城区花岩溪镇，南抵益阳市安化县冷市镇、羊角塘镇，西临沙坪镇，北连郑家驿乡、桃花源镇。乡政府驻芦花村，距桃源县城 30 千米，距常德市 45 千米，距省会长沙 187 千米。全乡总面积 108 平方千米，有耕地 17133 亩，其中水田 11299 亩、旱地 5834 亩。

自然环境

域内地势东高西低、南高北低，东南部群山重叠形成大山区，北部山峦连绵形成丘陵区。域内有向家溪、马王溪、月弓溪、虎溪 4 条小溪，4 溪合流后入沅江。域内有芦花水库，系王家湾水库一个灌区，灌溉面积 2 万亩。年平均气温 15.6℃，极端最高气温 40.2℃、一般出现在 7 月；极端最低气温 -15.8℃，一般出现在 1 月；年平均降水量 2155 毫米。域内矿产资源主要为黄金，地质储量 180 余公斤，集中分布在雪峰山余脉老屋棚村一带。主要自然灾害有冰雹、旱涝、风灾、低温、霜冻、雷击等，雹灾平均每年出现 1 次，风灾每年都有，旱涝灾比较频繁。历史上较严重灾害有 1969 年洪灾，靠近河边的原公社所在地房屋全部被淹，街道房屋全部进水，少量冲毁，桥梁被洪水卷走。1970 年公社机关重新选址修建。1971 年 6 月 24 日冰雹，造成大片农作物受灾；2010 年 7 月特大暴雨造成 5 万余方山土塌方，48 间房屋受损，千亩良田绝收；2013 年 7 月大旱，全乡9000 亩农作物受灾，其中旱地作物 4550 亩，另有 33551 亩山林受灾。

人口民族

1995年，全乡有3880户14104人，其中农业人口13738人。2002年，全乡有4083户14051人。2015年，全乡有4408户14345人，其中农村人口13856人，流动人口2659人。总人口中，男性7650人、女性6695人。总人口中，汉族14286人，少数民族59人，少数民族中回族2人、维吾尔族1人，苗族5人，壮族3人，布依族4人，满族4人，侗族6人，瑶族2人，白族1人，土家族23人，哈尼族1人，傣族3人，水族1人，毛南族3人。

二、经济发展

综述

20世纪80年代前，芦花潭乡经济以农业、手工业、畜牧业为主，楠竹、杉木、茶叶也是乡域经济来源之一。年产干茶近4000担，交给沙坪茶厂后远销苏联和东欧。后来，沙坪茶厂倒闭，茶农积极性受损，茶叶产量减少四分之三。80年代后，开始发展第二产业，兴办农具厂、木器社、茶叶加工厂，年产值达600万元。1981年，境域农民年人均纯收入360元。1995年，全乡工农业总产值6636万元，其中工业总产值3350万元，农业总产值3286万元，农民年人均收入1423元。2005年，全乡农业总产值7378万元，农民人均收入2220元。2015年，全乡工农业生产总值30840万元，其中工业产值17270万元、农业产值13570万元，全乡财政总收入9252万元，人均年纯收入8408元，其中外出打工收入占三分之二，域内金融机构各类存款余额1.65亿元。

农业

种植业 “农业学大寨”时，境内盲目推行稻—稻—麦“三熟制”，由于“三熟制”不符合当地气候与地理条件，农民并未增产增收。20世纪80年代，实行因地制宜政策，平区村种植双季稻，山区村种植一季稻，同时，根据土壤条件，对适宜种植红薯和油菜的土壤推行种植红薯和油菜。90年代，全乡水稻面积稳定在28000亩，油菜8000亩，旱粮8500亩左右(其中红薯4200亩)。在结构调整的同时，科学技术得到广泛应用，引进粮油优良品种“威优六四”“汕优六三”“湘油十一”“湘油十三”等；中、晚稻杂交率达100%；栽培技术也进行革新，旱膜育秧、软盘抛秧、中苗带土、双两大等新技术普遍推广。水稻单产由70年代的400公斤上升到700公斤。2005年，全乡种植水稻16891亩、总产6576吨，油菜7100亩、总产710吨，茶叶3950亩、总产150吨，水果1560亩、总产600吨。2009年，开始发展蜜柚，成立芦花潭乡红肉蜜柚合作社，建立市级优质红肉蜜柚基地。2013年，成立富硒红肉蜜柚合作社，指导全乡发展蜜柚产业。2014年，全乡种植水稻24360亩、总产9244吨，油菜7950亩、总产1041吨，茶叶4300亩、产量176吨，水果3130亩、总产360吨。2015年，全乡生产粮食11364吨。

养殖业 20世纪60—70年代，农民抱着“养牛插田、养猪过年、养鸡吃盐”的小农经济观念，家家户户每年饲养1～2头猪、10～20只鸡。80年代后，农村经济体制改革后畜牧业得到较快发展。1995年，全乡实现出栏家禽10万羽、生猪10000头、牛1000头目标，创产值370万元。2005年，全乡出栏生猪19450头、牛1400头、羊5650只、家禽54万羽，水产品产量140吨。2014年，全乡出栏生猪20728头，牛存栏2677头，羊出栏27775只、存栏11685只，出笼家禽65万羽，禽蛋产量498吨，水产品产量825吨。2015年，生猪饲养量26142头、年末存栏6800头，羊饲养量16012只、年末存栏7031只，家禽年饲养量61万羽。

林业 20世纪50年代，芦花潭乡山林茂密，阔叶林成片，合抱大树成林成片，在大炼钢铁时代毁于一旦，千年古树所剩无几。到70年代，植被恢复，小树长大，成林成片，生态良好。80年代后，大树逐步被砍伐，剩下林木以杉木人工林为主，楠竹发展很快。1982年，乡林业管理站成立，兴办乡级林场2个、村级林场9个。1984—1995年，全乡累计开发丘岗地25000亩，改造低产竹林6000亩，林木覆盖率达76%，主要用材林为杉树、马尾松，经济林为楠竹、茶叶、油茶、板栗等，其中竹林面积60000亩，曾享有天下楠竹第一乡美名，为全县有名楠竹生产乡之一。2001年，乡境53000亩山林被划为国家生态公益林保护区。2005年，全乡造林5100亩，抚育幼林31751亩，采伐木材3004立方米、楠竹33万根。2006年，马王溪、向阳、老屋棚、黄石溪4个林业村被划入乌云界国家级自然保护区。2014年，全乡造林1500亩，抚育幼林1800亩，采伐木材755立方米、楠竹40万根。

工业

1963年，创办农具厂。20世纪70年代，社办企业创产值500多万元，利税20多万元。1995年，发展乡办企业9家，产值1121万元，其中龙头企业有茶厂、金矿；村办企业17家，产值995万元。90年代末至21世纪初，乡村办企业全部解体改制，民营企业迅速崛起，以竹木加工为主的民营企业发展到5家，个体工商户300多家。2009年，全乡有私营企业和个体工商户348家，产值5500万元，其中私营企业以加工楠竹、木材和农副产品为主，个体工商业以交通运输、商品批发及零售为主。2013年，境内桃花源兄弟竹胶板厂、进先木胶板厂等一批企业年产值达2000多万元，私营企业和个体工商户300来家，产值7200万元。2015年，全乡私营企业和个体工商业304家，年产值8500万元，上缴税收119万元。

三、基础设施

交通运输

1991—1996年，芦花潭乡投资150万元，修建向阳公路，合溪口大桥，芦逆公路，高山公路，老屋棚、黄石溪至向阳的公路。至2002年，域内县乡公路总长58千米，除玉坪村因向阳水库阻隔外村村通公路。2012年，投入450万元完成贯穿向阳水库库区

4.2 千米道路硬化，县道 049 线芦逆段 6.8 千米公路硬化。2013 年，拉通黄石溪村公路、玉坪村公路，完成 10.7 千米村道硬化。2014 年，全乡有客车 23 辆，客运线路 8 条，每天由乡集镇发往邻近乡镇和桃源县城客班车 100 趟，客运量 1000 人(次)以上。

邮政通信

1995 年，投资 31 万元开通 250 门程控电话。2002 年，全乡有 4 个村开通有线电视。2009 年，全乡有线电视用户 700 多户，电信、联通、移动网络覆盖全乡。2015 年，全乡有邮政代办所 1 处，邮政业务总量 5 万元；报纸、杂志累计期发行 7 万份。电信企业 1 家，服务网点 1 个，固定电话用户 980 户，电话普及率 22.97%；有线电视用户 802 户，入户率 17.34%；互联网用户 613 户；全年电信业务收入 55 万元。

水利建设

1971 年 9 月，兴建芦花水库，坝高 40.6 米，坝顶高 150.6 米，坝长 138 米，集雨面积 40.775 平方千米，最高洪水位 150.45 米，总库容 1228 万立方米，灌溉面积 2 万亩，库容量 1058 万立方米。2012 年，对太平、马王溪等村境内 6 千米渠道清淤割杂，维修马王溪、观音岩机埠 2 处，完成太平村小型堤垸除险加固，整修山塘 8 口。2014 年，全乡有中型水库 1 座，干渠 2 条，支渠 9 条，山塘 397 座，大型河堤 5 座，灌溉面积 6000 多亩。

供电饮水

供电 1976 年，芦花潭乡开始通电。1996 年，全乡 11 个村通电，通电率 78%。1998 年，全乡 14 个村全部通电。

饮水 2009 年，芦花潭乡投资 120 万元的自来水厂建成，解决集镇和周边 3 个村 600 多户居民饮水问题。2012 年，乡自来水厂全面扩容拓面，可供 7000 人安全饮用水。

四、社会事业

教育

中华人民共和国成立前，芦花潭乡教育以私塾为主。1906 年，饶第先创办平阳中学。1952 年，平阳中学改为芦花完小。1966 年，芦花完小升为芦花中学，并开办两年高中班。20 世纪 80 年代，投资 156 万元对境内 10 所学校进行改建，新建教育楼、宿舍楼 8 栋。1995 年，全乡有学校 16 所，教师 110 余人。2015 年，全乡有幼儿园 3 所，在园幼儿 491 人，专任教师24 人；小学 1 所，学生 860 人，教师 46 人，小学适龄儿童入学率 100%；有初中 1 所，学生 441 人，专任教师 56 人。初中适龄人口入学率、小升初升学率、九年义务教育覆盖率均达 100%。财政预算内教育经费 936.4 万元，预算内教育经费占财政总支出比例为 93.2%。

文化体育

1976 年，成立芦花公社电影队，在全公社范围内轮回下乡放映演出。1981 年，修建芦花电影院，并发展大队电影队，大队电影队有放映员 10 名。

2002 年，全乡有 4 个村开通有线电视。2009 年，全乡有线电视用户 700 多户。

2015 年，全乡有文化站 1 处，有村级文化活动中心 5 处，各类文化专业户 2 户，各类图书室 12 个、藏书 2.4 万册，有音乐、美术、书法、摄影及文学业余创作人员 20 余人。有学校体育场 1 个，经常参加体育活动的人员占常住人口的 25%。

医疗卫生

2002 年，乡卫生院建有综合大楼，14 个村都有村级卫生室。2009 年，村级卫生室调整减少到 9 个。2011 年，全乡有医疗卫生机构 11 个，门诊部 1 个，有床位 30 张，专业卫生人员 15 人，年完成诊疗 1.5 万人(次)，新型农村合作医疗参合率 95%。

2015 年，全乡有医疗卫生机构 12 个，门诊部(所)1 个；有床位 52 张，每万人拥有病床 37 张；固定资产总值 350 万元；专业卫生人员 13 名，医疗机构(门诊部以上)完成诊疗 1.8 万人(次)；村民参加新型农村合作医疗参与率 96%。

社会保障

2011 年，全乡有 228 户 505 人享受农村最低生活保障；有国家抚恤、补助各类优抚对象 91 人；慈善分会全年接受社会捐款 1.7 万元。2012 年，投资 70 万元新建敬老院，可容纳 50 多名人员养老。2015 年，全乡有 11 户 15 人享受城镇最低生活保障，全年支出最低生活保障金 51300 元；医疗救助 323 人(次)，民政部门资助民政对象参加新型农村合作医疗 977 人(次)；全乡有 399 户 804 人享受农村最低生活保障，支出农村最低生活保障金 100 万元；国家抚恤、补助各类优抚对象 158 人，抚恤事业费支出 54 万元。

五、特色地情

风景名胜

马王溪　马王溪位于赛五龙山脚下。赛五龙海拔 616.1 米，山顶有一座真武庙，历史悠久，留下许多美妙传说，马王溪因马援征五溪蛮而得名。

马王溪地处雪峰山余脉的赛五龙、擂钵尖、云雾山三大名山怀抱下，是 8 条溪水汇合处，8 溪山泉形成一条清澈河流，环绕着桃花源古镇直灌沅江。是乌云界国家自然保护区的一部分。在马王溪上游，有一座中型水库，灌溉着万亩良田。“降五龙气贵八溪高峡初平湖，惊神女笑瘟君沃野翻金浪”是对马王溪地形和物产之写照。

赛五龙、马王溪风景独特，山林茂密，翠竹青青，河水清澈见底，是乌云界自然保护区的一颗明珠，是桃花古镇的清澈源头，“马王一溪水，清澈桃花源”，名副其实。

虎溪漂流　芦花潭乡境内虎溪自新跃村入境，由南自北，途经太平村，全长 27.5 千米。虎溪于 2009 年开漂，漂流河道全长 7038 米，由多个险滩和 35 个弯道组成，用时约 2 小时。沿途林海苍茫，浓荫蔽日。放眼望去，虎溪似玲珑碧玉，镶嵌在群山茂林之中，穿行于深壑幽谷之间，漂流者可欣赏连绵起伏的青山，欣赏两岸红砖黑瓦的农舍及

▲ 虎溪漂流

丰收在望的稻田。游客漂过横跨两岸的小桥下面时，常会想起“小桥流水人家”美妙意境。当划艇漂过农户旁时，站在屋前的男女老少向游客挥手致意，游客会深深感受到这里山民民风之淳朴善良。

历代名人

吕光锡 1898—1951年，号义陵，民国诗人，今芦花潭乡杏花村人，1922年卒业于湖南孔道大学。先后任教于桃源县立中学(今桃一中)、私立平阳中学(后并入桃一中)、湖南省立二女师(桃师前身，现已并入湖南幼儿师范高等专科学校)，“学衡派”成员。1920年，到上海与诗人吴芳吉开始交往，后时有唱和，书信不断。1924年，与陶赓尧、阙巩甲、魏杰、白云开、黄立桂、魏篆、甘纪皆、胡瑞伯等地方士绅共同发起兴建桃源县立第四高等小学堂(简称四高，即今郑驿中学前身)，后任郑驿区区长、桃源县中统局联络委员会主任、桃源南路反共情报站站长等职。1949年12月6日，于家中被捕，1951年被镇反枪决。著有《桃花源诗话》。

(刘涛)

桃花源镇》

桃花源镇行政区划图

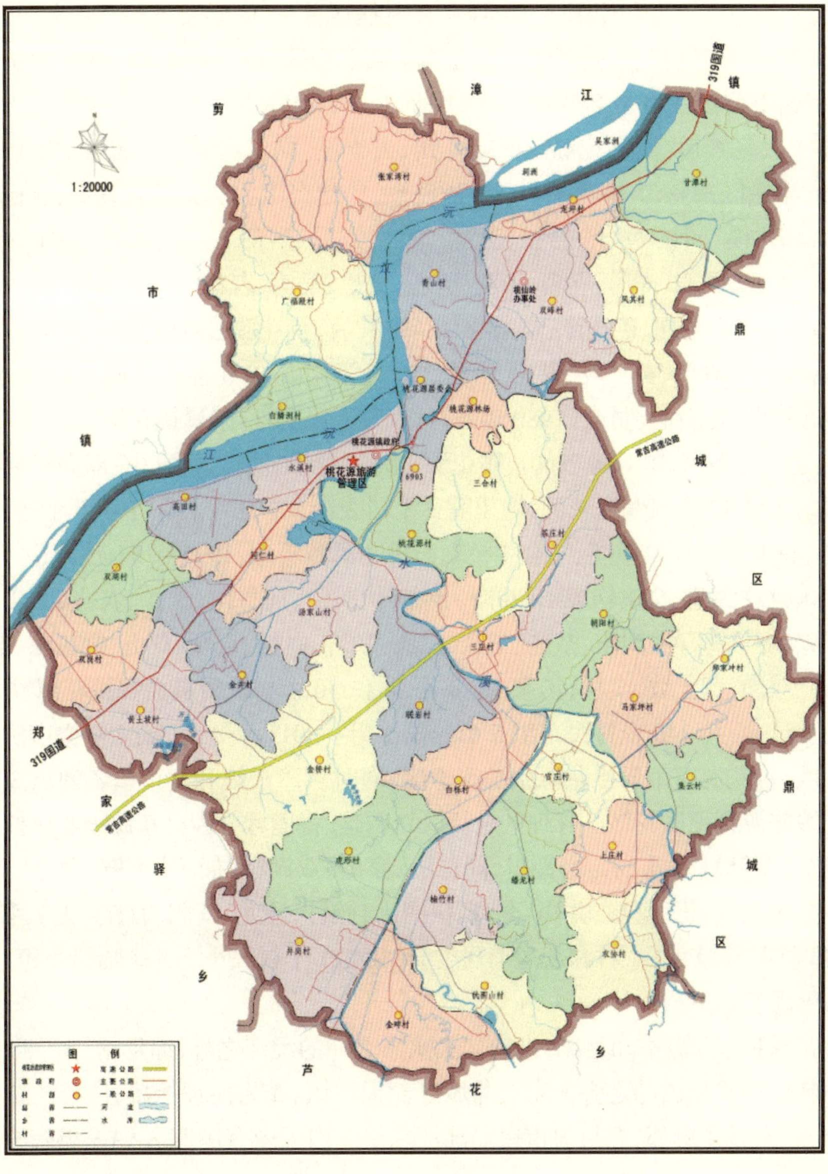

一、区域概况

建置沿革

桃花源集镇原名水溪，又名鼠溪，是古驿道渡口。明《嘉靖常德府志》记载，设有鼠溪渡。明万历年间，水溪翘望嘴已形成街市。《万历桃源县志》有水溪市的记载。

东汉属沅南县。据唐朗州刺史温造《瞿柏庭碑记》记载，属武陵县崇义乡乌头里。按南宋《武陵图经》记载，属桃源县桃源乡大安村。据明《嘉靖常德府志》记载，属桃源上乡大安村，此区划一直沿用至民国。1934年，属郑家驿区归鹤团和朝阳团。1935年8月，废乡团，新编为百灵乡和朝阳乡。1941年1月撤区并乡，为崇义乡和澄溪乡。1947年2月，分属渔父乡和两仪乡，同年5月恢复为崇义乡和澄溪乡。1948年，为纪念抗日将领刘戡（字麟书），澄溪乡更名为麟书乡，中华人民共和国成立后，麟书乡复名澄溪乡。1952年土改复查后，属桃花源区所辖环州、黄土坡、同仁、朝阳、郑家冲、蟠龙、龙虎7乡。1956年撤区并乡，为桃花源乡和龙虎溪乡。1958年9月人民公社化后，建桃花源人民公社，辖水溪、同仁、黄土、金桥、澄溪、塘河、郑驿、岩门、三阳、高岩、三庄、登瀛、白栎、集云、金盘、同心、虎形、立新、芦花、齐心、义里、马湾、杏花、袁家、老屋25个生产大队；1961年，析出龙虎、芦花潭、郑家驿3个公社后，桃花源公社辖青田、双峰、双岗、桃花、金桥、同仁、双湖、黄土坡、青山、水溪、金井、汤家山12个生产大队。1968年3月，成立桃花源公社革命委员会。1980年4月，恢复人民公社，隶属桃花源区公所。1984年8月，成立桃花源镇，辖双峰、青山、桃花源、水溪、青田、同仁、汤家山、双湖、双岗、黄土坡、金井、金桥12个村和桃花源、翘望嘴2个居委会，共91个村民小组5个居民小组。1992年，将龙虎乡所辖茶庄、三合2村划归桃花源镇管理。1995年11月，撤区并乡，龙虎乡并入桃花源镇，全镇辖虎形、井岗、金盘、伏图山、楠竹山、蟠龙、农协、上庄、官庄、集云、马家坪、郑家冲、朝阳、茶庄、三合、三庄、联岩、白栎、双峰、青山、桃花源、水溪、青田、双湖、双岗、黄土坡、金桥、汤家山、金井、同仁30个村民委员会和桃花源、翘望嘴2个居民委员会，共240个村民小组5个居民小组。2011年3月，成立常德市桃花源旅游管理区，桃花源镇隶属桃花源旅游管理区，同时从漳江镇和剪市镇各划出3个村划归桃花源旅游管理区管辖。管理区进行区划调整，将境域分为桃花源镇和桃仙岭办事处，新桃花源镇辖桃花、水溪、青田、同仁、汤家山、双湖、双岗、黄土坡、金井、金桥、联岩、三庄、茶庄、白栎、虎形、井岗、金盘、伏图山、楠竹、蟠龙、朝阳、官庄、马家坪、集云、农协、郑家冲、上庄27个村和翘望嘴居委会，共221个村民小组4个居民小组。

位置面积

桃花源镇位于常德市西南，湖南四大水系之一的沅江之畔，绵延渝、鄂、湘、黔4省的大山脉——武陵山脉之旁。东与鼎城区尧天坪镇、花岩溪镇接壤，南与芦花潭乡相连，西与郑家驿乡毗邻，北与剪市镇隔沅江相望。因境内有国家AAAA级旅游风景名胜区——桃花源而得名。镇人民政府驻水溪村，距县人民政府驻地 15 千米，常德市人民政府驻地 40 千米。全镇土地总面积 136.2 平方千米，有耕地 61572 亩。

自然环境

桃花源镇地处沅水流域中下游，雪峰山脉尾端，地处丘陵地带，南倚乌云界，北临沅江，地势东峻西缓，自西南至东北山脉连绵起伏，为域内山地，北部临沅江为狭长平地。境内最大河流为沅江，发源于贵州省都匀市附近的云雾山鸡冠岭，从镇北部自西南向东北流入桃源县城。镇域属季风湿润气候区，冷热四季分明，干湿两季明显，春多寒潮阴雨，夏多暴雨高温。年平均气温 16.3℃，年平均降雨 1440 毫米，无霜期 302 天。主要树种有松、杉、油茶、油桐、樟、棕、椿、枫、栗、槐、柑橘等 30 多种，还有大量毛竹。野生动物有 30 余种(包括果子狸、穿山甲等二级保护动物)。域内矿藏少，开发利用价值不大。域内土壤多为黄红壤和水稻土。

人口民族

1995 年末，辖区内有 9071 户人口 30362 人，其中，男性 16049 人，占 52.8%；农业人口 27852 人，占 91.7%；人口出生率 11.6‰。人口以汉族为主，占 99.9%。2014 年末，全镇有 7678 户 25227 人，其中男性 12942 人，占 51.3%；农业人口 23898 人，占 94.7%；人口出生率 12‰；总人口中，有少数民族 8 人，其中回族 3 人，苗族 5 人。

二、经济发展

综述

1995 年，全镇完成工农业总产值 20953 万元，其中工业总产值 11628 万元，农业总产值 9325 万元，人均年纯收入 1617 元。从 1996 年起，走科技兴农路子，对农业生产技术不断进行改进，将原地膜覆盖育秧改为软盘抛秧；同时不断改良品种，到 2009 年，桃花源镇成为桃源县第四大粮仓。2000 年后，镇村集体企业实行改制，民营经济得以发展，招商引资加大步伐。2014 年，实现国民生产总值 103861 万元，其中第一产业 36275 万元，第二产业 32699 万元，第三产业 34887 万，农民年人均年收入 9583 元，全镇拥有家电 5 万余台。

农业

种植业 域内种植业历来以粮食作物为主。1996 年起开始走科技兴农路子，育秧技术在地膜覆盖育秧基础上，引进软盘抛秧技术。1997 年开始，更换新品种，推广袁隆平院士研制的水稻良种。稻谷产量由 1997 年的 19000 吨提高到 2009 年的 24000 吨，成为桃源县第四大粮仓。1995 年，大力发展高效农业，种植茶叶 6000 亩，全镇建起 10 多家茶叶精粗制加工厂；针对南路冬季农业开发起点低、效益差的状况，大搞油菜生产为主的冬季农业开发，全镇种植油菜 2.7 万亩，农民人均 1 亩，平均亩产 108 公斤；桃花源镇因油菜种植面积大、标准高、样板好、培管精、长势旺，在全市国道 319 沿线 26

个乡镇的油菜种植综合检查评比中，名列第一。2003年，投资300万元对青田、双湖、双岗、黄土坡等万亩良田实行农业综合开发。

2014年，种植粮食作物95019亩，总产33154吨；种植油菜16482亩，总产2052吨。

养殖业 1996年，全镇养殖生猪4.3万头，出栏2.83万头；养牛1450头；养羊7200只；养禽10.01万羽；出水鲜鱼317吨。之后，镇政府扶植科技养殖户，引导农民大力发展家禽养殖业，建立以黄土坡、双岗等村为主的名优家禽养殖产业基地，推动养殖业快速健康发展。2014年，全镇养殖生猪4.5万头，出栏2.89万头；饲养家禽116万羽；养牛3050头；养羊18307只；出产鲜鱼1768吨。

林业 1994年开始，采取政府投资入股，林场管理入股，山主投山入股，全镇劳力投资入股的新形式，在金盘山地带投资150万元，投劳20多万个，连片开发丘岗地3500亩，由于开发气魄大，标准高，探索出股份制开发的新路子，多次受到中央、省、市、县各级领导高度赞扬。1995年3月24日，中共中央总书记、国家主席江泽民登上金盘山顶，视察丘岗地开发，给予高度评价，被誉为"桃源经验"，杨汝岱、李铁映、王茂林等领导也给予一致好评。有空心杉、摩顶松、罗汉松等古树名木。至2015年，全镇有72780亩宜林山地，占山地面积的82%，森林覆盖率56%。开发出4.5万亩，其中用材林3.5万亩，经济林1万亩。

工业

1958年，桃花源镇有织染、铁业（锅厂）、豆磨等5家作坊和店铺。1978年，有镇办企业7家。1986年5月，新建年产1000万红砖的黄土坡福利砖厂。是年，桃花源米厂生产的免淘精洁米获湖南省食品工业办颁发的"芙蓉奖"；桃花源活塞厂拥有自动化生产设备70余台件，可自行研制、设计多种活塞新产品。1989年，新研制的492Q铝活塞，获省新产品证书；桃花源压铸厂主要从事各类机械产品加工，研制的柴油机汽缸盖，获市新产品证书。1994年11月，新建年产1000万红砖的双岗砖厂。1996年，扩建水溪、黄土坡、龙虎、金盘四大市场。1997年，引进长青液化气站。2004年，引进湖南金固力油墨涂料有限公司，年销售收入达6000万元。2007年，引进朝阳竹胶合板厂，2008年，恒业压铸转址原长青液化气站。2009年，引进投资6000万元的湖南蛇类科技有限公司。2014年，全镇有工业企业24家，其中规模以上企业2家，工业总产值12290万元，利润1001万元，税金373万元；从业人员95人。

商贸服务

中华人民共和国成立后，在公社驻地建供销社、肉食站、粮油店等，成为农村中心市场。各村（大队）均开设有集体商业零售店或代销店。"文化大革命"期间，墟场被取缔。中共十一届三中全会后，个体商贸服务业得到发展，农村市场日益活跃。1996年，镇内有桃花源、黄土坡、龙虎3个集贸市场，个体商铺发展到300家，社会商品零售总额2800多万元。随着商业流通体制改革的深入和小城镇发展的需要，镇党委、镇政府筹资进行集镇基础设施建设，鼓励农民进镇经商，推动商贸服务业快速发展。2014年，新建的旅游综合农贸大市场营业。是年，全镇有各类商铺500多家，个体工商从业者1800人；墟场赶集日有近2000人；社会商品零售总额1.05亿元，其中集市商品成交额6000多万元。

旅游业

域内有国家级旅游风景区——桃花源，景点包括桃源山、桃花山、桃仙岭、秦人村。1992年成立桃花源管理处（副处级单位）。2008年，桃花源镇旅游业从业人数达4000余人，旅游收入突破亿元大关，占全镇生产总值的30.2%。2009年，首届中国·常德桃花源旅游节成功举办，桃花源镇吸引更多旅游者目光，越来越多游人把桃花源当作踏青、郊游、休闲的理想去处。2011年，常德市委、市政府决定大力发展旅游业，提质改造桃花源，拉开桃花源大开发、大建设序幕。2014年，全镇旅游收入200万元，景区面积扩展到10平方千米。

财政金融

1996年，镇政府财源主要是农业税和企业税收，财政总收入86.8万元，其中农业税74.6万元，企业纳税12.2万元。镇内有农村信用合作社分社1家、营业所2家，农村合作基金会1家，邮政储蓄所1家，农业银行营业所1家，年末各项存款余额2643万元，各项贷款余额861万元。1999年，农村合作基金会并入农村信用合作社。2002年，镇财政收入256.5万元。2003—2005年，调减、免征农业税，停征屠宰税。2014年，财政收入580万元。桃花源信用社分社、邮政储蓄所、农行营业所等3家金融单位年末存款余额21356万元；各项贷款余额7658万元。

三、基础设施

交通运输

桃花源镇公路交通网络四通八达。国道319线贯穿全境，每天有40余班次客车途经桃花源，客运量1000多人。县、乡、村公路总长90.2千米。1996年，新修长10千米的黄虎路（黄土坡—龙虎）、5长5千米的桃茶路（桃花源—茶庄）。1998年，对11.2千米的县道057水（溪）芦（花）线铺设沥青路面。2000年，对厦门至成都国道319（G1378+200至G1389+500）长11.7千米的路面扩宽并水泥硬化。2009后，逐年对全镇村道进行硬化。2010年，对长11.6千米的县道057水芦线（水溪—金盘段）进行硬化。

邮政通信

1986年，全镇有桃花源邮电所和龙虎邮政代办站各1个。桃花源邮电所开办邮政储蓄业务。移动通信3家。1987年，取消磁石电话机，交换机拓展40门。1995年，镇区开通程控电话，有程控电话用户200户，开通图文传真。2000年，全镇有程控电话1000门。2003年，程控电话发展到2500门，有中国移动、联通手机用户1500户。2006年，全镇拥有电脑1000余台。2010年,拥有电脑4000余台。2014年,全镇1.8万人拥有手机,宽带发展到1761户,邮政、通讯业务收入478万元。

供电供水

供电 1976年,普及城区电灯照明。1985年,建成11万伏高压变电站。2013年,变电站迁址。

饮水 1992年8月,兴建自来水厂,埋设管道10.2千米,日供水10000立方米,受益人口9000人,城区供水普及率100%。2014年,开始农村安全饮水工程,埋设管道112千米,受益人口2万人。是年,在青田村新建自来水厂。

水利建设

20世纪60年代开始兴建防洪大堤,形成堤垸保护。1996年7月20日,沅水流域普降大雨,桃花源段最高水位达50.5米,创历史最高,造成防洪大堤漫堤、决口,全镇遭受特大洪涝灾害,造成直接经济损失1.5亿元。9月,举全镇之力,对全长18千米防洪大堤进行加宽、加高、加固。2002年,国家投资550.5万元,对桃花大垸垸外327户居民实行"平垸行洪、移民建镇"工程,防洪抗灾能力得到显著提高。2013年,投入资金500万元实施"四水治理工程",对沅江一线大堤除险加固。2014年7月18日,桃花源镇再次遭受超历史洪水,水位达51.4米,造成医院闸口子堤漫堤。是年,新建水溪机埠。

1996年,全镇共有8座小(二)型水库,有中干渠、龙干渠两大渠道115千米,有山塘1512口,灌溉全镇6万余亩水田。2002年,对全镇8座小(二)型水库进行加固整修,同时对1512口山塘进行整修。这以后,每年通过水利冬修项目对水库、渠道、山塘进行维修加固。

镇村建设

明万历年间(1573—1620),水溪东岸形成街市。因地势低洼,每洪必淹,适宜建设的地域狭小,至民国38年(1949),水溪东岸街市面积仅0.01平方千米。1956年,水溪东岸街市成为桃花源乡政府所在地,商业、供销部门相继沿湘黔公路(国道319线)修建营业用房。1962年,桃花源区公所、区粮站从郑家驿迁至水溪,设在公路南侧。1965年12月,省棉麻公司在此新建占地33万平方米的湖南6903大型储备仓库。从此,集镇向公路两侧发展。20世纪70年代,供销、粮食、税务、金融、邮电、法庭、肉食水产等部门相继在此设立区级机构,建起一栋栋钢筋混凝土结构房屋。1975年,铺设区粮站至水溪河边下水道。1976年,普及城区电灯照明。1985年,建成11万伏高压变电站。1987年,桃花居委会建成居民街,大型农贸市场建成营业。1988年,将镇政府前的国道319线降坡裁弯改直,原来9米宽柏油路全部硬化为24米宽水泥路,安装路灯,同时沿国道规划翘望大道,横向规划迎宾路、英才路。1990年,镇信用社、怀化金源宾馆、粮源宾馆、林业月照山庄一座座高楼相继落成。1992年8月,兴建自来水厂。1994年5月,桃源县二中从青田村迁址至英才路。1996年,双峰至桃居段(桃管处景区)公路扩宽,路面硬化,中间配植隔离带,配植万年青及花草,公路两旁配植桃树、樟树绿化,配

▲ 桃花源古镇

齐路灯。1997年，在城区铺设地下排水管道5千米。1998年，镇中心小学和中心卫生院扩大规模；沿迎宾路兴建农贸市场。2000年，在翘望大道种植樟树，街道绿树成荫。2011年，制定《桃花源镇区2010—2030年总体发展规划》。2014年年底，镇区路网建设基本完成，形成三横三纵的格局，镇域面积扩大到4平方千米。

四、社会事业

教育文化

教育 1978年，创办桃花源镇水溪大队居民小学。1985年，水溪大队居民小学改为镇中心学校。1996年，更名为桃花源镇中心小学，是时，学校占地19041.7平方米，建筑面积7694平方米，1997年，学校被省教委评为省级合格中心小学，1998年被评为市级示范性小学。2003年，学校更名为桃花源镇中心学校，并被评为市级绿色学校和园林式单位。

1935年，刘戡在青田村创办私立天禄初级小学。1939年，学校被省教育厅命名为桃源县私立天禄初级中学。1951年，天禄中学由县人民政府接管并改名为桃源县第二初级中学。1989年，剪市中学高中部并入县二中。1994年3月，县二中从青田村迁至桃花源镇，与桃花源中学合并，组建成规模为30个教学班的完全中学。1998年，龙虎中学并入县二中。是时，学校占地100亩，建筑面积40000平方米，拥有高标准的科教大楼和多媒体网络体系，有功能齐全的电脑室、语音室、实验室、图书馆，图书馆藏书10万余册。2003年，常德市教育局授予县二中“市级示范性完全中学”称号、湖南省绿化委授予学校省级“园林式单位”称号。

2014年，全镇有高级中学1所，学生1053人，教师78名；初中1所，学生612人，教师43名；小学4所，学生1162人，教师90名；幼儿园9所，入园幼儿201人，幼师39名。适龄儿童入学率、初中生毕业率均为100%。

文化 1998年，桃花源镇成立有线电视管理站，部分农户开通有线电视。2014年，有镇文化站和有线电视管理站各1个，群众业余舞蹈队5个，有文学、音乐、诗词、美术、书画、等文学艺术爱好者150人。电视入户7310户，其中有线电视入户4610户；农家书屋28个，有书(刊)1万多册。

医疗卫生

1953年，在学堂冲(6903)创建水溪联合诊所。1957年，成立桃花源乡联合诊所。1958年8月，改为桃花源公社卫生院(租用民房)。1964年4月，公社卫生院新修五缝四间砖瓦平房作为医疗卫生用房。1967年3月因6903扩建，医院整体迁址至栎山嘴，并更名为桃花源地段医院。2001年，乡卫生院占地8800平方米，建筑面积6000平方米，有干部职工86人，编制病床26张，设内、外、儿、妇、中医、口腔、皮肤、痔瘘等7个临床科室；有B超机、X光机、半自动生化仪、心电图机、洗胃机、二氧化碳激光治疗仪、血压计等医疗器材30台(件)；担负全镇及临近县(乡)方圆30千米、近12万人口的医疗救护任务及预防保健工作。2003年全国发生“非典”，全体医务人员全力投入抗击“非典”战斗，对外来流入人员检查达15000人次，由于工作扎实，得到省、市、县领导高度赞扬。5月15日，中共中央政治局常委、国家副主席曾庆红来院视察，对该院取得显著成绩给予充分肯定。2014年，镇内有卫生院1家，医疗点(门诊部)8个，村级卫生室27个，病床56张，专业医护人员107人，年诊治患者2.5万人次。全镇建有22个垃圾池，聘请专人清扫村民聚居点和主要道路。

社会保障

中华人民共和国成立后，对老弱病残等困难群众给予救助安置。1987年，桃花源镇敬老院建成，有32名五保老人入院养老。1996年，全镇供养五保老人116人，其中30人入住敬老院集中供养。2005年，推行新型农村合作医疗制度。2006年，参加合作医疗人数达1.86万人，参合率为68%。启动贫困居民最低生活保障金制度，有683人享受农村最低生活待遇保障，87人享受城镇最低生活保障待遇。2008年，镇敬老院迁址，集中供养五保老人41人。2014年，全镇231名五保人员全部落实供养政策，其中46人入住镇敬老院集中供养；2.6万人参加农村合作医疗，参合率达95%，有2.1万人次门诊、住院医疗得到补偿金1511.1万元；有931人享受农村最低生活保障待遇，领取低保资金130万元。

五、特色地情

名优特产

擂茶　二千多年前，马援率兵南征，行至桃花源，军营闹瘟疫，有当地一位老婆婆献上验方，验方上写着“芝麻、绿豆、生姜、茶叶、炒米，放入擂钵，用梓姜木捣成糊状，开水冲泡”。军营将士照此办理，服后士兵疫病痊愈，自此传入民间。桃花源擂茶用茶叶、生姜、食盐、花生、黄豆、芝麻和少量大米等为原料，将其放在有齿的擂钵里用胡椒木擂锤研碎。因制作过程中对茶叶等原料不断用力擂按，故将擂碎的物品称之为“擂茶”。将研碎的擂茶倒入碗中，用开水冲泡后即可服用。具有生津止渴，清热解毒，消炎祛疾之功效。

风景名胜

桃花源　桃花源“世外桃源”主体景区 15.8 平方千米，“武陵渔川”沅水风光带水域 44.85 平方千米，外围保护区 96.9 平方千米，是国家级重点文物保护单位，湖南省十大风景名胜区之一，国家森林公园。“世外桃源”主体景区包括桃花山、桃源山、秦人村、桃仙岭，有水府阁、方竹亭、菊圃、竹廊、秦人古洞等近百个景点，16 类风景资源，内部景界分布丘峦脊岭35 条，峡谷 19 条，溪涧 18 条。其山水田园之美，寺观亭阁之盛，诗文碑刻之丰，历史传说之奇，具有很高游览价值和历史文化价值。

▲ 桃花源景区牌楼

重大事件

八区事件　1949年12月6日，匪首郭炎（诨名郭和尚）、吕春初、唐再生等密谋攻打第八区人民政府机关（设在桃花源镇膏田坪村刘戡公馆）和崇义乡工作组（今桃花源镇白栎村原龙虎乡政府）。8日凌晨2时左右，在混进八区政府机关的内奸郭云召、萧保生等暗藏匪徒策应下，郭炎、谢树云、张海山等匪首率所部300余名土匪向八区政府机关发动突然袭击，区政府干部、战士奋勇反击，但寡不敌众，战斗中中共县委宣传部部长杨庚时、八区区长滕万昌等10多人英勇牺牲，吕宝祥、张玉海等4人身负重伤，3人被绑架。与此同时，匪首唐再生、吕春初率100多名匪徒向崇义乡工作组发动疯狂进攻，工作组10多名干部顽强抵抗，在唐、吕众匪与随后赶来的郭和尚匪部围攻下，干部孙永贞牺牲，储惠英、张淑珍被绑架，后被杀害。这次事件中，有16名干部、战士惨遭匪徒杀害，54支长短枪和所有弹药被匪徒洗劫一空。

历代人物

刘戡　1907.10—1948.3，字麟书，号三寿，桃花源镇膏田村人，国民革命军高级将领。幼时父母双亡，赖伯父姑母抚养成人。曾就读于桃源县立第一高等小学和湖南省立第二中学。民国12年（1923）考入长沙陆军讲武堂，次年转入黄埔军校第一期，毕业后从军，参加北伐战争。1933年，任国民革命军83师师长，奉调北上援助宋哲元部，参加抗击日本侵略的长城抗战，因功获青天白日勋章。战后，晋升为93军军长。1943年，日军攻占洛阳，陕西震动，在胡宗南推荐下，被任命为第63集团军总司令，在河南灵宝一带构筑防线，抵抗日军。1944年秋，调任重庆陪都卫戍副司令。1945年抗战胜利后，赴陕西任37集团军总司令。1946年，37集团军整编为第29军，任军长。1948年2月，彭德怀率军攻打宜川，刘戡率第27师和第90师两个整编师驰援。2月26日，胡宗南指定刘戡走经瓦子街的洛宜公路，遭到人民解放军伏击，被包围。3月1日，兵败自杀，时年42岁。同年5月17日，国民政府追认刘戡为陆军上将。1953年，蒋介石在台湾追赠其为陆军二级上将。

唐新秋　1944年9月出生，少将，桃花源镇金盘村人。桃源二中毕业。1961年入伍，1964年加入中国共产党，历任战士、机要译电员、作训参谋、作训处长、团长、副师长、第42集团军124师师长。1979年参加中越边境自卫反击作战，荣立三等功。1993年任第42集团军副军长，1994年晋升少将，1997年任广州军区副参谋长，2001年任广州军区联勤部部长。2003年当选为第十届全国人大代表。

附:

桃仙岭办事处》

一、区域概况

建置沿革

明《万历桃源县志》已有干滩市(即今桃仙岭办事处甘潭村)的记载。2011年6月,桃花源进行体制改革,根据《中共常德市委办公室、常德市人民政府办公室关于桃花源体制调整实施方案的通知》(常办〔2011〕6号)文件精神,成立桃仙岭街道办事处(筹)。

2011年,桃仙岭街道办事处(筹)辖三合、青山、双峰、龙坪、甘潭、凤麒、白麟洲、广福殿、张家湾9个行政村和桃花源居委会,共94个村民小组5个居民小组。桃仙岭街道办事处(筹)总面积49.5平方千米,有耕地12500亩。

地理位置

桃仙岭街道办事处(筹)位于常德市西南边陲,东北与桃源县漳江镇接壤,东南与鼎城区尧天坪镇相连,西南与桃花源镇毗邻,西北与剪市镇交界。因域内有桃花源风景区桃仙岭景点,故名桃仙岭街道办事处(筹)。

人口民族

2015年末,辖区内有2989户10880人,全部为汉族。

二、经济发展

综述

2015年,全办事处农村经济总收入突破1亿元,人均年收入9275元。从事家庭经营人数为2759人,从事第一产业1811人。由于辖区大部分地区均属农村地区,第二产业发展相对落后,工业基础几乎为零。

农业

种植业 境内种植业以粮食作物为主,同时大搞油菜生产为主的冬季农业开发。2015年,全办事处种植油菜3000亩,平均亩产108公斤。种植粮食作物约30000亩,总产上万吨。

林业 全办事处有1.5万亩宜林山地,占山地面积的80%,森林覆盖率48%。已开发 1.2 万亩，其中用材林 0.8 万亩，经济林 0.4 万亩。

旅游业

域内有国家级旅游风景区——桃花源，景点包括桃源山、桃花山、桃仙岭、秦人村。2011 年，常德市委、市政府决定大力发展旅游业，提质改造桃花源，拉开了桃花源大开发、大建设的序幕。

三、基础设施

交通运输

桃仙岭街道办事处（筹）公路交通网络四通八达。国道 319 线贯穿全境，每天有 40 余班次的客车途经桃花源，客运量 1000 多人。县、乡、村公路总长 40 千米。

水利建设

2013 年，投入资金 500 万元实施“四水治理工程”，对沅江一线大堤除险加固。2014 年 7 月 18 日，桃仙岭街道办事处（筹）遭受超历史洪水，水位达 51.4 米，造成龙坪村、甘潭村部分区域被淹。

2015 年，全办事处共有 4 座小（二）型水库，有蓄水塘 593 口，灌溉全办事处 9800 余亩水田。

四、社会事业

医疗卫生

2015 年，办事处范围内有村级卫生室 10 个，病床 28 张，专业医护人员 12 人，年诊治患者 8000 人次。全办事处建有 15 个垃圾池，聘请专人清扫村民聚居点和主要道路。

社会保障

2015 年，全办事处 78 名五保人员全部落实供养政策，其中 8 人入住镇敬老院集中供养；8500 人参加农村合作医疗，参合率达 95%；有 317 人享受农村最低生活保障待遇，每年领取低保资金 47.93 万元。

附录

2011 年并村后村居情况

序号	乡镇名称	村居调整情况			
		调整前村（居）数（个）		调整后村（居）数（个）	
		村	居	村	居
1	漳江镇	31	16	14	16
		1.城北村、延溪村		楚旺村	
		2.宝洞峪村	官家坪居委会		官家坪居委会
		3.海螺山村、姚公潭村		海螺山村	
		4.大里坪村、太坪村		大平村	
		5.铁船堰村、姚公潭村艾家洲组、海螺山村邢家洲组		铁船堰村	
		6.万寿桥村、樟木桥村		万寿桥村	
		7.草堰角村、斗量冲村、马家溶村		丰禾村	
		8.白马渡村、福庆山村		福庆山村	
		9.黄简溶村、菉萝坪村		菉萝坪村	
		10.杉木岗村、尧河村		尧河村	
		11.纹石山村、游仙观村		仙石山村	
		12.回龙桥村、姚家冲村、渔父村		教仁村	
		13.渌溪村、海家溶村		绿溪口村	
		14.南站村、浔阳坪村		镇江渡村	
		15.古寺村、泥窝村		廻峰村	
		16.车溪冲村	八字路居委会		八字路居委会
		17.白佛阁居委会			白佛阁居委会
		18.黄花井居委会			黄花井居委会
		19.渔父祠居委会			渔父祠居委会
		20.漳江阁居委会			漳江阁居委会
		21.文昌阁居委会			文昌阁居委会
		22.观音巷居委会			观音巷居委会
		23.莲花湖居委会			莲花湖居委会
		24.洞庭宫居委会			洞庭宫居委会
		25.二里岗居委会			二里岗居委会
		26.义丰坊居委会			义丰坊居委会
		27.梅溪桥居委会			梅溪桥居委会
		28.西苑居委会			西苑居委会
		29.纺城路居委会			纺城路居委会
		30.文星园居委会			文星园居委会
2	青林回族维吾尔族乡	16		8	
		1.莫溪塆村、南塆村		莫南回维村	
		2.青林村、古堤村		青林村	
		3.堆金村、金鸡堰村		金堰村	

TAO YUAN XIAN XIANG ZHEN JIAN ZHI

序号	乡镇名称	村居调整情况			
		调整前村（居）数（个）		调整后村（居）数（个）	
		村	居	村	居
		4.珠明村、黄楚村		采菱村	
		5.马湾村、羊耳村		三岗村	
		6.白洋河村、安家冲村		白洋河村	
		7.大洋村、官山岭村		督粮冲村	
		8.项家堰村、茨树埡村		姜岩村	
3	车湖垸乡	13		6	
		1.长堰村、车家滩村		胜利村	
		2.游家河村、古市村		富强村	
		3.交岩村、艟船洲村		交岩村	
		4.黄土村、小洲村、四坪村		均田坪村	
		5.延泉村、凤凰村、巴溪村		延泉村	
		6.高湖村		高湖村	
4	枫树维吾尔族回族乡	23		12	
		1.老井村、黎家坡村		大马山村	
		2.大家滩村、鸡婆山村		万福新村	
		3.南岳村、袁家巷村		白洋河村	
		4.砌口村、新河村		红旗村	
		5.仙坞村、牛场村		金凤桥村	
		6.田河村、栗林坝村		田河坝村	
		7.回维村、新屋岗村		维回新村	
		8.公路村、庄家桥村		庄家桥村	
		9.田湖村、覃家嘴村		丰渡嘴村	
		10.金鸡山村、江家堉村		金鸡村	
		11.苏家堆村、桂竹岗村		苏家堆村	
		12.桐岭村		桐岭村	
5	陬市镇	31	6	14	6
		1.崇庆村、五桂村		小马山村	
		2.高湾村、高家岗村		高湾村	
		3.东林村、朱家岗村		观音桥村	
		4.指防村、长乐村		长乐村	
		5.畲田村、塞水村		畲田村	
		6.长岭岗村、神仙桥村		神仙桥村	
		7.鹿田村、冯坪村、黄溪港村		青龙村	
		8.印山村、黄花桥村、土地坡村		福德山村	
		9.酒铺村、毛家桥村		酒铺岗村	
		10.杨家巷村、戴家口村、三里铺村、畹田村		三里铺村	
		11.新堤村、茶庵村		新茶庵村	

序号	乡镇名称	村居调整情况			
		调整前村（居）数（个）		调整后村（居）数（个）	
		村	居	村	居
		12.鸬鹚洲村、竹林村		鸬鹚洲新村	
		13.郊区村、李家岗村		团结路村	
		14.洋洲村		洋洲村	
			15.上街居委会		上街居委会
			16.下街居委会		下街居委会
			17.解放街居委会		解放街居委会
			18.兴盛街居委会		兴盛街居委会
			19.李家洲居委会		李家洲居委会
			20.万家嘴居委会		万家嘴居委会
6	木塘垸乡	20		7	
		1.集民村、桫木塘村、三元村		金山村	
		2,易家桥村、大溪村、龙虎村		湖田村	
		3.王排洲村、正洪村、长堤村、彭家湖村		正洪村	
		4.庆兰村、樟树村、三汊港村		庆兰村	
		5.仁丰村、双港村		仁丰村	
		6.马鞍村、贵阳村		马鞍坡村	
		7.周湾村、桂洲村、文艺村		孔家河村	
7	架桥镇	23	2	10	2
			1.架桥居委会		架桥居委会
		2.六斗港村	东门桥居委会		东门桥居委会
		3.叶家坡村、覃家溶村		叶家坡村	
		4.军溶村、蔡家堰村、铁炉岗村		茶林村	
		5.挖断岗村		挖断岗村	
		6.吴家桥村、车堰村		先锋村	
		7.翰林桥村、倪家溶村		翰林村	
		8.万代岗村、农团村		黄龙村	
		9.跑马岗村、让湖坪村、石家坪村		栖凤山村	
		10.其林岗村、新桥坪村、祠堂岗村		祠堂村	
		11.天鹅堰村、朝阳山村		朝阳村	
		12.马路村、南昌溶村		马路村	
8	盘塘镇	16	2	7	2
		1.白鹤村、张家桥村	盘龙桥居委会		盘龙桥居委会
			2.回龙庵居委会		回龙庵居委会
		3.六房湾村、花树桥村、车家坪村		莲蓬岗村	
		4.朱家港村、王家垱村		朱家港村	
		5.董家坪村、楠竹铺村、白家埫村		董家坪村	
		6.青草岗村、华林村、铁家垱村		青草岗村	

序号	乡镇名称	村居调整情况			
		调整前村（居）数（个）		调整后村（居）数（个）	
		村	居	村	居
		7.黄叶岗村		黄叶岗村	
		8.常青村		常青村	
		9.红岩山村		红岩山村	
9	马鬃岭镇	17	1	7	1
		1.陶家溶村	马鬃岭居委会		马鬃岭居委会
		2.吉安湾村、沈家港村		兴街村	
		3.木槎桥村、鹤峰村、竹湾村		木槎桥村	
		4.罗家店村、响水垱村		理鸣村	
		5.刘炎村、沙堰村、大路坪村		刘炎村	
		6.三口堰村、文峰山村		三口堰村	
		7.兴庵村、白云寺村、尖峰岗村		兴庵村	
		8.平安村		平安村	
10	双溪口乡	23		11	
		1.茶园村、郑家坪村、龙家港村		黄龙村	
		2.荷花村、古堤村、龙凤村		复兴村	
		3.烽火岗村、跑马村		烽火岗村	
		4.阳雀村、岗陵村		龙珠山村	
		5.庄家铺村、双桂村		东阳山村	
		6.傅家堉村、灌车湖村		先锋村	
		7.金紫山村、长岭村		金紫山村	
		8.福善岗村、大公村		幸福岗村	
		9.一字山村、回龙村、岩桥村		一字山村	
		10.杨家坪村		杨家坪村	
		11.洞湾村		洞湾村	
11	热市镇	29	2	18	2
		1.汤口村、凤鸣村、粟坪村		凤鸣村	
		2.彰善村、九龙村		彰善村	
		3.胜丰村、云泉村		云盘山村	
		4.永丰村、金凤村		永凤村	
		5.马家堰村、象牙村		马家堰村	
		6.菖蒲村、星德山村		菖蒲村	
		7.山河村、桃垭村		山河村	
		8.华林村、平桥村、松树村		白鹤村	
		9.得五岗村、老棚村、茶场村		戈尔潭村	
		10.龙家嘴村		龙家嘴村	
		11.荣禄村		荣禄村	
		12.大田村		大田村	
		13.桃子村		桃子村	

序号	乡镇名称	村居调整情况			
		调整前村（居）数（个）		调整后村（居）数（个）	
		村	居	村	居
		14.太平寺村		太平寺村	
		15.夏家埫村		夏家峪村	
		16.会同村		会同村	
		17.温泉村		温泉村	
		18.明月村		明月村	
			19.热水坑居委会		热水坑居委会
			20.棠梨岗居委会		棠梨岗居委会
12	郝坪乡	12		7	
		1.仙娘庙村、郝坪村		郝仙坪村	
		2.沙溪村、郭家垭村		郭家垭村	
		3.刘坪村、元古村		刘坪村	
		4.黄金村、马口村		岩桥坪村	
		5.茅草铺村、金坪村		和平村	
		6.天会村		天会村	
		7.暴家村		暴家村	
13	黄石镇	27	2	14	2
		1.金鹤村、黄安村		黄安村	
		2.泉井村、杨柳村		杨柳村	
		3.金洪村、竹岩村		金洪村	
		4.东山村、施家村		东山村	
		5.桃花村、双桥村		桃花村	
		6.新铺村、卓湾村		新铺村	
		7.莫埫村、向垉村、杜湾村		芭茅洲村	
		8.包公村、学堂村		茶源村	
		9.香山村、郭湾村		香山村	
		10.大谷村、卓溶村		大谷村	
		11.陈棚村、观音村、寨坡村		观音洞村	
		12.花园村		花园村	
		13.新桥村		新桥村	
		14.新湾村		新湾村	
			15.和平居委会		和平居委会
			16.万寿居委会		万寿居委会
14	九溪乡	22		13	
		1.九溪村、神堂垭村		九溪村	
		2.凉桥村、兰田村		凉桥村	
		3.兴隆村、双龙村		兴龙村	
		4.青华村、天星村		青华村	
		5.土金村、卓桥村		土金村	

序号	乡镇名称	村居调整情况			
		调整前村（居）数（个）		调整后村（居）数（个）	
		村	居	村	居
		6.官坪村、两河村		官坪村	
		7.板桥村、老屋村		板桥村	
		8.笔架村、红更潭村		笔架村	
		9.六一阁村、金鸡村		六一阁村	
		10.围坪村		围坪村	
		11.正气村		正气村	
		12.孙家河村		孙家河村	
		13.白岩村		白岩村	
15	漆河镇	51	4	17	4
		1.重阳村、新华村、谢家垱村、崇寿寺村		重阳村	
		2.铁佛寺村、金龙山村、刘家嘴村		铁佛寺村	
		3.华岩河村、黄凤坪村、展旗山村		华岩河村	
		4.汉宫庙村、聂坪村、禁碑垭村、庙儿岗村		汉宫庙村	
		5.曙光村、玉凤坪村		曙光村	
		6.列甲桥村、建华村、罗湾村		列甲桥村	
		7.石板坪村、晓溪村、六角堰村		石板桥村	
		8.八房坪村、狮子村、新民村		八方坪村	
		9.吕家垱村、福星村、关桥村		吕家垱村	
		10.涌泉村、连珠桥村、约集岗村		涌泉村	
		11.天宝山村、郑坪村、白马坪村		天宝山村	
		12.聚宝山村、显化岗村、松岭岗村、碌场桥村		聚宝山村	
		13.黄婆店村、封火溶村、高碑村、白家溶村		黄婆店村	
		14.夺旗山村、方家桥村		夺旗山村	
		15.龙昌寺村、镇龙村		龙昌村	
		16.玉皇坪村、黄土堉村		玉皇坪村	
		17.勒马山村、株湖村、红光村		勒马山村	
			18.仙人山居委会		仙人山居委会
			19.仙鹤路居委会		仙鹤路居委会
			20.长寿街居委会		长寿街居委会
			21.兴隆祠居委会		兴隆祠居委会
16	黄甲铺乡	15		7	
		1.小苏溪村、莫家坪村		枫岭村	
		2.舒家坪村、乾元村		乾元村	
		3.灵岩村、三元桥村		灵岩寺村	

序号	乡镇名称	村居调整情况			
		调整前村（居）数（个）		调整后村（居）数（个）	
		村	居	村	居
		4.青棚垭村、街头坪村		街头坪村	
		5.长寿村、河家坪村		长寿寺村	
		6.杨家庄村、竹园坪村		杨家庄村	
		7.汪家山村、铁甲村、黄甲铺村		黄甲村	
17	理公港镇	13	1	5	1
		1.观音垭村、白羊坡村		观音垭村	
		2.观音桥村、牌楼寺村	兰溪居委会		兰溪居委会
		3.金鸡山村、商家坪村		金鸡山村	
		4.小河口村、养珠湖村、泥头山村		小河口村	
		5.杨公桥村、洗马池村、马进洞村		杨公桥村	
		6.狮子坪村		狮子坪村	
18	钟家铺乡	21		11	
		1.青年村、艾棚村、朱家峪村		青年村	
		2.殷家坪村、万胜村		殷家坪村	
		3.城关村、泉栗村		城关村	
		4.千丈河村、伍家坪村		千丈河村	
		5.陈家塔村、马勒口村		陈家塔村	
		6.杜坪村、棚垭村		杜坪村	
		7.陈家界村、大田坳村		陈家界村	
		8.八斗丘村、落珠坪村四、五、六三个小组		八斗丘村	
		9.张家山村、银杏坪村、落珠坪村一、二、三、七、八、九等六个小组		张家山村	
		10.交界村		交界村	
		11.黄家坪村		黄家坪村	
19	牛车河乡	21		12	
		1.真龙桥村、龙凤山村、龟龙山村		三龙村	
		2.飞旗河村、马家河村、马家峪村		三红村	
		3.大庄坪村、洞溪河村		大庄坪村	
		4.黄伞坪村、北斗溪村		北斗溪村	
		5.丁家坪村、水田坪村、麻潭河村		丁家坪村	
		6.凡寺坪村、汤家溪村		汤家溪村	
		7.毛坪村和毛公坝村两个组		毛坪村	
		8.毛公坝村（除开两个小组）		毛公坝村	
		9.柿子坪村		柿子坪村	
		10.马路坪村		马路坪村	
		11.唐家坪村		唐家坪村	
		12.殷家桥村		殷家桥村	

序号	乡镇名称	村居调整情况			
		调整前村（居）数（个）		调整后村（居）数（个）	
		村	居	村	居
20	观音寺镇	33	2	16	2
		1.雷家洲村	姚家坪居委会		姚家坪居委会
		2.苏坊溪村、汤家店村	长潭坪居委会		长潭坪居委会
		3.东阳溪村、高家洲村、团垉林场		东阳溪村	
		4.李家坪村、梁家界村		李家坪村	
		5.萧家坪村、曾家河村、腊洞溪村		曾家河村	
		6.道山头村、株木溪村、小馆村、朱家山村		道山头村	
		7.朱家山村、野猪溪村		野猪溪村	
		8.撩弓溪村、板溪村、万阳山村		万阳山村	
		9.会人溪村、株木溪林场		会人溪村	
		10.汤家界村、田坪界村		汤田界村	
		11.燕家坪村、连岩头村		燕家坪村	
		12.刘家坪村、羊楼坪村		羊楼坪村	
		13.马鬃岭村、白石溪村		马鬃岭村	
		14.杨家溪村、甘溪村、燕家溪村		杨家溪村	
		15.舒溪村		舒溪村	
		16.大湫溪村		大湫溪村	
		17.高都驿村		高都驿村	
		18.桃儿堉村		桃儿堉村	
21	龙潭镇	33	2	13	2
		1.丁家坊村、水碓堉村、株木山村		丁家坊村	
		2.仙花山村、郭家界村、王家溪村		仙花山村	
		3.杜家坊村、左家溪村		杜家坊村	
		4.枣儿垭村、皮家堉村、松山寺村吴家岭组		枣儿垭村	
		5.楠木湾村、沉溪坪村、花香坪村		翠峰村	
		6.徐家坪村	龙中居委会		龙中居委会
		7.双堰垭村	大屋居委会		龙潭居委会
		8.落家坪村、桃花溪村、湖田界村		落家坪村	
		9.梨树垭村、剪家界村		梨树垭村	
		10.同观山村与金盆山村分金岭组、黄泥洞组、贾公峪组、芦家峪组		同观山村	
		11.七铃坪村和松山寺村彭家岭组、邹家岭组、车罗峪组、苦竹庵组、青家山组、杨家岭组、冯家冲组、石灰峪组、黎家峪组，金盆山村雷公坡组、分水岭组、金盆山组、赖家湾组		东风村	
		12.郭家桥村、先锋村、鄢家溪村		鄢家溪村	
		13.罗家湾村、小湫溪村、仙境垭村		小湫溪村	

序号	乡镇名称	村居调整情况			
		调整前村（居）数（个）		调整后村（居）数（个）	
		村	居	村	居
		14.梁皇殿村、仙娘村		梁皇殿村	
		15.黄伞坡村		黄伞坡村	
22	佘家坪乡	24		9	
		1.告木岭村、桥梓堉村、前山桥村		前山桥村	
		2.赫曦峪村、骑龙山村、盘龙山村		赫曦峪村	
		3.猫儿岩村、六角垭村、龙阳坪村		龙阳坪村	
		4.三圣殿村、十字路村、大里山村		三圣殿村	
		5.黄荆堉村、东岳殿村		东岳殿村	
		6.简家坝村、龙潮寺村、方田堉村		龙潮寺村	
		7.三旺坪村、雷峰山村、竹林寺村		雷峰山村	
		8.新港村、金子山村		新港村	
		9.南岳殿村、天宝山村		南岳殿村	
23	三阳港镇	17	2	7	1
		1.三阳港村、丛桂山村		三阳港村	
		2.袁家坪村、白岩寺村		袁家坪村	
		3.茅叶寺村、新屋村		茅叶寺村	
		4.白栗坪村、石牛山村		白栗坪村	
		5.裴家垭村、官家洲村、株木桥村		沙坡堉村	
		6.土黄坪村、红岩垱村、青家坪村		土黄坪村	
		7.青草坪村、株木堉村、禾生堉村		花山洞村	
			8.新湖居委会、上街居委会		新湖居委会
24	太平桥乡	13		5	
		1.中心村、青云山村、金凤山村		中心村	
		2.太阳山村、跑马岭村		跑马岭村	
		3.新坪村、向家坪村		向家坪村	
		4.谭家铺村、九庄峪村、两汉港村		九庄峪村	
		5.蓝家桥村、黄柏山村、龚家溪村		黄柏山村	
25	浯溪河乡	13		5	
		1.株林桥村、飞龙山村、白沙园村		龙潭桥村	
		2.华阳村、杨家港村、九龙山村		九龙山村	
		3.大塘坪村、老官坪村、彭家坪村		老官坪村	
		4.杉园村、浯溪河村、金牛场村		浯溪河村	
		5.明月山村		明月山村	
26	深水港乡	16		8	
		1.子贤村、八斗岭村		和谐村	
		2.金岩村、雁落坪村		金雁村	
		3.白鹤山村、鸦鹊潭村		金凤村	

序号	乡镇名称	村居调整情况			
		调整前村（居）数（个）		调整后村（居）数（个）	
		村	居	村	居
		4.木公桥村、苏金村、白羊村		云台村	
		5.金牛山村、发旺村		金旺村	
		6.高岩坪村、铁灵村、梅家村		高岩村	
		7.长湖村		长湖村	
		8.高桥村		高桥村	
27	泥窝潭乡	18		9	
		1.燕岩庙村、茶驿坪村		燕岩庙村	
		2.牛车磴村、龙门垭村		牛车磴村	
		3.咸泉寺村、座河堰村、岩溪寺村		岩溪寺村	
		4.青龙山村、集财坡村		青龙山村	
		5.花轿坪村、官宦坪村		官宦坪村	
		6.古岩堉村、戴家棚村		古岩堉村	
		7.湖堰村、燕子岩村		枫树坪村	
		8.灵雨寺村、仙人岩村		灵雨寺村	
		9.五马寨村		五马寨村	
28	剪市镇	25	2	7	2
			1.中巷口居委会		中巷口居委会
		2.骑龙村、天台山村	剪家溪居委会		剪家溪居委会
		3.湖堤村、喜雨村、岩嘴村		喜雨村	
		4.九龙村、沙萝村、旺家庄村、梅子冲村		沙萝村	
		5.发轫村、龟山村		双龙村	
		6.岩板滩村、姚公坪村、狮子殿村		狮子殿村	
		7.八公桥村、九龙殿村、八头山村、板桥湾村		八公桥村	
		8.新铺岗村、岩子岗村、老铺岗村、鹅公井村		十字路村	
		9.玉皇殿村、五峰山村、走马坪村		玉皇殿村	
29	凌津滩镇	19	3	5	3
		1.纪公村、青龙村、安溪村		岩巴嘴村	
		2.三印村、马石村、堡子堆村			马石居委会
		3.穿石村、石洞村	凌津居委会、窄溶居委会		凌津滩居委会
		4.新湘溪村、红鹤村、金龙村		红鹤村	
		5.一甲城村、高峰村			一甲城居委会
		6.黄龙村、琚家溶村、狮宝村		桂竹园村	
		7.牧马口村、鲜花井村		牧马口村	
		8.仙人溪村		仙人溪村	

序号	乡镇名称	村居调整情况			
		调整前村（居）数（个）		调整后村（居）数（个）	
		村	居	村	居
30	兴隆街乡	13		8	
		1.兴隆村、沙湾村		兴隆村	
		2.桃江村、竹园村		竹园村	
		3.夷望溪村、陈家滩村、黄沙村		夷望溪村	
		4.大同村、竹林村		大同村	
		5.龙潭溪村		龙潭溪村	
		6.简家溪村		简家溪村	
		7.蕉林村		大樟树村	
		8.松林村		松林村	
31	茶庵铺镇	29	2	11	2
		1.江岩村、铁山溪村、堰塘湾村		铁山溪村	
		2.茶庵铺村、上高坪村、陈家溪村		茶庵铺村	
		3.新店驿村、下高坪村		新店驿村	
		4.西溪村、古溶溪村		古溶溪村	
		5.玉印山村、长板铺村、贺家垭村		长板铺村	
		6.长岗村、三元潭村		三元潭村	
		7.松阳坪村、云台村、木石溪村		松阳坪村	
		8.向荣村、下南溪村、李梓溪村、双岔溪村、正溪村		李梓溪村	
		9.七里冲村		七里冲村	
			10.桥东居委会		桥东居委会
			11.桥西居委会		桥西居委会
		12.毛家溪村、黄鹿坪村		黄鹿坪村	
		13.卢家冲村、八斗溪村、尚寺坪村		尚寺坪村	
32	太平铺乡	12		6	
		1.双溪村、木旺溪村		木旺溪村	
		2.洞溪村、太平铺村、连龙村		太平铺村	
		3.成功坪村、苏黄溪村、李龙村		成功坪村	
		4.野毛坪村、六家冲村		六家冲村	
		5.湖塘村		湖塘村	
		6.小桃源村		小桃源村	
33	西安镇	18	1	10	1
		1.东安村、文明村		东安村	
		2.桥塘村、山洞溪村		桥塘村	
		3.千斤园村、西安村、土洞溪村		西安村	
		4.和平溪村、大水田村		大水田村	
		5.杨柳山村、明溪村		杨柳山村	
		6.磨子坪村、石板溪村		磨子坪村	

序号	乡镇名称	村居调整情况			
		调整前村（居）数（个）		调整后村（居）数（个）	
		村	居	村	居
		7.湖南坪村、大池塘村		大池塘村	
		8.白洋坪村		白洋坪村	
		9.薛家冲村		薛家冲村	
		10.桃安村		桃安村	
			11.闵家坪居委会		闵家坪居委会
34	牯牛山乡	10		6	
		1.落马洞村、金坛村		落马洞村	
		2.冷家溪村、西坪村、管水村		冷家溪村	
		3.凉山坳村、仓湾村		牯牛山村	
		4.十八磴村		十八磴村	
		5.煌山溪村		煌山村	
		6.蔡家塘村		蔡家塘村	
35	杨溪桥乡	13		8	
		1.杨溪桥村、和平村		杨溪桥村	
		2.朝阳庵村、檀木溪村		朝阳庵村	
		3.稻锣坪村、羯羊铺村		羯羊铺村	
		4.铁山溪村、芦家坪村		铁山溪村	
		5.沙堤村、江口林场		沙堤村	
		6.中洲村、江里溪村		江里溪村	
		7.岩吾溪村		岩吾溪村	
		8.黄泥田村		黄泥田村	
36	寺坪乡	15		8	
		1.杨家桥村、金陵村		常吉村	
		2.中寺村、七凤山村、粟家坪村		寺坪村	
		3.白石铺村、叶家冲村、营盘村		新石村	
		4.郑家河村、大杨溪村		郑家河村	
		5.游鹿溪村、小杨溪村		游鹿溪村	
		6.梨子岗村		梨子岗村	
		7.鲜花村		鲜花村	
		8.青铜溪村		青铜溪村	
37	郑家驿乡	11		6	
		1.澄溪村、荫树冲村、岩门村		澄溪桥村	
		2.板石村、三阳村、四台村		三阳桥村	
		3.塘河村、麦市村		麦家河村	
		4.高岩村		高岩村	
		5.郑家驿村		郑家驿村	
		6.五里村		五里村	

序号	乡镇名称	村居调整情况			
		调整前村（居）数（个）		调整后村（居）数（个）	
		村	居	村	居
38	沙坪镇	17	3	9	2
		1.沙坪村、油溪村		沙坪村	
		2.金明村、纱帽庄村		金明村	
		3.红花村、小溪村		西溪村	
		4.官店坪村、红土坳村		红官村	
		5.兰坪村、后溪村		兰坪村	
		6.湖坪村、大约坪村、晚溪村		乌云界村	
		7.岩门界村、竹山村		竹山村	
			8.大桥居委会、万寿宫居委会		万寿宫居委会
		9.湖湘坪村		湖湘坪村	
		10.赛阳村		赛阳村	
			11.大兴居委会		大兴居委会
39	芦花潭乡	14		5	
		1.芦花村、青狮口村、何坪村		芦花村	
		2.向阳村、玉坪村、马王溪村		向阳村	
		3.观音岩村、新跃村、高山村		新跃村	
		4.太平村、杏花村、兴隆岗村		太平村	
		5.黄石溪村、老屋棚村		老屋棚村	
40	桃花源镇	36	2		
		1.虎形村、2.官庄村、3.双峰村、4.金桥村、5.井岗村、6.集云村、7.青山村、8.金井村、9.金盘村、10.马家坪村、11.同仁村、12.桃花源村、13.伏图山村、14.郑家冲村、15.水溪村、16.汤家山村、17.楠竹山村、18.朝阳山村、19.膏田村、20.茶庄村、21.蟠龙村、22.三庄村、23.双湖村、24.三合村、25.农协村、26.联岩村、27.双岗村、28.上庄村、29.白栎村、30.黄土坡村、31.凤麟村、32.龙坪村、33.甘潭村、34.张家湾村、35.广福殿村、36.白麟洲村	1.桃花源居委会、2.翘望嘴居委会	桃花源已划入常德市	
	汇总	823	55	361	51

附录

桃源县 2015 年乡镇区划调整后乡镇基本情况表

乡镇名	面积数（km^2）	人口数（万人）	村（居）数	政府驻地	备注
漳江镇	220.63	15.32	25 村 19 居	漳江镇武陵西路	由原车湖垸乡、深水港乡、漳江镇合并组建
青林回维乡	101.17	3.94	13 村	青林村	由原浯溪河乡与青林回维乡合并组建
枫树维回乡	68.2	3.28	12 村	庄家桥村	
陬市镇	104.8	5.69	13 村 7 居	下街居委会	
木塘垸乡	56.83	3.37	7 村	庆兰村	
架桥镇	98.2	3.13	10 村 2 居	架桥居委会	
盘塘镇	85	2.29	7 村 2 居	盘龙桥居委会	
马鬃岭镇	68.45	2.25	7 村 1 居	马鬃岭居委会	
双溪口乡	64.93	2.49	11 村	复兴村	
热市镇	191.4	4.3	25 村 2 居	温泉村	由原郝坪乡与热市镇合并组建
黄石镇	133.8	2.08	14 村 2 居	花园村	
九溪乡	98.5	2.28	13 村	九溪村	
漆河镇	221.8	7.37	24 村 4 居	长寿街居委会	由原黄甲铺乡与漆河镇合并组建
理公港镇	220.11	3.12	16 村 1 居	兰溪居委会	由原钟家铺乡与理公港镇合并组建
牛车河乡	170.8	1.35	12 村	柿子坪村	
观音寺镇	230.89	2.33	16 村 2 居	姚家坪居委会	
龙潭镇	247.2	2.78	13 村 2 居	龙潭居委会	
佘家坪乡	127.2	2.06	9 村	新港村	
三阳港镇	176.84	4.09	12 村 1 居	三阳港村	
泥窝潭乡	91.8	1.81	9 村	五马寨村	
剪市镇	91.7	2.18	7 村 2 居	剪家溪居委会	

乡镇名	面积数（km²）	人口数（万人）	村（居）数	政府驻地	备　注
夷望溪镇	245.97	3.02	13村3居	凌津滩居委会	由原兴隆街乡与凌津滩镇合并后更名
茶庵铺镇	332.94	3.64	17村2居	桥东居委会	由原太平铺乡与茶庵铺镇合并组建
西安镇	199.28	1.55	10村1居	闵家坪居委会	
杨溪桥乡	186.6	1.69	14村	杨溪桥村	由原牯牛山乡与杨溪桥乡合并组建
郑家驿乡	153.11	2.68	14村	郑家驿村	由原寺坪乡与郑家驿乡合并组建
沙坪镇	303.6	3.26	14村2居	万寿宫居委会	由原芦花潭乡与沙坪镇合并组建
桃花源镇	150.55	4.45	36村2居	翘望嘴居委会	包括桃花源管理区及桃仙岭街道办事处

后 记

2015年，桃源县委党史办（县政府地方志办）在启动党史正本三卷编写、编纂《桃源年鉴》的同时，应县委主要领导之要求集中力量编纂《桃源名人录》，致使省地方志编委会及市方志办部署安排的乡镇（街道）简志编纂工作未及时展开，仅赶在全省乡镇区划调整前夕下发了桃办函〔2015〕29号关于转发县方志办《〈湖南乡镇（街道）简志 常德市卷 桃源篇〉编纂工作方案》的通知，至年底前全县40个乡镇中只9个乡镇报送了相关资料。

2016年，面对乡镇简志编纂工作严重滞后的被动局面，我们急起直追。一抓资料的征集与初稿撰写。全办人员分组负责下到各乡镇督导，促使乡镇党政一把手真正重视，并给分管负责人提出措施建议，向具体经办人员进行辅导指点，巡回跟踪的催督指导极大地提高了乡镇简志编纂工作的效率，进度与质量都基本达到预期目标，在6月底前各乡镇资料收集及初稿撰写工作全部完成。二抓总纂。编辑部十分注重总纂工作，其一是补充资料，利用办公室积累的资料对各乡镇上交志稿进行补充完善，纠正错误。其二是解决特色不突出的问题，通过对相关条目的调整及资料详略的处理突出各乡镇的地方特色。其三是收集选取相关图片穿插于正文中以达到图文并茂的效果。其四是解决语言文字不准确不规范及文风不统一的问题。历经近一年艰苦细致的工作，至2017年6月终于形成《桃源乡镇简志》评审稿。紧接着进行专家评审，编辑部依据评审意见进行修改完善，定稿后送方志出版社出版，在年底正式印刷发行。

《桃源乡镇简志》是我们按省市要求组织编纂的全县第一部乡镇简志，填补了全县志书体系的空白。该书从区域概况、经济发展、基础设施、社会事业、特色地情等方面简略记述了全县40个乡镇的自然、经济、文化、社会各方面情况，粗略反映了乡镇各项主要事业发展进程。通过该简志，人们可以大略了解全县各乡镇的特色特点，是经商者组织物贸交流、企业家寻求投资环境、科学工作者开发自然资源、各级党政领导科学决策的重要参考书之一。此简志的编纂，得到了县、乡两级党委和政府的高度重视。各乡镇办公室同志和聘请人员为收集资料撰写初稿付出了大量艰辛努力，我们在此基础也做了认真细致的初纂总纂工作，但毋庸置疑，志书在内容及体例上都仍不够完善，乃至个别之处还存有纰漏，敬请读者批评指正。

编　者

2017年8月

ZOOMLION

中联重科股份有限公司

地址：湖南省长沙市岳麓区麓谷大道677号中联重科麓谷工业园
邮编：410205
电话：400-800-0157
网址：http://www.zoomlion.com